CHURCHILL CONTRE HITLER

Du meme auteur

Les Jeux de la guerre et du hasard, Paris, Hachette, 1977.
La Guerre du fer, Tallandier, 1987.
Winston Churchill : le pouvoir de l'imagination, Tallandier, 2001 et 2009.
(Prix Hossegor de la biographie 2001, Grand prix d'histoire de la Société des Gens de Lettres de France 2001, Grand Prix de la biographie politique 2009)
De Gaulle et Churchill : la mésentente cordiale, Perrin, 2001.
Winston Churchill, Le Mémorial de Caen, 2002.
Churchill et Monaco, Éditions du Rocher, 2002.
Staline, Le Mémorial de Caen, 2003.
MacArthur, Le Mémorial de Caen, 2003. (En anglais seulement)
De Gaulle et Roosevelt : le duel au sommet, Perrin, 2004.
(Prix Henri Malherbe 2005, prix Maurice Baumont 2005)
Franklin Roosevelt, Le Mémorial de Caen, 2005.
L'Affaire Cicéron, Perrin, 2005.
Lord Mountbatten, l'Étoffe des Héros, Payot, 2006.
(Prix Guillaume le Conquérant 2006)
Hermann Goering, le deuxième homme du Troisième Reich, Perrin, 2009.
Hitler, Collection « Les Maîtres de Guerre », Perrin, 2011.
Le Monde selon Churchill, Tallandier, 2011.

En anglais
Churchill and De Gaulle, Londres, Collins, 1981.
Norway 1940, Londres, Collins, 1990.

En norvégien
Kappløpet om Norge, Oslo, Grøndahl, 1990.
Vi stoler på England 1939-1949, Oslo, Cappelens Forlag, 1991.

FRANÇOIS KERSAUDY

CHURCHILL CONTRE HITLER

Norvège 1940
La Victoire fatale

TEXTO
Le goût de l'histoire

Ce livre est la réédition, revue et augmentée, de l'ouvrage *La Guerre du fer*, paru chez Tallandier en 1987.

Éditions Tallandier, 2 rue Rotrou – 75006 Paris
www.tallandier.com

SOMMAIRE

INTRODUCTION

On imagine volontiers les stratèges élaborant en secret un plan de guerre minutieux et sans failles, en présence de conseillers éclairés et après un examen attentif de tous les éléments géographiques, militaires, politiques et économiques fournis par leurs services de renseignements. On se plaît à croire que, dès le début de la guerre, l'imagination est au pouvoir, que les dirigeants, avec une grande hauteur de vue, ont déjà prévu toutes les éventualités et pris dans la concorde et l'unanimité les décisions qui s'imposaient. En somme, on aurait atteint ces « heureuses et sereines altitudes où toutes questions sont réglées pour le plus grand bien du plus grand nombre, grâce au bon sens de la plupart et après consultation de tous ». Dans chaque pays, la propagande de guerre se charge d'entretenir cette image, et nos livres d'histoire la démentent rarement.

Le présent récit va faire pénétrer le lecteur dans les coulisses de la haute stratégie au début de la seconde guerre mondiale. Une première surprise l'y attend ; car ce qui mobilise l'attention des états-majors en France, en Grande-Bretagne et en Allemagne dans les tout premiers mois de 1940, ce n'est pas le front de l'Ouest, la ligne Maginot, la ligne Siegfried, la défense du territoire, les plans d'attaque contre l'ennemi massé aux frontières. Non, c'est un petit pays pacifique situé au nord de l'Europe, un pays totalement ignoré en temps de paix et fort peu connu même en temps de guerre : le royaume de Norvège.

Lorsque les stratèges arrivent à le retrouver sur de vieilles cartes – et ils n'y arrivent pas toujours – ils s'aperçoivent que le pays a une importance stratégique inestimable : une côte sud qui contrôle l'entrée de la Baltique, alors que le chef de la marine anglaise envisage d'y pénétrer ; une côte nord qui ouvre l'accès à la Finlande par terre et par mer, alors que la France et la Grande-Bretagne cherchent à intervenir dans la guerre russo-finlandaise ; une côte longue de 3 400 kilomètres qui commande l'accès à l'Atlantique, alors que la flotte allemande va essayer de sortir de ses bases ; enfin, tout le long de cette côte, un important courant de navigation qui achemine vers la Grande-Bretagne et vers l'Allemagne le bois et le minerai de fer indispensables à l'effort de guerre, alors que chacun des adversaires s'apprête à interrompre les approvisionnements de l'autre…

À cela, comment les stratèges vont-ils réagir ? Nous les verrons décider en fonction du passé plutôt que du présent, de leurs préjugés plutôt que de leurs informations, de la politique intérieure plutôt que de l'art militaire ; enfin nous verrons s'affronter deux mondes, deux écoles de guerre, deux conceptions de la stratégie :

– Du côté allié, des dirigeants suprêmement incompétents dans le domaine militaire, et qui le savent, comme Chamberlain ou Paul Reynaud. Ils tiennent le plus grand compte des conseils contradictoires et souvent extravagants de leurs conseillers politiques et militaires, ainsi que des réactions confuses et passionnées de leur opinion publique. Du côté allemand, un seul homme, qui se considère comme seul compétent dans le domaine militaire, entend conduire sa guerre « instinctivement » et donne des ordres sans demander de conseils.

– D'un côté la France, où les intrigues privées et les querelles publiques peuvent paralyser la stratégie ; et son alliée la Grande-Bretagne, où les membres du Cabinet de guerre tiennent des conseils de temps de paix et se dispersent pour le week-end. De l'autre, l'Allemagne, où les querelles des généraux et des ministres doivent s'effacer devant les décisions du Führer, où l'on travaille la nuit, où les week-ends ont disparu.

– Du côté allemand, plusieurs officiers supérieurs des trois armes, qui ont été mis au secret sur ordre du Führer pour travailler à un plan d'opérations tellement confidentiel qu'il leur a même été interdit d'en informer leurs supérieurs. Du côté allié, le généralissime des armées françaises qui oublie les documents secrets du Conseil suprême dans le fauteuil d'un hôtel de Londres, un hôtel tenu par des Italiens…

– Du côté allemand, pour recueillir les renseignements nécessaires à l'opération, on envoie un « attaché commercial » en Norvège ; c'est en réalité un officier de l'Abwehr, qui s'acquitte de sa mission avec rapidité et discrétion. Du côté français, on envoie l'attaché naval adjoint, qui rend visite au commandant militaire de la place de Narvik – d'ailleurs membre du parti nazi norvégien – et lui demande les renseignements dont il a besoin, en lui expliquant que c'est pour préparer une opération alliée en Norvège, une opération ultra-secrète…

– Du côté allemand, un plan d'invasion minutieusement réglé, trop minutieusement parfois, où chaque détail est prévu, où chaque minute compte. Du côté allié, une dizaine de plans différents qui s'improvisent, se succèdent, s'enchevêtrent, s'annulent et se recréent, au désarroi des civils, à la consternation des militaires.

– D'un côté Chamberlain, qui « ne veut pas prendre de risques sans être sûr du résultat », de l'autre Hitler, qui s'apprête à risquer en un seul coup de dés l'ensemble de sa flotte pour réussir ce qu'il appelle « l'entreprise la plus culottée de l'histoire militaire moderne ».

C'est tout cela, et bien davantage, qui amène deux forces ennemies devant les côtes de Norvège au matin du 9 avril 1940. La campagne de Norvège qui s'ensuit va montrer aux Alliés que l'improvisation mène à la catastrophe, et aux

Allemands que certaines victoires militaires sont des désastres politiques.

Quelle est la part du hasard dans tout cela ? Des fils se tissent devant nous pour donner naissance à un événement, et la rupture d'un seul fil, que ce soit un incident matériel ou l'initiative d'un homme seul, peut changer l'événement de fond en comble. Est-ce là le hasard ? Pourtant, ce fil qui a cassé était fait de bien d'autres filaments, dont on peut également suivre l'assemblage jusqu'à la cassure. Le hasard n'est-il alors qu'une apparence ? C'est peut-être au fond « la règle qui voyage incognito »...

L'ensemble du récit ne s'est dégagé qu'après quatre ans de recherches dans dix-huit archives en France, en Allemagne, en Grande-Bretagne et en Norvège, et l'interview de nombreux acteurs et témoins dans ces mêmes pays. Il est important, en effet, d'examiner cet épisode de la guerre à la lumière des considérations, des connaissances, des méconnaissances, des préjugés, des passions du temps de guerre et du temps de l'avant-guerre. Alors peut-être, sans juger davantage ceux qui prennent les décisions que ceux qui les exécutent, on peut espérer saisir quelques-uns de ces fils avec lesquels se tisse la trame du destin.

Tel est le but de notre retour dans les coulisses de la haute stratégie.

Chapitre I

UN ROYAUME DÉSARMÉ

Il suffit de regarder une carte de géographie pour comprendre que la Norvège occupe une situation stratégique tout à fait exceptionnelle ; à l'ouest, elle fait face aux îles britanniques et ouvre le chemin de l'Atlantique Nord ; au sud, elle commande l'accès à la Baltique et à la côte allemande ; au nord, elle borde l'océan Arctique et couvre les approches maritimes septentrionales de l'Union Soviétique ; au nord-ouest, enfin, elle permet l'acheminement du minerai de fer suédois, qui passe par Narvik et les eaux territoriales norvégiennes avant d'aboutir en Allemagne ou en Grande-Bretagne.

Pourtant, il faut bien avouer qu'en France, avant le déclenchement de la Seconde Guerre mondiale, personne ne s'est beaucoup intéressé à la géographie de la Norvège. D'ailleurs, on peut trouver à cette époque dans le *Dictionnaire des Arts et Métiers* une carte de Scandinavie plutôt vague : à la place de la Suède, il y a un blanc, et à l'emplacement de la Norvège, on trouve écrit… Suède ! En Allemagne, ce n'est guère mieux : la capitale de la Norvège ne figure même pas sur les cartes ! C'est qu'en 1924, Christiana a été rebaptisée Oslo, et personne n'a jugé utile de faire rectifier les cartes pour si peu. Enfin, la Grande-Bretagne n'est pas en reste : à la fin des années trente, son ministre des Affaires étrangères, Lord Halifax, prend le tracé de la frontière norvégienne pour une ligne de chemin de fer… À lire tout cela, personne ne pourrait soupçonner l'intérêt démesuré que va prendre bientôt pour la France, l'Allemagne et la Grande-Bretagne ce petit pays somnolent, au sein d'une Scandinavie où il se passe déjà bien peu de choses…

En 1935, trente ans après avoir acquis leur indépendance, les deux millions et demi de Norvégiens ont élu pour la première fois un gouvernement socialiste. À dire vrai, ce gouvernement compte quelques personnalités singulières : le Premier ministre, Johann Nygaardsvold, ancien bûcheron et autodidacte, est certes partisan d'une politique sociale avancée, mais il s'intéresse aussi peu que possible à la défense et à la politique extérieure ; son ministre des Affaires étrangères, Halvdan Koht, professeur d'histoire, grand lettré et francophile éminent, est au contraire très au fait de la politique étrangère. Hélas ! il a dans les vertus protectrices de la neutralité et du droit international une confiance aveugle, que plus rien ne semble justifier dans le monde troublé de la fin des années trente. Au ministère de la Justice, on trouve Trygve Lie, un ancien syndicaliste aussi haut que large, qui dirigeait quinze ans plus tôt une « école de propagande bolchevique » destinée à préparer la prise de pouvoir en Norvège par des moyens tout autres que légaux. Enfin, le nouveau ministre de la Défense, Carl Fredric Monsen, n'est pas le personnage le moins curieux : pacifiste, ancien objecteur de conscience, ex-membre du comité du Parti chargé de mettre au point les directives antimilitaires, il a été arrêté une décennie plus tôt pour agitation antimilitariste au sein de l'armée ! Ses nouvelles responsabilités au ministère de la Défense constituent donc le couronnement d'une carrière bien remplie, et sans doute un cas unique dans l'histoire contemporaine… Pourtant, les pessimistes en seront pour leurs frais ; en moins de cinq ans, ce gouvernement si peu orthodoxe s'est attaché à faire entrer la Norvège dans le monde moderne, et du point de vue économique, politique, social et culturel, il y a pleinement réussi. Un seul point faible dans tout cela, et il est loin d'être négligeable en 1939 : la défense nationale.

L'armée norvégienne, comprenant 30 000 hommes en théorie – et 7 000 en réalité – est formée en temps de paix de six divisions ; en temps de guerre, par contre, les divisions doivent être constituées en brigades. C'est déjà une source de faiblesse : le temps nécessaire à cette réorganisation est forcément considérable ; par ailleurs, les officiers qui doivent commander ces brigades ne les connaissent pas à l'avance, ils ne connaissent pas les hommes qui seront sous leurs ordres, quant aux hommes d'une même unité, ils ne se sont jamais vus. D'ailleurs, on vient de supprimer les manœuvres…

C'est encore au niveau de l'équipement que la situation est la plus préoccupante ; l'armée n'a que des canons de 75, et ses fusils Krag-Jørgensen de 6,5 mm sont démodés ; il n'y a pas de mitraillettes ni de grenades, pas plus que de D.C.A. ni de tanks. L'armée risque également d'être gênée dans ses manœuvres : en 1935, il n'y a pas encore de voie de chemin de fer reliant au sud du pays les provinces stratégiques du nord ; l'armée ne peut davantage y accéder par la route, celle-ci n'existant qu'à l'état de projet. Les communications ne peuvent donc se faire que par voie de mer ; mais l'état de la marine n'est guère plus satisfaisant…

La marine norvégienne comprend environ 70 petites unités. Les deux plus importantes, le *Norge* et l'*Eidsvold*, sont les plus vieux cuirassés du monde encore en service, que l'amiral commandant en chef appelle affectueusement « ses vieilles baignoires ». D'ailleurs, par raison d'économie, la flotte norvégienne n'a pas quitté ses ports depuis 1918. Quant aux ports, ils sont protégés par une artillerie côtière plus que démodée : la grosse pièce qui, de la forteresse d'Oscarsborg, défend l'entrée du port d'Oslo, est un vieux canon Krupp du XIXe siècle ; il a été baptisé « Moïse », parce que au moment d'être mis en position, il est tombé à l'eau et a dû être repêché… L'entrée du fjord de Trondheim, elle, est défendue par la forteresse d'Agdenes ; mais celle-ci ne sera jamais occupée que par une compagnie de soldats peu entraînés, ayant reçu quarante-huit jours d'instruction dix ans auparavant. En outre, plusieurs batteries de canons n'ont pas suffisamment de servants, d'autres n'en ont pas du tout. La forteresse de Bergen, composée de sept fortins, manque également de servants pour ses pièces d'artillerie ; mais de toute façon, celles-ci n'ayant pas tiré depuis vingt ans, elles ont pour la plupart des mécanismes défectueux. D'ailleurs, une partie des obus, trop anciens, n'explose pas à l'impact… Même si l'on pouvait tirer, on serait fort embarrassé en cas d'attaque de nuit ou par temps couvert – et le temps est presque toujours couvert à Bergen – car les projecteurs de la forteresse sont alimentés par le réseau électrique civil de Bergen ; or, en cas d'attaque, on coupera les feux de la ville, et les projecteurs seront donc inutilisables. Les militaires norvégiens s'en sont bien sûr avisés depuis longtemps, mais le ministère de la Défense, qui manque de crédits, a estimé que l'installation d'accumulateurs spéciaux lui reviendrait trop cher. À Narvik, les projecteurs marchent peut-être, mais c'est sans importance : il n'y a pas de canons ! En 1912, il avait bien été question d'en installer à l'entrée du fjord, mais si les canons sont bien arrivés sur place, ils vont rester sur le quai pendant tout l'entre-deux-guerres, parce que les crédits de défense sont insuffisants pour les faire monter et leur aménager des positions. Quant à l'aviation, elle n'existe pas en tant que corps séparé ; il y a une aviation de l'armée et une aviation de la marine. Cette division est déjà préjudiciable, mais du reste, peu importe : il n'y a pratiquement pas d'avions.

Bien sûr, au sein de l'armée, on tente malgré tout de faire bonne chère avec peu d'argent. La loi cadre de 1933 avait bien prévu que la cavalerie serait équipée de chars de combat, mais les crédits alloués à cet effet ont été si minimes qu'il a fallu rassembler les subsides de plusieurs années pour pouvoir importer un seul char, afin que les soldats norvégiens en aient vu au moins un dans leur vie[1]. Quant à l'aviation, elle a acheté à l'Italie des avions *Caproni*, non pas parce que ce sont les meilleurs, mais parce qu'ils peuvent être payés… en morue séchée, ce qui permet au gouvernement norvégien de venir en aide à ses pêcheurs par la même occasion[2] ! Malheureusement, les avions en question se révéleront défectueux, et il faudra se résigner à en acheter ailleurs en monnaie sonnante et trébuchante…

Les responsables des forces armées, mesurant graduellement les dangers de la situation internationale, ont mené à partir de 1937 une campagne d'information sans précédent visant à sensibiliser le peuple au problème de la défense nationale, afin que celui-ci fasse pression à son tour sur le « Storting », le parlement norvégien, qui vote en dernier ressort les crédits de défense. Les militaires recevront même à cette occasion l'appui du ministre de la Défense qui, la fonction aidant, a oublié fort opportunément son passé antimilitariste… Mais tout cela est en vain ; le Premier ministre et le ministre des Affaires étrangères, eux, se retranchent toujours derrière leurs visions pacifistes, et à la fin des années trente, la défense norvégienne reste extraordinairement vulnérable. C'est ainsi qu'au début de 1939, le chef d'état-major de la marine pourra déclarer à la presse : « Nous sommes moins bien pourvus aujourd'hui en matériel et en personnel qu'en 1914[3] ! »

Face à cette situation navrante, il y a tout de même un personnage qui ne se laisse pas aveugler par les brumes épaisses du pacifisme et du neutralisme : c'est le roi de Norvège. Ancien officier de marine, petit-fils du « Beau-père de l'Europe » Christian IX, gendre du roi d'Angleterre Édouard VII, le prince Charles de Danemark a été élu roi de Norvège en 1905, sous le nom de Haakon VII. Depuis lors, cet homme de haute taille, mince et très droit, est intervenu avec efficacité et discrétion dans la vie politique norvégienne, et il a conquis l'estime de l'immense majorité de ses sujets. Par ailleurs, son éducation à la cour royale de Copenhague, comme ses liens de famille avec la Couronne d'Angleterre, lui ont donné une vision très claire de la politique internationale ; c'est ainsi qu'en 1932, il confiait déjà à l'amiral anglais Sir John Kelly : « Si Hitler arrive à prendre le pouvoir en Allemagne et à le conserver, nous aurons une guerre en Europe avant d'avoir dix ans de plus[4]. »

Au cours des huit années qui ont suivi, Haakon VII est donc intervenu discrètement en faveur d'un renforcement de la défense norvégienne auprès des divers gouvernements qui se sont succédé à la tête du pays. Hélas ! le roi de Norvège n'a guère plus de pouvoirs qu'un président français sous la IIIe République, et ses patients efforts ne donneront que des résultats insignifiants. C'est ainsi que, lorsque la Seconde Guerre mondiale éclate en Europe, Haakon VII, qui a près de 70 ans, doit se résigner à régner sur un pays dont l'importance stratégique n'a d'égale que la vulnérabilité militaire ; mais il a le cœur lourd, et comme le dira un de ses proches : « Je ne crois pas exagérer en affirmant que le roi avait pratiquement vécu le désastre avant même qu'il ne s'abattît[5]. »

Chapitre II

CHURCHILL ET LE JEU DE LA TENTATION

À l'été de 1939, le Premier ministre Neville Chamberlain, qui préside aux destinées de l'Angleterre, vient d'avoir 70 ans. Toujours mince et élégant, aisément reconnaissable à son parapluie, son chapeau mou et ses cols cassés, Chamberlain jouit auprès de ses compatriotes d'une popularité certaine ; n'a-t-il pas été tour à tour un très bon Lord maire de Birmingham, un excellent ministre des Finances et un Premier ministre hors pair ? Beaucoup de ses concitoyens en sont convaincus ; et pourtant, il faut se rendre à l'évidence : Neville Chamberlain, parfait gentleman, politicien habile et gestionnaire efficace, fait preuve en matière de politique étrangère d'une singulière incompétence, dont il mesure hélas très mal l'étendue*. C'est ainsi qu'il a entrepris dès 1937 de négocier personnellement avec Mussolini et Hitler ; le désastreux épisode de Munich l'année suivante est venu couronner ses efforts, et depuis lors, le spectre du nazisme n'a cessé de hanter l'Europe. Pourtant, le Premier ministre, trop soucieux d'équilibre économique et de popularité politique, trop confiant dans son habileté diplomatique et trop ignorant des questions militaires, a refusé d'engager à temps

* Winston Churchill dira de lui qu'il « regardait les affaires étrangères par le mauvais bout d'un collecteur municipal ».

l'immense effort de réarmement qui s'imposait. À présent, l'Angleterre est au bord du gouffre, et décidément, Chamberlain ne se sent pas l'âme d'un Premier ministre de guerre…

Ce n'est pas le cas de Winston Spencer Churchill. Avec sa carrure de lutteur, son faciès de bouledogue et ses redoutables talents d'orateur, l'enfant terrible de la politique britannique a occupé en quarante ans de carrière davantage de fonctions ministérielles que n'importe lequel de ses compatriotes. Ministre de l'Intérieur contesté, ministre des Finances exécrable, il a pourtant montré toute sa mesure lors de la Grande Guerre ; comme Premier Lord de l'Amirauté, officier dans les tranchées ou ministre de l'Armement, Churchill n'a cessé de combattre jusqu'au tout dernier jour de la guerre… et même quelque temps après.

La paix revenue, ce lutteur bouillant et obstiné ne pouvait que déranger les gestionnaires prudents qui occupaient le devant de la scène politique ; c'est ainsi que Churchill s'est trouvé rapidement mis à l'écart du gouvernement et isolé à la Chambre des communes. Mais contrairement aux Premiers ministres MacDonald, Baldwin et Chamberlain qui se sont succédé à la tête du pays, Churchill a rapidement compris la menace mortelle que faisait planer sur l'Angleterre la montée des dictatures en Europe ; or, il est convaincu qu'en cas de guerre, lui seul pourrait mobiliser toutes les énergies du pays pour mener la lutte à une conclusion victorieuse. C'est également l'opinion de la plupart de ses concitoyens, et même celle de ses adversaires politiques* ! Seulement, jusqu'à l'été de 1939, personne ne veut réellement croire à l'imminence d'une guerre…

---

* Chamberlain avait déjà écrit à sa sœur un mois plus tôt : « Plus la guerre approche, plus ses chances augmentent, et vice versa » (K. Feiling : *Neville Chamberlain*). Même ses prédécesseurs MacDonald et Baldwin, malgré leur antipathie pour Churchill, avaient reconnu l'impossibilité de le tenir à l'écart du pouvoir en cas de guerre (F. Kersaudy : *De Gaulle et Churchill*, Perrin, Paris, 2001).

L'entrée des Allemands en Pologne va pourtant rendre une déclaration de guerre inévitable, et à Londres, lors du remaniement ministériel qui s'ensuit, Chamberlain nomme Winston Churchill Premier Lord de l'Amirauté, lui concédant ainsi une place de choix au sein du Cabinet de guerre. Ce n'est pas de gaieté de cœur : depuis plus de deux ans, Churchill a été le détracteur le plus acharné, le mieux informé et le plus éloquent des insuffisances de sa politique de réarmement et des faiblesses de sa politique d'apaisement ; mais la pression de l'opinion publique comme le simple bon sens interdisent de tenir Churchill plus longtemps à l'écart du conflit qui s'annonce.

Est-il exact que Chamberlain ait nommé Winston Churchill Premier Lord de l'Amirauté afin que, suffisamment absorbé par les affaires de son ministère, il n'ait pas la tentation de s'occuper aussi des tâches de ses collègues, à commencer par celles du Premier ministre[1] ? Si tel est le cas, Neville Chamberlain s'est lourdement trompé[*] ; mais quoi qu'il en soit, c'est avec un plaisir certain que, le 3 septembre 1939, Churchill retrouve le ministère qu'il avait quitté la mort dans l'âme un quart de siècle auparavant[**].

Il y a une question que Churchill n'a pas étudiée avant d'arriver à l'Amirauté, et dont on parle beaucoup lorsqu'il s'y installe : c'est celle de l'approvisionnement de l'Allemagne en minerai de fer ; les experts britanniques ont en effet constaté que parmi les 22 millions de tonnes de minerai de fer que recevait l'Allemagne en 1938, 11 millions provenaient de sources qui lui sont maintenant fermées. Sur les 11 millions de tonnes restantes, 9 millions au moins lui viennent de Laponie suédoise[2]. Ce dernier approvisionnement est donc vital pour l'industrie allemande ; or, en

---

* Pour la seule période du 2 septembre au 1er octobre, Chamberlain a reçu de Churchill dix-sept lettres, dans lesquelles il est question de l'artillerie, des fortifications de la frontière belge, des réserves de pétrole, du couvre-feu, de l'Inde, etc.

** Winston Churchill avait dû démissionner de l'Amirauté en mai 1915, lors de l'affaire des Dardanelles.

examinant le chemin emprunté par les convois de minerai, les experts ont constaté qu'ils partent des ports suédois de Luleå et Oxelösund sur la Baltique, mais qu'en hiver, la Baltique étant gelée, le minerai doit être envoyé à Narvik par une voie ferrée, la « route du fer », d'où il parvient en Allemagne par la voie maritime, en empruntant le chenal qui borde la côte norvégienne jusqu'au Skagerrak[3]. « L'état-major de l'Amirauté, écrira Churchill, s'inquiétait de voir cet important avantage offert à l'Allemagne[4]. » De fait, lors d'une conférence des officiers supérieurs le 18 septembre, l'amiral Drax, chef d'état-major adjoint, rendant compte des débats qui se sont poursuivis à l'Amirauté, expose à Churchill la nécessité d'arrêter le trafic de minerai de fer par des moyens diplomatiques, mais ajoute que si toutes les autres méthodes échouaient, « il faudrait se préparer à violer les eaux territoriales norvégiennes[5] ».

Winston Churchill, personnage bouillant et qui ne supporte pas l'inaction, est rapidement gagné par l'ambiance qui règne à l'Amirauté. Il élabore donc sur-le-champ un plan d'opération, et dès le lendemain 19 septembre, il aborde la question dans une note adressée au Premier Lord de la Mer :

> « J'ai attiré l'attention du Cabinet ce matin sur l'importance qu'il y a à arrêter le transport de minerai de fer suédois par le port norvégien de Narvik, transport qui va commencer dès que le golfe de Botnie sera pris par les glaces. (…) Le Cabinet, notamment le ministre des Affaires étrangères, a semblé très favorable à cette décision. Il est donc nécessaire de prendre toutes les mesures en vue de son exécution[6]. »

Le projet de Churchill rencontre pourtant plusieurs difficultés ; d'une part, des négociations sont en cours depuis le début du mois avec des représentants des armateurs norvégiens pour l'affrètement d'une grande partie de leur flotte de transport, et principalement des pétroliers modernes, dont l'importance pour l'effort de guerre britannique est considérable. Or, la mise en œuvre du plan d'intervention dans les

LA NORVÈGE
▲ Mines de fer de Laponie
Voie ferrée NARVIK - LULEÅ
Route commerciale et
Cap Nord
Vardö
Vadsö
Hammerfest
Kirkenes
NARVIK
Kiruna
LAPONIE
Bodö
Gällivare
Muonio Ä
OCÉAN
ATLANTIQUE
LULEÅ
Vindel Ä
Namsos
SUÈDE
Golfe de Botnie
Kristiansund
TRONDHEIM
Molde
Ålesund
FINLANDE
Dombas
NORVÈGE
Lillehammer
Hamar
BERGEN
Klar Ä.
Turku
HELSINKI
OSLO
Haugesund
Hangöe
Golfe de Finlande
Stavanger
Larvik
L. Vänern
STOCKHOLM
Egersund
Kristiansand
Cap Lindesnes
Skagerrak
Göteborg
Riga
Dvina
Kattegat
MER BALTIQUE
Århus
MER DU NORD
DANEMARK
COPENHAGUE
U. R. S. S.
Odense
Malmö
Neman
Gdansk
POLOGNE
Hambourg
Elbe
Weser
ALLEMAGNE
Oder
Vistule
0
400 km

eaux territoriales norvégiennes, acte manifestement contraire au droit international, amènerait vraisemblablement les Norvégiens à rompre les négociations par mesure de rétorsion. Il faut donc, en effet, que cette question soit déjà réglée avant que l'on puisse entreprendre l'opération. Par ailleurs, en dépit du commentaire optimiste de Churchill à ce sujet, son plan va rencontrer d'emblée l'opposition du ministre des Affaires étrangères ; ancien vice-roi des Indes, fervent catholique et fonctionnaire scrupuleux, Lord Halifax est en effet farouchement hostile à toute violation de la neutralité norvégienne, et son influence au sein du Cabinet de guerre est considérable. Enfin, le ralentissement du trafic de minerai à destination de l'Allemagne au cours du mois de septembre a privé Churchill d'un argument important, et ses informations sur les voies d'acheminement du minerai restent très fragmentaires.

Toutes ces incertitudes se font jour dans l'argumentation du Premier Lord de l'Amirauté lorsqu'au début d'octobre, il soutient son plan devant le Cabinet de guerre ; ayant reconnu que « l'opération ne peut être exécutée immédiatement », il souhaite cependant que le Cabinet de guerre prenne une décision de principe sur sa proposition de « recourir à des mesures plus énergiques » et surtout, en prévision du moment où le trafic reprendra, qu'il accepte de « renvoyer la question aux différents ministères intéressés, afin que des plans détaillés soient établis en vue d'une prompte réalisation[7] ». Mais lors de cette session, l'opposition du ministre des Affaires étrangères reste l'élément décisif ; « De nouveau, écrit Churchill, l'utilité du projet fut reconnue par tous, mais (…) les arguments du Foreign Office sur la neutralité étaient sérieux ; je ne pus l'emporter[8]. »

À la fin de novembre, la situation reste inchangée : les négociations économiques avec les Norvégiens ont certes commencé, mais il faudra attendre longtemps encore avant la conclusion de l'accord d'affrètement des pétroliers. Par contre, on a maintenant davantage de renseignements sur les mouvements, le long de la côte norvégienne, des navires allemands chargés de minerai de fer, car l'Amirauté a envoyé quelques hommes enquêter discrètement sur place[9]. De plus, le ministère de la Guerre économique vient de faire savoir à Churchill qu'« un arrêt complet des exportations de minerai de fer à l'heure actuelle permettrait, sauf événement imprévu, de mettre fin à la guerre en l'espace de quelques mois[10] ». Le 30 novembre, Churchill, muni de ces informations, propose donc son nouveau plan d'action à ses collègues du Cabinet de guerre : « Juste avant la fin de la dernière guerre, leur dit-il, nous avons été en mesure de priver l'Allemagne de ses importations de minerai de fer en minant les eaux territoriales norvégiennes, forçant ainsi les bateaux de minerai à se dérouter vers la haute mer. Il est temps d'envisager la reprise de semblables mesures. Quelques petits champs de mines de 3 ou 4 milles carrés environ chacun feraient l'affaire[11]. »

Volontairement ou non, Churchill s'est trompé : les Britanniques ont certes eu *l'intention* de miner les eaux territoriales norvégiennes au cours de la Grande Guerre, mais, en fin de compte, ils n'en ont rien fait[12]. Du reste, peu importe, car au Cabinet de guerre, rien n'a changé depuis deux mois : le Foreign Office est toujours aussi hostile aux projets de Churchill, et les ministres achèvent leur réunion sans avoir pris de décision au sujet du minage des eaux territoriales norvégiennes, si ce n'est celle d'inviter les chefs d'état-major à faire un rapport sur les aspects militaires de la question[13].

Ce schéma des séances du Cabinet de guerre va rapidement nous devenir familier. À vrai dire, derrière tous les arguments de respect du droit des neutres, de prudence stratégique et d'opportunité politique évoqués par Chamberlain, Halifax et la majorité de leurs collègues, il y a une réalité qui n'a nullement changé depuis le début de septembre 1939 : Neville Chamberlain est resté en temps de guerre un premier ministre de temps de paix, et sa seule véritable stratégie consiste à attendre passivement que l'ennemi, atteint dans son moral ou son économie par le blocus allié, se décide à déposer les armes[14]. Dans ces conditions, il y a tout lieu de penser que les projets d'interruption du trafic de minerai seraient restés lettre morte si, sur ces entrefaites, n'était survenue la guerre russo-finlandaise...

L'attaque de la Finlande par l'Union Soviétique crée dans le monde une très grande émotion. Le 14 décembre, le Conseil de la Société des Nations déclare que l'U.R.S.S. n'est plus membre de l'organisation, et quatre jours plus tard, son Secrétaire général demande à chacun des pays membres de fournir à la Finlande toute l'assistance matérielle et humanitaire qu'ils seraient en mesure de lui apporter[15]. Si cet appel est fort bien accueilli par les autorités françaises, c'est que, tout en ayant reconnu à la Grande-Bretagne un rôle prépondérant dans l'exécution des mesures de blocus dès l'été de 1939[16], celles-ci ont elles aussi étudié attentivement le moyen de couper les lignes d'approvisionnement de l'Allemagne, et particulièrement ses voies de communications fluviales par le Danube, ses importations de pétrole, et aussi son ravitaillement en minerai de fer. À dire vrai, l'état-major français s'est surtout intéressé aux deux premiers éléments, ce qui l'amènera d'ailleurs pendant tout l'hiver 1939-1940 à élaborer d'ambitieux plans d'opérations dans les Balkans, en mer Noire et au Proche-Orient[17]. Mais comme les Britanniques ont déjà refusé à plusieurs reprises d'examiner sérieusement de tels projets[18], on en revient, bon gré, mal gré, au minerai de fer que l'Allemagne continue à recevoir de Suède[19]. Or, il faut bien reconnaître que l'appel de la S.D.N. arrive fort opportunément de ce point de vue, et la France, encouragée par les premiers succès de l'armée finlandaise*, va y répondre avec enthousiasme. « Évidemment,

---

* Entre le 12 et le 22 décembre, la petite armée finlandaise inflige aux troupes soviétiques trois défaites majeures à Tolvajärvi, Suomosalmi, Salla et Savukoski.

écrira l'amiral Auphan, c'est un peu cynique à dire, on n'espère pas tenir en échec toute l'armée russe et sauver la Finlande. Mais ce qu'on espère, à la faveur des opérations, c'est mettre la main sur le fer suédois pour qu'il n'aille plus en Allemagne[20]. »

On peut évidemment se demander ce qui motive un tel débordement d'imagination stratégique de la part des autorités françaises ; à vrai dire, la réponse est très simple… et purement politique : depuis plus de trois mois que la guerre est déclarée, le président du Conseil Daladier a été violemment attaqué au Parlement et dans la presse pour l'inertie de sa politique de guerre. Or, cet ancien professeur d'histoire, radical-socialiste bon teint, disciple d'Édouard Herriot et plusieurs fois ministre de la Défense, se veut un spécialiste des questions militaires ; en outre, le « Taureau du Vaucluse » – qui est aussi l'Homme de Munich – tient énormément à sa réputation de politicien énergique et de combattant sans faiblesse ; la survie de son gouvernement est d'ailleurs à ce prix. Seulement, il ne s'agit pas de s'attaquer directement à l'Allemagne, car en France, le souvenir des hécatombes de la Grande Guerre est resté gravé dans tous les esprits. Restent donc les « théâtres d'opérations extérieurs », où l'on peut espérer prendre l'initiative sans avoir à le payer trop cher… en mettant en avant l'allié britannique. C'est pourquoi le gouvernement français est bien décidé à exercer une pression énergique sur les autorités de Londres, afin qu'elles acceptent de participer à l'opération de « secours à la Finlande ». Au cours des semaines qui suivent, il va même leur proposer tour à tour des actions navales contre Petsamo, Luleå, Narvik et Mourmansk, autrement dit en Finlande, en Suède, en Norvège, et… en U.R.S.S.

À Londres, où personne ne tient à entrer en conflit ouvert avec l'Union Soviétique, on accueille une fois de plus ces plans assez brouillons avec un scepticisme mêlé d'indulgence. Mais Winston Churchill, qui ne perd pas de vue un instant l'objectif unique du combat – la défaite de l'Allemagne –

mesure immédiatement l'intérêt que présente le conflit soviéto-finlandais pour la reprise de son projet favori. Pour lui, « si Narvik était appelé à devenir une sorte de base alliée destinée à approvisionner les Finlandais, il serait certainement facile d'empêcher les navires allemands de charger le minerai dans le port et de se diriger en toute sécurité vers l'Allemagne par les chenaux côtiers », grâce au « mouillage de mines[21] ». Ainsi, en moins de quatre mois, la diplomatie stratégique en Grande-Bretagne a progressé à pas de géant, sur le papier du moins ; au début de septembre, on envisageait à l'Amirauté et au ministère de la Guerre économique de faire pression sur la Norvège pour qu'elle interrompe elle-même le trafic du minerai. À la mi-décembre, sous l'impulsion de Churchill, on songe déjà à persuader les Norvégiens d'accepter que Narvik devienne « une sorte de base alliée », après avoir mouillé des mines dans les eaux territoriales norvégiennes. Il est vrai qu'au sein du Cabinet de guerre, le Premier Lord de l'Amirauté est pratiquement le seul depuis trois mois à préconiser un blocus « offensif », mais au début de décembre 1939, la situation lui est incontestablement devenue beaucoup plus favorable ; même le ministre des Affaires étrangères Lord Halifax, grand adversaire de ses plans, vient de déclarer que « le peuple britannique a été profondément choqué par les circonstances dans lesquelles s'est déroulée l'attaque soviétique[22] », tandis que le service de renseignement naval vient enfin de fournir à Churchill les informations concrètes qu'il demandait depuis si longtemps ; entre le 27 et le 30 novembre, il y a eu à Narvik trois arrivées et deux départs de bateaux allemands chargés de minerai, et on signale les mouvements de quatre autres navires le long de la côte norvégienne[23]. Churchill écrit immédiatement au Premier Lord de la Mer : « Il faut maintenant que nous présentions notre plan d'action[24] ». Ce plan, Churchill l'expose au Cabinet de guerre dans un mémorandum écrit le 16 décembre :

« L'interruption effective des expéditions de minerai par la Norvège vers l'Allemagne compte parmi les opérations offensives les plus importantes de la guerre. Au cours des nombreux mois à venir, nous n'aurons la faculté de prendre aucune autre mesure qui nous offre autant de chances de réduire les pertes inutiles et les ruines désastreuses qu'entraîne le conflit, ou peut-être d'éviter les hécatombes qui marqueront la rencontre des armées principales. (...) Le minerai de Narvik doit être arrêté par le mouillage successif d'une série de champs de mines dans les eaux territoriales norvégiennes en deux ou trois points convenablement choisis de la côte, ce qui obligera les bateaux transportant du minerai en Allemagne à quitter les eaux territoriales et à prendre la haute mer où, s'ils sont allemands, ils seront capturés, et, s'ils sont neutres, seront soumis au contrôle de contrebande[25]. »

Churchill n'ignore pas que le Premier ministre Chamberlain redoute les réactions des neutres, et particulièrement celles des États-Unis. Il a donc déclaré le 11 décembre devant le Cabinet de guerre qu'ayant chargé l'ambassadeur des États-Unis à Londres de sonder les réactions de Roosevelt à un éventuel minage des eaux territoriales norvégiennes, il a « reçu un message qui indique que les réactions du président ont été plus favorables qu'il ne l'espérait[26] ». Sachant aussi que le Foreign Office reste hostile à son projet, Churchill s'est tout de même aperçu que Lord Halifax serait moins opposé à une action navale dans les eaux territoriales norvégiennes qu'à une pose de mines. D'ailleurs, deux bateaux anglais et un bateau grec viennent d'être coulés par les Allemands dans ces eaux. Churchill, en habile tacticien, modifie donc son plan pour qu'il soit également acceptable au Foreign Office : en représaille contre les torpillages allemands, on interceptera dans les eaux territoriales norvégiennes tous les navires chargés de minerai de fer à destination de l'Allemagne ; ils ne seront plus coulés, mais capturés[27]. Pourtant, s'il veut faire aboutir son projet, Churchill doit encore persuader un autre personnage : c'est le général Ironside, chef de l'état-major impérial.

La soixantaine grisonnante, les paupières lourdes et la mâchoire volontaire, Sir Edmund Ironside a été surnommé familièrement *« Tiny »** (il mesure près de deux mètres). Ancien officier d'artillerie, vétéran d'innombrables campagnes lointaines depuis l'Afrique du Sud jusqu'à Arkhangelsk, il n'est nullement effrayé par la perspective d'une intervention en Scandinavie. Seulement, le plan de Churchill sur le minage des eaux territoriales lui paraît trop limité ; il veut une expédition terrestre en règle, permettant d'occuper les mines de fer, et qui demanderait évidemment plus de temps à mettre sur pied[28]. Or, Churchill n'est pas davantage partisan d'une opération terrestre en Scandinavie que d'une intervention massive des navires de guerre dans les eaux territoriales norvégiennes ; mais pour se concilier également le chef de l'état-major impérial, il déclare le 18 décembre au Cabinet de guerre : « Si des opérations terrestres devenaient nécessaires, il serait parfaitement possible de faire débarquer des troupes britanniques et françaises en Norvège. (…) Nous pourrions même par la suite établir des bases aériennes dans le sud de la péninsule, et ainsi intervenir dans la Baltique[29]. » Enfin, Churchill reçoit l'appui du gouvernement français qui, avant d'être absorbé par le « plan » Petsamo, a demandé le 19 décembre au Conseil suprême que l'on rédige un communiqué commun assurant la Suède et la Norvège du « soutien » allié, afin que celles-ci, mises en confiance, acceptent toutes mesures que l'on se déciderait à prendre.

Lorsque le 22 décembre, le Cabinet de guerre se réunit sous la présidence du Premier ministre, Churchill semble donc avoir tous les atouts de son côté. Pourtant, il y a une faiblesse dans sa position : dès le 20 décembre, au Comité de coordination militaire, le général Ironside s'en tient à son idée d'expédition destinée à occuper les mines de fer, et pense que le plan de Churchill compromettrait les chances de son propre projet « à long terme »[30]. Lors de la session du

* Minuscule.

22 décembre, ce clivage va apparaître au grand jour, largement exploité il est vrai par Chamberlain qui, comme Halifax, est secrètement opposé à toute idée d'intervention qui ne pourrait être « justifiée » ; par-dessus tout, il redoute que l'on se lance dans une opération offensive susceptible de « provoquer l'Allemagne » et de déclencher une « véritable guerre », qu'il se sent bien incapable de conduire[31]. Au cours de la séance, Chamberlain fait donc observer qu'il y a maintenant deux projets distincts, le projet original visant à arrêter le trafic de Narvik par une action navale, mines ou patrouilles, et le projet « majeur* » consistant à s'assurer la possession des mines de fer par une expédition terrestre. Tout le monde, ajoute-t-il, s'accorde à peu près pour dire que l'assentiment de la Norvège et de la Suède est essentiel à la réussite du projet « majeur », mais il ne fait guère de doute que l'opération « mineure » déplairait à la Norvège et embarrasserait la Suède. Il ne faut donc pas risquer de compromettre l'opération « majeure » en exécutant l'opération « mineure »[32]. Ainsi, le bien serait l'ennemi du mieux, et pendant les trois prochains mois, ces deux projets vont continuer à s'opposer[33]. C'est là un obstacle redoutable qui s'est dressé devant les plans de Churchill ; ce plan « majeur », si long à mettre au point, convient à merveille à de nombreux membres du Cabinet qui, comme l'écrit le sous-secrétaire d'État Cadogan, « ne veulent pas aller trop vite[34] ». C'est aussi, pour le Premier ministre, une réplique toute trouvée aux injonctions de son chef de l'Amirauté.

Lors des réunions du Cabinet de guerre du 22 et du 27 décembre, on se contente de demander aux états-majors de faire des études en vue d'opérations futures en Scandinavie, ce qui n'engage à rien, et on élabore le mémorandum

---

* Les termes de « projet mineur » et de « plan limité » désignent le plan de Churchill. Les termes de « projet à long terme », « projet majeur », ou « plan élargi » désignent tous le plan Ironside pour une expédition terrestre en Norvège et en Suède.

que les Français insistent pour envoyer aux Norvégiens et aux Suédois, ce qui n'engage pas davantage. On informera les gouvernements suédois et norvégien que la Grande-Bretagne et la France sont prêtes à les aider à faire face aux conséquences éventuelles de toute aide qu'ils fourniraient eux-mêmes à la Finlande ; on les informera ensuite, « un peu plus tard », « en termes généraux », que l'on a l'intention d'envoyer des navires dans les eaux territoriales pour interrompre le trafic partant des ports norvégiens à destination de l'Allemagne. Mais de toute façon, on ne mettra pas cette menace à exécution avant de connaître la réaction des gouvernements scandinaves à cette dernière communication, et bien entendu, M. Chamberlain ne s'attend nullement à ce que cette réaction soit positive !

Telle est la situation au 28 décembre 1939. Mais Churchill n'est pas homme à renoncer aussi facilement ; du reste, il est aiguillonné par l'état-major de l'Amirauté, et particulièrement par l'amiral Drax, qui lui écrit ce même jour : « J'ignorais jusqu'à hier qu'aucune décision n'avait encore été prise concernant l'affaire du minerai de fer en provenance de Norvège, surtout si l'on considère que les Allemands ont torpillé des navires sans avertissement dans les eaux territoriales norvégiennes les 8, 11 et 13 décembre (...) Vous trouverez ci-joint des propositions de réponses aux objections qui ont été faites[35]. » Fort de ces encouragements et des nouveaux éléments qui lui sont ainsi fournis, Churchill décide de revenir à la charge, et envoie directement au Premier ministre le plan suivant :

> « a) Maintenant (si ce n'est déjà fait) nous transmettons à la Norvège et à la Suède les communications diplomatiques promettant une aide anglo-française en cas de nécessité.
>
> b) Le 30 décembre, samedi, achèvement du rapport technique du Comité des chefs d'état-major sur le plan élargi.
>
> c) Lundi 1er janvier, nous annonçons à la Norvège notre intention de répliquer aux torpillages allemands dans les eaux territoriales norvégiennes...

d) Mardi 2 janvier, nous commençons à arrêter les bateaux allemands… à l'intérieur des eaux territoriales norvégiennes.

e) Le 6 janvier au plus tard, mesures contre Oxelosund.

Après cela, et en attendant les réactions allemandes, nous étudions et mettons en œuvre le rapport de l'état-major au sujet du projet élargi[36]. »

Ce mémorandum énergique semble avoir impressionné le Premier ministre. À la session du Cabinet de guerre du 2 janvier, Chamberlain se déclare effectivement en faveur du « projet limité », même s'il ajoute que « les réactions possibles de l'Allemagne en Norvège et en Suède, telles qu'elles sont exposées par les chefs d'état-major, l'inquiètent sérieusement ». Alors, avec une patience remarquable et malgré tout une certaine pointe d'exaspération, Churchill réplique : « Nous avons fait tous les préparatifs en vue d'arrêter immédiatement le trafic passant par Narvik. Les unités navales sont prêtes… Il est impossible dans une opération de guerre de parer à toutes les objections qui peuvent être opposées à un plan d'action déterminé. S'il est normal que l'on examine toutes les difficultés susceptibles de se présenter, nous ne devons pas être dissuadés d'agir à cause de quelques objections. La guerre nous coûte 6 millions par jour, et il serait désastreux que cette proposition, qui semble offrir la meilleure chance de mettre fin à la guerre, soit rejetée[37]. »

Après l'intervention de Churchill, on s'enlise dans d'interminables discussions. À l'issue des débats, le général Ironside note : « Une longue journée. Huit heures et demie passées en conférences et réunions. On ne peut pas mener une guerre dans ces conditions[38]. » Churchill a pourtant obtenu un résultat : on fera sur-le-champ la communication au gouvernement norvégien. Bien entendu, on attendra la réaction norvégienne avant de prendre d'autres décisions. L'aide-mémoire est finalement communiqué le 6 janvier au ministre de Norvège Colban par Lord Halifax. Dans son journal, le sous-secrétaire d'État Sir Cadogan note que Halifax

« a eu un entretien pénible avec Colban[39] ». De fait, l'aide-mémoire, se référant aux torpillages de bateaux anglais et neutres dans les eaux territoriales, affirme que, « par ces actions hostiles, les forces navales allemandes ont fait des eaux territoriales norvégiennes un théâtre de guerre, et leur ont enlevé en pratique leur caractère neutre. (…) De ce fait, il pourrait s'avérer nécessaire que des forces navales de Sa Majesté pénètrent et opèrent dans ces eaux[40] ».

La réponse norvégienne parvient à Londres deux jours plus tard, sous la forme d'une lettre privée adressée par le roi de Norvège à son neveu George VI ; ce dernier se voit demander d'intercéder auprès du gouvernement britannique pour qu'il reconsidère son projet[41]. Bien entendu, la décision n'appartient pas au roi d'Angleterre, mais l'intervention d'un personnage aussi éminent que le roi de Norvège suffit amplement à dissuader de toute initiative belliqueuse le Premier ministre Chamberlain, qui n'en espérait sans doute pas autant. Pourtant, la Norvège est loin d'être tirée d'affaire, car moins de cinq semaines plus tard éclate l'affaire de l'*Altmark*.

L'*Altmark* est le navire auxiliaire du croiseur allemand *Graf Spee* ; il a à son bord 299 marins britanniques appartenant aux équipages des navires coulés par le croiseur, et lorsque le *Graf Spee* est à son tour coulé au large de Montevideo en décembre 1939, l'*Altmark* se cache dans l'Atlantique Sud pendant près de deux mois pour échapper aux poursuites. Puis, pensant que les recherches ont été abandonnées, le capitaine Dau, commandant de l'*Altmark*, va tenter de rejoindre l'Allemagne par le Nord, en longeant les côtes de Groenland et de l'Islande. L'*Altmark* avait effectivement réussi à passer inaperçu, jusqu'à ce jour du 14 février où il a été découvert par l'aviation britannique[42] ; intercepté par une flottille de destroyers britanniques commandée par le capitaine Philip Vian, l'*Altmark* se réfugie dans un fjord étroit d'environ deux kilomètres de long, le Jøssingfjord. Deux destroyers britanniques reçoivent l'ordre de l'y suivre et de le visiter. Mais deux torpilleurs norvégiens s'interposent et les informent que le bateau n'est pas armé, qu'il a été examiné la veille par les Norvégiens, et qu'il a reçu l'autorisation de poursuivre sa route ; sur quoi les destroyers anglais se retirent…

Les choses auraient pu en rester là, mais Winston Churchill, Premier Lord de l'Amirauté, n'est pas satisfait, et il prend lui-même l'initiative d'agir. Ce même 16 février, à 17 h 25, il envoie au capitaine Vian l'instruction suivante : « À moins qu'un torpilleur ne se charge de convoyer l'*Altmark* jusqu'à Bergen, avec une garde mixte anglo-norvégienne à bord et une escorte mixte, vous devez aborder l'*Altmark*, libérer les prisonniers et prendre possession du bateau en attendant de nouvelles instructions[43]. » Le soir même, le destroyer britannique *Cossak* entre dans le Jøssingfjord. Après avoir parlementé sans résultat avec les officiers du torpilleur norvégien, le capitaine Vian commande à son navire d'aborder l'*Altmark* ; les marins britanniques passent à l'abordage, et après un bref corps à corps qui fait quatre tués et cinq blessés parmi l'équipage allemand, le navire est capturé. 299 marins britanniques enfermés dans les cales sont libérés et passent à bord du *Cossak*, qui quitte le fjord quelques heures plus tard, laissant l'*Altmark* échoué sur un haut fond.

Bien entendu, M. Koht enverra à Londres une protestation en bonne et due forme contre cette violation inqualifiable de la neutralité norvégienne. Mais l'affaire de l'*Altmark* a également en Norvège de très sérieuses répercussions ; elle laisse en effet planer un doute sur la façon dont la Norvège fait respecter la neutralité de ses eaux territoriales[44], elle divise profondément la classe politique et montre que, quelles que soient les positions équivoques des dirigeants norvégiens, l'opinion publique dans son écrasante majorité est résolument pro-britannique[*45]. Le roi Haakon VII lui-même

* Au cours des sombres années qui vont suivre, les résistants anti-nazis en Norvège se donneront le nom de *Jøssinger*, c'est-à-dire, « ceux qui ont approuvé l'action britannique dans le Jøssingfjord » ; en d'autres termes, les partisans inconditionnels de l'Angleterre.

n'a sans doute pas vraiment déploré cette action d'éclat de la Royal Navy, mais il voit plus loin que la plupart de ses compatriotes, et il fait part de ses craintes au nouveau ministre de France à Oslo, le comte de Dampierre : « Le roi, écrit Dampierre au Quai d'Orsay, a souligné la position difficile dans laquelle se trouvait son pays, qu'il a assimilé à un terrain de football sur lequel les adversaires auraient de plus en plus tendance à s'exercer (…)[46]. »

L'affaire de l'*Altmark* aura également de très sérieuses conséquences sur le débat stratégique en Grande-Bretagne. Selon Winston Churchill, cette affaire a « rehaussé le prestige de l'Amirauté[47] ». En fait, elle a fait bien davantage… À la mi-janvier, l'interférence du « plan élargi », la pusillanimité du Premier ministre et la lettre personnelle du roi Haakon VII avaient certes entraîné l'abandon du projet de minage défendu par Churchill ; mais elles n'avaient pas mis fin pour autant à la planification stratégique du War Office concernant la Scandinavie, et entre-temps, le « plan élargi » a pris une certaine ampleur. Conçu au départ comme un débarquement à Narvik de deux divisions, qui se porteraient ensuite vers les mines de fer et peut-être, un jour, vers la Finlande, le projet d'opération a été baptisé « Avonmouth »[48]. Pourtant, on s'est avisé dès le début de janvier que les Allemands pourraient prendre le corps expéditionnaire à revers en débarquant dans les principaux ports de Norvège centrale, Bergen, Trondheim et Stavanger. Pour les y devancer, les chefs d'état-major ont donc prévu un second plan d'opération, devant comprendre cinq bataillons et baptisé « Stratford »[49]. Une semaine plus tard, sous l'influence des protestations scandinaves, les planificateurs ont songé que la Suède pourrait bien refuser de coopérer avec les troupes britanniques envoyées vers les mines de fer, par peur de représailles allemandes pouvant prendre la forme d'une attaque en Suède du Sud. Alors, « pour rassurer les Suédois », on décide de préparer une troisième expédition, baptisée « Plymouth » et comprenant au moins deux divisions, pour débarquer à Trondheim et « coopérer à la défense de la Suède du Sud[50] ». Au début de janvier, on avait même rassemblé quelques unités en prévision de la mise en œuvre anticipée d'« Avonmouth » et de « Stratford ». Le 12 janvier, après les refus scandinaves, cette force est dissoute, mais les plans ne sont nullement abandonnés ; pour les chefs d'état-major, en effet, « il est évident que les trois opérations en Scandinavie du Nord, en Norvège du Sud et en Suède du Sud sont complémentaires, et il est essentiel pour le succès du projet que nous soyons prêts à mettre simultanément en œuvre les trois opérations ».

En somme, tout cela est très simple : on a renoncé à l'action navale dans les eaux norvégiennes parce qu'elle amènerait l'hostilité des Norvégiens, et compromettrait les chances d'un plan élargi visant à mettre la main sur les mines de fer suédoises, sous le prétexte d'aider la Finlande, bien entendu… Mais pour pénétrer en Suède du Nord, il faut évidemment débarquer en Norvège du Nord, à Narvik, et pour protéger cette opération contre une attaque allemande, il faut aussi débarquer en Norvège du Sud, tandis que pour s'assurer le concours de la Suède, il faut également débarquer en Norvège centrale, et même pénétrer en Suède du Sud…[51].

Par-delà l'aspect tragi-comique de cette situation, il y a deux éléments dont on ne peut manquer de tenir compte ; d'une part, les troupes dont les planificateurs prévoient l'emploi n'existent que sur le papier : entre octobre 1939 et mars 1940, on a envoyé 10 divisions en France, et il ne reste même pas en Angleterre l'équivalent de deux divisions régulières. Quant aux troupes territoriales, elles sont presque entièrement dépourvues d'entraînement et d'équipement, et il paraît pour le moins hardi d'envisager leur utilisation outre-mer. D'autre part, les projets, même théoriques, des planificateurs ne constituent qu'une base de discussion pour les réunions souvent houleuses du Comité de chefs d'état-major. Le secrétaire de ce Comité, Lord Ismay, écrira lui-même avec une réserve typiquement britannique : « Au début, la tendance de chaque membre était de se considérer comme le champion de son propre service, et il s'ensuivait, si je puis m'exprimer ainsi, un manque de compréhension[52]. » Si néanmoins les chefs d'état-major parviennent à s'accorder, ils doivent ensuite transmettre un rapport au Comité de coordination militaire (M.C.C.), créé à la fin du mois d'octobre 1939, et dont le rôle est de « faire de temps à autre au Cabinet de guerre des recommandations concernant la conduite générale de la guerre* ». Or, au sein de ce Cabinet, les ministres, à l'exception de Churchill, n'ont aucune notion de stratégie, et ils le savent[53] ; Churchill, lui, a des notions de stratégie très imparfaites, et il ne le sait pas…

En France, le gouvernement Daladier est en butte à des critiques acerbes de la part de la presse et des parlementaires, qui lui reprochent la faiblesse de ses efforts pour venir en aide aux Finlandais[54]. Et pourtant, à Paris, on continue à examiner d'innombrables plans d'opérations contre l'Union Soviétique, à Petsamo, à Mourmansk, dans les Balkans et au Caucase[55]. Seulement, aucun de ces ambitieux projets ne peut être mené à bien sans le concours britannique, et les Britanniques se refusent toujours à prendre tout cela au sérieux[56]. C'est ce que M. Chamberlain exprimera avec toute la diplomatie requise lors du Conseil suprême franco-britannique du 5 février, tout en faisant ressortir, sans trop insister, les mérites du fameux « plan élargi » en trois parties qui vient d'être élaboré par ses chefs d'état-major. Le président du Conseil Daladier, qui a absolument besoin d'une initiative militaire quelconque pour assurer la pérennité de son gouvernement, finit par se rendre aux raisons de M. Chamberlain[57]. On s'accorde donc pour mettre sur pied

* Ce comité est composé des ministres de la Guerre, de l'Air, de l'Approvisionnement et du Premier Lord de l'Amirauté ; il sera présidé jusqu'au 3 avril par Lord Chatfield, ministre de la Coordination de la Défense. Les trois chefs d'état-major assistent aux séances en tant que conseillers.

un corps expéditionnaire anglo-français destiné à « porter secours à la Finlande », et surtout à mettre la main sur les mines de fer. Bien sûr, les Norvégiens et les Suédois ne sont nullement disposés à coopérer, mais on convient d'exercer sur eux « une vigoureuse pression morale »[58] ; quand le corps expéditionnaire sera prêt, on demandera d'ailleurs à la Finlande de faire officiellement appel aux troupes alliées, et les Scandinaves devront donc s'incliner[59]. Quoi qu'il en soit, les plans français et britanniques vont enfin connaître un semblant de coordination, et l'expédition est prévue pour la troisième semaine de mars au plus tard. Le commandement en sera confié aux Britanniques.

Du côté britannique, les unités de « Stratford » et « Avonmouth », formées un mois plus tôt et dissoutes au bout de deux semaines[60], vont être reconstituées sur l'ordre du général Massy, du département des Opérations militaires et de la Planification. Dès la mi-février, on a mis au point les plans détaillés des trois expéditions ; le détachement « Stratford », composé de cinq bataillons, s'emparera de Trondheim, Stavanger et Bergen ; le détachement « Avonmouth », avec une brigade d'infanterie britannique – « formée avec tout ce que l'on peut trouver dans les fonds de tiroir en Angleterre », écrit le 13 février le vice-amiral Odend'hal[61] – et appuyée par une brigade de chasseurs alpins français ainsi qu'une demi-brigade polonaise, débarquera à Narvik et occupera la région minière suédoise, notamment Kiruna, Gällivare, Boden et Luleå. Enfin, le détachement « Plymouth » débarquera à Trondheim pour assister les Suédois en Suède méridionale. Les plans ont été discutés avec le général Audet, qui a été nommé le 18 février commandant des forces françaises destinées à être envoyées en Scandinavie[62].

Pendant ce temps, l'entraînement et l'équipement des corps expéditionnaires anglais et français se poursuivent à une cadence accélérée, et le major général Sir John Kennedy, qui avait participé à l'élaboration initiale des plans de débarquement au début du mois de janvier, est convoqué le

23 février au War Office. « Je m'aperçus, écrira-t-il, que notre plan hypothétique était devenu une réalité, et que j'étais promu chef d'état-major d'une expédition conjointe franco-britannique vers Narvik[63]. » Il est vrai que deux semaines plus tôt, se référant aux forces « Stratford » et « Avonmouth », le général Massy écrivait au général de corps d'armée Sir Guy Williams : « Il est tout à fait possible que ces deux forces ne soient jamais appelées à accomplir les missions qui leur sont imparties[64]. » De toute évidence, c'est le général Massy qui connaît le mieux le caractère indécis du Premier ministre britannique. Mais au cours de la deuxième partie de février, trois facteurs s'additionnent pour pousser, souvent malgré eux, les dirigeants britanniques à agir en Scandinavie ; et le premier d'entre eux est incontestablement l'affaire de l'*Altmark*.

Fort de cette action d'éclat, Churchill a en effet ressorti son plan de minage des eaux norvégiennes, plan qui, nous l'avons vu, avait été largement éclipsé au cours des deux mois précédents par le « plan élargi » du général Ironside. Ce dernier est maintenant plus favorable au plan de minage, car Churchill a fait valoir que le mouillage de mines provoquerait certainement une réaction allemande, justifiant à son tour l'action terrestre. Cette fois, Churchill a également le soutien du Foreign Office, qui préfère l'opération limitée dans les eaux territoriales norvégiennes à cette opération terrestre dont l'ampleur commence à l'effrayer. Surtout, il y a cette fois-ci une motivation juridique toute fraîche, que Halifax voit dans le fait que les Norvégiens sont incapables de faire respecter la neutralité de leurs eaux territoriales ; c'est là une base suffisamment solide pour justifier l'opération navale. Le 20 février, Halifax écrit en effet à Lord Lothian, ambassadeur de Grande-Bretagne à Washington : « Maintenant que l'incident de l'*Altmark* a montré la vulnérabilité de la Norvège aux pressions allemandes, on doit envisager de prendre des mesures définitives pour empêcher que les Allemands n'utilisent ces eaux, en y mouillant un champ de mines par exemple[65]. » Ainsi, l'Amirauté, le Foreign Office et le chef d'état-major impérial, influencés par l'affaire de l'*Altmark*, se prononcent maintenant tous en faveur d'une action immédiate.

Ce n'est pas encore suffisant ; à la réunion du Cabinet de guerre du 23 février, Neville Chamberlain prétend qu'il ne peut prendre « d'un cœur léger » la mesure qu'on lui propose :

> « Nous sommes entrés en guerre pour des raisons morales, et nous devons prendre garde de ne pas saper notre position, sinon nous perdrions le soutien du monde. Quoi qu'il en soit, il sera nécessaire de s'assurer du soutien des Dominions, et il sera également indiqué de consulter les leaders de l'opposition (...) par ailleurs, il faut avoir présentes à l'esprit les contre-mesures économiques que l'Allemagne pourrait prendre en guise de représailles à notre action dans les eaux territoriales norvégiennes[66]. »

Six jours plus tard, le chef du parti libéral, Archibald Sinclair, s'étant prononcé en faveur de l'opération, et les Premiers ministres des Dominions ayant donné des réponses extrêmement vagues, Chamberlain, lui, est resté inébranlable. En principe, il est en faveur du projet ; néanmoins, il n'est pas du tout convaincu que la mesure envisagée soit opportune à l'heure actuelle. Avec réticence, il en est arrivé à la conclusion qu'il ne lui est pas possible de conseiller au Cabinet de guerre d'entreprendre une action dans les eaux territoriales norvégiennes pour le moment. On peut mettre le projet de côté, et le réexaminer le cas échéant[67]. Comme de juste, le Cabinet de guerre se rallie à cette « décision ».

Le second facteur qui pousse les dirigeants britanniques à l'action, c'est évidemment la guerre russo-finlandaise. L'armée soviétique a été progressivement réorganisée depuis les cuisantes défaites de décembre 1939, et pendant tout le mois de janvier, les Finlandais ont dû résister pied à pied à des attaques de plus en plus violentes. À la mi-février, les Soviétiques ont même réussi à prendre plusieurs positions avancées de la ligne Mannerheim[68] ; les Finlandais, sachant qu'ils ne pourront résister indéfiniment, ont pris des contacts indirects avec Moscou, qui a dicté ses conditions pour une cessation éventuelle des hostilités[69]. Il est vrai que le 23 février, l'ambassadeur de Grande-Bretagne présente au gouvernement finlandais le plan anglo-français du 5 février, qui prévoit que la Finlande demandera officiellement une assistance des Alliés. Les ministres finlandais s'enquièrent de l'importance du corps expéditionnaire allié, ainsi que de la date à laquelle il pourrait arriver. L'ambassadeur leur répond qu'il arriverait à la mi-avril, et qu'il comprendrait environ 20 000 hommes bien armés[70]. Le gouvernement finlandais a donc le choix entre accepter les conditions soviétiques et faire appel au corps expéditionnaire allié. Il sait d'autre part que les Suédois et les Norvégiens refuseront de toute façon le passage des troupes alliées ; le gouvernement suédois l'a catégoriquement affirmé au ministre finlandais Tanner le 26 février[71]. Le gouvernement d'Helsinki et le maréchal Mannerheim savent aussi que les Alliés veulent avant tout occuper Narvik et les mines de fer, et que l'aide à la Finlande passerait largement au second plan[72]...

En fin de compte, ce sont les impératifs stratégiques qui vont dicter la décision finlandaise ; car à la fin de février, si les Soviétiques sont encore contenus au nord du lac Ladoga, ils continuent par contre à progresser sur le front de Carélie, et les troupes finlandaises sont épuisées. Le maréchal Mannerheim, qui redoute un effondrement, veut donc que l'on traite le plus rapidement possible et dès le 1er mars, le gouvernement d'Helsinki décide d'engager des pourparlers. Mais s'il ne voit pas l'utilité d'entraîner la Suède et la Norvège dans la guerre en faisant appel à un corps expéditionnaire allié qui de toute façon arriverait trop tard, il voit par contre parfaitement l'avantage qu'il y aurait à ce que cette menace se précise, car elle inciterait les Soviétiques à présenter des conditions plus modérées pour en finir avant l'intervention alliée. Helsinki va donc demander à Paris et à Londres s'ils peuvent fournir immédiatement une grande quantité de troupes et de matériel ; si les alliés acceptent et s'exécutent, on pourra encore espérer avec un tel appoint renverser la situation. S'ils refusent – ou hésitent, ce qui revient au même – les Soviétiques seront au moins informés que le projet est dans l'air, et ils seront d'autant plus conciliants au cours des pourparlers. Mannerheim écrira lui-même : « Le gouvernement (…) pensait trouver là une possibilité d'obtenir un adoucissement des conditions russes[*73]. »

Le 1er mars, l'ambassadeur de Finlande à Londres, M. Gripenberg, déclare donc à Lord Halifax que la décision finlandaise de négocier ou de faire appel aux Alliés dépendra de l'ampleur et de la rapidité de l'aide qu'ils seront en mesure de fournir. Son gouvernement vient de le charger de demander si les Alliés accepteraient d'envoyer immédiatement 100 bombardiers avec leurs équipages, ainsi que 50 000 hommes pour le mois de mars, avec des renforts ultérieurement ; si ces forces pourraient être envoyées n'importe où sur le territoire finlandais ; si le gouvernement britannique se croyait en mesure d'obtenir de la Norvège et de la Suède qu'elles livrent passage aux forces alliées, et si un refus de la part des Norvégiens et des Suédois modifierait la politique alliée[75]. La démarche est extrêmement habile ; car si M. Chamberlain n'est pas pressé d'intervenir en Finlande – ou ailleurs, du reste – il ne peut en revanche assister en spectateur à une défaite des Finlandais face aux Soviétiques ; ce n'est pas qu'il ait compris l'importance stratégique de la Finlande, mais tout simplement qu'une défaite des Finlandais représenterait pour la cause alliée un échec sévère, dont l'opposition britannique ne manquerait

* Le calcul ne semble pas avoir été mauvais, puisque le général soviétique Meretskov écrira trois décennies plus tard : « Tout retard apporté à la conclusion victorieuse de cette guerre aurait pu permettre aux Français et aux Suédois d'envoyer des renforts, et au lieu d'avoir à mener la guerre contre un seul État, nous nous serions trouvés confrontés à une coalition[74]. »

pas de tirer avantage sur le plan politique… Dans ces conditions, Lord Halifax est autorisé à promettre aux Finlandais un renfort de 12 000 hommes entièrement équipés avant la fin du mois de mars, et s'engage à exercer « une forte pression » sur les gouvernements suédois et norvégien pour qu'ils livrent le passage. Personne au Cabinet de guerre ne sait si cette promesse pourra être tenue, mais du reste, peu importe : il s'agit de soutenir le moral des Finlandais pour qu'ils continuent le combat, laissant ainsi ouverte la possibilité d'une intervention. Bien sûr, il n'est pas du tout certain que cette possibilité soit exploitée un jour, car cela implique le risque d'une guerre active que M. Chamberlain refuse toujours de mener… mais enfin, il est politiquement avisé de faire savoir au pays – et aux Français – que l'on a la possibilité et l'intention d'intervenir. C'est qu'en effet, il y a un troisième facteur qui pousse les dirigeants britanniques à l'intervention en Scandinavie : la pression française, à laquelle le Cabinet de guerre britannique est étonnamment vulnérable.

À mesure que la résistance finlandaise fléchissait, la pression de l'opinion publique française sur le gouvernement Daladier s'est faite de plus en plus pesante[76]. Comme l'écrira le général Gamelin : « Au fond, l'opinion ne savait pas exactement ce qu'elle voulait, mais elle voulait autre chose et surtout que l'on fît quelque chose[77]. » Pour Jacques Mordal, « on voulait, tout simplement faire quelque chose, fût-ce une bêtise[78] ». C'est ainsi que le président du Conseil Daladier, plus encore que son homologue britannique, a besoin de l'intervention en Scandinavie pour assurer la pérennité de son gouvernement ; une telle expédition lui paraît d'autant plus souhaitable que ce sont les Britanniques qui en auront la principale responsabilité*. Ainsi, depuis la

* On notera toutefois que ce projet est loin de faire l'unanimité dans le camp français. Voir F. Bedarida : *La stratégie secrète de la Drôle de Guerre*, F.N.S.P.-C.N.R.S., Paris, 1979.

réunion du Conseil suprême du 5 février, le gouvernement français, par l'intermédiaire de son ambassadeur à Londres, de ses attachés militaires et de ses chefs d'états-majors, n'a cessé d'exhorter le Cabinet de guerre à brusquer les choses sur le théâtre scandinave.

Lorsque le 1er mars, l'ambassadeur de Finlande à Paris fait auprès du Quai d'Orsay la même démarche que son homologue de Londres, il reçoit pour sa part des réponses affirmatives à toutes ses requêtes : les hommes et les avions demandés peuvent être envoyés, le contingent français est prêt à partir, les diplomates français à Stockholm et Oslo se tiennent prêts à demander le passage, et si les Suédois et les Norvégiens refusaient… on passerait outre et on entrerait de force[79] ! M. Daladier n'a pas jugé utile de se concerter au préalable avec le gouvernement britannique, qui a pourtant la responsabilité de l'opération. Lord Halifax apprend la nouvelle avec surprise et consternation. Lorsque ce même jour, il en informe le Cabinet britannique, celui-ci demeure perplexe ; selon l'historien Woodward, « Le Cabinet de guerre était extrêmement préoccupé par les réponses françaises. Les promesses faites lui apparaissaient comme un bluff, et il lui semblait que les Français les avaient faites en sachant bien qu'ils pourraient nous accuser s'ils n'arrivaient pas à les tenir. Nous ne pouvions pas leur donner de bombardiers ni transporter 50 000 hommes en Finlande au mois de mars[80]… ». Mais le Cabinet juge plus prudent de ne pas refuser les demandes en bloc ; car dans ce cas, les Finlandais signeraient la paix avec les Soviétiques, et ce serait la fin de toute possibilité d'opérations scandinaves. On répondra donc à l'ambassadeur que l'on est prêt à faire « tout ce qui est possible » pour soutenir son pays. En même temps, comme d'habitude, on se préparera à intervenir, cela n'engage à rien, et on informera les gouvernements suédois et norvégien que l'on a l'intention de demander le passage à travers leur territoire, en leur promettant toute l'assistance nécessaire au cas où cela les entraînerait dans une guerre avec l'Allemagne[81] ; cela non plus n'engage à rien, mais on a du moins l'impression d'avoir pris une décision, d'avoir fait plaisir aux Finlandais, aux Français, au Premier Lord de l'Amirauté et au chef de l'état-major impérial. Il sera toujours temps de reculer par la suite…

Le 4 mars, les réponses de la Norvège et de la Suède à la demande « hypothétique » de passage parviennent à Londres ; c'est un refus catégorique[82]. Comme en outre il n'y a pas encore de demande officielle de secours de la part des Finlandais, le Cabinet britannique voit là deux excellentes raisons de s'abstenir. À Paris, par contre, Daladier songe à passer outre aux refus scandinaves. Seulement, pour se couvrir vis-à-vis de l'opinion internationale, il faut tout de même obtenir que les Finlandais fassent appel aux Alliés ; et l'appel ne vient pas. Le 7 mars, Daladier déclare à l'ambassadeur de Finlande à Paris : « Depuis plusieurs jours, nous attendons l'appel de la Finlande pour voler à son secours par tous les moyens, et il est difficile de comprendre que l'envoi en ait encore été différé[83]. » En même temps, Daladier, qui sait que les Finlandais négocient avec les Soviétiques, accable de notes, d'appels, de télégrammes et de communications les membres du Cabinet de guerre britannique, les invitant à intervenir avant qu'il ne soit trop tard, avant que la Finlande ne signe la paix, faisant ainsi disparaître tout prétexte à une intervention… et sans doute son propre ministère par la même occasion.

Le 10 mars, enfin, les Britanniques cèdent. Bien qu'il n'y ait ni acceptation de transit de la part des Scandinaves, ni appel de la part des Finlandais, le projet d'intervention est de nouveau examiné au Cabinet de guerre, et on se demande même si on ne va pas le mettre à exécution. Sur ordre de Daladier, l'ambassadeur Corbin continue à faire le siège des autorités britanniques. Le 11 mars, Sir Cadogan note : « Corbin est venu me faire des remontrances au sujet de nos hésitations sur la Scandinavie. Je lui ai rétorqué qu'il était sans doute très pittoresque et romantique (…) de promettre

200 000 hommes aux Finlandais, mais que ce n'était pas du jeu (...). Comme les Français sont lassants[84]. » Le général Ironside note le même jour dans son propre journal : « Corbin (...) est venu voir Halifax et lui a dit que Daladier serait obligé de démissionner si nous n'en faisions pas plus au sujet de la Finlande (...) que les gens commençaient à se demander si nous faisions les choses sérieusement[85]. »

La perspective de voir le prétexte à l'expédition disparaître avec la fin des hostilités en Finlande, et surtout le poids des pressions françaises*, finissent par avoir raison des réticences britanniques. Ce jour-là, le Cabinet de guerre a décidé d'exécuter le plan de débarquement à Narvik coûte que coûte, même si les Norvégiens refusent le passage[86] : « Nous travaillons maintenant à ce plan, note le général Ironside, ce qui signifie que nous devons nous attendre à rencontrer une certaine opposition lors du débarquement. Je vois d'ici nos grands gardes écossais écarter de leur chemin les Norvégiens ensommeillés à cinq heures du matin. Il semble inconcevable que les Norvégiens résistent tant soit peu s'ils sont pris par surprise[87]. » En tout cas, les plans que l'on prépare depuis près de trois mois vont enfin pouvoir être appliqués. En France, les troupes sont prêtes, les transports aussi ; l'opération a reçu le nom code de « B.K. » En Grande-Bretagne, le général Mackesy, désigné à la mi-février comme chef de l'expédition terrestre, a établi son quartier général dans le Yorkshire. Son chef d'état-major, le major général Sir John Kennedy, constate que « le 11 mars, l'ensemble de l'affaire paraissait d'un seul coup plus réaliste[88] ». Enfin, l'amiral Evans, qui passe pour être un expert des questions norvégiennes, se fait fort de débarquer les troupes à Narvik et demande qu'on lui confie la partie

* Lord Mountbatten nous a confirmé que ce sont les pressions françaises qui ont amené Chamberlain à céder. Ce dernier lui avait confié qu'il « n'avait pas voulu être accusé de manquer à la parole donnée aux Français le 5 février ». (Interview de Lord Mountbatten par l'auteur, 4/6/79).

navale de l'opération. Il a également rassuré les chefs d'état-major : les Norvégiens détestent les Allemands, et ne s'opposeront pas au débarquement. Un seul point faible dans tout cela ; si les Norvégiens résistent, que fera-t-on ?

Le lendemain 12 mars, alors que les préparatifs se poursuivent à une cadence accélérée, les discussions au sujet de l'attitude à prendre en cas d'opposition norvégienne font rage au sein du Cabinet de guerre. Par ailleurs, une fois débarquées, les troupes devront encore passer par la Suède ; et le général Mackesy, qui connaît bien son affaire, puisque c'est lui qui a été désigné pour commander l'opération, écrit le 8 mars à la division des plans du War Office : « Je suis d'avis, et je pèse mes mots, que le plan tel qu'il est établi actuellement peut se traduire par une situation dangereuse, sinon désastreuse, lorsque l'expédition parviendra à destination, si tant est qu'elle y parvienne[89]. » Et Mackesy de citer les nombreuses lacunes du plan, notamment le fait qu'il faudra deux mois avant que les unités débarquées soient réellement en état de combattre, le manque total de coordination entre les forces débarquées à Narvik et celles devant opérer plus au sud, et le fait que l'expédition disposera d'une seule batterie antiaérienne lourde, qu'elle recevra un mois seulement après le débarquement des troupes. Enfin et surtout, il s'étonne que l'on continue à compter sur les Suédois pour aider l'expédition, alors que ceux-ci ont fait savoir à de nombreuses reprises qu'ils refuseraient le passage aux troupes alliées[90]. Va-t-on devoir s'opposer aux Suédois ? Sir C. Newall déclare : « Je trouve que tout cela est tiré par les cheveux[91]. » Lord Ismay approuve ; Kennedy aussi. Et lorsque le général Ironside sort de la session du Cabinet de guerre qui s'est tenue ce matin-là, ce qu'il leur confie n'a rien de rassurant : « Vous ne pouvez pas savoir à quel point je suis déçu[92]. »

Cette session du 12 mars, alors que les troupes françaises et britanniques embarquent déjà pour la Norvège, mérite d'être rapportée : « La séance du Cabinet a été horripilante, note Ironside dans son journal. Chacun avait une opinion différente sur le degré de force que nous aurions à employer à Narvik. À la fin, nous avons persuadé le Premier ministre de voir l'amiral (Sir Edward Evans) et le général (Mackesy) (...) Lorsque je leur ai expliqué que les hommes commençaient à embarquer, ils ont tous eu l'air surpris. Je n'ai jamais vu une prestation aussi peu militaire. Le Premier ministre s'est mis à contempler une carte de Narvik. Après quoi il m'a demandé quelle était son échelle. Il a demandé quel effet produirait un obus de 210 sur un transport de troupes, et a conclu en disant qu'il était prêt à risquer un obus de 105, mais pas un obus de 210. Après quoi il s'est enquis du poids des obus. Chatfield, un amiral de la flotte, a commencé par dire que nous ne devions pas prendre le risque de tirer sur les Norvégiens, puis a ajouté qu'il pensait que nous ne devions pas nous laisser bluffer par un simple lieutenant commandant une batterie côtière. Le Cabinet, confronté à un problème qu'il a constamment refusé de regarder en face, donnait l'impression d'un troupeau de chèvres affolées. Leur expression favorite, c'est que l'hypothèse est académique, après quoi ils éludent toute décision. Ils m'ont tous dégoûté[93]. »

Le soir même, Halifax, Lord Chatfield, Hankey, Sir Cyril Newall, Dudley Pound, Lord Ismay et le général Ironside se réunissent chez le Premier ministre au 10, Downing Street pour revoir une dernière fois les ordres d'opérations ; le général Mackesy et son chef d'état-major, Sir John Kennedy, assistent aux débats : « Evans entama la séance en exposant avec enthousiasme l'ensemble du plan avec tous les détails. Le Premier ministre avait déjà l'air fatigué et lugubre au début de l'exposé, mais à mesure qu'Evans entrait dans le vif du sujet, M. Chamberlain paraissait de plus en plus horrifié[94]... »

Les instructions définitives concernant l'emploi de la force sont des plus équivoques : « Il n'entre pas dans les intentions du gouvernement que le corps expéditionnaire s'ouvre un chemin par la force, que ce soit en Suède ou en Norvège. Néanmoins, au cas où des forces suédoises vous barreraient le chemin, vous devriez demander avec la dernière énergie au commandant suédois qu'il vous cède le passage[95]. » « Mackesy, raconte Sir John Kennedy, déclara qu'il avait l'intention de se présenter à la frontière en personne pour demander le passage. Le Premier ministre demanda ce qu'il ferait si le chemin était barré. Mackesy expliqua que s'il ne pouvait pas passer sans combat, il renoncerait. Halifax : – Eh bien, si nous ne pouvons passer qu'en tuant de nombreux Norvégiens, je suis contre, minerai ou pas minerai[96]. »

Les ordres d'opérations sont finalement approuvés ; il s'agit de s'établir à Narvik, de mettre la main aussi rapidement que possible sur le chemin de fer conduisant en Suède, et de concentrer ensuite les troupes en Suède en prévision d'un secours à la Finlande. Il n'est pas question de se battre contre les Suédois ou les Norvégiens, mais d'autre part, il ne faut pas « se laisser dissuader d'agir s'ils résistent pour la forme[97] ». On ne dit pas à quoi les officiers britanniques pourront reconnaître que les Suédois et les Norvégiens résistent « pour la forme ». « Lorsque nous sortîmes de la salle, poursuit Kennedy, le Premier ministre nous serra la main, et nous dit : "Au revoir, et bonne chance, si vous y allez" (…) Une fois de plus, nous nous mîmes à parier. Bridges dit que toutes les chances étaient contre. Newall pariait contre à trois contre un. Mackesy à cent contre un[98]. » Tous connaissent le caractère irrésolu du Premier ministre, et puis des rumeurs en provenance d'Helsinki font état de la signature imminente d'un accord de paix…

Ces rumeurs ne sont pas sans fondement ; le 7 mars, des négociateurs finlandais ont été envoyés à Moscou. La résistance finlandaise est à bout, la chute de Viborg est imminente, et la capitale est menacée ; le 12 mars, la délégation finlandaise à Moscou est munie des pleins pouvoirs. Pendant ce temps, les troupes anglaises et françaises ont commencé à embarquer. La neutralité norvégienne n'est plus un obstacle : à Londres, ce jour-là, on a décidé au Cabinet de guerre qu'« aucune communication ne devra être faite au gouvernement norvégien concernant notre intention de débarquer à Narvik avant que les bateaux ne soient arrivés sur place[99] ». La diplomatie stratégique vient de faire place à la stratégie sans diplomatie…

À Moscou, tard dans la nuit, l'accord s'est fait ; et le lendemain 13 mars, à 11 heures, les délégations finlandaise et soviétique signent la paix. Pour le général Sir John Kennedy, ce 13 mars est une bien étrange journée : « J'étais en train d'ajouter les dernières précisions aux instructions reçues, allant jusqu'au plus petit détail, alors que les nouvelles qui arrivaient de Finlande au sujet d'une paix avec la Russie rendaient le départ de l'expédition de plus en plus improbable. Ismay avait accepté de s'occuper du Premier ministre et de le persuader de se décider. Les navires étaient chargés, les troupes en mouvement et une décision s'imposait[100]. »

Le Cabinet de guerre britannique se réunit à 11 h 30. Churchill veut poursuivre l'opération malgré la paix russo-finlandaise, car « notre véritable objectif consiste à prendre possession des mines de fer de Gällivare ». Mais Chamberlain s'y oppose énergiquement et propose d'envoyer en Norvège et en Suède « une mission conduite par un membre du Cabinet de guerre (…) afin de tenter d'améliorer nos relations avec ces deux pays[101] ». En d'autres termes, on en revient à la négociation… et on reprend tout depuis le début ! John Simon, Olivier Stanley, Samuel Hoare, Kingsley Wood approuvent tour à tour les arguments du Premier ministre. Seul Lord Hankey semble avoir quelques doutes… Le Cabinet de guerre conclut finalement qu'« il faut prendre des mesures pour disperser les unités qui ont été préparées pour l'expédition scandinave* ».

---

* En France, de même, la « Force Z » est dissoute le 16 mars, et la division Audet regagne ses cantonnements dans le Jura.

Ce soir-là, Winston Churchill, découragé, écrit à Lord Halifax : « Tout vient de s'écrouler (...) Maintenant, la glace va fondre, et les Allemands sont maîtres dans le Nord (...) J'ignore s'ils ont conçu leur propre plan d'action, et si nous en verrons bientôt les effets. Mais le contraire m'étonnerait[102]. »

Il faut bien reconnaître que Winston Churchill ne manque pas d'intuition. Effectivement, les Allemands ont depuis peu leur propre plan d'action en Scandinavie... et il est d'une toute autre envergure.

Chapitre III

HITLER ET L'« OPÉRATION LA PLUS CULOTTÉE »

À l'automne de 1939, Adolf Hitler vient d'avoir 50 ans. L'ancien chômeur qui hantait les soupes populaires de Vienne, le caporal gazé de la Grande Guerre a accompli en moins de deux décennies un étonnant parcours politique, qui a fait de lui le maître absolu de l'Allemagne. Il a certes été puissamment aidé par les rancœurs de la défaite, la peur du communisme, les ravages de la crise économique, l'aveuglement des grands industriels et la maladresse de ses rivaux politiques ; mais bien sûr, tout cela ne suffit pas à expliquer l'ascension foudroyante de cet Autrichien solitaire, au tempérament instable et à l'instruction limitée. Il faudrait y ajouter la conviction de l'illuminé et l'obstination du fanatique, un très haut degré d'opportunisme, l'absence totale de scrupules, un étonnant magnétisme, un indéniable talent d'acteur aux indignations feintes et aux colères savamment dosées, une aptitude certaine à exploiter les haines et les frayeurs de ses contemporains, un art consommé de la mise en scène, ainsi qu'une sorte de génie pour utiliser la violence et la surprise à des fins politiques.

« Je progresserai pas à pas, disait Hitler en 1934, mais avec une logique de fer. » De toute évidence, il a tenu parole ; devenu à la fois chancelier et président du Reich, chef du parti unique, maître de la police et de l'armée, il a éliminé un à un tous ses rivaux, et il décide à présent seul, sans véritable gouvernement, « avec l'assurance d'un somnambule ». À l'extérieur, sans perdre un instant de vue son but final – l'acquisition d'un vaste *Lebensraum* dans l'est de l'Europe – il a su admirablement exploiter les faiblesses, les rivalités, l'irrésolution et le désir de paix des grandes puissances pour remporter une longue succession de victoires ; le réarmement de l'Allemagne, la remilitarisation de la Rhénanie et l'*Anschluss* ont été menés à bien tambour battant ; la Tchécoslovaquie elle-même a pu être absorbée sans recours aux armes, grâce à la passivité, voire à la complicité de Paris et de Londres, obtenue sans grande difficulté lors des accords de Munich. Fort de ces éclatants succès diplomatiques et stratégiques, bientôt couronnés par la conclusion du pacte germano-soviétique, le Führer a ensuite préparé minutieusement l'invasion de la Pologne. Désormais couvert à l'est et toujours confiant dans la myopie des dirigeants occidentaux, il comptait manifestement sur l'inertie prolongée de Londres et de Paris, et peut-être même sur un nouveau Munich. Mais Chamberlain et Daladier, estimant que leurs gouvernements ne survivraient pas à une nouvelle capitulation, lui ont déclaré la guerre le 3 septembre 1939. Dès lors, le conflit armé est devenu inévitable.

Hitler ne le craint pas ; en trois semaines de campagne, sa Wehrmacht écrase l'armée polonaise, sans que les Français et les Britanniques puissent intervenir autrement qu'en paroles. Mais le Führer sait désormais qu'il ne pourra éviter une guerre totale en Europe, dont il n'avait prévu le déclenchement qu'en 1943 au plus tôt[1]. À partir d'octobre 1939, il va donc modifier ses plans en conséquence, et préparer toutes ses forces pour porter un coup décisif à l'ouest.

Cinq ans plus tôt, Hitler avait confié à Hermann Rauschning que « si la guerre venait à éclater, l'un de ses premiers actes serait l'invasion de la Suède », car « il ne pourrait abandonner les pays scandinaves à l'influence des Russes ou à celle des Anglais[2] ». Depuis lors, il n'a plus été question de la Suède, mais au début d'octobre 1939, deux dignitaires nazis vont en revanche proposer au Führer de monter une expédition destinée à occuper la Norvège ; il y a d'une part le Reichsleiter Rosenberg, idéologue du parti et chef du bureau de politique extérieure du N.S.D.A.P., qui voit dans cette entreprise un excellent moyen d'étendre son influence dans le domaine de la politique étrangère, au détriment du ministre Ribbentrop ; il y a d'autre part l'amiral Raeder, commandant en chef de la Kriegsmarine, qui veut acquérir des points d'appui en Norvège afin de pouvoir entreprendre le « siège de la Grande-Bretagne »[3]. Mais Hitler, parce qu'il est maintenant absorbé par ses plans d'attaque à l'ouest, et parce qu'il n'a aucune envie de détourner vers le nord des troupes qui lui seront plus utiles ailleurs, refuse par deux fois d'envisager de tels projets[4]. Les choses en seraient très certainement restées là si, à la mi-décembre, un Norvégien nommé Quisling ne s'était présenté à la Chancellerie du Reich…

C'est un bien curieux personnage que Vidkun Abraham Lauritz Jonssøn Quisling ; né en 1887 dans le Telemark, ce fils de pasteur, féru de religion, de métaphysique et de sciences exactes, a une carrure athlétique et de grands yeux proéminents. À 12 ans, il a inventé une nouvelle démonstration arithmétique, qui est encore enseignée de nos jours dans les écoles norvégiennes ; à 24 ans, il est sorti premier de l'École supérieure de guerre, avec les meilleures notes jamais décernées par cette institution ; à 35 ans, c'est un bienfaiteur de l'humanité : secrétaire de Fridtjof Nansen, il a organisé les secours aux régions de l'Ukraine dévastées par la famine et les épidémies, sauvant personnellement plusieurs centaines de milliers de vies humaines au péril de la sienne propre. Hélas ! ce colosse au grand cœur et à la vaste intelligence possède également une personnalité très fragile ; c'est un solitaire qui, depuis l'enfance, est persuadé que tout le monde s'apprête à le trahir… ou le trahit déjà. Par ailleurs, il se réfugie souvent dans de bien étranges méditations métaphysiques, qui l'isolent encore davantage de son entourage et des réalités de la vie quotidienne ; enfin, ce personnage déjà perturbé est resté bien trop longtemps en Union Soviétique, à une époque où il était certainement préférable d'être ailleurs : celle des premières grandes purges de Staline. Profondément traumatisé par cette expérience, Quisling est rentré en Norvège au début de 1930 avec la conviction d'être investi d'une mission sacrée : celle de lutter contre le communisme.

Grâce à ses relations et à son passé de brillant officier, Quisling entame en Norvège une foudroyante carrière politique ; un an après son retour, il est nommé ministre de la Défense dans le nouveau gouvernement du parti agraire ! En 1933, après la chute de ce gouvernement, il fonde son propre parti, le Nasjonal Samling (Rassemblement National), qui se présente bientôt aux élections parlementaires. À chaque étape, Quisling proclame bien haut sa volonté de lutter contre le bolchevisme ; malheureusement, il a une fâcheuse tendance à le voir partout, c'est un médiocre orateur, un politicien plus mauvais encore, et il dévie de plus en plus vers l'extrême droite. Tout cela effraie ses concitoyens, et son parti est écrasé par deux fois aux élections législatives. Pourtant, confiant dans la justesse de ses intuitions, Vidkun Quisling poursuit son chemin avec l'assurance du visionnaire et la persévérance du fanatique…

On aurait tort de se moquer. En 1930, Quisling a écrit un livre intitulé *La Russie et nous*[5]. On peut y trouver, neuf ans avant les événements, le chemin que suivra la politique d'expansion de Staline ; l'ouvrage désigne la Pologne comme la première victime, et de fait, en septembre 1939, les troupes soviétiques entrent en Pologne ; il cite ensuite les pays baltes, et en effet, au début d'octobre, des garnisons soviétiques s'installent dans les secteurs stratégiques en Estonie, Lettonie et Lituanie. Quisling prédit aussi que la Norvège sera envahie par les troupes soviétiques, mais auparavant, il voit une autre victime : la Finlande. Or, le 30 novembre 1939, effectivement, la Finlande est attaquée. Quisling est donc un bon prophète. Mais dans le drame qui se joue en cette fin de 1939, le malheur voudra qu'il cherche aussi à être acteur ; et Quisling est un très mauvais acteur.

Après l'attaque de la Finlande, Quisling est persuadé que les Soviétiques vont s'en prendre à la Norvège... à la faveur d'un débarquement britannique ! A-t-il eu vent des discussions stratégiques en Grande-Bretagne concernant la Norvège ? Ce n'est nullement impossible ; mais dès lors, il conçoit le projet de prendre le pouvoir en Norvège, avec l'assistance allemande, « pour éviter l'occupation anglaise, la guerre civile... et la bolchevisation du pays[6] ». Tout cela est évidemment bien étrange : que des opérations anglaises en Norvège, dirigées contre l'Allemagne, puissent avoir pour résultat de livrer le pays aux Soviétiques, voilà qui dépasse quelque peu la raison commune. Seulement Quisling n'est pas un homme commun ; c'est un anxieux, un rêveur, et le péril communiste l'obsède. Tel est l'homme qui se présente devant Hitler ce 14 décembre 1939*.

« Quisling, raconte un témoin de l'entretien, Hans Wilhelm Scheidt**, prit la parole dans son allemand hésitant, et avec l'air songeur qu'on lui connaît. Il n'était nullement ennemi de l'Angleterre, et déplorait profondément que la guerre ait éclaté. Il n'était pas non plus national-socialiste, mais était un ami de l'Allemagne, dont il espérait la participation à une lutte contre le bolchevisme. La campagne de propagande orchestrée par la Grande-Bretagne en Norvège était destinée d'après lui à préparer le terrain aux visées stratégiques

---

* Étrangement hésitant et irrésolu dans l'action politique, Quisling s'est par contre entouré de plusieurs agents aussi efficaces que peu scrupuleux. L'un d'eux, Viljam Hagelin, a pu établir des contacts avec le Reichsleiter Rosenberg et avec l'amiral Raeder – deux hommes qui, nous le savons, s'« intéressent » énormément à la Norvège. Ce sont eux qui ont obtenu que Quisling soit reçu par Hitler.

** Le Gruppenleiter Hans Wilhelm Scheidt est le bras droit de Rosenberg.

anglaises en Scandinavie. La connaissance qu'avait Quisling des conditions existantes en Norvège et dans toute la Scandinavie aggravait ses craintes (...) Il était le chef d'un parti national-radical qui avait placé au centre de ses revendications politiques un renforcement de la préparation militaire et de l'armement permettant de s'opposer à toute tentative de violation de la neutralité. Pour ce faire, et considérant l'état des choses, ainsi que le fait que le temps pressait, il ne voyait plus que la solution d'une prise de pouvoir par lui et son propre parti. C'est pourquoi il songeait à un coup d'État.

« Hitler écouta les déclarations de Quisling avec beaucoup de calme et d'attention. Les idées exprimées par Quisling au sujet d'un plan de coup d'État suscitèrent chez lui une certaine animation, et une attention presque amusée. Hitler ne s'opposa pas formellement à un tel plan, mais il laissa entendre qu'il y voyait des objections considérables. Avant tout, il ne semblait pas être convaincu qu'une si petite minorité puisse s'imposer contre la police, l'armée et les syndicats. Il conclut par les mots suivants sa prise de position à ce sujet : "Croyez-moi, Herr major, nous autres nationaux-socialistes, nous sommes pour ainsi dire experts en révolution." Mais il promit un soutien financier pour le développement du N.S. Quant aux assertions de Quisling touchant la situation politique, il admit que ces arguments l'avaient impressionné. Avant toutes choses, le danger d'une mainmise anglaise sur la Norvège en violation de la neutralité de ce pays lui apparut immédiatement comme l'aspect essentiel du problème. Il avait toujours été anglophile, dit-il, et l'était encore aujourd'hui, malgré la guerre qu'il était contraint de mener (...) Mais si le danger d'une violation par l'Angleterre de la neutralité norvégienne – dans le but de s'assurer le contrôle de pays, avec les avantages stratégiques qui en découlent – devait se préciser, alors il entrerait en Norvège avec six, huit, douze divisions, et même davantage si c'était nécessaire, pour y devancer les

Anglais. La neutralité de la Norvège lui tenait fort à cœur, et il n'avait guère envie d'immobiliser là-bas des troupes dont il pourrait faire ailleurs un meilleur usage. Mais s'il décelait chez les Anglais la moindre intention d'entrer en Norvège, il saurait intervenir à temps[7]. »

Au sujet de ces dernières paroles du Führer, Quisling racontera : « Lorsqu'il en arriva à évoquer l'éventualité d'une rupture de la neutralité (norvégienne), Hitler se soûla de paroles jusqu'à l'extase[8]. » Il ne faut pas sous-estimer le rôle de l'extase dans le processus de prise de décision du Führer ; ce même soir, le général Jodl, chef de la section de commandement à l'O.K.W.*, note dans son carnet : « Le Führer ordonne qu'un service, le plus restreint possible, examine les moyens d'occuper la Norvège[9]. » À vrai dire, c'est là une étude purement théorique que demande Hitler ; quatre jours plus tard, en effet, il aura un second entretien avec Quisling, et Scheidt résumera ainsi ses propos : « Aucune rupture de la neutralité norvégienne par l'Allemagne, au contraire, intérêt pour l'Allemagne d'un strict maintien de la neutralité. Surveillance minutieuse de tous les faits en Norvège pouvant indiquer qu'une conspiration avec l'Angleterre est envisagée, surveillance de toutes les activités dans les centres de rassemblement et bases de départ présumées en Angleterre, et mise au point en Allemagne de mesures préventives, afin de n'être pas surpris par une attaque anglaise. Quisling devait développer son parti légalement, mais intensivement, et des moyens financiers seraient mis à sa disposition à cet effet. Du plan de coup d'État, il ne fut plus sérieusement question, ou plutôt on le laissa tout bonnement tomber. Le N.S. devait éventuellement se voir confier la responsabilité de la politique intérieure au cas où il deviendrait nécessaire de devancer une occupation anglaise[10]. » Le 30 décembre, de même, le général Keitel, chef de l'O.K.W., qui passe à Berlin pour refléter fidèlement

* Oberkommando der Wehrmacht.

les vues du Führer, confie au général Halder : « Nous avons intérêt à ce que la Norvège reste neutre. Si les Anglais devaient menacer la neutralité norvégienne, nous prendrions d'autres dispositions[11]. » C'est que trois jours plus tôt, le 27 décembre, Hitler a fixé une nouvelle date pour l'attaque à l'ouest : le 14 janvier 1940.

Cette date, tout comme les précédentes, devra être reportée en raison des conditions météorologiques ; mais le 26 janvier, Hitler répond une fois encore à l'amiral Raeder, qui le presse d'autoriser des opérations en Norvège : « La Suède et la Norvège sont pour le moment résolues à observer une stricte neutralité. » Il ajoute d'ailleurs qu'il « considère la protection de la région de la Ruhr, essentielle à la poursuite de la guerre, ainsi que l'élargissement de la base terrestre en vue d'une offensive contre la Grande-Bretagne, comme absolument prioritaires. La France doit être battue afin d'enlever à la Grande-Bretagne sa base sur le continent[12] ».

Entre-temps, l'étude demandée par Hitler s'est poursuivie à la direction de l'O.K.W., sous le nom d'« Étude Nord ». Les états-majors des trois armes ont fourni des rapports qui constituent l'essentiel des travaux ; celui de la marine est le plus complet, et il prévoit un débarquement sur toute la longueur de la côte, depuis Oslo jusqu'à Tromsø[13]. Le 20 janvier, l'« Étude Nord » est présentée au Führer, qui ordonne dès le lendemain qu'un état-major spécial soit formé au sein de l'O.K.W. pour développer sous sa supervision personnelle ce projet d'invasion, qui reçoit maintenant le nom de code de Weserübung*.

Le 5 février 1940, les trois chefs du nouvel état-major spécial, le Sonderstab, se réunissent pour la première fois

* À ce stade, il n'est nullement question de Quisling dans les plans allemands ; en effet, Hitler n'a pas pris au sérieux la possibilité d'un coup d'État envisagée par Quisling. Ce dernier sera laissé dans l'ignorance des plans allemands, mais Scheidt, lui, sera envoyé en Norvège sur ordre d'Hitler « pour se renseigner à toutes les sources » (voir F. Kersaudy, *La Norvège, op. cit.*, p. 380).

en grand secret au quartier général de l'O.K.W*. En quelques mots, le général Keitel expose les impératifs de la mission :

> « Votre tâche consiste à préparer une opération visant à occuper la Norvège, opération qui pourrait s'avérer nécessaire dans certaines circonstances. Nous disposons de diverses informations selon lesquelles les Anglais, en coopération avec les Français, ont de leur côté l'intention d'occuper les ports de la côte occidentale norvégienne. Nous avons aussi des informations aux termes desquelles le gouvernement britannique a déjà pris contact à ce sujet avec le gouvernement norvégien, ainsi que d'autres nouvelles qui confirment l'exactitude de ces informations (…) Il est certain, vu notre infériorité dans le domaine naval, qu'une stricte neutralité de la Norvège serait préférable pour nous (…) D'un autre côté (…) l'occupation de la côte occidentale de la Norvège par des forces alliées (…) serait pour nous un revers majeur (…) Il est par conséquent nécessaire que nous préparions de notre côté une opération, en théorie tout d'abord, afin que, au cas où il deviendrait nécessaire de la mettre en pratique, elle puisse être exécutée rapidement. Étant donné notre grande infériorité sur mer, une telle entreprise doit rester absolument secrète ; il est donc nécessaire que l'examen de ce problème ne puisse en aucun cas être connu de toutes les autres instances politiques ou militaires, quelles qu'elles soient, car cela pourrait provoquer prématurément une entreprise préventive de la part des Anglais.[14] »

Le Sonderstab se met donc au travail dans le plus grand secret, et commence à réunir une importante documentation sur la Norvège. Le projet de la marine, incorporé à l'« Étude Nord », sert maintenant de base à la planification. C'est en effet un débarquement sur plusieurs points de la côte norvégienne que prévoit le plan établi par l'état-major de l'amiral Krancke. Toutes les grandes villes norvégiennes s'y trouvent, elles peuvent être simultanément occupées par une action

---

* Il s'agit de l'amiral Krancke, du colonel Knaus et de l'Oberleutnant von Tippelskirch.

navale éclair, la première vague étant transportée dans des navires de guerre et débarquant à Oslo, Kristiansand, Arendal, Stavanger, Bergen, Trondheim et Narvik. Il faudrait également larguer des bataillons de parachutistes pour occuper les aérodromes d'Oslo et Stavanger. Les jours suivants, les renforts seraient amenés par vagues successives, moitié par mer, moitié par air[15].

À la mi-février, le plan théorique est déjà avancé, mais personne ne sait encore s'il sera mis en œuvre : « Dans la mesure où Hitler comme Jodl nous laissaient travailler en paix, note l'amiral Krancke, je n'avais pas l'impression qu'ils étaient fermement résolus à exécuter l'opération[16]. » En effet, le Führer considère « Weserübung » comme un plan préventif ; il préférerait que la Norvège reste neutre et dissuade les Britanniques d'opérer dans ce secteur. L'autosuggestion aidant, il est convaincu que cette neutralité sera maintenue, et qu'il n'aura pas à détourner vers le nord des troupes dont il a besoin pour son attaque décisive à l'ouest. Pourtant, il va suffire d'un incident à la mi-février pour changer entièrement les dispositions du Führer ; cet incident, c'est bien sûr l'abordage de l'*Altmark*.

Lorsqu'Hitler apprend la nouvelle de l'attaque du navire et de la libération des prisonniers anglais, il est saisi d'un violent accès de rage. Pour l'amiral Raeder, « L'événement éclairait toute la question d'un nouveau jour, car il démontrait que le gouvernement d'Oslo n'était plus en mesure de faire respecter sa neutralité. Il laissait d'ailleurs voir qu'il n'en avait même pas l'intention[17]. » « C'est une action vraiment idiote de la part de Churchill, note également Rosenberg dans son Journal, elle confirme les vues de Quisling et ses avertissements. J'ai rendu visite au Führer aujourd'hui et lui ai parlé du problème (…) Il ne reste plus rien de la résolution du Führer de maintenir la neutralité du nord et de ne se préparer que pour le cas où les choses tourneraient mal. Ce n'est même pas la peine de préciser ce qui va suivre[18]. »

Nous le préciserons tout de même. À l'état-major spécial de l'amiral Krancke, on note immédiatement que l'atmosphère a changé : « Lorsque nous eûmes reçu des nouvelles plus détaillées au sujet de l'attitude contraire à la neutralité des torpilleurs norvégiens, l'opération, considérée jusqu'ici par la direction suprême comme purement prophylactique, fut prise beaucoup plus au sérieux[19]. » De fait, dès le 19 février, Hitler insiste énergiquement pour que soient accélérés les préparatifs de l'opération « Weserübung » ; le général Jodl lui propose de nommer un général et son état-major à la tête du groupe d'étude, afin d'activer les préparatifs, et Hitler accepte sur-le-champ[20]. Dès lors, les choses vont aller très vite ; le général Keitel avance le nom du général von Falkenhorst, et dès le lendemain 20 février, ce dernier est convoqué à la Chancellerie du Reich.

Nikolaus von Falkenhorst a été récemment nommé général, et ses origines aristocratiques ne lui valent pas de prime abord la sympathie du Führer. Mais en 1918, cet officier de carrière a débarqué en Finlande comme chef d'état-major du général von der Goltz*, et il possède une précieuse expérience des opérations combinées. Du reste, lorsqu'il se présente devant Hitler, ce dernier commence par l'interroger sur la coordination entre la flotte et l'armée de terre lors des opérations en Finlande ; puis, il conduit le général devant une table couverte de cartes, et lui annonce qu'il a l'intention « d'entreprendre une opération du même genre, destinée à occuper la Norvège ». « Le Führer, racontera von Falkenhorst, me dit que le gouvernement du Reich avait reçu des renseignements selon lesquels les Anglais avaient l'intention de débarquer en Norvège, et avaient conclu un accord avec le gouvernement norvégien à ce sujet**. D'ailleurs, les événements du Jøssingford, avec l'abordage de l'*Altmark*,

* Il s'agissait à l'époque d'aider les Finlandais « Blancs » du général Mannerheim à vaincre les « Rouges ».

** Ce dernier renseignement est évidemment inexact.

avaient levé toute ambiguïté au sujet des intentions britanniques (…) Je sentais, ajoute Falkenhorst, toute la nervosité occasionnée par l'affaire du Jøssingfjord[21]. »

Pour Hitler, il faut maintenant monter une opération destinée à devancer les Anglais ; selon ses propres termes, cette opération est « importante pour la conduite de la guerre, nécessaire à la conduite de la guerre, et décisive pour la conduite de la guerre ». L'entretien se termine par un long monologue, au cours duquel le Führer expose les raisons de l'entreprise :

> « La Scandinavie constitue le flanc nord de la zone des combats en Europe. Si les Britanniques s'installaient en Norvège, ils contrôleraient par là même la Suède et la Baltique. Dans le secteur baltique, l'Allemagne n'a que très peu de troupes. La côte n'est pas défendue, sans artillerie ni fortifications d'aucune sorte (…) En traversant la Baltique, les Anglais (…) pourraient pénétrer jusqu'à Berlin, jusqu'au cœur même de l'Allemagne (…) La victoire sur la Pologne, ainsi que les victoires qu'il s'attend à remporter contre la Hollande, la Belgique et la France, seraient vaines si les Britanniques parvenaient à mener une attaque de flanc contre l'Allemagne (…) Si les Britanniques occupaient les ports de Norvège, ils bloqueraient ainsi les issues de la baie allemande. Tant que l'on ne contrôlerait pas la Norvège et l'Écosse, la liberté de mouvement resterait limitée (…) Une Norvège occupée par les Britanniques, ou sous le contrôle étroit des Britanniques, représenterait un danger mortel pour l'arme sous-marine allemande (…) Le minerai de fer suédois est indispensable à l'Allemagne. Le port suédois de Luleå étant pris par les glaces pendant l'hiver, de même que la plus grande partie de la Baltique, on dépend des exportations par Narvik. Si l'ennemi occupait la côte norvégienne, le passage de la côte, et donc l'approvisionnement en minerai seraient interrompus. C'est pour cette raison qu'il a décidé d'occuper les principaux ports de Norvège par une attaque surprise (…). Il s'agit d'assurer son flanc nord. C'est pour cela que la Norvège est d'une importance décisive[22]. »

Comme le dira Keitel, Hitler avait fait venir von Falkenhorst pour se faire une idée de sa personne, pour le sonder.

Mais peut-être parce qu'il s'est laissé emporter par son argumentation, et plus vraisemblablement parce qu'il « sent » qu'il tient l'homme qu'il lui faut, Hitler charge sur le champ Falkenhorst de prendre la direction de l'entreprise. Le général se voit donner quelques précisions supplémentaires : il aura à sa disposition cinq divisions ; il ne s'agit que des grands ports et des plus grandes villes ; des plans provisoires ont été établis pendant l'hiver… Enfin, Hitler souligne une fois encore que le plan doit être tenu rigoureusement secret ; c'est à cette condition seulement que l'entreprise peut réussir. Avant de terminer l'entretien, Hitler demande à Falkenhorst de se représenter devant lui à 17 heures, afin de lui exposer de quelle façon il compte utiliser les cinq divisions et mener à bien l'entreprise.

« Une fois dehors, note Falkenhorst, j'allai en ville et achetai un Baedeker, un guide touristique, afin de savoir à quoi ressemblait la Norvège (…) Je n'en avais aucune idée, et il fallait que je sache quels étaient les ports, combien il y avait d'habitants, et quel genre de pays c'était (…) Je ne savais absolument pas ce qui m'attendait[23]. » Le général monte ensuite dans sa chambre de l'hôtel Kaiserhof, lit les principaux chapitres du Baedeker et étudie les cartes. Von Lossberg écrira que Falkenhorst a également lu l'« Étude Nord » à ce moment ; Falkenhorst affirme le contraire… La version de Falkenhorst paraît plus vraisemblable, car Hitler a sans nul doute voulu savoir si le plan du général correspondrait à celui de l'« Étude Nord » ; il pourra ainsi se rendre compte de la valeur du travail fourni par le Sonderstab de l'amiral Krancke, ainsi que des capacités du général von Falkenhorst…

À 17 heures, Falkenhorst est de retour à la Chancellerie et expose à Hitler les grandes lignes du plan d'opération que lui a suggéré l'étude du Baedeker. Ce plan correspond assez précisément aux conclusions de l'état-major spécial de l'amiral Krancke qui, il est vrai, reposaient en grande partie sur l'étude du même Baedeker. Quoi qu'il en soit, Hitler se montre satisfait, et ordonne à Falkenhorst de poursuivre le travail avec son état-major sur ces mêmes bases. Il lui répète que le temps presse, et que le travail doit être mené à bien très rapidement. Enfin, rapporte Falkenhorst, « il était préoccupé par l'idée qu'une opération anglaise puisse compromettre la nôtre ». Au soir du 21 février, le général von Falkenhorst est donc chargé de mener à bien l'opération d'invasion. Le général Jodl note dans son journal que « Falkenhorst a accepté avec joie » ; après la guerre, Falkenhorst niera avec énergie. Jodl, au fond, ne peut guère en juger, et lorsque Falkenhorst nie, il est lui-même en jugement. C'est d'ailleurs sans importance…

Le 26 février, à Berlin, l'état-major d'une unité que l'on désigne maintenant sous le nom de code de « Groupe 21 » commence son travail dans le plus grand secret. Il occupe une suite de bureaux dans un bâtiment de l'O.K.W. situé dans la Bendlerstrasse ; toutes les portes extérieures des bureaux ont été condamnées, sauf une, qui ne porte aucune indication. Dans un de ces bureaux, plusieurs officiers s'acquittent laborieusement des travaux de secrétariat : il n'est évidemment pas question d'employer des secrétaires. Dans deux autres bureaux, on trouve Falkenhorst et son nouvel état-major, le colonel Buschenhagen, le major Pohlmann et deux des membres du Sonderstab, le colonel Knaus et l'amiral Krancke. Ces hommes vont travailler tous les jours de 7 heures à 23 heures, dans un isolement total, à partir des plans du Sonderstab[24]. Les premiers échelons des six divisions affectées à l'opération ainsi que toutes les forces maritimes disponibles sont répartis entre cinq secteurs d'attaque. Il y aura le groupe I, « Narvik », comprenant 2 000 hommes de la 3e division de montagne, transportés sur dix destroyers et accompagnés par les croiseurs de bataille *Scharnhorst* et *Gneisenau* ; le groupe II, « Trondheim », avec quatre destroyers transportant 1 700 hommes et escortés par le croiseur lourd *Admiral Hipper* ; le groupe III, « Bergen », avec 1 300 hommes embarqués dans les croiseurs *Köln, Königsberg* et deux destroyers ; les groupes IV et V, « Kristiansand » et « Egersund », avec le croiseur *Karlsruhe*, l'escorteur *Tsing-Tau*, trois torpilleurs et des dragueurs de mines ; enfin le groupe VI, « Oslo », constitué des croiseurs *Blücher, Lützow* et *Emden*, de trois destroyers et de dragueurs, qui débarqueront les éléments avancés de la 163e division, l'état-major de l'armée d'invasion et « toutes les personnalités qui sont immédiatement nécessaires à l'occupation d'une grande ville », comme le déclarera plus tard le général von Falkenhorst[25]. Enfin, à un stade avancé de la planification, l'état-major propose d'envahir simultanément le Danemark, parce que les aérodromes du Jutland seront nécessaires à l'opération[26].

Le 29 février, le plan révisé est présenté à Hitler, qui se déclare satisfait et demande qu'un rapport sur l'état d'avancement des préparatifs lui soit désormais présenté tous les deux jours[27]. Le 1er mars, l'état-major du Groupe 21 reçoit la « directive n° 1 du Führer pour le cas Weserübung ». On peut y lire ceci :

> « Le développement de la situation en Scandinavie exige que tous les préparatifs soient effectués pour l'occupation du Danemark et de la Norvège par des unités de la Wehrmacht. Ceci permettra de prévenir les entreprises anglaises en Scandinavie et dans la Baltique, de sauvegarder notre approvisionnement en minerai suédois et d'avancer les bases de départ de la marine et de l'aviation contre l'Angleterre (…) La frontière danoise doit être franchie au moment précis où l'on débarquera en Norvège. Les préparatifs de l'entreprise doivent être complétés le plus vite possible. Il est de la plus haute importance que nos mesures prennent par surprise les pays nordiques ainsi que les Alliés. Tous les préparatifs (…) doivent tenir compte de cet élément[28]. »

Le 3 mars, enfin, Hitler décide de lancer « Weserübung » avant « Gelb », la grande attaque à l'Ouest[29].

L'agitation qui règne dans le camp allié durant la période précédant l'armistice russo-finlandais est enregistrée en

Allemagne, et Hitler songe un moment à déclencher « Weserübung » par anticipation. Mais on observe à Berlin que l'armistice entraîne un relâchement du dispositif allié en mer du Nord, et le Führer donne l'ordre de mener les préparatifs d'invasion à leur terme « en toute tranquillité, avec un souci tout particulier du camouflage[30] ».

Tout en suivant lui-même dans les moindres détails les ultimes travaux du Groupe 21, Hitler règle aussi l'aspect politique de l'occupation :

> « Lors de l'opération "Weserübung", les mesures politiques à prendre vis-à-vis des gouvernements danois et norvégien, ainsi que les interventions allemandes dans l'administration et l'économie des deux pays, devront se concilier avec la nécessité d'une occupation pacifique, visant à protéger la neutralité des pays nordiques. Il faut s'efforcer de dissuader les gouvernements danois et norvégien d'entreprendre une résistance armée, et les inciter à tolérer l'occupation allemande (...) La mission du chef du Groupe 21 est une mission exclusivement militaire ; elle est limitée à son exécution (...) Les mesures et interventions dans les domaines politiques, administratifs et économiques seront exécutées par un agent civil, conformément à des instructions particulières du Führer[31]. »

Il est donc prévu de s'assurer la collaboration du gouvernement norvégien. S'il refuse, on le démissionnera, et on en fera nommer un autre par le roi[32]. Bien sûr, le roi ne doit pas s'échapper, mais cela aussi, Hitler l'a prévu ; le 2 avril, une nouvelle directive parvient au Groupe 21 : « Le Führer a ordonné que la fuite des rois de Danemark et de Norvège de leur pays au moment de l'occupation soit empêchée par tous les moyens. Les mesures nécessaires seront prises par les plénipotentiaires du ministère des Affaires étrangères en coopération avec les commandants militaires. Il sera essentiel de faire surveiller étroitement les résidences des souverains et, en cas de nécessité, d'empêcher les rois de quitter leurs palais[33]. »

Le 20 mars, le général von Falkenhorst annonce à Hitler que l'opération « Weserübung » est prête. Le 1er avril 1940, tous les responsables de l'opération, le général von Falkenhorst, les officiers supérieurs de la Kriegsmarine et de la Luftwaffe, les commandants des différents corps de débarquement ont fait leur rapport au Führer. Le journal de guerre de la marine rapporte que « le Führer se fait tout expliquer par le menu, et pose de nombreuses questions ». Et le général von Falkenhorst précisera : « Il s'entretint avec chacun des généraux et chacun des amiraux. Il écouta chaque général, qui dut lui expliquer très précisément quelle tâche lui était impartie. Jusqu'aux commandants des navires, avec qui il discuta de la question de savoir s'ils débarqueraient les hommes à gauche ou à droite d'un objectif donné. Il ne laissa rien au hasard ; c'était son idée, c'était son plan, c'était sa guerre[34]. »

Toujours selon le journal de guerre de la marine, Hitler « se déclare parfaitement satisfait des préparatifs effectués (…). Il considère que l'opération "Weserübung" est particulièrement osée, et que c'est même l'une des opérations les plus culottées de l'histoire de la guerre moderne. C'est justement un des éléments qui en amènera le succès ». Le Führer « décrit l'anxiété qu'il va connaître jusqu'au succès de l'occupation comme l'une des tensions nerveuses les plus fortes de son existence. Il a pleine confiance dans la réussite de l'entreprise. L'histoire de la guerre montre que les opérations soigneusement préparées réussissent le plus souvent, moyennant des pertes relativement insignifiantes. Il fait observer que le secret le plus absolu est d'une importance capitale pour la réussite de l'attaque surprise[35] ».

Le 2 avril, le général von Falkenhorst, l'amiral Raeder et le maréchal Goering viennent faire un ultime rapport au Führer. Tout est prêt, et le dégel dans la Baltique est suffisamment avancé pour permettre le passage des unités de la Kriegsmarine. Hitler fixe alors le jour « W » *(Wesertag)* au 9 avril. L'attaque sera déclenchée à 5 h 15 sur tous les objectifs, en Norvège comme au Danemark. À 5 h 20, à Oslo, le ministre Braüer remettra une note diplomatique au roi Haakon VII, tandis qu'à Copenhague, le ministre von Renthe Fink fera parvenir une note identique au roi Christian X.

Chapitre IV

AU BORD DE L'ABÎME

La signature de la paix russo-finlandaise a été ressentie en Grande-Bretagne comme une défaite majeure pour la cause alliée[1]. Lors des débats du 19 mars aux Communes, de nombreux députés s'en prennent à la Norvège et à la Suède, rendues responsables de la défaite finlandaise. L'un d'entre eux, Sir Archibald Southby, se montre particulièrement virulent : « Bien des gens dans ce pays pensent que la Norvège et la Suède méritent le mépris du monde entier pour avoir lâchement trahi leur courageux petit voisin qui combattait pour toute la Scandinavie[2]. » Plusieurs autres députés se prononcent dans le même sens[3], et il est clair que l'on n'est pas fâché, au gouvernement, de trouver des boucs émissaires qui puissent être désignés à la vindicte populaire. Mais tout le monde n'est pas dupe, et tour à tour, Sir Archibald Sinclair, le major Rayner et le commandant Stephen King-Hall s'en prennent violemment à la politique de guerre de M. Chamberlain[4]. Pourtant, l'intervention la plus remarquée de ce point de vue sera celle d'un député fort influent et conservateur de surcroît, Harold Macmillan, qui vient justement de se rendre en Finlande en tant que codirigeant d'une association d'aide à ce pays. Or, les paroles de M. Macmillan sont extrêmement dures pour la politique du gouvernement ; après avoir énuméré en détail les extraordinaires insuffisances de l'aide britannique à la Finlande, et mis en évidence les responsabilités du gouvernement à cet égard, il conclut :

> « Je ne suis pas suffisamment compétent en matière de stratégie pour dire si en l'occurrence nous avons gagné ou perdu (...) Mais nous avons, je crois, eu un aperçu saisissant de la façon dont fonctionne notre système militaire et notre gouvernement. Les retards, les hésitations, les changements de cap, (...) les revirements avant toute prise de décision sont apparus très nettement à tout le monde[5]. »

La séance s'achèvera par une violente altercation entre M. Macmillan et le Premier ministre, et les choses en resteront là... en apparence du moins, car bien des députés conservateurs, malgré un soutien de principe accordé à M. Chamberlain, ont été troublés par les attaques lancées contre sa politique. Qu'un autre revers survienne, et beaucoup d'entre eux ne pourront en conscience soutenir la politique de guerre du Premier ministre.

Depuis la mi-mars, l'attention des ministres et des chefs d'état-major s'est quelque peu détournée de la Scandinavie. Le bombardement de Scapa Flow par la Luftwaffe, la découverte des effrayantes lacunes de la défense antiaérienne du pays[6], certaines informations selon lesquelles l'Allemagne se préparerait à attaquer les Pays-Bas[7], enfin la « mission de paix » du sous-secrétaire d'État américain Sumner Welles à Londres et à Berlin dominent durant la seconde partie du mois les discussions du Cabinet de guerre. Il y a pourtant au gouvernement un ministre qui n'a nullement renoncé à préconiser des opérations offensives contre l'Allemagne ; ce ministre, c'est bien entendu Winston Churchill ; dès le 18 mars, il a proposé un nouveau plan d'action au Cabinet de guerre. Il s'agissait cette fois d'envoyer un porte-avions « le long de la côte norvégienne » ; à partir de là, les avions survoleraient la Norvège et la Suède, et lanceraient des torpilles contre les navires au mouillage dans le port minier de Luleå, afin de le bloquer. Et puis, bien sûr, il y a ce fameux serpent de mer : le minage des eaux territoriales norvégiennes…

Ce sont tous ces projets, auxquels s'ajoute d'ailleurs « Royal Marine », un plan de minage du Rhin[8], que soumet le Premier Lord de l'Amirauté au Cabinet de guerre le 19 mars. Si le projet « Royal Marine » n'est pas trop mal accueilli (après tout, ce sont les Français qui en auraient la responsabilité), les plans d'opérations en Scandinavie sont examinés en revanche avec le plus grand scepticisme. Lord Halifax déclare que les Alliés « ne doivent pas prendre d'initiatives susceptibles de pousser la Norvège et la Suède dans les bras de l'Allemagne[9] » ; quant à Chamberlain, il relève fort opportunément qu'« une prise de contrôle des eaux territoriales norvégiennes ne servirait à rien, puisque bientôt le minerai de fer pourra passer par le golfe de Botnie » – oubliant ainsi plus opportunément encore que Churchill vient de proposer le blocus de Luleå. De toute façon, ajoute Chamberlain, « le corps expéditionnaire qui devait s'emparer des mines de fer vient d'être dispersé » ; le Premier ministre omet cette fois de dire que cela a été fait une semaine plus tôt à son initiative, afin que la question de l'utilisation de ce corps expéditionnaire ne se pose plus… Il est malgré tout impossible de ne rien faire, et Lord Halifax a un plan qui n'engage pas à grand-chose : il s'agit de présenter une nouvelle note aux gouvernements scandinaves, précisant que l'« on se réserve de saisir toute occasion d'interrompre les livraisons de minerai de fer à l'Allemagne ». Et Lord Halifax s'explique : « De cette façon, nous pourrions jeter des bases susceptibles de permettre une action future, ce qui aurait aussi l'avantage de montrer aux Français que nous ne restons pas les bras croisés[10]. »

C'est en effet l'une des préoccupations essentielles du Cabinet de guerre. Depuis la fin des hostilités en Finlande, le gouvernement Daladier a été très attaqué par l'opinion et la presse françaises sur l'immobilisme de sa politique de guerre[11], et il a fait comprendre aux autorités britanniques, par l'intermédiaire de son ambassadeur à Londres, que faute d'une décision rapide d'intervention en Scandinavie, son gouvernement serait contraint de démissionner. C'est pour cette raison que le sous-secrétaire d'État Sir Alexander Cadogan hésite avant de faire part à l'ambassadeur Corbin des résultats – ou plutôt de l'absence de résultats – de cette réunion du Cabinet de guerre du 19 mars. « J'avais l'impression, écrira-t-il à ses collègues du Foreign Office, que le fait de lui annoncer que les propositions (...) visant à l'interruption du trafic norvégien avaient été rejetées aurait un effet plutôt déprimant à un moment qui risquait d'être critique (...) Il allait falloir présenter la chose au gouvernement français avec le plus de ménagements possible[12]. » En fait, les ménagements seront inutiles, car ce même jour, à la Chambre des députés, le gouvernement Daladier a posé la question de confiance et obtenu 239 voix sur 540, avec 300 abstentions. S'estimant mis en minorité, Daladier démissionne, et le 21 mars, Paul Reynaud forme le nouveau gouvernement.

À 62 ans, cet ancien avocat a derrière lui une très brillante carrière politique ; député de Paris dès 1928, il a été tour à tour ministre des Finances, des Colonies et de la Justice, avant de revenir aux Finances dans le gouvernement Daladier. De petite taille, les yeux presque bridés, le nez retroussé, l'intelligence toujours en éveil, Paul Reynaud passe à juste titre pour un expert des questions financières et un maître du jeu parlementaire. Pourtant, le nouveau président du Conseil possède dès l'abord deux handicaps très sérieux : d'une part, c'est un dirigeant de temps de paix, assez mal préparé à prendre des décisions stratégiques d'envergure ; d'autre part, pour obtenir l'indispensable appui du parti radical-socialiste, Paul Reynaud a dû inclure son prédécesseur Daladier dans le nouveau gouvernement, en lui confiant le portefeuille de la Guerre. Or, les deux hommes se détestent cordialement et n'ont aucune intention de se ménager, ce qui laisse mal augurer de la suite des événements[13].

À Londres, les rares partisans d'un « blocus actif » au sein du Cabinet de guerre ont fondé de grands espoirs sur Paul Reynaud. Churchill lui propose dès le 22 mars son projet « Royal Marine[14] », et le général Ironside note dans son journal : « On me dit que Reynaud est arrivé débordant d'énergie et va essayer de mener la guerre avec davantage de vigueur. » Il est vrai que Paul Reynaud se veut l'homme d'une stratégie nouvelle et résolument offensive ; malheureusement, on peut se demander si cette « nouvelle » stratégie n'est pas destinée surtout à maintenir son Cabinet en vie. Le colonel de Villelume* ne s'y est pas trompé, qui note dans son journal : « Paul Reynaud (…) est à la recherche d'une possibilité quelconque de démontrer au pays qu'avec lui quelque chose a changé[15]. » Comme malgré tout il n'est toujours pas question d'attaquer l'Allemagne de front, on en revient aux projets d'offensives sur les théâtres d'opérations extérieurs, dont on espère bien faire endosser la responsabilité principale aux Britanniques… ce qui n'est pas à proprement parler une stratégie nouvelle. Mais les choses deviennent plus étonnantes, et moins nouvelles encore, lorsque Paul Reynaud se penche sur les cartes d'état-major. Car le plan d'action qu'il propose le 25 mars au Cabinet de guerre britannique constitue une synthèse des projets les plus chimériques conçus sous Daladier entre décembre 1939 et février 1940…

> « Le dénouement précipité du conflit finlandais, écrit Paul Reynaud, a placé les Alliés en présence d'une situation nouvelle et peut-être décisive. Pour ressaisir l'initiative qui leur a échappé, il importe que les deux gouvernements, forts de l'enseignement des derniers événements, s'appliquent sans tarder à dégager des circonstances présentes toutes les possibilités qu'une conduite énergique et audacieuse de la guerre leur permet encore d'exploiter (…) Sur le plan même de l'action des Alliés et de leur collaboration, une révision des méthodes de direction de la

* Le Colonel de Villelume est l'officier de liaison de l'état-major auprès du Quai d'Orsay.

guerre s'impose certainement. Les procédures de discussion, à travers lesquelles s'amortit la rapidité nécessaire des décisions, doivent être modifiées ; la conception, la préparation et l'exécution de nos entreprises doivent être assurées de s'enchaîner dans des conditions telles qu'elles ne nous exposent plus à des déconvenues auxquelles une abstention eût été préférable (...) Sur le terrain scandinave, et toute réserve faite des possibilités de rebondissements que la conjoncture finlandaise pourrait encore receler, dans l'avenir, le gouvernement français estime qu'il devrait être procédé dès maintenant à la prise par les Alliés du contrôle de la navigation dans les eaux territoriales norvégiennes (...) Sur la mer Noire et la Caspienne, une opération aussi décisive s'impose aux Alliés, non seulement pour restreindre le ravitaillement en pétrole de l'Allemagne, mais surtout pour frapper de paralysie toute l'économie de l'U.R.S.S. avant que le Reich n'ait réussi à la mobiliser à son profit (...)[16] »

À Londres, cette note fait l'effet d'une bombe ; « M. Reynaud, note Ironside, a écrit un aide-mémoire tout à fait incroyable, dans lequel il expose ses conceptions sur la façon de gagner la guerre. Il dit que jusqu'ici personne n'a rien fait, et lui se propose de faire quelque chose. D'après ce qu'on m'a dit, le Premier ministre a sauté au plafond quand il a lu cet aide-mémoire ; car il le range parmi ceux qui ont échoué jusqu'ici... La première phrase de l'aide-mémoire français écrit par le président du Conseil (et très mal traduite) est typique de l'ensemble (...) Cette phrase a rendu le Premier ministre furieux. » Bien entendu, Chamberlain, déjà effrayé par la hardiesse de l'opération de minage des eaux territoriales norvégiennes, considère les projets français comme du délire pur et simple, venant « d'un homme au bout de son rouleau qui voulait faire un grand battage pour justifier sa position[17] ».

Le 27 mars, à Londres, se tient une réunion préparatoire au Conseil suprême à laquelle assistent les chefs d'état-major français et britanniques. Pour ces derniers, l'objectif est clair, et parfaitement résumé par Sir Alexander Cadogan : « Il s'agit de cuisiner les Français au sujet de leur ridicule projet "Mer Noire" (si on peut l'honorer de ce nom) et de les dissuader de toute aventure balkanique[18]. »

À l'issue de cette réunion, le général Ironside se montre aussi pessimiste qu'à l'ordinaire :

« Une conférence épuisante (...) Je dois avouer que je me suis terriblement ennuyé (...) Nous avons discuté de tous les projets, allant du blocage du minerai de fer de Narvik à l'envoi de sous-marins dans la mer Noire, en passant par le bombardement de Bakou. Les Français n'avaient rien préparé et avançaient les idées les plus fumeuses (...) Ce qui ressort de tout cela, c'est que les Français n'avaient pas compris l'inopportunité d'attirer la Russie et l'Italie dans la guerre sans nécessité (...) J'ai abordé Gamelin après la séance, et il m'a dit plutôt amèrement que les "politiciens" n'avaient pas étudié les résultats ni les conséquences de toutes ces actions[19]. » La discrétion n'est pas non plus le fort de l'allié français ; ce même soir, Sir Cadogan note en effet dans son journal : « La presse française (Havas, donc officielle) révèle que les "Alliés" "ont décidé" une opération de police dans les eaux neutres ! Ces Français ![20]. » La nouvelle est d'ailleurs parfaitement inexacte : Le 27 mars au soir, à Londres comme à Paris, rien n'a changé, rien n'est prêt, le corps expéditionnaire scandinave est dissous ou en permission, les navires sont dispersés, rien n'est décidé, et rien ne paraît devoir être décidé. À Berlin, par contre, la décision de principe est prise depuis longtemps, les troupes et les navires sont prêts, et la date de l'attaque est fixée : le 9 ou le 10 avril 1940.

Lorsque s'ouvre à Londres la réunion du Conseil suprême du 28 mars, force est de constater que l'on en est pratiquement au même point qu'au début de la session précédente du 5 février. Seul le gouvernement français a changé, et encore le changement n'est-il guère perceptible, car la composition du Conseil est restée pratiquement identique*.

* À l'exception de Guy La Chambre, qui a été remplacé par Laurent Eynac au ministère de l'Air.

Daladier continue d'y siéger, en tant que ministre de la Guerre cette fois, et il s'entend toujours aussi mal que possible avec le nouveau président du Conseil.

Chamberlain parle le premier – ce sera d'ailleurs un monologue d'une heure et demie – et il se déclare d'emblée en faveur de l'opération de minage du Rhin, dont il « ne pense pas qu'elle entraîne des représailles aériennes sur la France ». Après quoi il mentionne, sans trop s'y attarder, la vulnérabilité des approches maritimes de Narvik et Luleå et, passant sous silence le fameux projet « mer Noire », il poursuit : « Pour ce qui est du pétrole russe, il n'est pas douteux que c'est là un point vulnérable (...) Une telle opération est donc tentante[21]. » Chamberlain ne dit pas s'il est lui-même tenté ; il déclare seulement que l'opération « doit être étudiée[22] », et il commence à soulever quelques objections à l'exécution du projet, ce qui laisse prévoir d'ordinaire un refus poli. Sur ce, Paul Reynaud prend la parole ; ayant rappelé que « l'opinion française exige une action rapide », il accepte le principe d'une action dans les eaux territoriales norvégiennes, mais il émet également l'espoir que de son côté, le gouvernement britannique « donnera son assentiment au projet d'attaque contre le Caucase ». Moyennant cela, conclut Paul Reynaud, la France pourrait accepter également « Royal Marine », le plan de minage du Rhin[23]. En d'autres termes, c'est bien un marchandage que Paul Reynaud propose à son homologue britannique. Ce dernier, voyant qu'il n'a pas été compris, précise sa pensée au sujet du projet « Bakou » : « Il est clair qu'une telle attaque (au Caucase) signifierait que les Alliés feraient la guerre à l'Union Soviétique (...) » Chamberlain « croit savoir que cette décision serait populaire en France. Mais ce ne serait pas le cas en Angleterre (...) L'essentiel est de savoir s'il est de l'intérêt des Alliés d'étendre la guerre à la Russie au risque de lier étroitement ce pays à l'Allemagne – il y a là matière à une étude sérieuse et approfondie[24] ».

Cette fois, le doute n'est plus possible : les Britanniques ne se laisseront pas entraîner vers l'Orient. Mais, reprend

Paul Reynaud, « l'opinion publique française exige une action rapide », et à défaut du pétrole, on peut encore s'attaquer au minerai de fer. Or, Chamberlain, on le sait, ne voit pas non plus cette entreprise d'un très bon œil. Si l'on finit tout de même par se mettre d'accord, c'est que le Premier ministre britannique ne veut pas prendre devant les autorités françaises et devant sa propre opinion publique la responsabilité de ne rien faire du tout. On s'accorde donc sur le plan d'action suivant :

> 1er avril : note diplomatique « comminatoire » aux Suédois et aux Norvégiens pour prévenir qu'on se considère comme libre d'agir contre le minerai de fer.
> 4-5 avril : mines dans les eaux territoriales norvégiennes pour empêcher le trafic de minerai au départ de Narvik et « opérations contre la navigation allemande ». Plus tard, mines pour bloquer Luleå.
> 4-5 avril : mines dans le Rhin. (Sous réserve de l'approbation du Comité de guerre français.)
> 15 avril : largage aérien de mines magnétiques dans tous les fleuves et cours d'eau d'Allemagne[25].

Ainsi, on s'apprête enfin à sortir de l'inaction. D'ailleurs, en intervenant dès le 5 avril dans les eaux territoriales norvégiennes, les Alliés vont même devancer Hitler, car ce dernier, on s'en souvient, a décidé de déclencher « Weserübung » le 9 ou le 10 avril. Or, il est très peu probable qu'Hitler décide de maintenir son expédition si les unités navales britanniques se trouvent déjà devant les côtes norvégiennes ; mieux encore, s'il décide malgré tout de maintenir l'opération, il sera attendu… car s'il n'a absolument pas été question au Conseil suprême d'un débarquement en Norvège ou d'une éventuelle réaction allemande à la pose des mines, les militaires britanniques et français, eux, y ont pensé presque immédiatement[26]. Dès le 30 mars, la direction des opérations militaires estime nécessaire de reconstituer les forces « Stratford » et « Avonmouth », et avertit qu'« elles peuvent être appelées à entrer en action dans un très court délai[27] ». En fait, à Paris, comme à Londres, beaucoup, y compris bien sûr Winston Churchill, espèrent que la pose de mines amènera effectivement Hitler à réagir, donnant aux Britanniques la meilleure excuse possible pour débarquer en Norvège. Dès lors, la question d'une opposition norvégienne au débarquement allié ne se posera plus, ce qui apaisera même les scrupules du Foreign Office…

On va donc reconstituer à toute vitesse les unités de « Stratford » et « Avonmouth ». Bien sûr, cinq jours pour remettre sur pied deux corps expéditionnaires dissous, dont la constitution avait auparavant demandé deux mois, c'est un délai très bref. Bien sûr, réutiliser tels quels des plans d'opérations qui prévoyaient une expédition en Finlande pour affronter les Soviétiques, alors que l'on veut maintenant opérer en Norvège pour combattre les Allemands, cela peut paraître hasardeux. Bien sûr, les troupes, qui n'étaient déjà pas très bien entraînées et équipées en février, le sont encore moins maintenant ; il n'y a plus de bataillon de skieurs, il n'y a pas de D.C.A., et les troupes doivent être équipées « aussi légèrement que possible ». Bien sûr, dès le 2 avril, le War Office fera observer au chef d'état-major impérial que « les plans "Avonmouth" et "Stratford" ont été reconstitués en vitesse, sans une étude approfondie des conséquences de leur mise en œuvre. C'est ce qui ressort d'emblée lorsque l'on commence à rédiger les instructions pour les commandants des diverses forces. » Bien sûr, il y a aussi le problème de l'attitude de la Suède ; dès le 3 avril, on s'est avisé qu'il y avait en février un troisième plan, le plan « Plymouth », destiné à appuyer et à « rassurer » les Suédois, et qu'il allait falloir également le reconstituer d'urgence ! Bien sûr, le lendemain 4 avril, dans ce désordre indescriptible, le général Ismay se plaint du fait qu'« un grand nombre de projets d'opérations entièrement différents ont été désignés ces derniers temps par le terme de "certaines opérations"… et qu'il ne s'y retrouve plus du tout ; le général propose donc que l'on attribue des lettres et des chiffres aux divers plans, afin que l'ennemi soit désormais le seul à ne pouvoir s'y retrouver ! Tout cela est vrai ; mais il n'en demeure pas moins que le 5 avril, les troupes britanniques sont prêtes à être embarquées, les navires sont prêts à appareiller, à mouiller les mines, à faire débarquer les troupes, et à prendre Hitler de vitesse. C'est tout de même une prouesse incontestable… Une prouesse incontestable et inutile… Car les mines ne seront pas mouillées le 5 avril !

En effet, le 30 mars, le Comité de guerre français s'est déclaré opposé à l'opération « Royal Marine* ». La contrepartie promise par Paul Reynaud le 28 mars disparaît donc, et à Londres, Sir Alexander Cadogan, désagréablement surpris, persuade sans trop de difficultés le Premier ministre de surseoir à l'opération norvégienne : « Pas de mines, pas de Narvik », déclare Chamberlain à l'ambassadeur Corbin au soir du 1er avril. Très affecté par ce contretemps, Winston Churchill finit par persuader le Premier ministre qu'il faut au moins exécuter l'opération dans les eaux territoriales norvégiennes, opération baptisée entre-temps « Wilfred ». À la demande de Chamberlain, il se rend à Paris le 4 avril pour essayer de faire revenir les Français sur leur refus, et pour tenter de mettre fin à la brouille entre Daladier et Reynaud, qui lui paraît être à l'origine de la décision négative du Comité de guerre. Dans les deux cas, ce sera un échec, mais Churchill estime malgré tout que « Wilfred » ne peut plus être différée : « Je rendis compte par téléphone au Cabinet de guerre, qui donna son accord pour que "Wilfred" fût entreprise même si la France persistait dans son refus d'exécuter "Royal Marine", mais exprimai le désir que cette décision fît l'objet d'une communication officielle. Lors de la réunion du 5 avril, le ministre des Affaires étrangères fut chargé de faire savoir au gouver-

* On ignore s'il s'agit là d'une crainte de représailles allemandes, ou d'une manœuvre de Daladier contre Reynaud. Les relations des deux hommes demeurent exécrables à cette époque.

nement français que malgré la grande importance que nous avions toujours attachée à la mise en œuvre rapide de l'opération "Royal Marine", et cela en même temps que l'opération prévue dans les eaux territoriales norvégiennes, nous étions néanmoins prêts à déférer à ses désirs, et acceptions de n'entreprendre que la seconde des deux opérations. La date d'exécution fut donc finalement fixée au 8 avril[28]. »

À Londres comme à Paris, la décision provoque un certain soulagement : on va enfin passer à l'action. Afin de « préparer le terrain », Lord Halifax donne pour instruction à ses ministres de remettre aux gouvernements d'Oslo et Stockholm la note « comminatoire » conçue le 28 mars. Même Chamberlain affiche un certain optimisme : « Hitler a manqué le coche ! », déclare-t-il imprudemment[29]. Le 6 avril, les quatre destroyers qui vont poser les mines prennent la mer, escortés par les croiseurs *Renown* et *Birmingham* et huit destroyers, sous le commandement de l'amiral Whitworth. Au matin du 7 avril, à Rosyth, les quatre bataillons destinés à Stavanger et Bergen embarquent sur des croiseurs, tandis que dans la Clyde, les troupes destinées à Trondheim et Narvik embarquent sur un transport et sur le croiseur *Devonshire*. Toutes ces unités sont prêtes à lever l'ancre dès que l'Allemagne réagira, ou fera mine de réagir, à la pose des mines, fixée au matin du 8 avril*. C'est que personne à Londres n'a envisagé que les Allemands pourraient faire autre chose que réagir à une opération alliée…

Au matin du 6 avril, pourtant, on a reçu une nouvelle assez inquiétante, relayée par le ministre de Grande-Bretagne à Copenhague : « D'après des informations en provenance d'une source neutre "en situation d'être bien informée", Hitler a ordonné la nuit dernière à une division embarquée dans dix navires de se mettre discrètement en mouvement pour débarquer à Narvik. Le Jutland serait également occupé le même jour, mais la Suède ne serait pas

* Ce plan de débarquement éventuel a reçu le nom code d'« Opération R. 4 ».

touchée[30]. » Cette information, pourtant corroborée par plusieurs autres[31], ne retient pas l'attention. Même lorsqu'au matin du 7 avril, des appareils de la R.A.F. aperçoivent un croiseur et six destroyers allemands à 130 milles au sud du cap Lindesnes, faisant route au nord[32], personne à l'Amirauté n'envisage la possibilité qu'une expédition allemande puisse devancer les Britanniques en Norvège. « Tous nos plans, écrira l'historien britannique T.K. Derry, étaient basés sur le principe que nous aurions l'initiative[33]. »

Le 2 avril 1940, le ministre norvégien des Affaires étrangères Halvdan Koht déclarait au journal conservateur *Aftenposten* : « Naturellement, tant que les deux puissances maritimes voisines de la Norvège seront en guerre, la paix que nous connaissons restera menacée. Mais je ne vois pas pourquoi la Norvège serait entraînée dans la guerre pour autant[34]. » À partir du 4 avril, pourtant, les nouvelles inquiétantes se succèdent et se recoupent ; dès ce jour-là, en effet, le *Daily Telegraph* fait état de concentrations et d'embarquements de troupes dans les ports allemands[35]. Le lendemain, le ministère des Affaires étrangères norvégien reçoit un télégramme de son ministre à Berlin, Scheel, lui faisant part de renseignements communiqués par un attaché militaire « d'un pays neutre » ; selon ces renseignements, une attaque allemande contre le Danemark serait imminente. Le soir même, on reçoit de la même source une information plus précise encore : « La légation danoise ici a entendu les mêmes rumeurs que celles dont j'ai fait état dans mon télégramme n° 638 précédent, ainsi que d'autres mentionnant l'occupation de certains points du sud de la côte norvégienne. Le but (…) serait d'accélérer le rythme de la guerre et de prendre les alliés de vitesse. » Ce même jour, le colonel Adlercreutz, des services de renseignements de l'état-major suédois, transmet à son homologue norvégien une information identique : C'est bien le Danemark qui est visé, « ainsi que la Norvège dans une seconde étape ».

Le 7 avril, nouveau télégramme de Berlin : « On apprend de source digne de foi (…) que 15 à 20 navires, 150 000 tonneaux au total, ont quitté Stettin, cap à l'ouest, dans la nuit du 5 avril. » Enfin, le 8 avril dans l'après-midi, l'état-major danois remet une note urgente au ministre de Norvège à Copenhague, qui transmet aussitôt : « Ce matin de bonne heure, deux croiseurs de bataille, un cuirassé, trois destroyers ainsi que de nombreuses vedettes lance-torpilles et transports armés ont passé le grand Belt, cap au nord[36]. » L'opération n'est donc pas limitée au Danemark ; du reste, une heure à peine après réception de ce message, au milieu d'une session du Storting, le ministre de la Défense reçoit des autorités maritimes un télégramme dont il donne communication aux parlementaires : « Dans les parages de Kristiansand (…) un navire marchand allemand a été coulé. Il s'agit du *Rio de Janeiro*, qui a très probablement été torpillé par un sous-marin anglais (…) Le navire *Rio de Janeiro* avait à son bord des soldats allemands (…) Ces Allemands ont déclaré qu'il y avait aussi des chevaux et des canons à bord (…) On leur avait dit qu'ils se rendaient à Bergen pour aider les Norvégiens, sur la demande du gouvernement norvégien[37]. »

Aussi étonnant que cela puisse paraître, aucune de ces informations, pourtant de plus en plus alarmantes, ne va décider le gouvernement norvégien à ordonner la mobilisation et à mettre le pays en état de défense. Il n'est certes pas surprenant que le Premier ministre Nygaardsvold n'ait pas réagi : il ne s'occupe jamais de politique étrangère, et moins encore de défense nationale ; mais l'abstention du ministre des Affaires étrangères Halvdan Koht est quant à elle beaucoup plus difficile à expliquer. D'ailleurs, il y a tout de même au sein du gouvernement norvégien un ou deux autres ministres qui ne se désintéressent pas entièrement des problèmes de sécurité, et M. Trygve Lie, devenu ministre de l'Approvisionnement, est de ceux-là. En outre, il y a le roi Haakon VII, qui ne partage aucun des curieux préjugés de son ministre des Affaires étrangères, et qui est parfaitement conscient depuis longtemps de la vulnérabilité de son pays. Or, le roi avouera en 1943 au ministre des Pays-Bas que lui non plus n'avait pas prêté attention aux avertissements venus de Berlin et Copenhague[38]. De toute évidence, il y a là un élément qui est difficilement explicable, et qui le resterait, si l'on négligeait le fait que la véritable raison de l'incrédulité et de la passivité du côté norvégien (une raison dont on préférera ne pas faire état après la guerre), c'est que l'attention des autorités est monopolisée à cette époque par une menace bien plus précise venue de l'ouest… plus exactement de Grande-Bretagne.

Dès le lendemain du 28 mars, la presse a commencé à faire état de rumeurs concernant des décisions d'opérations en Scandinavie, qui auraient été prises au cours de la réunion du Conseil suprême. Le 31 mars, Winston Churchill a prononcé à la B.B.C. un discours énergique, déclarant entre autres que « ceux qui résistent à l'agresseur ne doivent pas rester empêtrés dans les lambeaux des conventions violées[39] ». Deux jours plus tard, le Premier ministre Chamberlain, prenant la parole à la Chambre des communes, s'est également montré d'une fermeté inhabituelle :

> « Dans notre guerre économique, la plus importante de toutes nos armes, c'est la puissance navale, et les Alliés sont résolus à poursuivre et intensifier au maximum l'emploi de cette arme. Les navires de Sa Majesté ont déjà pris certaines mesures pour faire obstacle au passage des cargos allemands en provenance de Scandinavie (…) D'autres mesures sont à l'étude. La Chambre peut être assurée que nous n'avons pas encore atteint la limite de notre capacité d'opération dans cette région (…)[40] »

Après cela, toute la presse britannique prévoit une prochaine initiative de la Royal Navy ; et dès le 3 avril, le ministre de Norvège à Londres, Colban, envoie à Oslo le télégramme suivant : « Noel Baker, l'un des chefs du parti travailliste à la Chambre, m'a laissé clairement entendre que le gouvernement britannique préparait une action directe contre le trafic de minerai dans les eaux territoriales norvégiennes pour un très proche avenir[41]. » Cela a bien sûr contribué à orienter vers l'ouest l'attention des autorités norvégiennes, d'autant que deux jours plus tard, les ministres de France et de Grande-Bretagne ont remis à M. Koht une note diplomatique qui n'augure rien de bon : c'est la fameuse note « comminatoire » mentionnée lors du Conseil suprême du 28 mars :

> « Les Alliés, estimant qu'ils se battent pour des buts qui intéressent autant les petits États qu'eux-mêmes, ne peuvent admettre que la suite de la guerre soit influencée à leur détriment par les avantages que trouve l'Allemagne en Suède et en Norvège. Ils croient en conséquence devoir faire connaître qu'ils se réservent le droit de prendre toutes les mesures qu'ils jugeront nécessaires pour empêcher l'Allemagne d'obtenir dans ces pays des ressources ou des facilités qui, pour la poursuite de la lutte, seraient à son avantage ou au désavantage des Alliés[42]. »

Dès lors, semble-t-il, les Norvégiens seront obnubilés par la perspective d'une opération britannique. Ce même jour, le colonel Adlercreutz, des services de renseignements suédois, est venu communiquer à son homologue norvégien les dernières informations qu'il a reçues au sujet des préparatifs allemands. « Je me souviens que lors de l'entretien avec mon collègue norvégien, il ne m'a pas paru (…) particulièrement inquiet, mais par contre, il semblait se demander ce qui pourrait venir de l'ouest[43]. » Cette préoccupation se renforce au cours des jours qui suivent. Le 8 avril, l'ambassadeur d'Union Soviétique à Londres, Ivan Maiski, s'entretient avec le ministre de Norvège Colban, qui lui confie : « L'Allemagne nous a donné les assurances les plus catégoriques qu'elle respecterait notre neutralité. S'il est une chose que je crains à l'heure actuelle, c'est plutôt une initiative inconsidérée de nos amis britanniques[44]. »

Les craintes du ministre de Norvège ne sont pas sans fondement. Ce matin-là, à 4 heures, des navires de guerre britanniques ont mouillé un champ de mines à l'entrée du

Vestfjord, au nord de Bodø, et un second, fictif, au sud de Molde. Peu avant 6 heures du matin, les ministres de France et de Grande-Bretagne ont remis au ministère des Affaires étrangères à Oslo une note conjointe des plus inquiétantes : « Le gouvernement français et le gouvernement de Sa Majesté dans le Royaume-Uni ont (...) résolu de refuser à l'ennemi le droit de continuer à se servir d'eaux territoriales qui sont manifestement pour lui d'une valeur particulière, et ils ont dans ces conditions décidé d'empêcher le libre passage à travers les eaux territoriales norvégiennes des bâtiments transportant de la contrebande de guerre[45]. »

Ce jour-là, le Cabinet et le Parlement norvégiens vont siéger sans désemparer. La pose de mines et la note alliée sont au centre de toutes les discussions ; la possibilité d'une attaque allemande est certes évoquée, mais beaucoup la croient impossible, d'autres ne l'envisagent que comme une réaction éventuelle à l'opération britannique[46]. La seule décision ferme prise ce jour-là est d'envoyer une note de protestation solennelle aux gouvernements français et britannique ; elle est d'ailleurs conçue dans des termes très mesurés, et se termine ainsi : « Le gouvernement norvégien doit se réserver de prendre toutes mesures utiles auxquelles une telle violation de la neutralité peut donner lieu[47]. » C'est que, comme l'avait déclaré M. Mowinckel au cours de la séance du Comité des affaires étrangères du Storting : « Quoi qu'il arrive, il n'est pas question d'entrer en guerre contre l'Angleterre[48]. »

Tout cela a contribué à repousser à l'arrière-plan les informations faisant état d'une expédition allemande. L'attaché naval allemand Schreiber est resté toute la journée du 8 avril en contact avec les milieux de l'Amirauté norvégienne : « La pose de mines anglaises dans les premières heures du 8 avril, écrira-t-il, avait provoqué une certaine nervosité au gouvernement et à l'Amirauté. À l'Amirauté, j'avais rendu visite au chef du service de renseignements, à l'amiral Diesen, au chef d'état-major ainsi qu'au commandant Lorck, chef de la division maritime au ministère de la Défense. On me dit être en possession d'une information selon laquelle plusieurs centaines de navires de guerre allemands avaient traversé les eaux danoises en direction du nord. On me demanda discrètement ce que cela pouvait signifier (...) Je répondis que je n'étais pas au courant, mais que je supposais que la flotte avait appareillé pour protéger les côtes allemandes. Nous craignions une attaque des Anglais contre les Belts, et il en résulterait peut-être une seconde bataille du Skagerrak (...) Jusque tard dans l'après-midi du 8 avril, le gouvernement comme l'état-major de l'Amirauté continueront d'ignorer tout de l'opération. J'étais continuellement en contact avec les autorités responsables, sous le prétexte légitime de vouloir me tenir au courant de l'opération anglaise. Si à ce moment le gouvernement avait sérieusement cru qu'une opération allemande se préparait, et avait été prêt à s'y opposer, je m'en serais certainement aperçu. Non, on ne s'y attendait pas[49]. »

À une exception près, cependant : au vu des informations alarmantes qui s'accumulent avec une troublante régularité, le colonel Hatledal, chef d'état-major de l'Armée de terre, a demandé par trois fois depuis le 5 avril la mobilisation immédiate des quatre brigades stationnées dans le sud de la Norvège. Le 8 avril à midi, le colonel Ljungberg, ministre de la Défense, lui a fait savoir que le gouvernement n'avait encore pris aucune décision à cet égard ; toutefois, le ministre lui demandait... une estimation détaillée des coûts entraînés par une telle mobilisation[50] ! À 21 heures, pourtant, à l'issue des réunions du Storting et du Comité des affaires étrangères, le Cabinet se réunit à nouveau, et il examine la proposition de mobilisation. Sur recommandation du ministre de la Défense, il va enfin décider de mobiliser... deux bataillons. C'est déjà peu, mais de toute façon, la décision ne sera même pas transmise à l'état-major cette nuit-là ; le ministre de la Défense avait fait savoir dès 21 heures aux officiers d'état-major qu'une éventuelle décision ne leur serait notifiée que le lendemain matin et qu'« ils pouvaient rentrer chez eux[51] ». Complètement découragé, le colonel Hatledal a déclaré à l'officier de veille que « tous ses efforts pour obtenir une décision sur la mobilisation (…) étaient restés sans effet » et qu'« il était maintenant si épuisé qu'il demandait à ne plus être dérangé ». Mais le colonel a ajouté : « À moins que les hostilités n'éclatent[52]. »

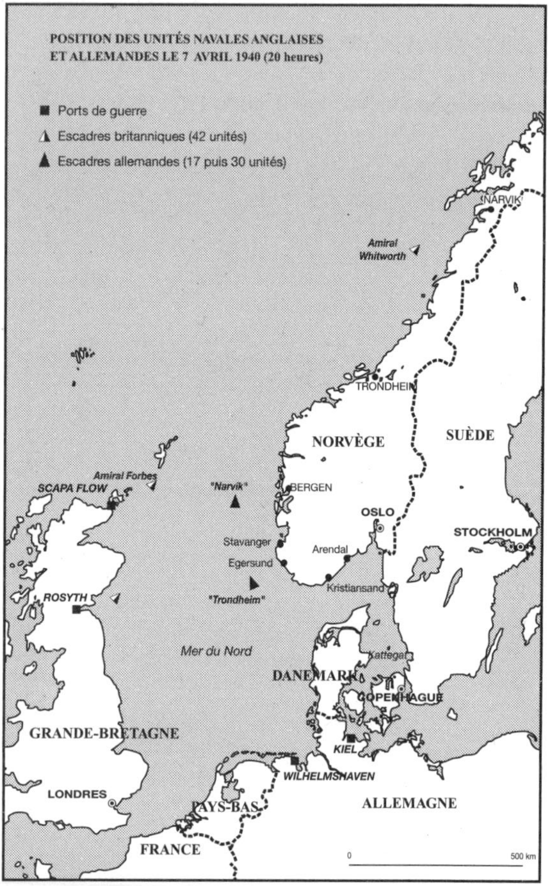

Les 17 unités navales allemandes des groupes I et II foncent vers Narvik et Trondheim. À l'Amirauté britannique, on ne croit toujours pas à une attaque de la Norvège, et on pense que les navires allemands vont essayer de passer dans l'Atlantique pour y attaquer les convois alliés. À 20 h 15, cinq croiseurs et neuf destroyers, commandés par l'amiral Sir Charles Forbes, quittent Scapa Flow pour essayer de les intercepter. Une deuxième escadre, avec deux croiseurs et douze destroyers, quitte Rosyth peu après. Plus au nord, deux croiseurs et douze destroyers britanniques, commandés par l'amiral Whitworth, se dirigent vers le Vestfjord, qui ouvre l'accès à Narvik. Ils vont participer à l'opération de mouillage des mines.

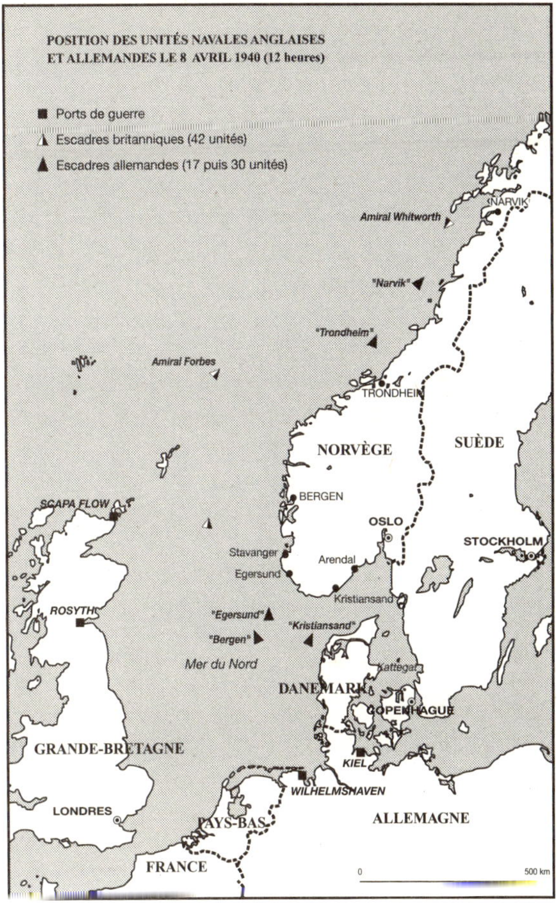

Les groupes allemands I et II, « Narvik » et « Trondheim » sont arrivés au large de Trondheim.
Les deux escadres de la Home Fleet sont encore au nord-ouest et au sud de Bergen, alors que plus au sud encore, à l'insu des Britanniques, les groupes allemands « Kristiansand », « Egersund » et « Bergen » longent déjà les côtes danoises.

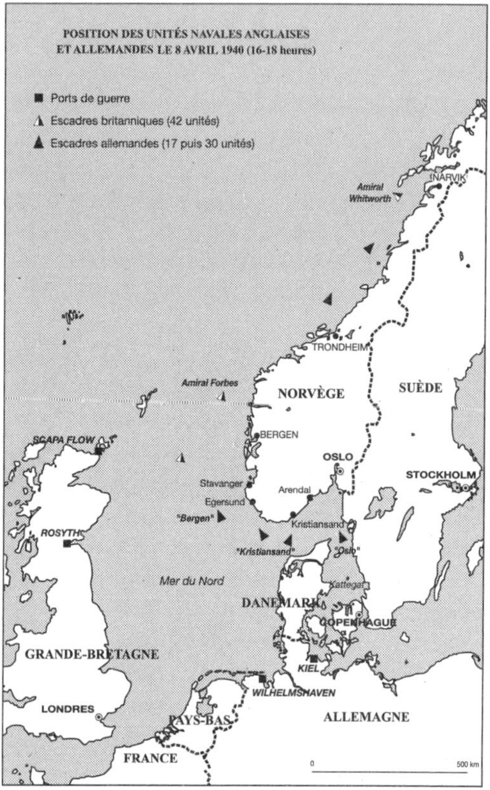

Le groupe II de la Kriegsmarine, « Trondheim », est arrivé à la hauteur de son objectif. Comme il est encore trop tôt pour prendre position devant le fjord, le groupe continue à se déplacer dans le secteur, en changeant plusieurs fois de cap. Or, un avion britannique le repère alors qu'il se trouve orienté cap à l'ouest, et communique ce renseignement à sa base. Ceci va semer la confusion dans les escadres britanniques ; l'amiral Whitworth, qui gardait les approches de Narvik, se dirige vers l'ouest pour intercepter le groupe II. Cette initiative malheureuse va ouvrir l'accès de Narvik aux unités du groupe I. De son côté, à la réception du même message, l'amiral Forbes, qui se trouve à 120 milles de Trondheim, va changer de cap et se diriger également vers l'ouest, perdant ainsi toute chance d'intercepter le groupe II. Au sud, les groupes « Kristiansand », « Egersund » et « Bergen » sont à portée de leurs objectifs : l'épais brouillard dans le secteur empêche les Britanniques de les repérer.
Le groupe « Oslo » vient d'émerger du Kattegat, cap au nord.

Chapitre V

LE JOUR LE PLUS LONG

Le 8 avril, peu avant 23 h 30, deux batteries côtières signalent que des bâtiments de nationalité inconnue tentent de forcer l'entrée du fjord d'Oslo. Le chef d'état-major de l'armée fait immédiatement alerter le général Laake, commandant en chef, et le Premier ministre Nygaardsvold.

À 1 h 30 du matin, les membres du gouvernement norvégien, un peu hébétés, se trouvent réunis à Victoria Terrasse, au ministère des Affaires étrangères, où les dernières informations leur sont communiquées : quatre grandes unités navales et une douzaine d'autres plus petites remontent le fjord d'Oslo. Immédiatement après, les ministres apprennent qu'il y a également cinq grandes unités devant Bergen, une devant Stavanger, et qu'il s'agit de navires allemands[1].

À ce moment, le ministre de l'Approvisionnement Trygve Lie propose que l'on demande officiellement l'aide de la Grande-Bretagne et de la France pour s'opposer à l'agression. Pourtant, le ministre des Affaires étrangères Halvdan Koht refuse tout net. En septembre 1939, déclare-t-il, on a choisi d'ignorer la communication du ministre de Grande-Bretagne Dormer, selon laquelle une attaque contre la Norvège serait considérée comme une attaque contre la Grande-Bretagne ; dès lors, il n'est pas possible de l'appeler à l'aide maintenant[2]. La logique de cette assertion n'apparaîtra pas nécessairement au lecteur, mais nous savons déjà que M. Koht a une conception très personnelle de la politique étrangère. On finit tout de même par le persuader d'avertir de l'attaque allemande le ministre de Grande-Bretagne ; il dort, et M. Nygaardsvold s'emporte[3]. Finalement, M. Koht parvient à le joindre ; l'ayant mis au courant de la situation, le ministre des Affaires étrangères ajoute : « Eh bien, nous voilà en guerre à présent ! » Sir Cecil Dormer demande si le gouvernement compte rester à Oslo, et M. Koht répond par l'affirmative, car « il estime que les défenses de la ville sont suffisamment fortes[4] », ce qui est tout de même faire preuve de beaucoup d'optimisme. Bien entendu, le roi a lui aussi été alerté vers 1 h 30, et sa première réaction est également très intéressante ; à son aide de camp qui lui a dit : « Majesté, nous sommes en guerre ! », Haakon VII a aussitôt demandé : « Contre qui[5] ? »

Dès que les membres du gouvernement ont appris que Bergen était menacée – et que les attaquants étaient allemands[6] – ils ont décidé d'ordonner la mobilisation immédiate. Mais c'est à partir de là que la machine va commencer à s'enrayer : car les ministres ne connaissent absolument rien au mécanisme de la mobilisation, et ils s'en remettent entièrement au ministre de la Défense[7]. Malheureusement, celui-ci est entré en fonction trois mois plus tôt, et il est tout aussi incompétent que les autres ; il va donc suivre les recommandations du commandant en chef de l'armée…

Le général Laake, 65 ans, commandant en chef de l'armée norvégienne, a été nommé à ce poste huit ans plus tôt, moins pour ses vertus martiales que parce qu'il était disposé à accepter de nouvelles réductions du budget militaire. Or, au matin du 9 avril, le général Laake refuse de prendre l'alerte au sérieux, et l'officier de veille au quartier général d'Akershus a le plus grand mal à le persuader de quitter sa maison de campagne pour revenir à Oslo[8]. Mais une fois arrivé, le général téléphone au ministre de la Défense et lui propose… de mobiliser les quatre brigades stationnées dans le sud du pays, comme le demandait l'état-major depuis le 5 avril !

Au matin du 9 avril, cette proposition n'a plus aucun sens : mobiliser quatre brigades, cela constitue aux termes du code militaire norvégien une « mobilisation partielle et secrète » ; or, le code militaire ne prévoit qu'une seule façon de la mettre en œuvre : convocation des soldats par lettre, avec rassemblement quarante-huit heures plus tard. L'autre solution aurait été une mobilisation « générale et ouverte », c'est-à-dire pouvant être annoncée par tous les moyens de communication disponibles, avec rassemblement immédiat des effectifs. Ce serait certainement plus indiqué en l'occurrence, mais il faut se souvenir que le général Laake ne prend toujours pas l'alerte au sérieux. Vers 2 h 45, le ministre de la Défense Ljungberg transmet au gouvernement la proposition de mobilisation des quatre brigades, et les ministres – qui, précisera M. Trygve Lie, « n'ont pas sous la main un exemplaire du code de mobilisation[9] » – acceptent la proposition sans discuter, en étant convaincus d'avoir ordonné ainsi une mobilisation générale et immédiate. Le ministre de la Défense Ljungberg transmet donc au général Laake par téléphone la décision du gouvernement : mobilisation de quatre brigades, c'est-à-dire « mobilisation partielle »… et « secrète »[*] !

À l'état-major, on reçoit l'ordre avec incrédulité. Entre 3 h 30 et 4 heures, lors d'une réunion qui regroupe le ministre

---

* La note suivante, écrite par M. Koht le 29 mai 1963 et retrouvée dans ses archives, donne une idée assez exacte de ce qui a dû se passer : « Je suis bien certain qu'il n'a pas été question de mobilisation "secrète". Si le mot avait été prononcé, la plupart d'entre nous en auraient sans doute demandé la signification, et auraient voulu savoir s'il existait une autre sorte de mobilisation. (…) Nous pensions tous pouvoir compter sur Ljungberg pour organiser au mieux la mobilisation. Nous voulions seulement que les choses se fassent aussi vite que possible ; mais nous ne nous sentions pas en mesure de décider nous-mêmes de ce qui était possible » (RA Koht, *op. cit.*, Trumål, 23/5/63).

Ljungberg, le commandant en chef Laake et le chef d'état-major Hatledal, ce dernier proteste vigoureusement contre une telle mesure, qui ne correspond manifestement plus aux nécessités de l'heure. Mais le ministre Ljungberg reste sur ses positions : ce sont les ordres du gouvernement ; il faut donc mobiliser quatre brigades, convocation par lettre, premier jour de rassemblement le… 11 avril. Le général Laake, lui, est encore plus loin des réalités – si cela est possible : « Un peu d'exercice ne fera pas de mal à ces unités-là », déclara-t-il à ses officiers ébahis[10]. La mort dans l'âme, le colonel Hatledal va faire transmettre cet ordre incongru.

À Oslo, tous les feux ont été coupés, et c'est à la lueur des bougies que les ministres délibèrent. Peu après 2 heures, la légation de Suède leur a fait savoir que Stavanger était menacée[11] ; à 3 h 25, ils apprennent que deux grands navires ont également forcé l'entrée du fjord de Trondheim[12]. Mais surtout, ils suivent avec appréhension la marche de l'armada qui remonte le fjord en direction d'Oslo ; entre les navires allemands et la ville, il n'y a plus que l'ancienne forteresse d'Oscarborg, avec ses deux canons Krupp du XIXe siècle, « Moïse » et « Aaron »…

Peu après 4 heures, en effet, le croiseur *Blücher*, l'unité la plus moderne de la marine allemande, arrive en vue de la forteresse. Le colonel Eriksen, commandant la place, sait que ses canons sont vétustes, très longs à recharger, et que ses hommes sont peu entraînés ; il ne va ordonner le feu qu'au tout dernier moment, à une distance de 500 mètres. À 4 h 21, la première salve éclate. Un obus touche presque immédiatement le centre de contrôle de D.C.A. du croiseur ; un second atteint le hangar du pont arrière, qui contient de l'essence d'avion, et une flamme gigantesque s'élève dans l'ombre[13].

À Oslo, pendant ce temps, c'est à la lueur des bougies que M. Koht reçoit le ministre d'Allemagne Kurt Bräuer, qui a déclaré avoir « un document important » à lui communiquer : il s'agit bien sûr de l'ultimatum préparé de longue date à Berlin. Les membres du gouvernement étant réunis dans le bureau de M. Koht, c'est dans la bibliothèque du ministère que ce dernier s'entretient avec le diplomate, qui lui remet dix-neuf feuillets dactylographiés : des promesses, des menaces, une seule exigence… la soumission totale.

« Le gouvernement allemand a (…) entrepris ce jour certaines opérations militaires qui aboutiront à l'occupation de certains points stratégiques importants en territoire norvégien. Le gouvernement allemand assume en conséquence la protection du royaume de Norvège pour la durée de la guerre (…) Ce n'est donc pas avec des intentions hostiles que les troupes allemandes pénètrent en territoire norvégien (…) Le gouvernement allemand s'attend par conséquent à ce que le gouvernement royal et le peuple de Norvège fassent preuve de compréhension à l'égard de l'action allemande, et ne lui opposent aucune résistance. Toute résistance devrait être, et serait effectivement brisée par les troupes d'occupation allemandes avec toutes les forces dont elles disposent, et ne pourrait donc qu'entraîner une effusion de sang entièrement inutile. »

Suit une longue liste des mesures pratiques que doit prendre immédiatement le gouvernement norvégien pour faire cesser toute résistance, et livrer le pays à l'occupant… Tandis que M. Koht parcourt le document, le ministre Bräuer lui explique que le gouvernement allemand a engagé dans l'opération des forces considérables, et qu'une résistance de la part des Norvégiens « serait entièrement dépourvue de sens[14] ». Le ministre des Affaires étrangères de Norvège n'est pas un homme particulièrement réaliste : il en a donné la preuve par trois fois au cours des trois dernières heures*, et d'innombrables fois durant les cinq années précédentes. Pourtant, une fois confronté à une menace grave

* La première fois en refusant de demander officiellement l'aide britannique dès l'annonce de l'attaque allemande, la deuxième fois en s'imaginant qu'Oslo pourrait résister à l'attaque allemande, la troisième fois en ordonnant, comme ses collègues, une mobilisation de 4 brigades par lettre, en croyant ordonner une mobilisation générale et immédiate.

et immédiate, il ne manque ni de courage ni de bon sens. « Je compris clairement, écrira-t-il,

> que l'Allemagne voulait tenir la Norvège entièrement en son pouvoir pour toute la durée de la guerre, et je ne doutai pas que le fait de s'incliner devant cette exigence nous entraînerait dans la guerre contre la Grande-Bretagne. (...) En même temps, j'envisageais la perspective terrible de la guerre sans merci que livreraient les Allemands à la Norvège, tout en étant tristement conscient de la faiblesse de nos moyens de résistance, dont les événements des dernières heures venaient de m'administrer la preuve. Malgré tout, il m'apparut absolument impossible de livrer mon pays à la domination allemande. Je connaissais trop bien les méthodes nazies pour souhaiter les voir appliquées en Norvège, et j'abhorrais l'idée d'une alliance avec un tel régime (...) Je sentis qu'en dépit de tous les dangers et de toutes les menaces, il fallait refuser les exigences allemandes et prendre les armes contre l'envahisseur. La lutte ne paraissait pas sans espoir (...) Tout en étant conscient du fait que la Norvège ne pouvait demander l'aide de la Grande-Bretagne et de la France, je n'en étais pas moins convaincu que cette aide viendrait[15]. »

Telles sont les dispositions d'esprit du ministre des Affaires étrangères de Norvège au moment où le diplomate allemand termine son admonestation. M. Koht se contente de lui rappeler la phrase d'Hitler au sujet des Tchèques : « Une nation qui s'incline docilement devant un agresseur n'est pas digne d'exister[16]. » Après quoi il retourne à son bureau pour soumettre la note allemande au reste du gouvernement. La réaction des ministres est quasiment instinctive : tous se prononcent en faveur du rejet de l'ultimatum[17]. Peu avant 5 h 30, M. Koht rejoint le ministre d'Allemagne et lui fait part du refus de son gouvernement. « Par notre politique de neutralité, ajoute-t-il, nous avons prouvé que nous ne voulions avoir aucun ennemi. Mais nous maintiendrons notre indépendance aussi longtemps que possible.

– En ce cas, le combat va commencer, déclare le ministre Bräuer, et rien ne pourra vous sauver.

– Le combat est déjà commencé », répond posément M. Koht[18].

C'est exact ; à deux kilomètres de là, entouré de balles traçantes, de fusées rouges, vertes et jaunes, un brûlot dérive au milieu du fjord d'Oslo. Le *Blücher* vient en effet de passer à portée d'une batterie de torpilles dissimulée dans la falaise, ses machines ont été atteintes par deux fois et sont maintenant hors d'usage ; les munitions explosent de tous côtés, et l'évacuation a été ordonnée*. Derrière le *Blücher*, l'*Emden*, le *Lützow* et les trois torpilleurs ont déjà fait demi-tour ; mais la Luftwaffe survole maintenant Oslo, et de gros transports cherchent à atterrir sur l'aérodrome de Fornebu, qui n'a pas encore été clairement repéré dans le brouillard.

Vers 5 h 30, le président du Storting Carl Hambro est arrivé à Victoria Terrasse ; bien plus réaliste que les membres du gouvernement, il a préparé pour 7 heures du matin l'évacuation par train spécial de tous les parlementaires vers Hamar, à 130 kilomètres au nord d'Oslo, et il invite les ministres à se joindre au convoi, faute de quoi, leur dit-il, ils seront inévitablement capturés[19]. Le ministre des Affaires étrangères et le Premier ministre sont réticents, mais les autres ministres se rendent aux raisons de M. Hambro ; le roi est prévenu sur-le-champ, et il se déclare prêt à rejoindre les ministres à la gare avec le prince Olav. Dans l'intervalle, on emportera ou on fera disparaître les archives les plus précieuses, et on préviendra les ministres de France et de Grande-Bretagne[20]. Personne ne pense à utiliser la radio, qui est pourtant à la disposition du gouvernement, pour adresser une proclamation au pays…

Peu après 7 heures, sur le quai de la gare de l'Est où sont rassemblés les parlementaires et les ministres, un journaliste de l'agence de presse N.T.B. s'entretient avec M. Koht, qui lui fait part des événements de la matinée, exprime l'espoir que « cet état de choses ne durera pas trop longtemps », et

* Il y aura 1 000 morts et 1 400 rescapés dans ce naufrage.

mentionne en passant que « la mobilisation générale a été décrétée[21] ». On se souvient qu'il n'en est rien, et d'ailleurs, M. Koht ne sait pas au juste ce qu'est une mobilisation générale ; mais beaucoup de Norvégiens le savent, et lorsque l'interview est diffusée vers 7 h 30*, c'est le branle-bas de combat général. Certaines divisions avaient donné l'ordre de mobilisation dès la nouvelle de l'attaque allemande, puis l'ordre de démobilisation après réception vers 6 heures des instructions du gouvernement. À présent, on va mobiliser à Oslo quelques heures seulement avant l'arrivée des Allemands. Dans d'autres villes, Halden, Kristiansand, Bergen, Trondheim, on mobilise même au milieu des troupes allemandes[22] ! La confusion est totale…

Vers 10 heures, le général Laake, commandant en chef de l'armée, arrive à Slemdal, au nord d'Oslo, où l'état-major a transporté son quartier général. Le général Laake devait y retrouver son aide de camp et son uniforme. Malheureusement, il constate que son état-major a déjà évacué les lieux sans l'avoir prévenu, avec toutes les voitures, le personnel, l'aide de camp du commandant en chef, et même son uniforme… Le général Laake, qui n'a pas de voiture de fonction, engage donc la poursuite en tramway, puis essaie vainement d'obtenir une voiture, continue à pied, et enfin prend le train[23], afin d'essayer de rejoindre son état-major, son aide de camp et son uniforme… Ce n'est plus une retraite : c'est une déroute.

Il est vrai que sur un point important, le plan allemand a échoué : Oslo ne sera pas pris avant midi par les troupes aéroportées venues de l'aérodrome de Fornebu**, et le roi

---

* La radio annonce en même temps à plusieurs reprises que le roi et le gouvernement sont partis en train pour Hamar, ce qui est évidemment très imprudent.

** L'aérodrome lui-même a été capturé sans grandes difficultés, les quelques chasseurs biplans norvégiens n'ayant pu s'opposer longtemps à la chasse allemande. Il y avait bien 19 chasseurs Curtis flambant neufs sur l'aérodrome, mais ils étaient encore en pièces détachées dans les emballages d'origine. Ce sont les Allemands qui procéderont à l'assemblage un peu plus tard…

comme le gouvernement sont maintenant hors d'atteinte. Certes, le ministre Bräuer avait pour mission de les retenir, au besoin en faisant cerner le palais, en coopération avec le commandant militaire. Seulement ce dernier, le général Engelbrecht, n'est pas arrivé à l'heure prévue, et pour cause : il a été repêché dans le fjord par un petit détachement norvégien, dont il restera le prisonnier pour plusieurs heures encore… L'état-major de campagne du général von Falkenhorst se trouvait également sur le *Blücher*. Quant au général lui-même, il est encore à Hambourg, et n'arrivera que le lendemain matin[24]. Dans Oslo occupée, il y aura dans l'après-midi du 9 avril un vide d'autorité presque complet ; nous ne tarderons pas à en voir les conséquences.

Vers 13 heures, à Hamar, ce sont des parlementaires plutôt déprimés qui se réunissent dans la salle dite « des Festivités », sous la présidence de Carl Hambro[*]. Le ministre des Affaires étrangères leur fait un compte rendu détaillé des événements de la nuit précédente, et il mentionne en passant que le gouvernement a ordonné « la mobilisation générale des 1re, 2e, 3e et 4e brigades », ce qui montre à l'évidence qu'il n'a toujours pas compris le règlement de la mobilisation. Du reste, aucun des députés ne relève qu'il s'agit là d'un non-sens : les affaires militaires n'ont jamais eu bonne presse en Norvège… Quoi qu'il en soit, M. Koht lit ensuite de longs extraits de l'ultimatum allemand qu'il a traduit à la hâte, et il conclut : « Nous voilà en guerre ; une guerre dont je crois que nous pouvons dire devant le monde entier sans crainte d'être contredits que nous n'en sommes aucunement responsables. » Là-dessus, le président Hambro prend la parole pour annoncer que d'après un communiqué de la radio danoise, Copenhague est maintenant occupée, et le Danemark s'est incliné devant les exigences allemandes. Le Premier ministre Nygaardsvold, qui paraît fort déprimé,

---

* Il n'y a que 46 parlementaires au début de la réunion, mais 37 autres arriveront en cours de séance.

prend brièvement la parole pour déclarer qu'il n'a rien à dire pour le moment, et le président Hambro, dont la forte personnalité va dominer tous les débats cet après-midi-là, conclut la séance en indiquant que Stockholm à l'est, Narvik à l'ouest pourront sans doute servir de plaques tournantes pour maintenir ouvertes les communications avec l'étranger[25]. Enfin, il est convenu qu'une nouvelle séance se tiendra à 18 h 30.

Peu de temps après, M. Nygaardsvold soumet au roi la démission de son gouvernement, « afin de faire place à un gouvernement d'union nationale ». Mais le roi refuse, et renvoie la question à la réunion du Conseil de gouvernement qui doit se tenir deux heures plus tard[26]. Dans l'intervalle, M. Koht a reçu du ministère des Affaires étrangères à Oslo la nouvelle que le ministre Bräuer est revenu pour proposer de nouvelles négociations, et a adressé à M. Koht une note en ce sens. Il y est répété que « par son action, l'Allemagne n'a aucunement l'intention de mettre en péril l'intégrité territoriale ou l'indépendance politique du royaume de Norvège, pour le présent comme pour l'avenir[27] ». Ces deux questions vont être discutées avec animation lors du Conseil de gouvernement qui s'ouvre à 16 h 30. En ce qui concerne l'offre de démission de M. Nygaardsvold, le président du Storting Carl Hambro s'y oppose résolument ; s'exprimant au nom de trois partis, le Høyre, le Venstre* et le parti Agraire, il déclare : « Nous sommes d'avis que le gouvernement n'a pas le droit de démissionner en un moment tel que celui-ci. » Il est finalement décidé de proposer que le gouvernement reste en place, mais soit élargi pour inclure des représentants des trois autres partis[28]. Pourtant, la question la plus importante est évidemment celle des négociations. M. Mowinckel, qui assiste à la réunion en tant que représentant du Venstre, prend résolument position en faveur d'une prise de contact rapide avec le ministre Bräuer. Cette fois, le

* La droite et la gauche libérale norvégiennes.

Premier ministre se prononce dans le même sens, et il n'est pas le seul : de toute évidence, la reddition du Danemark a produit une très grosse impression chez les membres du gouvernement.

À ce stade des débats, le ministre de l'Approvisionnement Trygve Lie exprime son désaccord, et il est soutenu par MM. Støstad et Wold, respectivement ministres des Affaires sociales et de la Justice : on ne peut pas céder maintenant, alors que l'on a décidé à l'unanimité douze heures plus tôt de rejeter l'ultimatum du ministre Bräuer[29]. Il s'ensuit une discussion confuse, mais M. Trygve Lie va recevoir un soutien de poids : le roi Haakon et le prince Olav se prononcent tous deux catégoriquement en faveur d'une résistance à outrance.

> « Si le Danemark s'est rendu, déclare Haakon, cela ne signifie pas que le roi Christian ait donné son accord. Il connaît son frère, et est convaincu que si le roi Christian avait eu les mêmes possibilités que les Norvégiens de se soustraire à l'asservissement, il aurait choisi la même ligne de conduite que la Norvège (...) Il ne faut en aucun cas abandonner cette ligne à l'heure actuelle. »

Le ministre de la Défense Ljungberg et le ministre des Finances Oscar Torp se joignent au Conseil. M. Torp annonce qu'il a réussi quelques heures auparavant à faire évacuer vers Lillehammer toutes les réserves d'or de la Banque de Norvège. Au demeurant, il est aussi peu informé que ses collègues de l'évolution de la situation militaire dans le reste du pays ; à ce moment, personne ne sait si les Allemands n'ont pas déjà lancé une offensive contre Hamar. On se demande s'il ne faudrait pas couper les routes et faire sauter les ponts pour retarder l'avance allemande, mais le député du parti agraire Sundby s'y oppose, sous prétexte que « ce serait là détruire des ouvrages de valeur ». M. Mowinckel l'appuie, en affirmant que « ce n'est pas ainsi qu'on pourra parvenir à un accord avec les Allemands (...) On ne peut pas négocier et faire la guerre en même temps[30] ».

Les Allemands, eux, ne paraissent pas trouver la chose impossible, et plusieurs ministres, ainsi que le prince Olav, émettent discrètement quelques doutes sur les arguments éminemment peu militaires de M. Mowinckel. Pour finir, bien entendu, on ne prendra aucune décision à ce sujet. Mais en ce qui concerne les négociations avec les Allemands, on s'accorde finalement sur la conduite à tenir ; il s'agit d'envoyer le télégramme suivant à Victoria Terrasse à l'issue du conseil de gouvernement :

> « Vous prions informer sans délai le ministre*, que le gouvernement va maintenant soumettre au Storting la question des négociations avec les autorités allemandes en vue de parvenir à un règlement pacifique (...) Ceci suppose qu'il y ait entre-temps un arrêt des combats[31]. »

Alors que le Conseil de gouvernement prend fin avant 18 h 30, et que l'on s'apprête à se rendre à la séance du Storting – la septième réunion majeure en trente heures pour les membres du gouvernement – il est intéressant de remarquer qu'une question au moins n'a été abordée à aucun moment depuis le départ d'Oslo : celle de l'aide britannique**. Seul M. Nygaardsvold avait mentionné plusieurs fois la Grande-Bretagne, mais en des termes assez peu flatteurs, si l'on en croit le ministre Trygve Lie[32]. Pourtant, le ministre de Grande-Bretagne Sir Cecil Dormer a suivi le gouvernement à Hamar, et il dispose d'un émetteur et du personnel nécessaire pour rester en contact avec Londres. Or, si ni les ministres, ni les parlementaires ne songent à demander une aide alliée, les militaires, eux, sont plus réalistes, et le ministre Dormer reçoit dans l'après-midi la visite du colonel Gulliksen, chef de l'état-major des forces aériennes,

---

* Kurt Bräuer.

** M. Hambro lui-même s'étonnera, longtemps après la guerre, que personne au Parlement ou au gouvernement n'ait songé ce jour-là à proposer que l'on demande une aide alliée. Voir NRK 2641/1, 4/5/55, Hambro Taler.

qui lui déclare que la Norvège « doit absolument obtenir une aide puissante et immédiate pour pouvoir sauver la situation[33] ». C'est l'évidence même, et Sir Cecil Dormer se met en devoir de communiquer avec Londres ; peu après, du reste, il reçoit du Foreign Office un télégramme qui a été envoyé dès 12 h 55 :

> « Vous devez immédiatement faire savoir au gouvernement norvégien que, du fait de l'invasion de son pays par l'Allemagne, le gouvernement de Sa Majesté a décidé d'apporter sur-le-champ toute son aide à la Norvège et de mener la guerre en complète association avec elle. Le gouvernement de Sa Majesté est en train de prendre des mesures immédiates pour mettre fin à l'occupation par les Allemands de Bergen et de Trondheim, car il considère une telle action comme constituant l'aide immédiate la plus utile qu'il puisse apporter à la résistance norvégienne. Il espère pouvoir compter sur la coopération active du gouvernement et du peuple de Norvège. Prière détruire aérodrome de Stavanger en cas impossibilité de le tenir[34]. »

Sir Cecil Dormer va transmettre ce télégramme encourageant à M. Koht peu avant la seconde réunion du Storting. La plupart des députés du Storting, 84 sur 90, sont présents à la séance qui s'ouvre peu après 18 h 30 dans la salle « des Festivités ». Les premières nouvelles que leur communique le président Hambro sont des plus déprimantes : « Narvik est occupée par les Allemands. L'ensemble de la province du Trøndelag est occupé par les Allemands. On peut s'attendre à une offensive contre Hamar le long de la voie ferrée ou par la route, car il n'y a pas d'explosifs sur place pour faire sauter les ponts (…) À Bergen, d'après le rapport du chef de la division, 5 000 hommes ont débarqué et ils avancent le long de la voie ferrée de Bergen, où les troupes norvégiennes qui ont été mobilisées doivent se retirer progressivement (…) Deux navires de guerre ont pénétré dans le fjord de Hardanger (…) Les informations en provenance des diverses parties du pays plus au sud sont incomplètes et difficiles à obtenir. Kristiansand et Horten ont été bombardées. Les Allemands (...) ont débarqué des troupes à Vallø, près de Tønsberg. L'aérodrome de Sola* ne peut plus être défendu. À Oslo, des troupes atterrissent constamment sur l'aéroport de Fornebu[35]. » À ce moment, M. Koht informe les députés de la nouvelle démarche effectuée par le ministre Bräuer, après quoi il donne lecture du télégramme faisant état des promesses anglaises : « Le gouvernement britannique, conclut M. Koht, a ajouté qu'il comptait coopérer avec le gouvernement norvégien pour mettre en œuvre la résistance. » Mais le Premier ministre Nygaardsvold l'interrompt :

– Ce n'est pas encore pour demain !

Le Comité de guerre français n'a-t-il pas également annoncé quelque chose ? demande le président Hambro.

– Eh bien, répond Koht, le ministre de Grande-Bretagne m'a déclaré oralement que le ministre de France lui avait fait savoir que le Conseil des ministres français s'était réuni et avait décidé d'envoyer de l'aide à la Norvège dès que possible. Mais je dois peut-être ajouter que Dormer, le ministre britannique, m'a confié que ce “dès que possible” ne voulait pas dire sans aucun délai, sur-le-champ, mais qu'ils feraient leur possible. »

Carl Hambro donne ensuite lecture du télégramme qui vient d'être envoyé au ministre d'Allemagne, après quoi il résume la position du Premier ministre, puis celle du roi, beaucoup plus catégorique : on ne peut avoir aucune confiance en Hitler. Enfin, Hambro fait état du projet de démission du gouvernement : « Le Storting a demandé à l'unanimité à son président de prier le gouvernement de rester en place, et à Sa Majesté le roi de confirmer les membres du gouvernement dans leurs fonctions**. » M. Nygaardsvold acquiesce sans aucun enthousiasme, puis brosse un tableau extrêmement

* Près de Stavanger.

** M. Hambro ajoute néanmoins que le roi a déclaré qu'il s'inclinerait en tout état de cause devant la décision du Storting (C. J. Hambro, *7 Juni, op. cit.*, p. 141).

sombre de la situation militaire, justifiant ainsi la décision qui a été prise d'entamer des négociations avec le ministre Bräuer ; enfin, il en vient à parler de la Grande-Bretagne : « Je sais bien que nous pouvons attendre une aide de la part de l'Angleterre, mais Dormer lui-même a souligné que l'Angleterre ne serait pas en mesure d'envoyer de l'aide sur-le-champ ; il ne fallait donc pas s'attendre à une aide immédiate, mais ils feraient tout leur possible*. Eh bien, je ne veux pas dire du mal de l'Angleterre, mais on aurait pu s'attendre à ce que ceux qui ont établi des barrages de mines, en écrivant le lendemain que l'Angleterre ne parle pas, elle agit, soient assez prévoyants pour entreprendre au moins de préserver Narvik (…) Je ne peux pas dire que je suis favorablement impressionné par l'aide que nous apporte l'Angleterre, ni par les promesses qu'elle nous fait. Pourvu que nous recevions une réponse satisfaisante au télégramme auquel le Président a fait allusion, je me vois donc contraint de recommander que le gouvernement et la présidence du Storting nomment un comité constitué de trois personnalités pour négocier avec le ministre d'Allemagne les conditions dans lesquelles la Norvège pourrait continuer à exercer sa souveraineté. »

Après ces propos singulièrement défaitistes, le ministre de la Défense Ljungberg fait un nouveau point de la situation militaire : « Nous avons maintenant perdu le contrôle de quatre de nos plus grandes villes (…) Je crois pouvoir dire qu'en l'absence d'une intervention puissante et immédiate des puissances occidentales, les perspectives ne sont guère encourageantes[36] (…) » Brusquement, à 19 h 40, le président Hambro interrompt les débats pour annoncer qu'« un train spécial à destination d'Elverum est avancé ; (…) il partira dans cinq minutes. Des forces allemandes sont en route pour capturer le Storting, et elles ont dépassé Jessheim[37]. » Alors que les parlementaires et les membres du gouvernement quittent en toute hâte la salle des Festivités, des événements

* Volontairement ou non, M. Nygaardsvold confond ici avec l'aide française.

extrêmement graves se déroulent effectivement en plusieurs endroits du pays…

Depuis Narvik jusqu'à Kristiansand, l'opération « Weserübung » a été un plein succès : tous les ports visés ont été occupés sans coup férir. Mais à Oslo, la perte du *Blücher* a entièrement déréglé l'implacable mécanique de l'attaque allemande ; si la ville a été occupée vers midi par quelques centaines de parachutistes, l'absence du général Engelbrecht comme des « spécialistes » embarqués dans le *Blücher*, et surtout la fuite des autorités norvégiennes légales, ont créé un vide politique complet dans la capitale. Il est vrai que, conformément aux ordres, le ministre Bräuer aurait dû empêcher la fuite du souverain « par tous les moyens » et « en coopération avec le commandant militaire », mais en l'absence de ce dernier, rien n'a pu être entrepris, et le diplomate allemand n'a d'autre ressource que de tenter d'obtenir par la négociation le retour du roi et du gouvernement dans la capitale, ce qui explique la note précitée transmise à M. Koht par l'intermédiaire du ministère des Affaires étrangères.

Pourtant, il y a au même moment à Oslo deux Allemands chargés de missions bien déterminées lors du débarquement des troupes d'invasion, et que l'échec de l'opération navale a laissés inemployés ; il s'agit de l'attaché naval, le capitaine Schreiber, et du Gruppenleiter Scheidt, qui se trouvait depuis le mois de janvier en « mission d'information » à Oslo. Or, Scheidt est depuis plusieurs mois en contact avec Vidkun Quisling, et en fin de matinée le 9 avril, il rend visite au chef du Rassemblement National dans la chambre de l'hôtel Continental où celui-ci s'est réfugié depuis la veille*. Devant le vide politique qui règne à Oslo, il semble

* Quisling et l'un de ses collaborateurs, Hagelin, s'attendaient en effet, comme beaucoup de Norvégiens, à une opération anglaise. Les sympathies pro-nazies du Rassemblement National étant bien connues, Quisling craignait d'être arrêté dans une telle éventualité.

que Quisling ait rappelé à Scheidt ce qui avait été convenu à la Chancellerie du Reich le 18 décembre : « Le Rassemblement National devait éventuellement se voir confier la responsabilité de la politique intérieure au cas où il deviendrait nécessaire de devancer une occupation anglaise. » Est-ce bien Quisling qui a persuadé Scheidt, comme le déclarera bien plus tard le Gruppenleiter[38], ou bien est-ce le contraire ? Quisling est un rêveur, extrêmement hésitant et dénué de tout sens pratique, tandis que Scheidt est le type même de l'« homme d'action » national-socialiste, énergique, opportuniste et carriériste. Quoi qu'il en soit, lorsqu'ils se séparent vers midi, les deux hommes se sont mis d'accord : afin de combler le vide politique qui règne à Oslo, Quisling s'offre à constituer un cabinet et à exercer le pouvoir en collaboration avec les troupes d'occupation ; quant à Scheidt, il va s'efforcer d'obtenir l'accord du Führer, à qui il transmet cette proposition en début d'après-midi grâce à l'émetteur de l'attaché naval.

Dans l'après-midi du 9 avril, la situation reste très confuse à Oslo. Les parachutistes allemands ont occupé tous les points stratégiques, l'aviation britannique a bombardé les faubourgs, et à la faveur de la panique qui en a résulté, de nombreux Norvégiens ont pu quitter la ville sans être inquiétés pour répondre à l'ordre de mobilisation ; les premiers rescapés du *Blücher* ont été amenés dans la capitale, et la légation d'Allemagne a dû se charger d'organiser les premiers secours. Enfin, c'est également à la légation que se rassemble vers 17 heures un groupe de parachutistes, qui vient de recevoir l'ordre de se porter vers Hamar pour capturer le roi[39].

En fin d'après-midi, Scheidt reçoit la réponse d'Hitler : le Führer accepte la proposition de Quisling et « lui souhaite bonne chance dans son entreprise[40] ». Dès lors, le ministre Bräuer, qui voyait tout ce projet d'un très mauvais œil, doit s'incliner[41]. Moins de quatre heures plus tard, à 19 h 30,

Quisling arrive à la maison de la Radio et prononce le discours qui va le faire passer instantanément à la postérité :

> « Norvégiens, Norvégiennes ! L'Angleterre a violé la neutralité de la Norvège en mouillant des mines dans les eaux territoriales norvégiennes, sans que le gouvernement Nygaardsvold fasse autre chose que protester timidement. Le gouvernement allemand a offert son aide au gouvernement norvégien, accompagnée d'assurances solennelles concernant le respect de notre indépendance nationale (…)
> En réponse à cette offre de régler la situation intenable dans laquelle se trouve notre pays, le gouvernement Nygaardsvold a décrété la mobilisation générale et donné à toutes les forces militaires norvégiennes l'ordre insensé de s'opposer à l'aide allemande par la force des armes.
> Le gouvernement lui-même a pris la fuite, après avoir imprudemment mis en péril le destin du pays et de ses habitants.
> Dans ces conditions, le "Rassemblement National" a le droit et le devoir d'assumer les responsabilités du pouvoir (…) Le gouvernement Nygaardsvold s'est retiré. Un gouvernement national a pris en main les rênes du pouvoir, avec à sa tête Vidkun Quisling, qui est également ministre des Affaires étrangères, et un cabinet constitué comme suit (…) »

Quisling énumère alors les ministres de son « gouvernement », sans préciser toutefois que plusieurs d'entre eux n'ont pas été consultés au préalable*. Il lance ensuite un appel au calme, et ajoute : « Dans les circonstances présentes, toute résistance est non seulement inutile, mais constitue une mise en péril criminelle de la vie et de la propriété de nos concitoyens. Tous les fonctionnaires, tous les employés municipaux, tous les officiers du pays, de terre, de mer, de l'air et de l'artillerie côtière, ont le devoir d'obéir aux ordres du nouveau gouvernement. Tout manquement à ce devoir engagera la responsabilité du contrevenant et le rendra pas-

---

* … et seront fort indignés lorsqu'on les informera de l'« honneur » qui leur a été fait !

sible des rigueurs de la justice, qui s'appliqueront également à tous les citoyens[42]. »

À 21 h 40 s'ouvre dans l'école communale d'Elverum la troisième et dernière séance du Storting. Il se passera de longues années avant que cette assemblée se réunisse de nouveau, mais cela, les parlementaires ne peuvent le savoir. Quoi qu'il en soit, le président Hambro commence par proposer l'élection des trois membres du Comité qui négociera avec les autorités allemandes, puis il soumet aux députés une motion qui restera célèbre dans l'histoire de la Norvège :

> « Jusqu'à ce que le gouvernement et la présidence du Storting, après délibération commune, convoquent de nouveau le Storting en réunion ordinaire, le Storting charge le gouvernement de sauvegarder les intérêts du Royaume et de prendre au nom du Storting et en son nom propre toutes décisions et dispositions qu'il considérera comme nécessaires à la sécurité et à l'avenir du pays[43]. »

La délibération qui suit ne mérite pas de passer à la postérité, mais la motion est finalement adoptée, et l'on discute ensuite de l'élection des membres de la commission de négociation et de celle de trois ministres sans portefeuille qui vont se joindre au gouvernement[*]. Mais M. Hambro interrompt de nouveau la discussion : « M. Quisling vient de former ce qu'il appelle un gouvernement de rassemblement national, et (...) dans une proclamation radiodiffusée, il a enjoint à tous les fonctionnaires et officiers de collaborer loyalement avec ce gouvernement. »

Le débat reprend, et M. Nygaardsvold déclare qu'« ayant appris que nous avons maintenant un gouvernement Kuusinen[**] dans notre pays », il est d'avis d'« essayer de maintenir

---

* Il s'agit de M. Lykke pour le parti conservateur, M. Mowinckel pour le parti libéral et M. Sundby pour le parti Agraire.

** Kuusinen est un communiste finlandais, qui a pris le parti de l'Union Soviétique lorsqu'elle a attaqué la Finlande. Son nom est devenu synonyme de traître dans toute l'Europe du Nord.

l'honneur du gouvernement norvégien, même s'il doit aller se réfugier en Suède[44] ».

Le reste de la séance est extrêmement confus. Les députés se plaignent de l'inconfort qui a présidé aux réunions de la journée, et s'inquiètent pour leur sécurité durant les jours à venir. Le président Hambro, qui décidément aura été de bout en bout l'homme du jour ce 9 avril 1940, intervient de nouveau pour rendre une certaine dignité aux débats :

> « S'il devait se révéler impossible pour ce gouvernement, qui est le gouvernement légal du pays, d'établir le contact prévu avec ceux qui détiennent actuellement le pouvoir, il lui serait possible (...) de maintenir le symbole international de la souveraineté et de l'indépendance de la Norvège, même à l'étranger, puisqu'il est le seul à avoir reçu délégation à cet effet (...) Nous nous sommes efforcés de prendre en compte toutes les éventualités prévisibles, et je crains que M. Peersen n'ait raison lorsqu'il évoque la possibilité que, dans certaines circonstances, on puisse chercher à emprisonner les membres du Storting, uniquement parce qu'ils sont membres du Storting (...) Si cela se produisait, il resterait à espérer que chaque membre du Storting saurait se comporter de façon à faire honneur au pays (...) Nous espérons et nous sommes convaincus que notre peuple aura les moyens et la volonté de supporter les lourdes épreuves qui lui seront imposées, d'une façon telle que l'avenir sera préservé pour nos enfants (...) Que Dieu bénisse notre chère Patrie[45]. »

L'assemblée se lève et chante l'hymne national. À 22 h 25, la séance est levée, et tout le monde se disperse*. Le roi et les membres du gouvernement reprennent la route et se dirigent vers le petit village de Nybergsund, moins exposé que la ville d'Elverum. Ils sont suivis du ministre Dormer, que l'on avait négligé de prévenir lors du départ de Hamar, mais qui a finalement retrouvé à Elverum la trace du

---

* En 1955, le président Hambro déclarera qu'après la séance, M. Nygaardsvold a demandé une fois encore que « le fardeau du gouvernement soit levé de ses épaules ». Le moins que l'on puisse dire est que ce n'est pas invraisemblable.

gouvernement auprès duquel il est accrédité… Ainsi se termine la journée la plus longue de l'histoire norvégienne.

Elle n'est pas terminée pour tout le monde ; à quelques dizaines de kilomètres de là, à Midtskogen, entre Hamar et Elverum, quatre autobus bourrés de parachutistes allemands viennent d'être arrêtés devant un barrage improvisé à la hâte par quelques volontaires norvégiens. Les Allemands, lourdement armés, quittent les bus et ouvrent un feu d'enfer, mais parmi les Norvégiens retranchés, il y a de nombreux tireurs d'élite, et les Allemands doivent se retirer avec de lourdes pertes. Sur le terrain, on relèvera l'attaché de l'Air allemand, Spiller, qui a été mortellement blessé. Dans son portefeuille, il y a une liste des personnes à arrêter ; en tête de liste : le roi, Nygaardsvold, Hambro[46]…

Chapitre VI

LE RÉVEIL

« Dans les toutes premières heures du 9 avril, raconte le secrétaire du Cabinet de guerre britannique Lord Ismay, je fus tiré d'un lourd sommeil par la sonnerie du téléphone. C'était l'officier de veille au bureau du Cabinet de guerre. Même après l'avoir prié de répéter à plusieurs reprises, je ne compris strictement rien à ce qu'il disait ; croyant savoir où était le problème, je lui conseillai de tirer ses rideaux, d'allumer la lumière, de retrouver son dentier, et de tout me répéter depuis le début. Bien m'en prit, car au bout d'un certain temps, il reprit la parole et s'exprima de façon parfaitement intelligible. Ce qu'il avait à dire était d'une brutale simplicité : les Allemands s'étaient emparés de Copenhague, d'Oslo, et de tous les principaux ports de Norvège (…) Alors que je m'habillais, je pris conscience, pour la première fois de ma vie, de l'effet dévastateur et démoralisant d'une attaque surprise[1]. »

En effet, la surprise a été complète. On se souvient que les Britanniques s'attendaient à une réaction différée à leur opération de minage, non à une entreprise simultanée de la Wehrmacht. Par ailleurs, les informations qui sont parvenues à Londres le 7 et le 8 avril au sujet de la présence de navires allemands en mer du Nord ont persuadé l'Amirauté britannique que la Kriegsmarine tentait une sortie vers l'Atlantique ; les dispositions prises en conséquence, tant dans les ports britanniques que le long de la côte norvégienne, ont considérablement facilité l'opération allemande. De fait, les unités navales britanniques qui gardaient le champ de mines mouillé dans les premières heures du 8 avril auraient pu intercepter les forces allemandes se dirigeant vers Narvik ; au lieu de cela, elles ont reçu quelques heures plus tard l'ordre de se dérouter vers l'ouest. De même, les croiseurs qui embarquaient quatre bataillons dans la Forth, conformément au plan « R.4 », les ont débarqués précipitamment pour pouvoir participer au grand combat naval que l'Amirauté s'attendait à livrer en mer du Nord[2].

Quoi qu'il en soit, ce sont des chefs d'état-major quelque peu hébétés qui se réunissent à 6 heures, au matin du 9 avril. Les informations dont ils disposent à ce moment sont des plus fragmentaires ; ils savent que Bergen et Trondheim sont occupés, et ils supposent qu'il en est de même pour Oslo ; par contre, ils ne pensent pas que Narvik soit également aux mains des Allemands, et ils décident d'y envoyer un bataillon britannique « sur-le-champ ». Concernant les opérations offensives, ils s'accordent pour dire que le premier objectif doit être d'« empêcher les Allemands de consolider leurs positions à Bergen et Trondheim, dans cet ordre* ».

Lorsque le Cabinet de guerre se réunit à 8 h 30, les choses apparaissent déjà nettement plus complexes. Le général Ironside, chef de l'état-major général impérial, commence par présenter les conclusions auxquelles vient d'arriver le Comité des chefs d'état-major : « La première action à entreprendre immédiatement, c'est de mettre en œuvre le plan pour capturer Narvik. D'après les informations dont

* Si Bergen est très isolée du point de vue stratégique, il est vrai en revanche que Trondheim revêt une importance exceptionnelle : troisième ville de Norvège, elle dispose d'un port important, et surtout, elle commande l'accès à Oslo par deux voies nord-sud à travers les montagnes, ainsi que l'unique route et l'unique voie de chemin de fer en direction du nord de la Norvège.

nous disposons, les Allemands ne l'occupent pas. Un bataillon pourrait être à Narvik d'ici trois jours. Le plus important est d'empêcher les Allemands de s'établir à Bergen et Trondheim (...) où il n'y a sans doute pas plus de 2 000 Allemands. Il faut que ces deux villes soient dégagées, afin de servir de bases arrière pour les Norvégiens, et de ports d'entrée pour nous-mêmes. » Après cela, la cacophonie s'installe ; Churchill ne s'oppose pas à ce que l'on investisse Bergen et Trondheim, mais il demande que l'on envisage en priorité « la mise en œuvre des opérations contre Narvik » ; Lord Hankey, ministre sans portefeuille, « se prononce en faveur d'une action immédiate à Oslo » ; Sir Cyrill Newall, chef d'état-major des forces aériennes, pencherait plutôt pour une opération contre Stavanger ; enfin, Sir Dudley Pound, Premier Lord de la Mer, se contente de signaler qu'« une action navale exploratoire est en cours à Bergen[4] ».

En fin de compte, le Cabinet de guerre décide que « les Norvégiens doivent être encouragés dans toute la mesure du possible, et informés du fait que leurs alliés se porteront à leur secours ». D'autre part « les chefs d'états-majors ont pour instruction de mettre sur pied une expédition militaire destinée à reprendre Trondheim et Bergen, et à occuper Narvik » ; mais « rien ne doit être fait avant que la situation navale se soit éclaircie ». Enfin, il s'agit d'« informer les Français, et leur demander s'il ne conviendrait pas de lancer sur-le-champ l'opération "Royal Marine" ». Ainsi, la décision du Cabinet de guerre de faire porter l'effort principal des Alliés contre Bergen et Trondheim repose sur deux considérations essentielles : Narvik n'étant apparemment pas encore occupée, une action offensive en règle vers la Norvège du Nord ne s'impose pas. Par ailleurs, on estime que c'est la reprise de Bergen et de Trondheim qui sera le mieux à même d'encourager la résistance du gouvernement norvégien, que le Cabinet de guerre considère dès ce matin-là comme un fait acquis.

Pourtant, lorsque le Cabinet de guerre se réunit de nouveau à midi, la première de ces deux considérations est déjà remise en cause ; les chefs d'états-majors viennent en effet de faire savoir aux ministres que « d'après la radio d'Oslo, une petite force allemande a débarqué à Narvik[5] ». Ils recommandent donc l'envoi de destroyers en reconnaissance dans le fjord de Narvik, et le départ immédiat d'un bataillon « pour soutenir l'action des destroyers » ; ils annoncent également que sept bataillons pourront partir de la Clyde le 12 avril, mais ils ne se prononcent pas quant à leur destination : Bergen, Trondheim ou Narvik ? De toute évidence, la nouvelle de l'occupation de Narvik complique singulièrement la tâche des stratèges britanniques, même si l'on ne s'en rend pas encore bien compte au Cabinet de guerre, où l'humeur est résolument à l'optimisme ; ainsi, pour Churchill, la situation est bien meilleure qu'auparavant : « Nous avons les mains libres, et nous pouvons faire porter sur la côte norvégienne le poids prépondérant de notre force navale. Nous avons les moyens de liquider (les troupes débarquées) en une semaine ou deux. » D'ailleurs, renchérit Lord Halifax, « il semblerait que nos chances d'atteindre Gällivare soient meilleures à l'heure actuelle qu'à tout autre moment depuis le début de la guerre[6] ».

Pour finir, le Premier Lord de l'Amirauté, qui domine les débats du fait de sa personnalité, des renseignements dont il dispose*, de ses notions de stratégie et du rôle prédominant de la flotte dans l'affaire, déclare que « des ordres ont été donnés aux forces navales pour qu'elles forcent l'entrée de Narvik et de Bergen, mais Trondheim sera laissée de côté jusqu'à ce que la situation se soit éclaircie[7] ». Bien entendu, ces ordres ont été donnés par Churchill lui-même. Ainsi, lorsqu'à 12 h 55, Lord Halifax va faire envoyer à Sir Cecil

---

* Churchill a en effet demandé à l'Amirauté de lui faire parvenir directement les derniers télégrammes sur la situation en mer du Nord. Il sera donc toujours informé longtemps avant ses collègues, et en tirera le maximum d'avantages.

Dormer pour communication au gouvernement norvégien le télégramme encourageant que nous connaissons – mentionnant entre autres que « le gouvernement de Sa Majesté est en train de prendre des mesures immédiates pour mettre fin à l'occupation par les Allemands de Bergen et de Trondheim, car il considère une telle action comme constituant l'aide immédiate la plus utile qu'il puisse apporter à la résistance norvégienne » – les autorités britanniques, sous l'impulsion de Winston Churchill, ont déjà commencé à se détourner de Trondheim pour reporter leur attention sur Narvik…

Dans l'après-midi du 9 avril, deux nouveaux facteurs vont venir renforcer la tendance à se concentrer sur Narvik. D'une part, en tout début d'après-midi, les quatre croiseurs et les sept destroyers du vice-amiral Layton, qui devaient forcer l'entrée de Bergen, ont dû renoncer à leur entreprise sur l'ordre de l'Amirauté, celle-ci ayant appris qu'il y avait deux croiseurs allemands dans le port et que les batteries défendant l'accès à la ville étaient aux mains des Allemands[8]. D'autre part et surtout, les alliés français vont faire connaître cet après-midi-là leurs propres vues sur la situation stratégique.

À Paris, dans la matinée du 9 avril, la surprise a été aussi forte qu'à Londres. Les dernières séances du Cabinet de guerre français avaient surtout été consacrées à l'examen de la possibilité d'ouvrir un « front oriental », et si, au cours de la séance du 8 avril, Paul Reynaud avait annoncé la pose des mines le long des côtes norvégiennes, Paul Baudouin, sous-secrétaire d'État à la présidence du Conseil, se souviendra que « les généraux Gamelin et Georges, qui assistaient à cette séance, n'avaient pas laissé prévoir le moindre événement militaire (…) Dans la nuit du 8 au 9 avril, la réaction allemande éclata comme un coup de tonnerre[9] ». Il évoque également la réunion dans le cabinet du président du Conseil au matin du 9 avril : « À 8 h 20 le général Gamelin arriva. Il nous trouva, les dépêches à la main, nous efforçant de situer sur l'atlas les noms qui paraissaient sur les télégrammes.

Depuis cinq minutes, le président et moi, nous cherchions vainement sur les côtes de Norvège un autre Narwick*, convaincus que le Narwick où la présence des troupes allemandes était signalée ne pouvait être celui du Nord, le port du minerai de fer[10]. »

La division de chasseurs alpins qui avait été préparée pour la Finlande se trouve toujours dans le Jura, et Paul Reynaud s'énerve. Mais le général Gamelin, flegmatique, constate que les Anglais sont responsables des opérations en Norvège, et qu'il n'y a qu'à attendre la suite des événements : « Vous avez tort de vous énerver (...). Nous sommes en présence d'un simple incident de guerre. La guerre est faite de nouvelles imprévues[11]. » Tout cela produit un effet déplorable sur Paul Reynaud, qui décidera ce jour-là de se séparer du commandant en chef[12] – une décision bien difficile à mettre en œuvre, du fait des relations détestables qu'entretient le président du Conseil avec son ministre de la Guerre, Édouard Daladier... Pour l'heure, le Comité de guerre va se réunir afin d'envisager une riposte à l'agression allemande**. Après des discussions assez difficiles, il décide : 1) Que le gouvernement demandera au gouvernement belge l'autorisation d'entrer en Belgique ; en cas d'acceptation, le mouvement sera exécuté en même temps que le lancement des mines fluviales***. 2) Que l'on promettra aide et assistance au gouvernement norvégien. 3) Que MM. Reynaud, Daladier et Darlan se rendront à Londres l'après-midi même pour une réunion du Conseil suprême[13].

À 16 h 20, à Downing Street, s'ouvre effectivement la séance du Conseil suprême. Bien entendu, c'est la Norvège, ou plutôt la Scandinavie, qui est au centre des débats ; car

* *Sic.* Dans tous les documents français, cette ville est orthographiée de façon fantaisiste.

** Le comité de guerre est composé du président de la République, du président du Conseil, des ministres Campinchi, Laurent-Eynac, Daladier, Mandel, des généraux Gamelin, Georges, Vuillemin et de l'amiral Darlan.

*** Opération « Royale Marine ».

pour tous les participants français, et pour certains de leurs homologues britanniques, le nord de l'Europe n'a d'intérêt qu'en fonction du minerai de fer suédois, dont il s'agit toujours de priver l'Allemagne*. Du reste, dès le début de la séance, Paul Reynaud va droit au fait : « En premier lieu, il ne faut pas perdre de vue que l'un des objectifs essentiels des Alliés est de couper l'Allemagne des sources de minerai de fer. Il est donc indispensable d'entreprendre en Scandinavie même une action extrêmement rapide et puissante. » Neville Chamberlain n'en disconvient pas, et déclare qu'il espère s'emparer à la fois de Bergen, Trondheim et Narvik, pour « s'assurer la possession des terminus des voies ferrées qui partent de la côte norvégienne vers l'intérieur du pays et de la Suède ».

Le ministre de la Guerre, Oliver Stanley, signale qu'« il ne reste plus de disponibles (en Grande-Bretagne) que sept bataillons. Deux ont déjà été embarqués et seront dirigés ce soir sur Scapa Flow (...) Quant aux cinq autres bataillons, il faut malheureusement prévoir un léger retard** (...) Dans l'esprit des autorités militaires anglaises, ces cinq bataillons sont destinés à Trondheim et Bergen ». Mais Daladier revient immédiatement sur la préoccupation essentielle du gouvernement français : « (...) Les Allemands ont dû disperser leurs troupes dans plusieurs ports et autour d'Oslo. Dans ces conditions, l'intérêt des Alliés est de concentrer les leurs de manière à faire une opération en force sur le point considéré comme vital et ce point, c'est Narvik. »

Churchill s'empresse de le rassurer : « Pour l'instant, ce qui gêne le plus, c'est le manque d'informations (...) En

---

* En particulier pour les raisons de politique intérieure que nous connaissons.

** Le « léger retard » est dû au fait que les croiseurs ayant précipitamment débarqué ces troupes le 7 avril dans les conditions que l'on connaît, une partie de leur équipement est restée dans les croiseurs, l'autre a été jetée en désordre sur les quais. Le rééquipement de ces troupes dans le camp de Dunfermline ne pourra se faire que très partiellement, d'autant que le camp ne possède pas un seul téléphone... (voir Laurence Thompson, *1940*, Collins, Londres, 1966, p. 54).

tout cas, l'opération consistant à occuper Narvik ne peut pas présenter de grandes difficultés. Ce qu'il faut décider, c'est ce que l'on fera après. Sans doute faudra-t-il remonter vers la frontière suédoise afin de contrôler les mines de fer (…) » Mais Daladier revient à la charge, et « insiste sur la nécessité de faire l'opération sur Narvik avant toutes autres, et d'abord pour la raison bien simple que c'est là qu'il y a en ce moment le moins d'Allemands. Il rappelle que les Alliés ont toujours attaché à la possession de Narvik, considérée comme la clé des gisements miniers suédois, une importance primordiale (…) Au reste, la division alpine qui représente la contribution de la France à l'entreprise commune est destinée à Narvik ». Tout cela ne fait pas l'affaire de son homologue britannique Oliver Stanley, qui rappelle qu'« on ne doit pas, pour cette raison, perdre de vue l'intérêt que présentent Trondheim et Bergen ».

Le dialogue de sourds se poursuit. Puis Chamberlain intervient avec diplomatie pour faire remarquer qu'« il n'y a pas vraiment désaccord sur ce point. La seule nuance est que les Anglais sont tentés de croire qu'il n'y a pas d'Allemands à Narvik, et par conséquent de se préoccuper moins de l'opération à diriger sur ce port (…) Il faut donc attendre les renseignements ». Paul Reynaud, lui, feint de n'avoir pas entendu : « Il ne faut pas perdre de vue l'extrême importance de Narvik[14]. »

Les choses se compliquent du fait que l'on reçoit au cours de la séance le télégramme de Sir Cecil Dormer transmettant l'appel à l'aide des autorités norvégiennes[15], et que d'autres problèmes pressants s'imposent à l'attention des participants : celui d'une entrée éventuelle en Belgique, de l'opération « Royal Marine », et aussi la menace d'une déclaration de guerre de l'Italie*. Mais la très forte pression entretenue

* Paul Reynaud déclare en effet au cours de cette séance que « les dernières informations reçues de Rome font entrevoir la possibilité d'une attaque ou d'une mobilisation générale italienne ».

par MM. Reynaud et Daladier en faveur d'une action prioritaire contre Narvik a renforcé la résolution de Churchill, exercé une influence non négligeable sur Chamberlain, et réduit au silence le ministre de la Guerre Oliver Stanley, qui était le seul à insister sur l'importance stratégique et politique de Bergen et Trondheim. La résolution finale du Conseil suprême mentionne en effet qu'« il sera tenu compte (…) de l'importance particulière qui s'attache à s'assurer de la possession du port de Narvik en vue d'une action ultérieure en Suède, destinée à interdire à l'Allemagne l'accès aux gisements de minerai de fer[16] ».

Ce soir-là, à 21 h 30, le Comité de coordination militaire se réunit sous la présidence de Winston Churchill ; celui-ci succède ainsi à Lord Chatfield, dont la fonction de ministre de la Coordination de la Défense a été abolie de facto depuis le 3 avril. Cette fois, Churchill propose sans ambiguïté qu'« aucune initiative ne soit prise en ce qui concerne Trondheim » ; il est soutenu par le général Ironside, qui demande que dans un premier temps « l'on concentre l'attaque sur Narvik », ce qui absorbera probablement tous les effectifs disponibles. Les conclusions du Comité entérinent ces prises de position, « eu égard à l'importance stratégique de Narvik par rapport aux mines de fer de Gällivare » ; les chefs d'états-majors sont donc invités à « faire préparer un plan pour la capture de Narvik ». Et le Comité ajoute : « Ce plan doit tenir compte de la possibilité pour les forces alliées de prendre pied à Namsos et Aandalsnes[17]. » Ainsi, au soir du 9 avril, alors que les Allemands consolident leurs positions en Norvège, et que le gouvernement norvégien hésite encore entre la résistance et la négociation, les Alliés, à l'issue de six réunions majeures en dix-sept heures, ont effectué (sur le papier) un parcours stratégique impressionnant : priorité à Bergen et Trondheim à 6 h 30 du matin, évolution progressive vers Narvik au cours de la matinée, confirmation de la priorité donnée à Narvik sous l'influence des autorités françaises durant l'après-midi, abandon « définitif » de Trondheim le soir, avec apparition surprise en fin de soirée des petits ports de Namsos et Aandalsnes dans les dernières recommandations du Comité de coordination militaire…

À l'aube du 10 avril, à Londres, plusieurs évidences s'imposent aux civils comme aux militaires. La première est exprimée laconiquement par Winston Churchill dans une lettre envoyée ce matin-là à l'amiral Pound : « Nous avons été joués[18]. » La seconde évidence, c'est que l'on ne dispose à Londres d'aucun renseignement précis sur ce qui se passe en Norvège : le contact avec Sir Cecil Dormer est maintenant interrompu*, on ignore ce que va faire le gouvernement norvégien, et même où il se trouve ; enfin, les communications téléphoniques entre la Norvège et la Suède ont été coupées, et l'attaché naval à Stockholm vient de communiquer au D.N.I.** qu'« aucun renseignement sur les effectifs allemands dans les divers ports ne peut être obtenu[20] ». C'est sans doute pourquoi Lord Halifax en est réduit à demander ce matin-là à l'ambassadeur de Belgique s'il a des nouvelles de Norvège[21]… La troisième évidence, qui apparaît progressivement aux planificateurs durant la journée du 10 avril, c'est qu'il est extraordinairement difficile d'improviser une expédition dans des conditions qui n'ont jamais été prévues par l'état-major britannique ; il s'agit de débarquer en Norvège face à un ennemi résolu qui s'est retranché dans les ports. Or, d'une part, on ne connaît pas les effectifs ennemis ; les planificateurs estiment ainsi que les Allemands occupant Narvik sont « entre 400 et 4 000[22] », ce qui est tout de même très vague. D'autre part, on ignore pratiquement tout des possibilités de débarquement en Norvège : au cours de la journée du 10 avril, des officiers britanniques vont faire le tour des agences de voyage et des bureaux des compagnies de navigation afin

* Au cours de la nuit, le ministre Dormer s'est trouvé séparé de son service de transmissions radio.

** Service de renseignement naval.

de « réquisitionner » des photos touristiques représentant les quais et les installations portuaires des principales villes côtières[23]. Enfin, les planificateurs constatent dès le début de l'après-midi que les forces disponibles pour débarquer à Narvik – une brigade régulière et un bataillon de troupes territoriales – ne sont ni équipées, ni entraînées pour effectuer du jour au lendemain un débarquement de vive force sur une côte tenue par l'ennemi[24]. Dès 15 heures, ils écrivent donc au chef de l'état-major général impérial que « s'il s'agit de reprendre Narvik immédiatement, on peut considérer qu'une telle opération est irréalisable avec les forces actuellement disponibles[25] ».

Tels sont les éléments dont disposent les ministres britanniques dans l'après-midi du 10 avril. Il faut cependant y ajouter que les nouvelles des opérations navales le long de la côte norvégienne laissent prévoir que les entreprises de reconquête seront difficiles et sanglantes : dans l'après-midi du 9 avril, l'escadre du vice-amiral Layton, croisant au large du Bergen, a été attaquée presque sans interruption par la Luftwaffe, qui a réussi à couler un destroyer et à endommager deux croiseurs. Au matin du 10 avril, cinq destroyers commandés par le capitaine Warburton-Lee ont pénétré dans le fjord de Narvik, et s'ils ont réussi à détruire deux destroyers et sept navires de transport allemands, ils ont perdu eux-mêmes deux unités dans l'opération*.

C'est sur ces entrefaites que s'ouvre à Londres la réunion du Cabinet de guerre. La priorité absolue donnée à la capture de Narvik y est réaffirmée, et il est clair que le mirage des mines de fer suédoises continue à hanter les imaginations : « Si nous arrivons à mettre la main sur Narvik, il serait peut-être encore possible de continuer jusqu'à Gällivare, ou en tout cas, de monter une offensive aérienne contre Luleå[26]. » Mais les ministres ont également d'autres préoccupations. D'une part, ils ont entendu des rumeurs non

* Le capitaine Warburton-Lee lui-même sera tué au cours de l'engagement.

confirmées selon lesquelles les Norvégiens négocieraient avec les Allemands ; d'autre part, la presse, le Parlement et l'opinion publique britanniques se demandent déjà si l'opération éclair effectuée par les Allemands ne représenterait pas une défaite majeure pour la Grande-Bretagne, et comme toujours dans des cas semblables, on commence à rechercher les responsabilités… Tout cela se reflète bien entendu dans les délibérations du Cabinet de guerre. Le Lord du Sceau privé déclare ainsi qu'« il est nécessaire de réagir contre les critiques dont la marine fait l'objet », et Churchill propose d'« insister sur le fait que la faute en revient aux neutres, et non à nous-mêmes. Nous ne devrions laisser passer aucune occasion de le faire ressortir[27] ».

Le lendemain, Winston Churchill fera effectivement à la Chambre des communes un long et vibrant discours pour tenter de désarmer quelque peu les critiques adressées au gouvernement ; il ne manquera pas de souligner que « le strict respect par la Norvège des règles de neutralité est en partie à l'origine des souffrances auxquelles elle est actuellement exposée, et des limites imposées à l'aide que nous sommes en mesure de lui apporter[28] ». À dire vrai, il y a bien d'autres limites à l'aide que la Grande-Bretagne est en mesure d'apporter à la Norvège. Ainsi, les forces qu'elle peut consacrer à l'opération contre Narvik (qui vient de recevoir le nom de code de « Rupert ») s'élèvent en tout et pour tout à six bataillons, ceux-là mêmes qui avaient été rassemblés auparavant dans le cadre d'« Avonmouth » et de « Stratford », ceux-là aussi dont l'équipement a été fortement malmené cinq jours auparavant*. Leur commandant, le général Mackesy, ancien responsable d'« Avonmouth », doit partir de Scapa Flow le 11 avril avec une avant-garde de 200 hommes, afin d'« établir le contact avec les forces norvégiennes sur place et les encourager[29] ». Mais le général Mackesy n'est responsable

---

* Il faut bien sûr y ajouter les chasseurs alpins français, mais ils ne pourront pas arriver à Narvik avant le 20 avril, et seront d'ailleurs détournés en chemin.

que des opérations terrestres ; le commandement des opérations navales à Narvik vient d'être confié – par Churchill – à l'amiral Lord Cork and Orrery. Or, l'amiral et le général ne se connaissent pas, ils ne se sont pas concertés, ils ne feront pas route ensemble, et les instructions qui sont données à chacun d'entre eux sont hautement contradictoires... Mais cela, ils ne s'en apercevront qu'une fois arrivés à pied d'œuvre.

Ce n'est pas un homme ordinaire que l'amiral de la Flotte Lord Cork and Orrery ; de petite taille, portant monocle, ce grand marin est connu dans toute la Royal Navy pour son énergie, son imagination, son esprit résolument offensif... et ses colères homériques. Il a été Premier Lord de la Mer avant la guerre, puis, atteint par la limite d'âge, a dû quitter le service, qu'il s'est empressé de réintégrer dès le début de la guerre. Pour l'heure, Lord Cork ne se voit donner aucune instruction écrite, mais à l'issue de la réunion du Comité de coordination du 10 avril à laquelle il a assisté, il comprend fort bien ce que l'on attend de lui : « Je quittai Londres avec le sentiment très net que le gouvernement de Sa Majesté désirait expulser l'ennemi de Narvik au plus tôt (...) et qu'il me fallait agir avec la plus grande célérité pour parvenir à ce résultat[30]. » Le général Mackesy, lui, reçoit des instructions écrites du War Office, qui lui sont remises à Scapa Flow au matin du 11 avril. Or, si ses instructions précisent effectivement que le but de l'opération est d'« expulser les Allemands de la région de Narvik », il ne lui est prescrit nulle part de passer immédiatement à l'action. Au contraire, il doit dans un premier temps « établir ses forces à Harstad, s'assurer de la coopération de toute force norvégienne présente dans le voisinage, et obtenir les informations qui lui permettront de préparer ses plans d'opérations ultérieurs[31] ». L'impression que le War Office désire faire prévaloir la prudence sur la rapidité est renforcée par plusieurs éléments significatifs. D'une part, le War Office a estimé à 60 kilomètres la distance qui sépare Harstad de Narvik[32] ; une opération terrestre sur une telle distance, dans une région montagneuse, prendra nécessairement beaucoup de temps… une opération navale aussi, d'ailleurs : il n'est pas possible d'aller directement de Harstad à Narvik avec les gros navires dont dispose l'expédition*. D'autre part, les instructions du War Office précisent bien qu'« il n'est pas question de débarquer de vive force sur un secteur de la côte tenu par l'ennemi[33] ». Du reste, même si le général Mackesy voulait faire preuve de hardiesse et débarquer directement à Narvik, il en serait parfaitement incapable : les cinq navires de transport qui quitteront Scapa Flow entre le 12 et le 14 avril ont embarqué les troupes et le matériel dans l'ordre où ils sont arrivés : en d'autres termes, le matériel est réparti en désordre entre tous les navires… et il n'y a même pas d'inventaire !

Pourtant, l'impression de Lork Cork est tout à fait fondée : l'Amirauté, elle, désire une action plus rapide que méthodique, et elle parle avec toute l'autorité de son ministre Winston Churchill. Du reste, à 0 h 15 le 11 avril, le capitaine Maund a été convoqué d'urgence à l'Amirauté, dans le bureau de l'amiral Pound :

> « Il y avait autour de la table un groupe d'officiers dont la mine fatiguée et surmenée faisait peine à voir. On me dit que j'étais nommé chef d'état-major du commandant naval qui allait mener l'attaque contre Narvik, et que je devais rejoindre sans délai le commandant terrestre, qui était déjà embarqué à Scapa. Je demandai des informations au sujet des forces ennemies et des plans d'opérations, mais on me répondit que ce n'était pas le moment de s'entretenir de telles choses[34]. »

Évidemment, tout cela laisse assez mal augurer de la suite des événements…

À son retour du Conseil suprême, Paul Reynaud est resté obnubilé par la question des mines de fer. N'ayant qu'une

* Il faudrait alors faire tout le tour des îles Lofoten…

confiance limitée dans les vertus martiales de ses alliés britanniques, et sachant que les forces françaises elles-mêmes n'arriveront pas de sitôt en Norvège, le président du Conseil a recherché un autre moyen de résoudre le problème des mines de fer suédoises, qui continue à l'obnubiler pour des raisons aussi politiques que stratégiques…

La solution semble s'être présentée à Paul Reynaud dès le soir du 9 avril, sous la forme d'une mission diplomatique que l'on enverrait en Suède, avec à sa tête Robert Coulondre, ancien ambassadeur de France à Berlin, et le général Mittelhauser, mis à la retraite en décembre mais récemment rappelé au service. C'est le colonel de Villelume qui a suggéré à Paul Reynaud ce qu'il conviendrait de faire savoir aux Suédois : la Suède et son fer « constituent l'objectif principal de l'Allemagne », et « malgré le triste précédent que constitue notre carence vis-à-vis de la Finlande, la Suède peut compter que nous lui donnerons toute l'assistance en notre pouvoir ». Il faut enfin « lui déclarer que nous sommes prêts à engager avec elle des conversations d'ordre militaire[35] ». Évidemment, ce que l'on voudrait en fait, c'est que la Suède entre en guerre contre l'Allemagne, afin que les Suédois coupent eux-mêmes l'approvisionnement de l'Allemagne en minerai de fer… mais il s'agit d'une mission diplomatique, et il est difficile de présenter les choses aussi crûment aux autorités suédoises, dont on connaît par ailleurs l'attachement à la neutralité. Néanmoins, on espère qu'elles comprendront…

Neville Chamberlain, lui, comprend sur-le-champ. Nous savons qu'il n'est pas particulièrement belliqueux, mais il a été piqué au vif par les attaques de la presse et des parlementaires contre l'homme qui déclarait moins d'une semaine auparavant que « Hitler a manqué le coche* ». Il s'agit donc maintenant, tout comme en France, de démontrer

* À Londres, les plaisantins ne manqueront pas de faire remarquer que « ayant manqué le coche, Hitler a pris l'avion, et c'est pourquoi il a devancé les Alliés en Norvège ».

à l'opinion publique que l'on conduit la guerre avec la dernière énergie. C'est pourquoi lorsqu'au matin du 11 avril, la mission Coulondre-Mittelhauser s'arrête à Londres sur le chemin de Stockholm, M. Chamberlain la reçoit à Downing Street, et déclare qu'une délégation britannique doit se joindre à elle sans délai. Il ajoute d'ailleurs que « si le gouvernement suédois pouvait être incité à envoyer des forces par voie de terre pour prêter main-forte aux alliés à Narvik », cela permettrait « de hâter considérablement la prise de la ville[36] ». La composition de la délégation britannique est arrêtée peu après : elle sera constituée de l'amiral Evans, du général Lewin et du commandant Thornton, attaché de l'Air britannique à Stockholm[37]. Malgré tout, M. Chamberlain commence dès la fin de la matinée à s'effrayer de sa propre hardiesse : si les Suédois déclarent la guerre à l'Allemagne, il faudra sans doute leur porter secours, ce qui se fera nécessairement au détriment des opérations défensives à l'ouest, où les Allemands risquent à tout moment de passer à l'offensive… Ne vaudrait-il pas mieux se contenter d'encourager les Suédois à rester neutres[38] ?

M. Chamberlain n'a guère de soucis à se faire : les Suédois n'ont aucun besoin d'encouragement pour se cantonner dans leur neutralité, ainsi que la mission franco-britannique le découvrira dès son arrivée à Stockholm. Les entrevues de l'ambassadeur Coulondre avec le roi Gustave V et avec le ministre des Affaires étrangères Günther ne laisseront aucun doute à cet égard, et lorsque le général Mittelhauser en viendra à exprimer devant le général Thörnell, commandant en chef des troupes suédoises, les véritables arrière-pensées du gouvernement français, la réaction sera plutôt abrupte : « Mittelhauser, note le général Thörnell, m'a déclaré que les Anglais et les Français avaient l'intention d'effectuer un débarquement en Norvège du Nord, et a fait ressortir l'intérêt qu'aurait la Suède à ce que les Allemands soient chassés de Norvège. Il a déclaré qu'une contribution de la Suède serait souhaitable pour atteindre cet objectif. Il voulait visiblement obtenir mon concours pour persuader le gouvernement suédois d'intervenir activement dans la guerre (...) Je lui ai répondu que la Suède resterait neutre dans tous les cas, et s'opposerait par les armes à toute incursion sur son territoire, d'où qu'elle vienne[39]. »

La mission franco-britannique à Stockholm n'a donc servi à rien*, et le ministre des Affaires étrangères suédois confiera dès le 13 avril au ministre britannique Mallet qu'il « serait plus sage qu'elle ne s'éternise pas[40] ». Seulement, si les Suédois entendent fermement rester spectateurs dans le conflit qui se déroule en Norvège, ils ne s'interdisent pas pour autant d'exprimer leurs sympathies, et de dispenser conseils et encouragements. Or, en matière stratégique, ces conseils sont toujours les mêmes, et ils vont être immédiatement transmis à Paris et à Londres par les membres de la mission Coulondre. L'ambassadeur Coulondre lui-même va envoyer dès le 13 avril au Quai d'Orsay un télégramme dont la copie sera immédiatement adressée à Londres : « L'aide alliée la plus opérante, de l'avis unanime ici, non seulement des missions alliées, mais des Suédois, serait la prise de Trondjem**. Elle rendrait seule possible la continuation de la résistance norvégienne qui s'appuie sur ce port ; en outre, elle aurait une répercussion peut-être décisive sur l'attitude de la Suède[41]. »

Le même jour, les membres britanniques de la mission ont transmis au Foreign Office un télégramme à peu près identique[42], qui vient d'ailleurs s'ajouter aux déclarations faites à Londres l'avant-veille par le secrétaire général du ministère suédois des Affaires étrangères Erik Boheman,

* Même l'offre de « conversations d'ordre militaire » aura des résultats assez déconcertants, lorsque le général Mittelhauser révélera au général Thörnell les plans alliés de débarquement à Harstad, et s'emportera ensuite lorsque son interlocuteur refusera de lui dire un seul mot concernant les dispositions militaires adoptées par la Suède... (Förspelet, *op. cit.*, pp. 381-382.)

** Nous avons conservé ici l'orthographe originale (et fantaisiste).

selon lesquelles « Trondheim était la clé de la situation* » [43]. Enfin, la veille, Sir Cecil Dormer, ayant retrouvé le gouvernement norvégien près de la frontière suédoise, a réussi à faire parvenir au ministre Mallet à Stockholm un message dans lequel il indique que « les autorités norvégiennes ont l'intention de s'établir à Trondheim dès que les Allemands en auront été expulsés », mais qu'elles « ne pourraient faire face à l'envahisseur si le soutien britannique devait se limiter à des opérations navales ». La fin du message est également sans ambiguïté : « Une assistance militaire centrée sur Trondheim constitue un impératif prioritaire. La prise de Narvik ne serait pas d'un grand secours au gouvernement norvégien[44] » Tout cela, nous le verrons, ne restera pas sans effet sur les stratèges réunis à Londres…

Depuis le 11 avril, certaines pressions s'exerçaient déjà au sein du Comité de coordination militaire en faveur d'une attaque contre Trondheim ; le chef d'état-major de l'Air, Sir Cyril Newall, en était notamment un partisan convaincu. Évidemment, c'était là la stratégie initiale adoptée au matin du 9 avril, mais la reprendre maintenant équivaudrait à remettre en question toutes les décisions prises laborieusement au cours des dernières quarante-huit heures. Winston Churchill, quant à lui, s'y refuse catégoriquement : l'expédition contre Narvik est sur le point d'être lancée, et il ne faut surtout pas la remettre en question, ni même l'affaiblir, par une dispersion intempestive des effectifs. On peut bien poursuivre l'étude d'une opération contre Trondheim (elle vient de recevoir le nom de code de « Maurice ») et même envisager un débarquement « exploratoire » à Namsos, comme certains le préconisent depuis le soir du 9 avril, mais « aucune action ne doit être entreprise » avant que l'on connaisse les résultats de l'opération

---

* Le conseil, qui n'est pas mauvais en soi, n'est pas non plus désintéressé : en détournant les Alliés de Narvik, on les détourne aussi des mines de fer suédoises.

« Rupert » contre Narvik, qui est destinée « à déloger les troupes allemandes, et à fournir aux forces alliées une base à partir de laquelle on pourrait paralyser le chemin de fer et les mines de Gällivare[45] » – toujours le mirage du fer suédois…

C'est maintenant Winston Churchill qui préside les réunions du Comité de coordination militaire. Cela ne lui confère nullement une voix prépondérante lors des délibérations, seulement il faut se souvenir que le Premier Lord de l'Amirauté est mieux informé que ses collègues, qu'il est doué d'une éloquence redoutable… et que le Comité de coordination se réunit en fin de journée : les chefs d'état-major, comme les ministres, sont épuisés par 72 heures de travail et de réunions presque ininterrompues… sauf Churchill, qui a des pouvoirs de récupération tout à fait surprenants. On se cantonnera donc à Narvik[46]… pour le moment.

Nous savons déjà depuis longtemps que le système de prise de décision britannique en matière stratégique est un mécanisme complexe, à triple détente, qui se déclenche malaisément et s'enraye facilement. Or, c'est au Cabinet de guerre que sont prises les décisions « définitives », et le débat stratégique va reprendre à ce niveau dès le lendemain, fortement influencé par les nouvelles qui arrivent de Stockholm ; Churchill admet que l'état-major naval désirerait voir Namsos occupée dès que possible, mais il ajoute aussitôt que l'« on considère comme inopportun d'interrompre de quelque manière que ce soit le déroulement des opérations contre Narvik[*] ». Ce jour-là, pourtant, Neville Chamberlain se sent l'âme d'un stratège, et il déclare qu'il s'« apprêtait lui-même à suggérer que l'on débarque un détachement à Namsos. Les Suédois ont mis l'accent sur l'importance vitale de la reprise de Trondheim, qui constitue la clé des voies de communication vers l'intérieur de la Norvège

---

* On admirera au passage la formulation impersonnelle. Ce « on » se rapporte bien entendu à Churchill lui-même.

comme de la Suède, et Namsos pourrait être de ce point de vue un tremplin commode ».

« La reprise de Trondheim, reprend Churchill patiemment, est une opération dont il ne faut pas sous-estimer la difficulté. (...) Cependant, si nous pouvions nous rendre maîtres de Narvik rapidement, alors il serait peut-être possible d'utiliser les chasseurs alpins contre Trondheim*. Pour l'heure, nous ignorons quels sont les effectifs allemands à Trondheim[47]. » Il est exact que les informations continuent à faire cruellement défaut ; ainsi, lors de la réunion du Comité de coordination la veille au soir, on ignorait encore si la ville de Tromsø était ou non occupée par les Allemands[48] ; par ailleurs, le War Office estime encore à deux divisions seulement les effectifs allemands débarqués en Norvège ; on n'est pas davantage informé de l'importance, et même parfois de l'existence, de troupes norvégiennes dans chaque secteur ; enfin, pendant plusieurs jours encore, on ne saura pratiquement rien de l'état des défenses de Trondheim et de Narvik. Dans bien des cas, il est clair que les ministres, et même les militaires, comptent sur la presse pour s'informer, mais celle-ci faisant souvent état de rumeurs invérifiables ou d'informations fantaisistes, on en arrive à des situations absurdes : dans l'après-midi du 11 avril, le Foreign Office télégraphie au ministre Mallet à Stockholm pour vérifier une nouvelle annoncée par l'Agence Reuter, selon laquelle... les forces britanniques auraient repris Bergen et Trondheim[49] !

Au Cabinet de guerre, la discussion reprend dans l'après-midi du 12 avril, et cette fois, c'est le ministre des Affaires étrangères qui mène l'offensive en faveur d'un détournement vers Trondheim de l'effort de guerre allié ; il déclare à ses collègues qu'il « aimerait attirer l'attention sur les télégrammes n°s 205 et 206 en provenance de Stockholm, contenant des messages du ministre de Sa Majesté en Nor-

* Winston Churchill prononce « chausseurs » alpins.

vège, dans lesquels il met l'accent sur la nécessité d'un déclenchement rapide d'opérations militaires en Norvège du Sud (…) Il est d'avis que les opérations contre Narvik, si opportunes soient-elles d'un point de vue militaire, auraient un impact politique bien moindre qu'une entreprise visant à expulser les Allemands de Norvège du Sud… » Churchill, qui décidément ne craint pas de se répéter, fait observer qu'« un débarquement de vive force à Trondheim constituerait une opération extrêmement difficile qui, si elle était insuffisamment préparée, risquerait de conduire à un échec sanglant. Par contre, les préparatifs en vue de l'expédition de Narvik sont très avancés, et le débarquement s'effectuera d'ici quelques jours ». Là-dessus, le ministre de la Guerre Oliver Stanley intervient pour faire remarquer que l'aide des troupes françaises serait requise pour effectuer un débarquement à Trondheim ; or, les Français ont insisté pour que l'on donne la priorité à l'opération contre Narvik…

Le renfort du ministre de la Guerre, l'abstention du Premier ministre et l'incertitude quant aux réactions de la France finissent par emporter la décision, et Churchill obtient gain de cause lorsque le Cabinet de guerre conclut en fin d'après-midi que : « Si l'on s'accorde pour dire que des débarquements le long de la côte norvégienne, même sur une échelle réduite, auraient un impact politique important et sont donc souhaitables, ils ne doivent pas en revanche être mis en œuvre au prix d'un affaiblissement de l'expédition contre Narvik, qui est en cours de préparation[50]. » Cette prose un peu touffue paraît en tout cas refléter une décision définitive : on a l'intention de maintenir le cap. Hélas ! en plus des trois niveaux de décision stratégique que nous avons déjà répertoriés – Comité des chefs d'état-major, Comité de coordination militaire et Cabinet de guerre – il y a une quatrième instance qui est toute-puissante, et peut même remettre en cause les décisions du Cabinet de guerre ; il s'agit bien sûr du Cabinet de guerre du lendemain…

De fait, le 13 avril au matin, tout va être remis en question : Lord Halifax reprend ses arguments en faveur d'une expédition immédiate en direction de Trondheim, le général Ironside fait remarquer qu'il faudrait pour cela retirer des troupes du front français, et Winston Churchill reprend ses arguments de la veille. Mais cette fois, Neville Chamberlain intervient dans les débats ; il attire l'attention sur le télégramme envoyé le 13 avril par l'ambassadeur Coulondre, et ajoute qu'il a « pleinement conscience de l'urgence qu'il y a à établir une position solide à Trondheim, particulièrement du point de vue politique. Si, à l'heure actuelle, nous nous concentrions uniquement sur Narvik, les Norvégiens et les Suédois risqueraient d'en déduire que nous nous intéressons uniquement au minerai de fer, auquel cas ils pourraient perdre courage et abandonner la lutte[51] ». Il est difficile de comprendre comment les Suédois pourraient abandonner la lutte, alors qu'ils ne l'ont même pas entamée et n'ont pas la moindre intention de le faire. D'autre part, les Norvégiens comme les Suédois savent déjà depuis au moins sept mois que les Alliés ne s'intéressent qu'au minerai de fer ; il aurait d'ailleurs été difficile de ne pas s'en apercevoir… Quoi qu'il en soit, Lord Halifax s'empresse de renchérir ; il est également d'avis qu'« une action rapide contre Trondheim s'impose d'un point de vue politique, alors que d'un autre côté, il semblerait que si c'était nécessaire, l'opération contre Narvik pourrait attendre ».

« La division de chasseurs alpins français, reprend Chamberlain, pourrait être employée plus utilement à Trondheim qu'à Narvik, et (…) il faudrait persuader les Français de nous laisser la libre disposition de ces troupes[52]… » Winston Churchill intervient pour prier ses collègues de ne pas modifier de fond en comble des plans qui sont en cours d'exécution, et il demande que l'on attende au moins le résultat des opérations navales à Narvik, qui doivent être déclenchées dans les heures qui suivent. Mais Neville Chamberlain répond qu'« il a été profondément impressionné par les arguments en faveur de la prise de Trondheim », et il se met en devoir de lire un autre télégramme envoyé par la mission franco-britannique à Stockholm. Churchill, lui, déclare désapprouver un détournement des chasseurs alpins vers Trondheim, et signale enfin que, faute de moyens, l'opération contre Narvik pourrait bien dégénérer en un siège prolongé. Or, dit-il, il s'agit au contraire de saisir la ville par un « coup de main* ».

Rien n'y fait. Lord Halifax répète qu'il faut considérer la question sous son angle politique, le ministre de la Guerre penche tantôt pour Trondheim, tantôt pour Narvik, le chef de l'état-major général impérial déclare que l'on a de bonnes chances de prendre Narvik, à condition que la garnison allemande ne soit pas supérieure à 4 000 hommes, mais il reconnaît lui-même qu'il n'est pas fixé sur ce point ; enfin, le chancelier de l'Échiquier, Sir John Simon, intervient également en faveur de Trondheim, bien que ses connaissances en matière stratégique se situent quelque part entre celles de Lord Halifax et celles de Neville Chamberlain…

En fin de compte, Churchill va devoir s'incliner, et les conclusions du Cabinet de guerre seront diamétralement opposées à celles de la veille : « L'ambassade à Stockholm sera informée du fait que l'on a l'intention de prendre Trondheim et Narvik (…) On demandera au gouvernement français la permission d'utiliser les chasseurs alpins pour des opérations ailleurs qu'à Narvik[53]. »

Ce soir-là, peu avant la réunion du Comité de coordination militaire, une nouvelle de la plus haute importance parvient à l'Amirauté : vers midi, une escadre britannique, composée d'un croiseur et de neuf destroyers, a pénétré dans le fjord de Narvik ; or, à 17 h 45, l'amiral Whitworth, commandant l'escadre, est en mesure d'annoncer à l'Amirauté

* En français dans le texte.

que ses forces ont coulé les sept destroyers allemands demeurés dans le fjord après la première bataille navale trois jours plus tôt. L'amiral, devant l'absence de réaction des Allemands restés à Narvik, a même failli envoyer un corps de débarquement pour prendre la ville sur-le-champ*[54]. La nouvelle, retransmise immédiatement au Comité de coordination militaire, va créer une sensation. Encouragés par la décision du Cabinet de guerre de l'après-midi, immensément soulagés par la grande victoire navale qui vient d'être annoncée, et convaincus que la chute de Narvik n'est plus désormais qu'une question d'heures, les membres du Comité de coordination vont tourner résolument leur attention vers d'autres objectifs le long de la côte norvégienne, et décider coup sur coup la poursuite ou la mise en œuvre des opérations suivantes :

– Un débarquement « de reconnaissance » à Namsos, au nord de Trondheim, par un petit détachement de 300 hommes (nom de code « Henry »), qui doit se dérouler dès le lendemain.

– Un deuxième débarquement à Aalesund, au sud de Trondheim, par une force de 600 hommes environ, à effectuer le 16 avril, « pour créer une diversion » (opération « Primrose »).

– À la même date, débarquement à Namsos de 5 000 hommes, qui se porteront ensuite vers Trondheim (opération « Maurice »).

Dans l'euphorie de la victoire, on envisage même une attaque navale directe contre Trondheim**, et surtout, on exprime le désir que la 146e brigade territoriale, l'une des deux brigades qui voguent vers Narvik, soit détournée en mer pour participer à l'opération « Maurice » sur Namsos[55].

---

* L'Amiral Whitworth y a renoncé vers 17 h 30, estimant que son corps de débarquement était trop réduit et déjà éprouvé par le combat naval.

** Nom de code « Boots » (la future opération « Hammer »).

Comme cela va se produire à plusieurs reprises au cours de cette campagne, Churchill cède brusquement sur la question de Trondheim et, abandonnant toutes ses réserves, se met en devoir d'appliquer avec zèle les conceptions de ses collègues. Sans doute a-t-il estimé qu'une initiative quelconque, pourvu qu'elle recueille l'approbation de la majorité du gouvernement, était encore préférable à l'atermoiement dans lequel on s'enlisait jusque-là. Quoi qu'il en soit, Churchill, accompagné de l'amiral Phillips, chef adjoint de l'état-major naval, rend visite au général Ironside à 2 heures au matin du 14 avril…

> « *Tiny*, nous nous sommes trompés d'objectif. C'est Trondheim qu'il faut viser. La Marine va lancer une attaque directe contre la ville, et il me faut une petite force, composée de bonnes troupes, bien commandées, pour exploiter l'attaque navale. Il me faut aussi des débarquements au nord et au sud de Trondheim ; l'un à Namsos et l'autre à Aandalsnes, afin d'appuyer l'assaut principal par un mouvement qui prenne Trondheim en tenaille[56]. »

Le général Ironside proteste : il n'aura pas de troupes disponibles pour Trondheim tant que Narvik n'aura pas été prise. Mais Churchill repousse l'objection : il suffira de détourner en mer la 146e brigade… Ironside tempête, fulmine, mais finit par céder[57], peut-être parce que Churchill est président du Comité de coordination militaire, et plus vraisemblablement parce que le projet a reçu l'aval de l'ensemble du Comité.

Le lendemain 14 avril, au Cabinet de guerre, Chamberlain présente à Winston Churchill et à l'amiral Pound les félicitations du Cabinet de guerre pour le brillant fait d'armes de la veille. Dans son enthousiasme, le Premier Lord de l'Amirauté déclare que, dès son arrivée, la 24e brigade pourra peut-être débarquer à Narvik même. Lord Halifax, qui poursuit son idée fixe, affirme que « tout doit être fait pour intensifier nos opérations, afin d'obliger les Allemands à s'en prendre à la Suède[58] ». Churchill lui-même commence à considérer les opérations contre Trondheim avec un optimisme mesuré, et le Cabinet de guerre, suivant la recommandation du Comité de coordination, autorise le détournement de la 146e brigade vers Namsos. Quelques heures plus tard, ce sera chose faite. Enfin, les Français, consultés par téléphone, viennent d'accepter l'envoi des chasseurs alpins à Trondheim plutôt qu'à Narvik. Au Cabinet de guerre, on envisage donc l'avenir avec confiance : au cours des prochaines quarante-huit heures, la grande contre-offensive va pouvoir se déclencher tout le long de la côte norvégienne.

Pourtant, en regardant les choses d'un peu plus près, on doit bien admettre que l'euphorie n'est pas entièrement justifiée : l'expédition « Rupert » qui se dirige vers Narvik n'est plus constituée que d'une brigade, équipée pour un débarquement pacifique dans le cadre d'« Avonmouth »... et déjà dépouillée d'une partie de cet équipement, entreposé dans les navires de la 146e brigade qui viennent d'être détournés sur Namsos ! On se souvient aussi que le commandant naval, Lord Cork, et le commandant terrestre, le général Mackesy, ont des instructions différentes et d'ailleurs contradictoires, le premier devant prendre Narvik par un « coup de main » hardi, le second constituer une base provisoire à distance de Narvik, puis reconnaître le terrain en vue d'opérations ultérieures pouvant déboucher éventuellement sur une action offensive en direction de la ville... Il est vrai que l'on ne s'attend plus depuis les événements de la veille à une très forte opposition de la part des défenseurs allemands, mais Churchill vient d'avouer le matin même au Cabinet de guerre que « l'on ne dispose d'aucune information concernant les effectifs et la localisation des forces allemandes à Narvik[59] ».

Pour l'opération « Maurice » sur Trondheim, les choses ne se présentent pas très bien non plus : la 146e brigade qui vient d'être détournée vers Namsos est une unité territoriale, très peu entraînée, dont l'équipement a été embarqué, puis partiellement débarqué (en désordre) au matin du 7 avril, rembarqué le 12 avril, et partiellement amputé dans l'après-midi du 14 lorsque le convoi en route pour Narvik s'est scindé en deux au milieu de la mer du Nord. C'est ainsi que les hommes de la 146e brigade qui vont débarquer à Namsos possèdent des cartes de Narvik et une partie de l'équipement de la 24e brigade, tandis que leurs moyens de transport, une partie de leur armement… et leur commandant continuent à voguer vers Narvik* ![60]. Les troupes de la 148e brigade, elles, ont bien des cartes de Namsos, mais sans en avoir l'usage : elles débarqueront à Aandalsnes…

On observera que tous les plans qui vont maintenant être mis en œuvre ont été élaborés en moins de cinq jours, ce qui laisse prévoir un certain nombre de lacunes. Ainsi, rien dans les plans élaborés pour « Maurice » n'indique que le port de Namsos est équipé pour permettre le débarquement de plusieurs milliers d'hommes avec leur matériel ; le détachement de reconnaissance prévu par l'opération « Henry » doit s'en assurer, seulement il n'a pas encore débarqué… D'autre part, aucun des plans établis depuis le 9 avril ne mentionne l'épaisseur de la neige sur les théâtres d'opérations, et les troupes n'ont pas été équipées en conséquence : pas de raquettes de neige, pas de skis non plus ; du reste, la plupart des soldats ne sauraient pas s'en servir : beaucoup n'ont jamais vu de montagnes de leur vie. Il y a bien d'autres éléments singuliers. Ainsi, l'appréciation des distances reste extraordinairement défectueuse chez les responsables de la planification ; il n'est par exemple mentionné nulle part que pour atteindre Trondheim, les unités de « Maurice » débarquées à Namsos devront couvrir 215 kilomètres… et encore, à condition qu'elles suivent la

* Plusieurs témoins de l'époque, ainsi que d'innombrables historiens par la suite, rendront Churchill responsable de ce détournement. Il nous semble au contraire ressortir très clairement des documents cités que Churchill était résolument opposé à toute dispersion des effectifs avant la prise de Narvik. Qu'il se soit ensuite rallié à l'opinion de ses collègues est une autre affaire.

route, ce qui n'est pas nécessairement indiqué pour des troupes entièrement dépourvues de couverture aérienne comme de D.C.A. À cela s'ajoute que les détachements de « Maurice », comme ceux de « Rupert », de « Henry » et de « Primrose », ne peuvent guère compter sur l'effet de surprise ; depuis le 10 avril, en effet, les journaux britanniques font quotidiennement état de débarquements imminents à Trondheim, Narvik, Namsos, Aalesund, Aandalsnes et Molde, en supputant gravement leurs chances de réussite. Enfin, on ignore totalement dans quelles conditions on pourra collaborer avec les soldats norvégiens à Narvik, car le 14 avril, personne ne sait encore où ils se trouvent, ou même s'ils résistent encore[61]. En ce qui concerne la Norvège du Sud, on ignore également où se trouvent le roi Haakon et son gouvernement, et c'est seulement à partir du 13 avril au soir que l'on reçoit les premières communications du quartier général norvégien ; transmises par des moyens de fortune, elles sont brèves, difficiles à déchiffrer et signées d'un certain général Ruge, dont personne à Londres ne semble avoir entendu parler. Au Cabinet de guerre du 14 avril, Winston Churchill déclare qu'« il est possible que la voie de chemin de fer menant à Trondheim soit toujours aux mains des Norvégiens[62] » ; en d'autres termes, il est également possible qu'elle ne le soit pas…

L'historien britannique T.K. Derry écrira très justement que « le gouvernement britannique n'avait guère plus d'informations en provenance de Norvège que le lecteur de journaux moyen[63] ». Or, si les journaux britanniques, suédois et américains donnent bien quelques indications sur les combats qui se poursuivent en Norvège, celles-ci sont extrêmement confuses, car les journalistes s'intéressent avant tout à Quisling, l'« architraître », et à sa « cinquième colonne », qu'ils voient absolument partout et sur lesquels ils publient à longueur de page des récits bien souvent fantaisistes. À Londres, on a tout de même décidé d'envoyer en Norvège le lieutenant-colonel E.J.C. King-Salter, attaché militaire à Helsinki, pour prendre contact avec le quartier général norvégien ; de même, l'amiral Evans a été chargé d'essayer de retrouver le roi et son gouvernement. Mais pour le moment, on est sans nouvelles du lieutenant-colonel comme de l'amiral, et le fait est que cinq jours après le 9 avril, Britanniques et Norvégiens mènent encore une guerre entièrement distincte…

Chapitre VII

LES NEUTRES COMBATTANTS

Au matin du 10 avril 1940, il règne en Norvège une situation extrêmement confuse : de toute évidence, le pays n'est plus en paix, puisque depuis la veille, plusieurs milliers de soldats allemands occupent ses principales villes, ses ports et ses aérodromes ; il n'est pas vraiment en guerre non plus, puisque des négociations se poursuivent entre le gouvernement norvégien et le représentant d'une puissance qui déclare être venue « protéger la neutralité de la Norvège ». En dehors de quelques accrochages et d'un intense bombardement aérien, il n'y a d'ailleurs pas encore eu de véritables combats sur terre, d'abord parce que les Allemands sont encore occupés à consolider leurs positions dans les secteurs étroits qu'ils contrôlent autour d'Oslo, Kristiansand, Bergen, Stavanger, Trondheim et Narvik, ensuite parce que l'armée norvégienne a reçu la permission de se défendre, mais non celle de contre-attaquer. En fait, depuis trente heures, elle n'a pas reçu d'ordres du tout, car son commandant en chef, le général Laake, ne s'est pas encore remis de la soudaineté de l'attaque allemande, et son gouvernement, qui n'a pas encore décidé s'il fallait combattre ou négocier, craint confusément qu'un véritable déclenchement des combats ne compromette toutes chances de négociations[1]. D'ailleurs, au matin du 10 avril, personne ne peut dire si l'armée norvégienne est mobilisée : on se souvient qu'à la suite d'une étonnante combinaison de désordre et d'incompétence, le premier jour de la mobilisation a été fixé… au 11 avril, avec convocation des soldats par lettre. Seulement, le ministre des Affaires étrangères Halvdan Koht a déclaré par inadvertance juste avant le départ du gouvernement pour Hamar que la mobilisation générale avait été décrétée ; cette nouvelle, relayée par la radio, a causé un branle-bas de combat général dans le pays, mais comme les principales villes et la plupart des dépôts d'armes ont été occupés par les Allemands, la mobilisation va se faire dans la plus grande confusion. Le ministre de France Robert de Dampierre, qui a quitté Oslo le 9 avril pour suivre le gouvernement à Hamar, rencontre « par-ci par-là, des isolés, que la nouvelle de la mobilisation générale avait atteints par hasard. Ils erraient, leur petite valise à la main, ne sachant guère où aller, ni que faire, et, le plus souvent, ils étaient finalement renvoyés chez eux[2] ». Un membre de la légation britannique à Oslo, Rowland Kenney, complète ce tableau : « J'ai vu des réservistes et des volontaires quitter les bureaux de recrutement en larmes, après s'être entendu dire qu'on ne pouvait leur fournir ni armes, ni équipements, et que, au lieu de combattre les Allemands, ce qu'ils avaient de mieux à faire était de rentrer chez eux[3]. »

Au matin du 10 avril, le quartier général de l'armée norvégienne s'est transporté à Rena, sur le fleuve Glåma, à mi-chemin entre Lillehammer et Nybergsund. C'est là qu'en début d'après-midi, le ministre de la Justice Terje Wold va avoir avec le général Laake, commandant en chef de l'armée, une entrevue assez orageuse ; Laake commence par dire que « étant donné la situation militaire, nous ne pouvons rien faire d'autre que poursuivre les négociations ou capituler sans condition[4] ». Du reste, le général se plaint amèrement de l'absence de tout contact avec le gouvernement, sur quoi M. Wold demande si quelqu'un a pensé à joindre le Premier ministre, qui se trouve toujours à Nybergsund, à moins de quarante kilomètres de là… Apparemment, personne n'y a songé[5]. M. Wold commence à s'échauffer.

– Qu'avez-vous fait jusqu'ici, général ? Où est votre ordre du jour aux troupes ? Et qu'est-ce que j'entends : notre pays est en guerre depuis hier, et le premier jour de la mobilisation est fixé à demain ? N'y avait-il pas moyen de faire autrement ?

– Eh bien si, répond le lieutenant-colonel Wrede Holm*, on aurait pu décréter la mobilisation ouverte.

– Et pourquoi cela n'a-t-il pas été fait ? demande M. Wold.

– Le gouvernement en a décrété autrement », réplique le général Laake.

M. Wold fait alors remarquer que le gouvernement a ordonné une mobilisation générale, et que c'était au général Laake « de régler les détails techniques », sans se douter qu'il ne s'agit nullement d'un détail technique, et qu'en fait, le gouvernement a ordonné une mobilisation partielle en croyant ordonner une mobilisation générale. Bien entendu, le général Laake se garde bien de son côté de reconnaître que c'est lui qui a conseillé au gouvernement d'ordonner une mobilisation partielle… Le dialogue de sourds se poursuit lorsque l'on quitte le passé pour en revenir à la triste réalité de l'heure. M. Wold, tout en reconnaissant qu'il n'est pas compétent pour parler de stratégie, évoque la possibilité d'une retraite progressive vers le nord-ouest par la vallée du Gudbrandsdal, doublée d'un effort résolu pour contenir les Allemands jusqu'à ce que les Britanniques débarquent, ainsi qu'ils l'ont promis la veille. Mais le général Laake répète qu'il n'y a que deux

---

* Harald Wrede Holm, chef de la section IV (Renseignement-sécurité) à l'état-major.

solutions : la poursuite des négociations ou la capitulation ; quant à l'aide britannique, il considère qu'elle ne servira à rien si elle n'arrive pas dans les deux prochains jours, une éventualité à laquelle il ne croit visiblement pas. « Mon plan ne rencontra guère d'écho, écrit Terje Wold. J'eus l'impression qu'à ce stade, l'ensemble de l'état-major le considérait comme irréalisable[6]. » En fait, M. Wold a été très frappé par le défaitisme presque palpable qui règne à l'état-major ; surtout, il a été horrifié par l'attitude du général Laake, ainsi qu'il le rapportera en fin d'après-midi lors d'une communication téléphonique avec M. Trygve Lie, qui promet d'en faire part sur-le-champ aux autres membres du gouvernement. Pour l'heure, aucune décision ne peut être prise ; le roi et le ministre des Affaires étrangères ne sont pas encore rentrés d'Elverum, où, conformément aux décisions prises la veille, ils sont allés négocier avec le ministre Bräuer.

Ce n'est pas à proprement parler une négociation qui se déroule cet après-midi-là dans les locaux de l'école communale d'Elverum. Le ministre Bräuer a insisté pour parler d'abord au roi seul à seul, et il s'est lancé dans un long monologue dont les éléments nous sont déjà connus depuis sa démarche de la veille ; la Grande-Bretagne est seule responsable de ce qui s'est passé, l'intégrité de la Norvège n'est nullement menacée, et toute résistance sera impitoyablement écrasée[7]. Il y a malgré tout une exigence nouvelle, et elle est de taille :

> « Nous n'avons plus confiance dans ce gouvernement (...) qui a refusé notre offre généreuse pour des raisons incompréhensibles (...) Il est donc important pour nous de savoir qu'il y a au pouvoir en Norvège un gouvernement (...) qui fasse preuve de compréhension à l'égard (...) de la position allemande. Or, il s'est constitué hier à Oslo un gouvernement dirigé par le ministre Quisling, et il nous paraît juste que cet homme, dont le patriotisme et la compréhension à notre égard sont bien connus, se voie actuellement confier la responsabilité du gouvernement[8]. »

Le ministre Bräuer rapportera par la suite que le roi « a été visiblement impressionné » par son argumentation*. À dire vrai, rien n'est moins sûr ; il semble que Haakon VII, mal à l'aise et parlant très imparfaitement l'allemand, se soit contenté de répondre qu'il ne pouvait rien décider sans consulter son gouvernement, et ait fait appeler son ministre des Affaires étrangères. À partir de là, le compte rendu établi du côté norvégien devient beaucoup plus précis ; le ministre Bräuer commence par reprendre ses propos du début pour le bénéfice de M. Koht, avec cette fois beaucoup moins de ménagements :

> « Le gouvernement allemand exige que le roi nomme comme chef de gouvernement le major Quisling, et comme ministres les hommes qui ont été désignés dans la proclamation comme membres du gouvernement, auxquels viendraient s'ajouter le cas échéant quelques autres personnalités.
>
> Le roi, en accord avec le ministre des Affaires étrangères, a déclaré qu'il ne pouvait pas nommer un gouvernement qui n'avait pas la confiance du peuple norvégien, et plusieurs élections avaient montré clairement que le major Quisling ne bénéficiait pas suffisamment de cette confiance. Son gouvernement en Norvège ne serait qu'un nouveau gouvernement Kuusinen. Le ministre des Affaires étrangères a expliqué au ministre (Bräuer) que le gouvernement Nygaardsvold s'était déclaré tout prêt à démissionner, et il (Koht) a demandé si le gouvernement allemand n'accepterait pas la constitution d'un gouvernement disposé à coopérer avec l'Allemagne, mais composé d'autres personnalités que celles qui venaient d'être mentionnées. Le ministre a répondu que la question de savoir quels ministres siégeraient au gouvernement avec Quisling pouvait sans doute faire l'objet de négociations, mais que le Führer avait décidé que le chef de ce gouvernement ne pouvait être autre que Quisling lui-même.
>
> Le roi a déclaré qu'il allait soumettre la question à son gouvernement légal[9]. »

---

* Le rapport étant destiné à Berlin, Bräuer avait tout intérêt à y inclure cette preuve de ses talents de diplomate.

L'entretien se termine à 16 h 25, et il est convenu que le ministre Bräuer sera informé aussitôt que possible par téléphone des résultats de la délibération du Conseil des ministres[10]. Le roi prend ensuite la route de Nybergsund, tandis que le ministre d'Allemagne repart pour Oslo. La dernière question posée par M. Koht est évidemment d'un très grand intérêt : est-ce à dire que le gouvernement norvégien pourrait céder et rentrer à Oslo si l'Allemagne abandonnait son exigence au sujet de Quisling ? Certains des propos tenus la veille à Hamar et Elverum peuvent le laisser penser, et la tournure des événements militaires depuis lors, de même que les déclarations défaitistes du commandant en chef, sont certes de nature à renforcer la tentation qu'avaient certains ministres de se montrer « conciliants ». Mais dès lors que M. Koht se voit confirmer – sur sa demande – que le nouveau gouvernement doit obligatoirement être présidé par Quisling, le choix auquel se trouvent confrontées les autorités norvégiennes légales devient beaucoup plus net : ou bien on se soumet au diktat allemand en entérinant la trahison de Quisling, ou bien on décrète la lutte à outrance, si minces que puissent être les chances de succès*…

C'est effectivement dans ces termes que la question va se poser en conseil de gouvernement, une fois le roi revenu à Nybergsund. Ayant exposé à ses ministres le déroulement de l'entrevue avec le diplomate allemand, Haakon VII va être le premier à donner son point de vue ; ce n'est certes pas la coutume en Conseil des ministres, mais on se trouve en face d'une situation tout à fait exceptionnelle : le roi de Norvège, nous le savons, n'a que des pouvoirs très limités, mais conformément à la constitution, c'est à lui de nommer le Premier ministre. En temps de paix, c'est là un pouvoir symbolique ; le roi, bien sûr, fait appel au chef du parti

* Il n'est nullement exclu que ce soit justement pour pouvoir présenter à ses collègues du gouvernement une alternative aussi claire que Halvdan Koht a posé cette question au ministre Bräuer.

majoritaire à l'issue des élections ; mais ce 10 avril 1940, la situation est toute différente : Haakon VII doit se prononcer en son âme et conscience, et pour la première fois peut-être, il tient réellement entre ses mains l'avenir de son pays. Très ému et passablement indigné*, le vieux roi prend la parole :

> « Je suis profondément ému à l'idée d'avoir à assumer personnellement la responsabilité des malheurs qui s'abattront sur notre pays et sur notre peuple si les exigences allemandes sont rejetées. C'est une lourde responsabilité, si lourde que je frémis à l'idée de l'endosser. Le gouvernement prendra sa décision, mais ma position est claire : je ne peux pas accepter les exigences allemandes. Cela irait à l'encontre de tout ce que j'ai considéré comme étant mon devoir de roi depuis mon arrivée en Norvège, il y aura bientôt trente-cinq ans (…) Je me suis efforcé de créer une monarchie constitutionnelle absolument loyale envers le peuple qui m'a appelé en 1905 (…) Je ne peux pas nommer Quisling Premier ministre, parce qu'il n'a ni la confiance du peuple dans son ensemble, ni celle de ses députés. Par conséquent, si le gouvernement devait choisir de s'incliner devant les exigences allemandes, je comprendrais certes fort bien ses motivations, face au danger qui menace et à la perspective de voir tant de jeunes norvégiens sacrifier leur vie dans cette guerre ; mais il ne me resterait d'autre recours que d'abdiquer (…) de renoncer au trône de Norvège, pour moi et ma famille[11]. »

« Cela est resté gravé dans ma mémoire, racontera le ministre Trygve Lie. En prononçant ces mots, le roi a longuement regardé le prince Olav. Un long moment s'est écoulé sans que le roi puisse poursuivre, puis il s'est penché sur la table et a éclaté en sanglots. Le prince Olav avait lui aussi les larmes aux yeux[12]. » Mais le roi relève la tête : « Le gouvernement doit prendre maintenant position. Ma décision

---

* D'après le ministre Trygve Lie, le ton froid et quelque peu dédaigneux adopté par le ministre Bräuer avait fortement irrité le roi (T. Lie, *Leve eller dø, op. cit.*, p. 135).

ne l'engage pas (...) mais il fallait du moins qu'il en fût informé[13]. »

Il est vrai que si, conformément à la Constitution, il appartient au roi de nommer ou non un nouveau Premier ministre, il ne peut exercer cette prérogative que « sur proposition du gouvernement », et quelle que soit la gravité de l'heure, il n'est pas question de se départir du formalisme constitutionnel. De toute façon, l'intervention du roi a profondément impressionné les ministres présents, et lors des débats qui s'ensuivent, il ne reste plus la moindre trace du défaitisme de la veille[14]. Pour finir, M. Nygaardsvold lui-même, s'étant prononcé en faveur de la poursuite de la lutte, va proposer aux ministres de voter dans les formes une motion aux termes de laquelle « le Conseil des ministres propose au roi de rejeter l'ultimatum présenté par l'Allemagne (...) tendant à faire nommer le major Quisling Premier ministre[15] ». Les formes seront respectées jusqu'au bout : « Le roi déclare approuver la proposition du gouvernement[16]. »

Ce soir-là, à 20 heures, le ministre Bräuer arrive à Eidsvold, d'où il prend contact par téléphone avec M. Halvdan Koht. La conversation est très brève :

– Le roi ne nommera pas de gouvernement Quisling, et cette décision a été approuvée à l'unanimité en Conseil des ministres.

– Est-ce à dire que la résistance va continuer ?

– Oui, aussi longtemps que possible[17]. »

Tous les ponts sont coupés. De fait, il n'y aura plus à proprement parler de négociations entre le gouvernement norvégien et les autorités allemandes*. Mais si l'on se penche attentivement sur les trois grandes réunions qui ont mené à ce résultat, à Oslo, Hamar-Elverum, et enfin Nybergsund, on constate au moins un élément qui ne laisse pas de surprendre : *à aucun moment* les ministres ou les députés qui étaient

* À l'exception du bref épisode de juin 1940, dans des conditions totalement différentes.

partisans d'un rejet de l'ultimatum allemand n'ont déclaré ou laissé entendre que la continuation de la lutte ou les chances de succès de la résistance étaient tributaires de la promptitude d'une intervention britannique. À Victoria Terrasse, les ministres ont réagi sous l'effet de l'indignation provoquée par un ultimatum dont le contenu était trop manifestement contraire aux usages en vigueur dans les relations entre nations civilisées ; mais on se souvient que M. Koht a expressément refusé de demander l'aide de la Grande-Bretagne, et qu'il a fallu insister pour qu'il se décide au moins à informer le ministre britannique de l'invasion du pays… En ce qui concerne la réunion de Hamar, le Président Hambro en fera lui-même la réflexion lors d'une émission radiodiffusée dix ans après la guerre :

> « Au cours de cette réunion (…) il ne s'est trouvé personne pour proposer que l'on demande officiellement l'aide des Alliés, et personne n'a posé la question de savoir dans quelle mesure et dans quelles conditions les Alliés pourraient venir à notre secours. Tout s'est fait spontanément, chaque député a réagi instinctivement[18]. »

Quant à la réunion de Nybergsund, qui va mettre fin aux négociations, elle est encore plus remarquable à cet égard : ni les possibilités d'une aide rapide et efficace de la part des Britanniques, ni même les chances de succès d'une résistance aux envahisseurs allemands n'ont été soupesées par les ministres présents ; peut-être se sentaient-ils incompétents pour juger de ces choses… Du point de vue politique, constitutionnel, juridique, moral même, la réponse leur est apparue évidente : les exigences allemandes sont devenues absolument inacceptables depuis qu'elles se sont cristallisées autour de l'instauration d'un gouvernement Quisling. Pour ce qui est du point de vue stratégique, eh bien, c'est l'affaire des militaires… Pourtant, dans l'après-midi du 10 avril, il y a deux ministres au moins qui se sont interrogés sérieusement sur la compétence de ces militaires en général, et sur celle du général Laake en particulier : M. Terje Wold, bien sûr, et aussi M. Trygve Lie, à qui il a fait part de ses doutes par téléphone à l'issue de sa conférence mouvementée avec le commandant en chef. Or, M. Lie, comme il l'avait promis au ministre de la Justice, a informé ses collègues des impressions de M. Wold ; il a même fait davantage, en proposant le remplacement immédiat du commandant en chef[19]…

C'est là une entreprise difficile*, mais M. Trygve Lie a des dons de persuasion certains, et il marque un point décisif lorsqu'en fin d'après-midi, le Premier ministre Nygaardsvold et le prince Olav se rangent à son avis. Il est vrai que le ministre de l'Approvisionnement propose pour lui succéder un militaire qui jouit du respect de tous : le colonel Otto Ruge ; chef d'état-major entre 1933 et 1938, et depuis inspecteur général de l'Infanterie, il est à l'origine du fait d'armes de Midtskogen**, et il a déclaré à M. Trygve Lie au matin du 10 avril qu'il ne voyait aucune autre solution que la lutte à outrance. La question du remplacement du général Laake est posée de nouveau à l'issue du Conseil des ministres ; ce soir-là, l'accord finit par se faire, et le ministre Ljungberg est chargé de convoquer immédiatement le général à Nybergsund.

Tard dans la nuit, le général Laake arrive à Nybergsund, où il est immédiatement reçu par MM. Lie et Ljungberg. Leur ayant confirmé qu'il ne croit pas au succès de la résistance militaire contre l'Allemagne, il se voit signifier avec beaucoup de ménagements la décision du gouvernement ; heureuse coïncidence : il est arrivé la veille même à l'âge de la retraite… On obtient sans difficulté qu'il signe sur-le-champ sa démission. Le lieutenant-colonel Roscher Nielsen, qui l'attend dans l'antichambre, rapportera plus tard que le

* Le ministre de la Défense Ljungberg se déclarera dans un premier temps hostile à cette proposition.

** Voir plus haut, p. 114.

général Laake est sorti très déprimé de cette conférence ; en même temps, il lui semblera percevoir chez le général « un certain soulagement[20] »... Il est près de minuit lorsque le colonel Ruge reçoit un appel téléphonique de M Trygve Lie, lui annonçant sa nomination en tant que général commandant en chef ; il prendra ses fonctions le lendemain même. Évidemment, le lendemain n'est plus éloigné que de quelques minutes, mais c'est aussi bien ; de toute évidence, il n'y a plus une minute à perdre...

Le 11 avril, le soleil brille faiblement au-dessus du petit village enneigé de Nybergsund. Dans l'unique auberge du village, le roi et le prince Olav s'entretiennent avec les ministres ; des enfants jouent autour d'eux. Soudain, un homme se précipite vers une voiture et appuie à plusieurs reprises sur le klaxon. Les occupants de l'auberge sortent précipitamment et courent à travers la neige vers un petit bois. Six bimoteurs Heinkel, venus du sud, descendent à ras des toits et passent au-dessus du bois, qu'ils arrosent de balles de mitrailleuses. Les balles labourent la neige et ricochent sur les pierres ; des branches tombent. Puis on entend une immense explosion et un sapin s'effondre. Les bombardiers survolent de nouveau le village, qu'ils arrosent de bombes ; en passant et repassant au-dessus du bois, qu'ils mitraillent presque à bout portant, ils lâchent encore plusieurs bombes, et d'autres sapins s'effondrent. Au bout d'une heure, enfin, les avions s'éloignent. L'un d'entre eux sera abattu quelques jours plus tard, et sur le carnet de bord de l'appareil, on trouvera cette inscription : « Le roi, le gouvernement, tout a été anéanti... »

Peu à peu, le village dévasté se repeuple ; entre les cratères de bombes, on se compte, et c'est un véritable miracle : personne n'a été touché. Les ministres paraissent assez secoués, mais le prince Olav est parfaitement calme, et chacun constate avec admiration que c'est un homme courageux. Le roi, lui, est très éprouvé ; il s'en expliquera peu après : « La vue de ces bombes qui tombaient si près de mes amis, de mes ministres et de mon fils a été pour moi un choc terrible. Mais surtout, je n'ai pas pu supporter de voir ces petits enfants allongés dans la neige pendant que les balles fauchaient les arbres et que les branches leur tombaient dessus. » Le roi ajoute qu'il regrette de s'être arrêté là, et que plus jamais, de toute la guerre, il ne se reposera là où il y a des enfants. Le Premier ministre, le ministre de la Culture et l'aide de camp du roi sont tout aussi indignés, pour des raisons plus prosaïques il est vrai : au moment où les avions piquaient, ils se sont jetés à plat ventre et ont atterri dans une porcherie…

Ce soir-là, on assiste à un long conciliabule. Le Premier ministre en a assez vu, et veut que l'on aille se réfugier en Suède. Le ministre de l'Approvisionnement, Trygve Lie, veut au contraire que l'on se rapproche du quartier général de l'armée, à Lillehammer. Les autres ministres hésitent. Le roi, qui a retrouvé son calme et sa détermination, indique qu'en aucun cas il n'ira se réfugier en Suède ; le prince Olav le soutient. Il n'est plus question d'aller contre l'avis du roi : on se dirigera vers Lillehammer.

Ce même 11 avril, à 6 heures du matin, le général Ruge a envoyé son premier ordre aux troupes ; c'est d'ailleurs le seul ordre émanant du quartier général depuis 48 heures… il est bref et sans ambiguïté : « S'opposer par tous les moyens à l'attaque allemande ; isoler entièrement Oslo, en dressant des barrages le plus près possible de la capitale[21]. » Le nouveau commandant en chef a déjà mis au point sa stratégie : il s'agit de contenir l'ennemi le plus longtemps possible sur la côte sud, afin d'avoir le temps de procéder dans l'intérieur à une mobilisation et à un repli progressif vers le nord – plus exactement vers le nord-ouest, car le général Ruge, quant à lui, compte fermement sur un débarquement britannique pour venir appuyer l'effort de guerre norvégien ; c'est même la considération majeure qui oriente sa stratégie[22] ; il va donc s'efforcer de tenir coûte que coûte jusqu'à l'arrivée des Alliés, de « céder de l'espace pour gagner du temps[23] ».

Comme on pouvait le prévoir, les jours suivants vont être extrêmement difficiles ; les Allemands, qui ont reçu des renforts sans interruption par air et par mer depuis le 9 avril, vont lancer dès le 13 avril des offensives à l'est, au nord et à l'ouest d'Oslo. Conformément aux ordres du général Ruge, des barrages ont été établis autour de la ville, mais il ne s'agit que d'entassements de rondins au milieu des routes, défendus par quelques compagnies de volontaires et de soldats peu entraînés, équipés d'armes légères, et dont beaucoup n'ont pas dormi depuis plusieurs jours... On est très loin du « cercle de fer autour d'Oslo » dont parle avec complaisance la B.B.C.[24]. Quoi qu'il en soit, les troupes allemandes, aidées par l'aviation, vont faire rapidement sauter ces verrous improvisés et remporter quelques victoires éclair ; entre le 13 et le 14 avril, tout un régiment norvégien capitule devant Kongsberg, au sud-ouest d'Oslo, tandis qu'à Kongsvinger, au nord-est, 3 000 soldats norvégiens, menacés d'encerclement, sont contraints de passer la frontière suédoise pour y être internés. Dès lors, ce sont quatre colonnes motorisées allemandes qui convergent vers la première ligne de défense constituée par le général Ruge entre le Randsfjord et la rive est du lac Mjøsa. Les colonnes allemandes sont maintenant soutenues par des chars, et bien sûr par d'imposantes forces d'aviation.

Les bombardements aériens constituent effectivement une menace permanente pour les lignes d'approvisionnement et les communications de l'armée norvégienne. Les deux seuls émetteurs dont peut disposer le haut commandement, à Hamar et Vigra, sont rapidement atteints, de sorte que le quartier général norvégien se trouvera coupé à plusieurs reprises de toute relation avec le monde extérieur. Par ailleurs, les bombardements et l'avance allemande l'obligent à se déplacer constamment ; dès le 11 avril, il a quitté Rena pour s'installer à Øyer, au nord de Lillehammer. À ce stade, il se trouve également isolé du gouvernement, qui a été lui-même bombardé à Nybergsund ce jour-là. Enfin, le quartier général se trouve pratiquement hors d'état de communiquer avec ses propres troupes en contact avec l'ennemi : les câbles télégraphiques ont été coupés, le téléphone est écouté par les Allemands, et on ne dispose pas de radios de campagne. Il faut donc envoyer des officiers de liaison, en voiture, à ski… ou à pied. En outre, on est privé de tout contact avec des régions entières : le sud-ouest du pays, le centre, et l'ensemble de la Norvège du Nord… Enfin, depuis l'annonce de la trahison de Quisling, une espionnite aiguë sévit dans tout le pays : les paysans et les volontaires arrêtent comme membres de la cinquième colonne toute personne étrangère à la région – ou à la bourgade : réfugiés, diplomates étrangers, membres du gouvernement, et aussi, malheureusement… les officiers de liaison du général Ruge[25].

Ceci donne une idée des extraordinaires difficultés rencontrées par le commandant en chef pour mobiliser ses troupes et établir un front au nord d'Oslo, dans les montagnes à l'est de Bergen et autour de Trondheim. D'autant que la plupart des dépôts d'armes ont été capturés, les listes des hommes mobilisables sont aux mains des Allemands, et les centres de mobilisation sont constamment bombardés. Pourtant, le flot des volontaires ne tarit pas : encouragés par l'ordre de résistance émanant du quartier général au matin du 11 avril et par un communiqué énergique du gouvernement diffusé le même jour, des centaines de jeunes gens, en train, en bus, en camion, en voiture, à bicyclette, à ski et à pied s'échappent des villes occupées pour venir renforcer des bataillons hétéroclites issus d'une mobilisation hautement improvisée. On trouve là, selon les mots mêmes du général Ruge, « des compagnies et des bataillons, formés au hasard des rencontres, mal équipés, constitués de soldats entraînés et de nouvelles recrues, de jeunes et de vieux, de sections où se côtoient des fantassins, des dragons, des artilleurs, des aviateurs et des marins, commandés par des officiers appartenant à différentes unités et même à différentes armes, retraités, officiers d'active, cadets ou sous-officiers frais émoulus des écoles (...) Ces troupes étaient par ailleurs peu aptes à la manœuvre, difficilement utilisables pour l'attaque, et ne s'étaient jamais trouvées sous le feu de l'artillerie, de l'aviation ou des chars ». Et le général de conclure par cette admirable litote : « Nous espérons que tous nos lecteurs, même les civils, auront compris que de telles unités ont leurs points faibles[26]. »

Il y a tout de même quelques raisons d'espérer : d'une part, bien sûr, le terrain boisé et accidenté qui s'étend au sud du lac Mjøsa constitue un obstacle pour l'attaquant, et se prête admirablement à des opérations de retardement ; d'autre part, le général Ruge est un organisateur hors pair, et un officier dont tous les témoins s'accordent à dire qu'il « possède un rare talent pour inspirer la confiance[27] ». En outre, comme le fera remarquer le général lui-même, la mobilisation s'étant déroulée dans la plus grande confusion, il était très facile de s'y soustraire ; les hommes qu'il a sous ses ordres – et dont il estime le nombre à quelque 45 000[28] – sont donc tous des volontaires fermement décidés à se battre. Parmi eux, il y a d'ailleurs un officier qui a rejoint le général Ruge dès le 14 avril ; c'est le major Hvoslef, que Quisling avait nommé ministre de la Défense cinq jours plus tôt... en oubliant de lui demander son avis[29].

Pour le général Ruge, cependant, l'unique espoir de la résistance norvégienne réside dans l'arrivée rapide d'un corps expéditionnaire allié. Or, depuis le soir du 9 avril, où son gouvernement a reçu de Londres les assurances que l'on sait, le général a été maintenu dans l'ignorance la plus complète des plans britanniques. Pourtant, le 12 avril, il apprend que le capitaine Francis Foley, premier secrétaire à la légation de Grande-Bretagne à Oslo et agent du M.I. 6, s'est réfugié à Aandalsnes avec une partie du personnel de la légation, et a réussi à prendre contact avec Londres grâce à

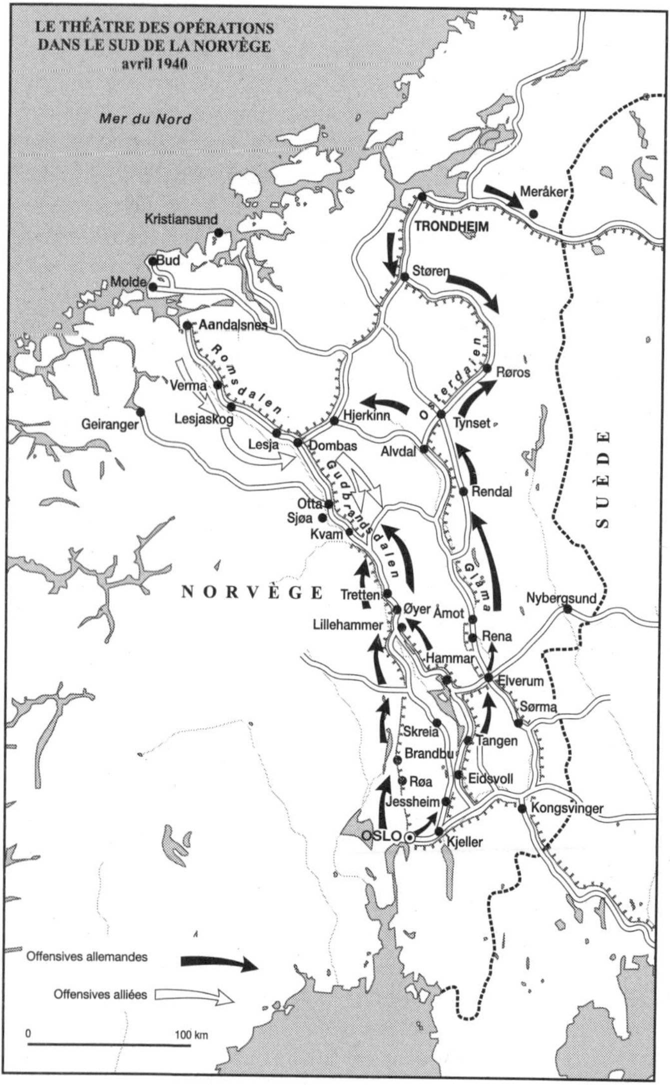
LE THÉÂTRE DES OPÉRATIONS
DANS LE SUD DE LA NORVÈGE
avril 1940
Mer du Nord
Kristiansund
Bud
Molde
Aandalsnes
Romsdalen
Verma
Lesjaskog
Lesja
Dombas
Geiranger
Hjerkinn
TRONDHEIM
Meråker
Støren
Østerdalen
Røros
Tynset
Alvdal
Rendal
Gudbrandsdalen
Otta
Sjøa
Kvam
NORVÈGE
Tretten
Øyer
Åmot
Lillehammer
Glåma
Rena
Hammar
Elverum
Nybergsund
SUÈDE
Sørma
Skreia
Tangen
Brandbu
Røa
Eidsvoll
Jessheim
Kongsvinger
OSLO
Kjeller
Offensives allemandes
Offensives alliées
0
100 km

un code secret. Le capitaine est donc convoqué à Øyer, où il arrive au matin du 13 avril. Au quartier général, il est accueilli par le général Ruge :

> « Je vous ai fait venir, M. Foley, parce que j'ai appris que vous étiez en contact avec l'Angleterre. Je me trouve entièrement isolé du monde extérieur (...) Il me faut vous dire sans détour que nous serons hors d'état de poursuivre la lutte si la Grande-Bretagne ne vient pas immédiatement à notre aide avec toutes les forces et le matériel dont elle pourra disposer (...) Le pays est en train de mobiliser. Mais lorsque les hommes sont rassemblés, ils n'ont pas d'uniformes pour s'habiller, ni d'armes pour se battre. Si je ne puis obtenir l'aide de la Grande-Bretagne aujourd'hui ou demain, il nous faudra déposer les armes avant d'avoir réellement commencé à nous battre pour la défense de notre pays[30]. »

Le capitaine Foley promet son aide, et grâce au code secret dont il dispose, plusieurs télégrammes vont pouvoir être envoyés dès le matin du 13 avril. Les relais par Lillehammer, l'émetteur de Vigra périodiquement bombardé et la station écossaise de Wick, joints au caractère très primitif du système de codage*, rendent la communication lente et difficile, mais les messages passent, et les premiers véritables contacts stratégiques anglo-norvégiens s'établissent ainsi dans l'après-midi du 13 avril. C'est ainsi que l'on reçoit d'abord à Londres cet appel du général Ruge, adressé au Premier ministre :

> « Nous avons entrepris de combattre en pensant que le gouvernement britannique passerait immédiatement à l'action. Nous avons été surpris avant d'avoir eu le temps de mobiliser, et tous nos avions, ainsi que notre matériel et nos approvisionnements, ont été perdus. Je suis en train de rallier quelques bataillons d'infanterie, ainsi que deux ou trois batteries (...) Nous sommes

---

* Il s'agit d'un chiffre dont la clé est basée sur un ouvrage précis, connu uniquement de l'encodeur et du décodeur. Le système est assez sûr, mais l'encodage demande beaucoup de temps, et la moindre erreur peut rendre l'ensemble du message inintelligible.

prêts à recevoir des troupes immédiatement, et à agir sans délai de notre côté. Le roi, le prince royal et le gouvernement sont pourchassés par les avions allemands, et ils ont été bombardés la nuit dernière. Tout le monde a pris les armes, mais il est impossible de combattre sans aide. Les détails de l'aide qui nous est nécessaire suivent immédiatement[31]. »

Les détails de l'aide nécessaire n'arriveront pas ce jour-là, en raison d'une erreur de chiffrage[32]. Par contre, on recevra quelques heures plus tard le télégramme suivant, vraisemblablement conçu par le capitaine Foley lui-même : « Le Commandant en chef voudrait que les Britanniques envoient une division pour prendre Trondheim. Il les soutiendra avec un bataillon d'infanterie, deux compagnies motorisées opérant à partir du nord, et deux à quatre bataillons d'infanterie appuyés par deux ou trois batteries de campagne qu'il espère pouvoir concentrer au sud[33]. »

Le capitaine Foley a rapidement conçu pour le général Ruge une vive admiration, qu'il exprime à plusieurs reprises dans ses télégrammes à Londres. Il va être rejoint dans la nuit du 14 au 15 avril par le lieutenant-colonel King-Salter, attaché militaire à Helsinki ; ce dernier envoie à partir du 15 avril tous les renseignements disponibles sur l'état des défenses de Trondheim[34], et lui aussi va rapidement se faire l'avocat du général Ruge auprès du War Office. Nous avons du reste un autre témoignage fort intéressant, celui du capitaine Robert M. Losey, attaché de l'Air adjoint des États-Unis à Stockholm, qui rend visite au général Ruge le 15 avril : « Le général Ruge (...) est un officier perspicace et énergique. (...) Au moment de ma visite, le commandant en chef n'était pas informé des plans d'action des Alliés. J'en ai eu la confirmation par plusieurs petits incidents qui se sont produits au quartier général. De plus, il s'est montré extrêmement critique en ce qui concerne le manque de préparation des Alliés et la lenteur avec laquelle ils envoient des secours. Comme pratiquement tous ceux que j'ai contactés, il était extrêmement mécontent de se trouver dans une situation où il était entièrement tributaire des entreprises alliées[35]. »

Il est vrai que le général Ruge commence à s'impatienter. Les réponses qu'il a reçues de Londres à ses télégrammes depuis le soir du 13 avril sont extrêmement vagues, et dénotent souvent une méconnaissance complète des réalités stratégiques en Norvège. C'est ainsi que le War Office lui a demandé d'« empêcher les Allemands de s'emparer de l'aérodrome de Bardufoss près de Narvik[36] », sans se rendre compte que le général Ruge est entièrement coupé des forces norvégiennes opérant en Norvège du Nord, et ignore tout de ce qui se passe dans le secteur de Narvik. Par ailleurs, en dehors de quelques assurances générales et d'ailleurs très exagérées*, les Britanniques se gardent bien de fournir à leur nouvel allié le moindre renseignement quant à leur plan stratégique d'ensemble. Au vu du chapitre précédent, on nous fera remarquer que c'est peut-être parce qu'ils n'en ont pas… mais cela, le général Ruge l'ignore encore, et dans l'après-midi du 14 avril, il télégraphie au Premier ministre britannique :

> « 1. Il est nécessaire que les Britanniques prennent une initiative quelconque, afin de rendre possible la poursuite de la résistance, et de faire comprendre à l'armée comme au peuple de Norvège que la Grande-Bretagne est réellement décidée à faire les choses sérieusement.
> 2. Le secteur critique est celui de l'est de la Norvège, au nord d'Oslo, où l'armée norvégienne tente de se regrouper sous la pression des forces allemandes. Nous ne pourrons tenir plus de quelques jours sans aide. (…)
> 3. Trondheim doit être prise alors que j'ai encore les moyens de vous aider, ce qui ne sera possible que si vous attaquez immédiatement[37]. »

* C'est ainsi que dans un télégramme reçu le 14 avril, Neville Chamberlain promet d'envoyer « environ cinq divisions » et ce, « immédiatement ».

C'est la première fois que le général Ruge souligne l'importance capitale de la résistance dans le sud pour l'attaque contre Trondheim. De fait, si les Allemands parviennent à remonter le Gudbrandsdal, les forces norvégiennes ou alliées attaquant Trondheim par voie de terre se trouveront prises à revers, et la partie sera perdue. C'est pourquoi, le 15 avril, le général Ruge a fait parvenir à ses officiers la directive suivante : « L'opération de secours (des Alliés) est en préparation, et il nous a été promis qu'elle serait déclenchée dans les plus brefs délais. Dans ces conditions, notre tâche dans l'Østlandet* va être de gagner du temps (…) Le but des opérations à mener dans l'avenir immédiat sera le suivant :

– Contenir l'ennemi en établissant le long des voies d'accès des lignes de défense en profondeur susceptibles d'être tenues par des forces réduites (…)

– Tenir chacune de ces positions jusqu'à ce que l'ennemi ait pu amener à pied d'œuvre des forces très supérieures en nombre, et préparer entre-temps des démolitions massives sur les arrières.

– Opérer en un seul mouvement rapide les retraits d'une position à l'autre, de préférence la nuit, en faisant usage de tous les moyens de transport disponibles et en mettant en œuvre simultanément les démolitions massives[38]. »

C'est en effet cette stratégie qui sera mise en œuvre au cours des quinze jours qui vont suivre. Dans l'immédiat, les résultats en sont assez satisfaisants : jusqu'au 17 avril, les Allemands sont contenus avec succès au sud d'une ligne Røa-Skreia-Tangen-Sørma**. Il est vrai que le brouillard et la neige ont empêché tout mouvement de l'aviation allemande entre le 14 et le 17 avril. Mais à partir de là, le temps s'éclaircit, et les Allemands, avançant vers le nord sur quatre colonnes, gagnent rapidement du terrain ; à l'est du lac

* La région sud-est de la Norvège.

** Voir carte, p. 160.

Mjøsa, Elverum et Hamar tombent le 18 avril, tandis qu'à l'ouest, Gjøvik et Raufoss, avec sa grande usine de munitions, se trouvent directement menacées par deux colonnes qui remontent le Randsfjord, appuyées par des chars de combat. Pour contenir cette dernière offensive, qui menace l'ensemble de son dispositif, le général Ruge va faire donner ses dernières réserves : les quelque 5 000 hommes de la division de Bergen. Le dispositif norvégien est donc de plus en plus fragile, devant un ennemi qui ne cesse de recevoir des renforts et a même parachuté 200 hommes sur Dombås, entre Lillehammer et Aandalsnes, c'est-à-dire très en arrière du front*. C'est sur ces entrefaites que le général Ruge apprend le débarquement à Aandalsnes de la 148e brigade britannique, commandée par le général Morgan ; il est vrai qu'elle a seulement pour ordre d'occuper Dombås, puis de faire route au nord pour participer à l'opération contre Trondheim, mais le général Ruge, lui, considère que le maintien du front au sud de Lillehammer est de loin le plus important. Le capitaine Foley et l'attaché militaire King-Salter partagent entièrement ses vues, et dès le lendemain, ce dernier part pour Dombås afin de prendre contact avec le général Morgan**. C'est ainsi que le 19 avril, celui que le commandant de la 148e brigade voit arriver à Dombås est moins l'attaché militaire de Grande-Bretagne que l'émissaire du général Ruge…

En principe, bien sûr, le général Morgan doit s'en tenir aux ordres du War Office ; seulement, ces ordres ont déjà subi bien des modifications au cours des deux dernières semaines… Qu'on en juge plutôt : le 6 avril, dans le cadre du plan « Stratford » rénové (à la hâte), la 148e brigade territoriale, embarquée sur deux croiseurs, a reçu l'ordre de se tenir

* Ils parviendront à couper pour un temps les lignes de communication norvégiennes, mais décimés pendant l'atterrissage et privés de renforts, ils finiront par se rendre le 20 avril aux troupes norvégiennes qui les cernent.

** Il sera accompagné de l'attaché militaire français Bertrand-Vigne, arrivé à Øyer le 14 avril en compagnie de l'attaché naval, le capitaine d'Arzure.

prête à effectuer un débarquement pacifique à Stavanger[39] ; le lendemain, il y a eu un contre-ordre : la brigade a été débarquée précipitamment dans les circonstances que nous connaissons, pour le plus grand dommage de son équipement ; le 13 avril, nouvel ordre : la brigade ira à Namsos ; mais le 16 avril, nouveau contre-ordre : la 146e brigadc ayant été détournée en mer de Narvik à Namsos, la 148e brigade devra quant à elle débarquer à Aandalsnes plutôt qu'à Namsos[40]. L'ordre parvient à Rosyth le 16 avril au soir, alors que les troupes et le matériel sont déjà embarqués sur le cargo *Orion*, qui doit appareiller le lendemain pour Namsos. Durant la nuit, au milieu du couvre-feu, les troupes et le matériel à destination d'Aandalsncs vont être déchargés et répartis entre cinq navires de guerre, non sans dommage supplémentaire pour l'équipement de la brigade, comme l'expliquera un membre de l'expédition, le colonel Dudley Clarke :

> « Personne ne savait au juste ce qui avait été embarqué, et moins encore où on pourrait le retrouver (…) Une fois les écoutilles ouvertes, on s'est trouvé au niveau des ponts inférieurs dans une sorte de purgatoire pour magasiniers, où des silhouettes indistinctes fouillaient au hasard dans la pénombre (…) C'est que, pour pouvoir partir plus vite, on avait entreposé tout le matériel dans les cales en couches successives, au fur et à mesure de son arrivée. À présent, les réserves d'aliments et des munitions se trouvaient mélangées avec le matériel des unités et les skis pour les Norvégiens, les bicyclettes et les outils de sapeurs gisaient au milieu des médicaments, tandis que l'équipement de transmissions à longue distance pouvait se trouver réparti entre deux cales. Il était exclu que l'on puisse trier tout cela dans le noir et le charger à temps dans les navires prévus à cet effet, si bien que l'on a fini par prélever les couches supérieures de chaque cale pour les charger dans le premier bateau de guerre qui accostait[41]. »

C'est seulement en mer que l'on a pu évaluer l'étendue des dégâts : faute de place dans les navires, un demi-bataillon est resté à quai, de même que le matériel de transmissions, les appareils de visée pour les canons antiaériens, les obus de mortier, et… la plus grande partie des moyens de transport : la brigade va débarquer à Aandalsnes avec un seul camion et trois motocyclettes[42] ! Les officiers ont également dû se rendre à l'évidence : ils ont des jeux complets de cartes pour la région de Namsos, mais absolument rien sur Aandalsnes[43]. Parmi ces officiers, d'ailleurs, deux seulement en dehors du général Morgan ont déjà vu la guerre de près[44], et sur leurs 1 000 hommes, beaucoup ont pour tout entraînement… trente heures de cours du soir[45].

Pourtant, les ordres remis quelques heures avant son départ à la 148e brigade territoriale, rebaptisée « Sickle Force », ne manquent pas d'ambition : « Ayant débarqué dans le secteur d'Aandalsnes, vous vous emparerez de Dombås, puis vous vous dirigerez vers le nord et prendrez l'offensive contre les Allemands dans le secteur de Trondheim[46]. »

Pour faire bonne mesure, le général Morgan reçoit au cours du voyage deux nouveaux ordres du chef de l'état-major général impérial : « Une fois à Dombås, vous empêcherez les Allemands d'utiliser le chemin de fer pour renforcer Trondheim. » Et surtout : « Vous prendrez contact avec le quartier général norvégien, qui se trouve probablement dans la région de Lillehammer, et vous ferez en sorte que les troupes norvégiennes qui opèrent en direction d'Oslo ne soient pas isolées[47]. »

De toute évidence, ce dernier ordre n'est pas très clair. Comment le général Morgan pourra-t-il « faire en sorte que les troupes norvégiennes (…) ne soient pas isolées », alors que celles-ci combattent au sud de Lillehammer, tandis que lui a ordre de se diriger vers Trondheim, c'est-à-dire 350 kilomètres plus au nord ? D'ailleurs, que pourra-t-il bien faire d'utile à Trondheim avec 1 000 hommes dépourvus d'entraînement, très mal armés et sans moyens de transport, dont une partie doit de surcroît rester en arrière pour occuper Dombås ? Évidemment, le War Office a promis des renforts, mais nul ne peut savoir quand ils arriveront, et en attendant, la « Sickle Force », son port de débarquement et ses lignes d'approvisionnement seront constamment à la merci de l'aviation allemande... Enfin, en dehors du dernier ordre assez mystérieux qui vient d'être reçu, il n'est absolument pas précisé dans quelle mesure la brigade doit coopérer avec les Norvégiens, que la plupart des officiers généraux britanniques, ayant trop lu les journaux, considèrent du reste comme des défaitistes, des incapables... ou des Quisling.

C'est donc un général de brigade extrêmement perplexe qui accueille le lieutenant-colonel King-Salter à Dombås le 19 avril. Mais l'attaché militaire, lui, est catégorique : obéir aux ordres et marcher sur Trondheim avec les forces dont dispose le général Morgan serait un suicide pur et simple ; d'ailleurs, il ne tarderait pas à avoir sur ses arrières les troupes allemandes qui remontent d'Oslo. Mieux vaudrait accéder à la demande du général Ruge et se porter au secours des troupes norvégiennes qui s'efforcent de contenir les Allemands au sud de Lillehammer[48]. En fin de compte, le général Morgan accepte de se rendre à Øyer pour rencontrer le général Ruge. C'est la première rencontre sur le terrain entre deux nouveaux alliés qui s'apprêtent à mener dans le même pays et contre le même ennemi deux campagnes militaires entièrement distinctes :

> « Après minuit, au matin du 20 avril, raconte le lieutenant-colonel Dudley Clarke, qui accompagne Morgan, nous nous sommes trouvés en face du général Ruge, et tous les doutes que nous avions pu entretenir quant à la détermination des Norvégiens de poursuivre la lutte se sont définitivement évanouis, nous laissant quelque peu honteux de les avoir jamais exprimés. Droit et sec, avec des yeux bleus perçants, c'était un homme bienveillant et sympathique, avec dans l'allure quelque chose d'un grand veneur. Il parlait bien l'anglais lorsqu'il prenait son temps (...) Il ne nous a pas caché qu'il avait tout misé sur l'aide britannique (...) Il a demandé au général Morgan ce qu'étaient ses instructions, en ajoutant avec une pointe d'ironie que pour une raison ou pour une autre, on n'avait pas jugé bon de l'informer des

effectifs des troupes britanniques ou de leur plan de campagne. Il semblait quelque peu froissé du caractère apparemment indépendant de l'action que nous avions entreprise dans son pays (…) Lorsque nous avons dû lui révéler les dimensions pitoyables qu'allait revêtir notre aide, au moins dans l'avenir immédiat, sa déception a fait peine à voir. »

Le général Morgan lui ayant exposé le plan d'attaque contre Trondheim, le commandant en chef norvégien répond, « avec tact », qu'« il s'attend à ce que toutes les troupes dans le pays, quelle qu'en soit la nature, se conforment à sa stratégie ». Et cette stratégie, pour le général Ruge, consiste à « concentrer tous les hommes disponibles sur le front décisif au sud de Lillehammer (…) jusqu'à ce que les renforts britanniques viennent mettre fin à l'infériorité numérique de ses effectifs. Alors, il pourra contre-attaquer en direction du sud. Trondheim peut attendre (…) jusqu'à l'attaque principale des Britanniques (par mer) ». Sur ce, le général Morgan répond qu'« il a été envoyé pour aider les Norvégiens », et que par conséquent « il donnera au général Ruge toute l'aide dont il aura besoin, et là où il en aura le plus besoin ». Clarke note que Ruge « a réagi avec une chaleur profondément émouvante ». « Dès lors, conclut le colonel Clarke, nous avons su que nous nous étions fait un fidèle ami[49]. »

C'est donc décidé : le général Morgan, passant outre aux ordres du War Office, va diriger ses trois demi-bataillons vers Lillehammer. À 2 h 50, au matin du 20 avril, le général Ruge se rend à la gare pour accueillir les troupes britanniques. D'après son adjoint, le lieutenant-colonel Roscher-Nielsen, « sa déception à la vue des troupes britanniques qui défilaient devant lui se lisait clairement sur son visage… Ce n'étaient pas là des troupes régulières, (…) et nous constations avec effroi qu'ils n'avaient pour toutes armes que des fusils et des mitrailleuses légères (…) pas de D.C.A., pas d'armes antichar, pas d'artillerie, aucun moyen de transport[50]. »

C'est en effet une force bien fragile qui est ainsi engagée pour la première fois en compagnie des troupes norvégiennes ; à l'entrée d'une vallée profondément encaissée, au milieu d'épaisses couches de neige, sans une seule carte de la région, sans possibilité de se déplacer, sans moyens de transmissions, avec l'entraînement et l'armement que l'on connaît et des lignes d'approvisionnement étirées à l'extrême*, les hommes des bataillons de « Foresters » et de « Leicesters » attendent l'assaut de l'ennemi au sud de Lillehammer. Pis encore, ils ne l'attendent pas ensemble : pour soutenir le moral de ses propres troupes, le général Ruge a fait disperser les bataillons britanniques tout le long du dispositif de défense norvégien, de part et d'autre du lac Mjøsa ; il y a ainsi un demi-bataillon de « Foresters » à Biri sous les ordres du colonel norvégien Dahl, un demi-bataillon de « Leicesters » avec le 2e dragon norvégien à Åsmarka, enfin un autre demi-bataillon de « Foresters » à Lunderhøgda, avec le bataillon norvégien Torkildsen[51].

Pour ces hommes, les trois jours qui suivent vont être désastreux. Le 21 avril, trois bataillons allemands, soutenus par des mortiers lourds, des chars et des bombardiers en piqué, passent à l'offensive sur la rive est du lac Mjøsa, et les deux demi-bataillons britanniques qui couvrent la retraite norvégienne à Åsmarka et Lunderhøgda subissent des pertes sévères. Le lendemain, après une retraite difficile à pied et en camions découverts dans la neige et le froid, ils se regroupent autour du Balbergkamp, au nord de Lillehammer. Mais l'offensive allemande se poursuit, et ce même jour, ils échappent de peu à l'encerclement par des skieurs bavarois qui ont tourné leurs positions ; une centaine d'hommes sont capturés, et une grande partie des mitrailleuses légères et armes antitanks perdues. Le 23 avril, les rescapés de ces deux demi-bataillons, rejoints par les « Foresters » évacués de la rive Ouest du lac Mjøsa et soute-

---

* 240 kilomètres les séparent d'Aandalsnes…

nues par trois compagnies de dragons norvégiens, vont encore faire front devant le village de Tretten, à quelque 30 kilomètres au nord de Lillehammer. La position a une valeur stratégique indéniable, puisqu'elle commande l'accès au Gudbrandsdal, où les troupes du général Ruge tentent de se regrouper. Mais les hommes de la 148e brigade sont épuisés, ils manquent de munitions*, et ils s'aperçoivent que leurs armes antitanks ne percent pas les blindages des Panzer qui remontent la vallée ; ce jour-là, les défenseurs de Tretten seront taillés en pièces, capturés ou mis en fuite. Au soir du 23 avril, les débris de la 148e brigade, 9 officiers et 300 soldats, sont évacués en autobus vers Kvam et le Heidal[52] ; quelques dizaines d'autres parviendront au cours des jours suivants à rallier la côte ou la frontière suédoise, après des marches épuisantes dans la montagne.

À Londres, pendant ce temps, on compte toujours sur la brigade du général Morgan pour participer à un vaste mouvement en tenaille destiné à investir Trondheim, 280 kilomètres plus au nord…

Depuis le jour où ils ont été bombardés par l'aviation allemande à Nybergsund, le roi et le gouvernement norvégiens ont effectué un long et dangereux périple à travers les vallées et les cols enneigés du sud et du centre de leur pays ; la nécessité de se déplacer constamment pour échapper aux Allemands, le secret qui préside à ces déplacements et la pauvreté des moyens de communication dans les régions traversées les ont presque entièrement coupés du monde extérieur. Le 12 avril, pourtant, ils sont passés à Drevsjø, près de la frontière suédoise, et M. Koht a téléphoné à son homologue suédois Günther pour obtenir l'assurance que le roi et les ministres, s'ils venaient se reposer une nuit à l'abri des bombes en Suède, pourraient ensuite regagner la Norvège

* Le cargo *Cedarbank*, qui transportait leurs munitions de réserve et leur artillerie antiaérienne, a été torpillé trois jours plus tôt au large d'Aalesund.

sans encombre. La réponse que transmettra une heure plus tard M. Günther au nom de son gouvernement va entraîner une dégradation brutale des relations suédo-norvégiennes pour les quatre années à venir… et même quelque temps après*.

Le convoi s'arrête tout de même une demi-heure de l'autre côté de la frontière pour échapper à une escadrille de bombardiers allemands. Pendant une courte halte, on rencontre quelques journalistes, qui constatent que le roi paraît fatigué, mais qu'il n'a aucunement perdu son sens de l'humour, et qu'une flamme intense semble l'animer ; en vérité, il arrive parfois que devant une volonté farouche, l'âge, la fatigue et le malheur restent confondus et retiennent leur souffle… Le 13 avril, le convoi passe à Koppang, Rendal, Tynset et Hjerkinn** ; avançant lentement le long des routes étroites et verglacées qui surplombent des précipices vertigineux, le roi et les ministres parviennent le 14 à Otta, puis à Dovre, dans le Gudbrandsdal ; le 15, ils retournent à Otta, après avoir failli tomber entre les mains des parachutistes allemands largués sur Dombås. Le 17, enfin, ils arrivent à Vågå, au sud du Romsdal, d'où ils gagneront la vallée elle-même trois jours plus tard, et enfin Molde le 23 avril.

L'Østerdal, le Gudbrandsdal et le Romsdal sont un vaste champ de bataille, et le roi, sa suite et son gouvernement se déplacent, se reposent et se réunissent sous un véritable déluge de bombes. Toutes les sources s'accordent pour dire que le roi Haakon et le prince Olav montrent un mépris souverain du danger[53], imités d'ailleurs en cela par le ministre des Affaires étrangères Koht, qui chemine paisiblement au milieu des pires bombardements, et au sujet duquel un témoin écrira que, pour sa part, « il n'a jamais pu

* Le ministre des Affaires étrangères Günther a en effet répondu au nom du gouvernement suédois qu'il « ne pouvait rien promettre » (T. Lie, *Leve eller dø, op. cit.*, p. 155). Plus généralement, les autorités suédoises, redoutant des complications avec l'Allemagne, feront preuve pendant toute la campagne d'un manque de compréhension singulier envers le gouvernement norvégien.

** Voir carte, p. 160.

se défaire du soupçon qu'à la base de ce courage-là, il y avait la ferme conviction d'être invulnérable en vertu du droit international[54] ». Tous les ministres ne sont pas aussi flegmatiques, il s'en faut même de beaucoup, mais il faudrait un courage singulier pour avouer sa peur lorsqu'on est entouré de personnages d'une telle envergure ; les Conseils de gouvernement se déroulent donc comme à l'ordinaire, dans les lieux les plus inattendus, à la lueur des incendies et sous le fracas des explosions. On a retrouvé les diplomates étrangers, particulièrement le comte de Dampierre et Sir Cecil Dormer, et surtout, on a pu reprendre contact avec le général Ruge dès l'arrivée dans le Gudbrandsdal. Bien entendu, les membres du gouvernement se gardent bien d'intervenir dans la planification stratégique, étant aussi conscients des qualités du commandant en chef que de leurs propres lacunes dans le domaine militaire. Mais le travail ne manque pas pour autant : réorganisation de l'administration dans les régions non occupées, élargissement du gouvernement, prise de position au sujet des derniers événements qui se déroulent à Oslo, contrôle de la production et de l'approvisionnement, collecte de l'impôt, moratoire sur le paiement des dettes, décrets sur la procédure criminelle en temps de guerre, la protection civile, les tribunaux militaires, la conscription, l'expropriation, les dommages de guerre, etc.[55]. Il faut également s'occuper de faire parvenir en lieu sûr toute la réserve d'or de la banque de Norvège qui, après un long voyage à travers le sud de la Norvège, a été entassée dans un tunnel au-dessus d'Aandalsnes. Enfin, on décrète la réquisition de l'ensemble de la flotte de commerce norvégienne, que l'on va mettre à la disposition de l'effort de guerre allié dès le 18 avril[*].

---

* Le ministre Trygve Lie décrira admirablement l'épisode de sa visite à Aandalsnes ce jour-là, lorsque lui-même et trois de ses collègues viendront peu avant minuit « proposer » au capitaine Vian 35 tonnes d'or et mille navires… (T. Lie, *Leve eller dø, op. cit.*, pp. 179-180.)

À partir du 19 avril, le roi et ses ministres, réfugiés dans quelques maisons dispersées au milieu du Romsdal, vont suivre attentivement le débarquement et les premières opérations de la 148e brigade du général Morgan. En même temps, Sir Cecil Dormer leur a annoncé l'imminence de la prise de Narvik et de la grande opération navalc contre Trondheim. Mais les dirigeants norvégiens, si peu militaires qu'ils soient, ont tout de même remarqué qu'il semble régner un certain désordre au sein des instances de décision stratégique alliées…

Chapitre VIII

DÉSORDRE

Depuis la mi-avril, on s'en souvient, il y a à Londres six plans d'opérations en Norvège, qui se complètent, s'enchevêtrent ou se contrarient : « Primrose », le plan de diversion par Aalesund, puis Aandalsnes, qui devient davantage qu'une diversion lorsqu'il est complété le 16 avril – un peu à l'improviste – par « Sickle », l'offensive du général Morgan et de sa 148e brigade en direction de Dombås, puis (en principe) de Trondheim ; « Henry », le débarquement de reconnaissance à Namsos, destiné à être complété deux jours plus tard par « Maurice », qui investira Trondheim par le nord ; il y a également « Boots », l'attaque navale directe contre Trondheim, qui va prendre une ampleur croissante à partir du 15 avril sous le nouveau nom de « Hammer » ; enfin, bien sûr, il y a « Rupert », l'opération visant à reconquérir Narvik…

Le 14 avril, la prise de Narvik paraît imminente, vue de Londres tout au moins. Mais sur place, les choses ne se déroulent absolument pas comme prévu. Arrivé à l'entrée du Vestfjord ce matin-là dans le croiseur *Aurora*, l'amiral de la Flotte Lord Cork a envoyé au général Mackesy, à bord du *Southampton*, le signal suivant :

> « Étant donné le succès de l'opération navale à Narvik hier, 13 avril, et le fait que l'ennemi semble dûment effrayé, je

propose que nous profitions au maximum de cette situation avant qu'il ne se ressaisisse. Si vous en êtes d'accord (...) je serais tout disposé à faire débarquer à Narvik demain matin à l'aube l'unité qui se trouve actuellement à bord du *Southampton* (...). Les croiseurs et les destroyers seraient en mesure d'appuyer le débarquement avec leurs canons, et je pourrais si vous le désirez fournir un renfort de 200 marins et fusiliers marins[1]. »

Conformément à la tradition de Nelson et aux souhaits de l'Amirauté, Lord Cork veut donc passer à l'action hardiment et sans retard. Malheureusement, le général Mackesy ne recevra ce signal que dans l'après-midi du 14 avril*, alors qu'il est en train de débarquer ses 350 Scots Guards à Sjøvegan, au fond du Sagfjord**, c'est-à-dire à quelque 140 milles plus au nord-est. Du reste, ce n'est pas uniquement la distance et la difficulté de communication qui séparent le général et l'amiral de la Flotte, c'est également une certaine différence de caractère... et une incompatibilité totale entre les instructions. Par tempérament et par formation, le général Mackesy, issu du corps des sapeurs, n'est pas porté à des actions d'éclat, que ses instructions ne prévoient d'ailleurs pas. Conformément à celles-ci, le général a donc établi son quartier général à Harstad, sur l'île de Hinnøy ; ensuite, il a fait débarquer son unité avancée sur le continent, en un point certes éloigné de Narvik – 60 kilomètres par une route de montagne – mais hors de portée des défenses allemandes, et à proximité des positions (présumées) de l'armée norvégienne entre Bardufoss et Fossbakken***. C'est pourquoi, même après réception du signal de Lord Cork, le général Mackesy décide de poursuivre ses opérations de débarquement. L'amiral va donc devoir renoncer à son projet d'attaque, d'autant qu'il reçoit peu avant minuit un message de l'Ami-

* Les conditions météorologiques, ainsi que les anomalies magnétiques qui prévalent sous ces latitudes, paraissent avoir été à l'origine de ce retard.

** Voir carte, p. 179.

*** Voir carte, p. 179.

rauté lui ordonnant de « n'agir qu'en concertation avec le général[2] ».

Cette concertation n'aura lieu que le lendemain, lorsque le croiseur *Aurora* arrivera dans l'Andfjord, au nord de Harstad : « Je rencontrai le général pour la première fois le 15 avril, écrit Lord Cork, lorsqu'il vint à bord de l'*Aurora*, (...) et je fus stupéfié de l'entendre dire que non seulement ses troupes avaient été embarquées en prévision d'un débarquement sans opposition – et étaient donc hors d'état de passer à l'action immédiatement – mais encore que les ordres qui lui avaient été communiqués à son départ excluaient totalement l'idée d'un débarquement de vive force. (...) C'est ainsi que le général et moi-même avions quitté le Royaume-Uni avec des conceptions diamétralement opposées quant aux mesures exigées par la situation[3]. »

Malgré tout, les deux commandants de l'expédition se sont rencontrés, et ils savent désormais qu'ils sont en désaccord : c'est déjà un progrès. D'ailleurs, l'enthousiasme de Lord Cork pour une offensive immédiate peut paraître quelque peu déplacé, si l'on considère les conditions dans lesquelles va s'opérer le débarquement au cours des jours qui suivent. Le choix d'une île comme base de départ pour des opérations sur le continent n'était déjà pas très heureux à l'origine, mais à cela s'ajoute que Harstad, petite ville de 4 000 habitants, n'est en rien comparable à Southampton : deux petits quais, pas d'appareils de levage et pas de mouillages pour les gros navires, qui vont devoir ancrer en trois endroits différents du Vaagsfjord, dont l'un se trouve à 15 milles de Harstad... Les déchargements devront donc se faire grâce à 120 bateaux de pêche réquisitionnés sur place, les « puffers », au milieu des tempêtes de neige et des bombardements allemands, qui deviennent quotidiens à partir du 16 avril. Dans ces conditions, on va pouvoir décharger les navires au rythme de... deux tous les cinq jours[4] ; or, il s'en présente vingt dès le 15 avril avec le gros de la 24e brigade, et les jours suivants, d'autres convois amènent un bataillon entier de techniciens des chemins de fer[5], tout le personnel de la 203e batterie de campagne (sans un seul canon)[6], 1 000 administrateurs, fonctionnaires et intendants avec une quantité considérable de matériel de bureau[7], et la plus grande partie de l'équipement de la 146e brigade, détournée sur Namsos deux jours plus tôt. Tout cela est déchargé en vrac sur les docks extrêmement exigus de Harstad, et il en résulte presque immédiatement un engorgement spectaculaire[8*]… qui n'empêche pourtant pas le général Mackesy de constater dès le 16 avril que sa brigade n'a qu'une infime quantité d'obus de mortier, très peu de grenades, pas de munitions de réserve, pas d'artillerie ni de D.C.A., pas de skis ni de raquettes, pas de camions, pas de tanks, pas de péniches de débarquement[9]… et aucune nouvelle des deux brigades qui lui ont été promises en renfort. Au milieu de tout cela, on apprend que les Allemands retranchés à Narvik – dont on ignore toujours le nombre – ont considérablement renforcé leur dispositif[10]. Toutes instructions mises à part, on comprendra sans doute mieux dès lors pourquoi le général Mackesy refuse de lancer un assaut immédiat contre Narvik…

Le 16 avril, après vingt-quatre heures de discussions (rendues très difficiles par le fait que le quartier général de Mackesy se trouve à Harstad, et celui de Lord Cork à bord d'un croiseur se déplaçant constamment le long du Vaagsfjord pour éviter les bombardements), les deux commandants de l'expédition s'accordent enfin pour envoyer un télégramme commun à l'Amirauté et au War Office. Est-ce l'influence des dernières quarante-huit heures que Lord Cork a passées devant Harstad, à observer un laborieux déchargement effectué par des moyens de fortune, sous le blizzard, la neige et les bombes ? Toujours est-il que le télégramme

---

* « Et dominant tout cela, précise l'auteur anonyme de la leçon sur Narvik au Staff College, partout et toujours, il y avait l'odeur de la morue pourrie » (*Staff lecture Narvik*, op. cit., p. 5).

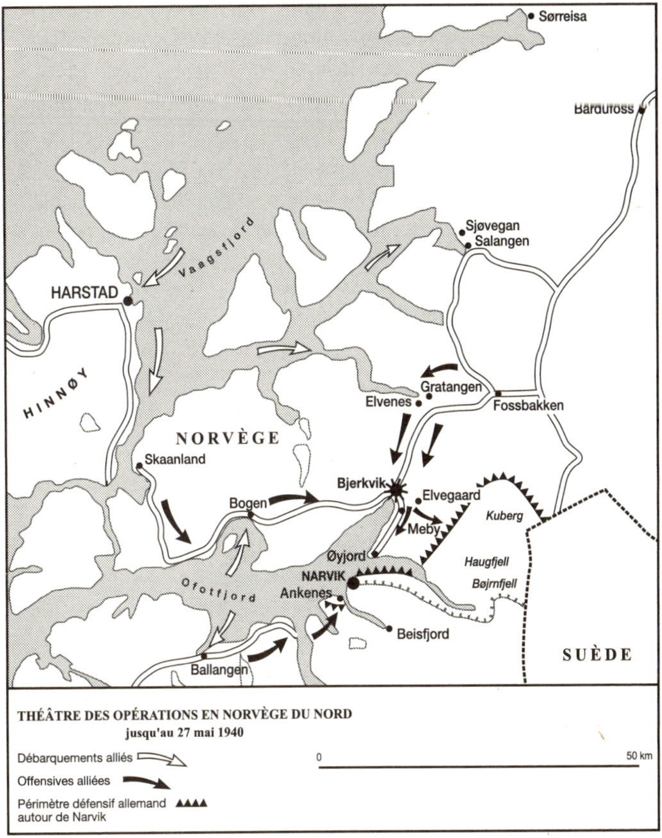

commun semble surtout refléter les vues du général Mackesy : « La possibilité d'un assaut direct (contre Narvik) est exclue (…) avant la fonte des neiges. » Après l'arrivée des chasseurs alpins, on pourra tout au plus envisager de lancer une offensive plus au nord, à Gratangen[11].

Au Cabinet de guerre, où l'on voyait déjà Narvik tomber comme un fruit mûr, le télégramme va causer une consternation certaine. Le plus déçu est sans doute le Premier Lord de l'Amirauté, qui propose au Comité d'envoyer la réponse suivante à Lord Cork et au général Mackesy :

« Vos propositions nous condamnent à un immobilisme préjudiciable à Narvik, et auront pour effet de neutraliser l'une de nos meilleures brigades. Nous ne pouvons pas vous envoyer les chasseurs alpins. Quant au *Warspite*, il devra être employé ailleurs d'ici deux ou trois jours. Vous devez donc envisager très sérieusement la possibilité de lancer un assaut direct contre Narvik, sous la protection des canons du *Warspite* et des destroyers, qui pourraient également opérer à partir du Römbaks Fjord. La capture du port et de la ville représenterait un succès de taille. Veuillez nous communiquer les raisons pour lesquelles celle-ci n'est pas possible, ainsi que votre estimation du degré de résistance auquel on peut s'attendre sur les berges. L'affaire est des plus urgentes[12]. »

Ce télégramme énergique, mais ne tenant aucun compte des difficultés locales, relance évidemment la polémique entre l'amiral Cork et le général Mackesy, et chacun envoie séparément ses conclusions à ses supérieurs directs. Ainsi, Mackesy va répondre au War Office :

« Tous les plans que j'ai conçus, et qui sont en cours d'exécution, tenaient évidemment compte de la participation de ces troupes*. Sans elles, mes effectifs sont inférieurs à ceux de l'ennemi, et je n'ai pas de troupes capables de combattre dans la neige et la montagne. Les troupes norvégiennes sont totalement dépourvues d'entraînement, et je n'ai pas, je le crains, une grande confiance en elles**[13]. »

---

* Il s'agit des chasseurs alpins, et sans doute aussi d'une autre brigade en remplacement de la 146e, détournée sur Namsos.

** Ce dernier commentaire est fort peu indulgent, surtout venant d'un général dont les troupes sont absolument hors d'état de se déplacer dans la neige ; il est également parfaitement injuste : les unités en question appartiennent à la 6e division norvégienne, et sont fort bien entraînées, ainsi qu'elles le prouveront peu après.

L'amiral Cork, lui, préfère considérer les choses d'un point de vue purement naval. Il fait donc savoir de son côté à l'Amirauté qu'à son avis, « sous la protection de l'écrasante puissance de feu d'un cuirassé, de deux croiseurs et de huit destroyers, les troupes pourraient débarquer en ne subissant que des pertes légères (...) Les défenses ennemies sont maintenant plus solides qu'auparavant, mais j'estime qu'une telle attaque réussirait[14]. »

Au matin du 18 avril, Lord Cork reçoit de Churchill un télégramme personnel sans ambiguïté : « Si vous considérez que les mesures prises ne sont pas à la hauteur de la situation, votre devoir est d'en faire rapport, à moi personnellement ou à l'Amirauté[15]. » À quoi Lord Cork répond assez logiquement : « On ne peut dire que les mesures prises soient inadéquates, dans la mesure où elles sont en stricte conformité avec les ordres du War Office[16]. »

Cet après-midi-là, à Harstad, une nouvelle conférence est organisée entre les deux commandants pour essayer de sortir de l'impasse. Les difficultés du débarquement paraissent évidentes, et le général Mackesy ne mâche pas ses mots : « Il est inconcevable militairement parlant qu'une force inférieure en nombre, dont les mouvements sont pratiquement paralysés par la neige, se lance à l'attaque d'un ennemi ayant tous les avantages de la défensive. Si l'on y ajoute les difficultés d'un débarquement à partir d'embarcations découvertes sur des plages extrêmement étroites, l'opération devient une boucherie pure et simple[*17]. » En fin de compte, les deux commandants adoptent avec quelque réticence une stratégie commune, qu'ils exposent le soir même à l'Amirauté : après un bombardement massif de Narvik par un cuirassé, deux croiseurs et huit destroyers, on fera débarquer des détachements de reconnaissance pour tâter le terrain. S'il s'avère que la défense allemande a été désorganisée, on fera débarquer deux bataillons, amenés sur

* *« Sheer bloody murder. »*

place par des bateaux de pêche. Dans le cas contraire, on déclenchera de nouveau le bombardement, avant d'envoyer de nouvelles unités de reconnaissance. Le jour J est fixé au 22 avril[18].

Ainsi, il y a maintenant une stratégie commune. Au cours des deux jours qui suivent, le général Mackesy part effectuer une reconnaissance des plages de débarquement ; il reviendra à Harstad le 20 avril, pour apprendre que le Cabinet de guerre, à l'instigation de Churchill bien entendu, a transféré à Lord Cork le commandement de l'ensemble des forces dans le secteur de Narvik[19]. Seulement, Lord Cork s'est également livré de son côté à une petite reconnaissance des plages autour de Narvik ; il a même débarqué sur l'une d'entre elles en compagnie d'une section de Royal Marines. Ceux-ci, mesurant près de deux mètres, ont enfoncé dans la neige jusqu'au genou, mais Lord Cork, qui est de petite taille, s'est enfoncé jusqu'à la ceinture… et est resté coincé. De fort méchante humeur, il a dû être dégagé par ses hommes, et a perdu son monocle dans l'opération[20]… Il regagnera finalement le navire amiral avec un tout autre respect pour les difficultés du terrain, qui se reflétera dans un télégramme envoyé le soir même à l'Amirauté : « J'ai personnellement testé (la neige) (…) et je me suis aperçu qu'on y enfonçait aisément jusqu'à la taille. Dans de telles conditions, toute progression était épuisante[21]. »… Ce qui prouve au moins la valeur de l'expérience personnelle. Bien sûr, l'amiral, qui est maintenant commandant en chef, ne va pas annuler l'opération pour autant ; mais il y apportera le lendemain une modification substantielle : après le bombardement naval, on débarquera uniquement si les défenseurs de Narvik hissent le drapeau blanc[22]. Il n'est donc plus question de donner l'assaut.

En fin de compte, l'opération sera déclenchée le 24 avril, jour anniversaire du débarquement de Gallipoli un quart de siècle plus tôt. La ressemblance s'arrête d'ailleurs là, car après un bombardement de trois heures des défenses de

Narvik, au milieu d'une formidable tempête de neige, il sera totalement impossible d'évaluer les dégâts occasionnés, la visibilité étant pratiquement nulle et, comme le rapportera Lord Cork, « rien n'indiquant chez l'ennemi une quelconque intention de se rendre[23]. » Le noble Lord n'explique d'ailleurs pas comment on aurait pu reconnaître un drapeau blanc au milieu des bourrasques de neige... mais quoi qu'il en soit, l'opération est abandonnée. N'en déplaise à Winston Churchill, il va donc falloir en revenir à la stratégie beaucoup plus méthodique du général Mackesy, et collaborer cette fois un peu plus étroitement avec les Norvégiens de la 6e division qui opèrent dans le secteur ; quoi qu'en ait dit le général Mackesy, ils sont bien entraînés, ils connaissent parfaitement la région, et puis... ils peuvent se déplacer en terrain neigeux.

La nouvelle de l'échec du 24 avril est accueillie à Londres avec un dépit certain. Mais le fait que le Comité de coordination ait refusé d'envoyer à Narvik les renforts prévus semble indiquer que l'attention des stratèges britanniques s'est déjà portée ailleurs. De fait, dès le 17 avril, Churchill a écrit à l'amiral Forbes, commandant en chef de la Home Fleet qui croise au large des côtes norvégiennes : « Quoi qu'il arrive à Narvik, l'essentiel est maintenant l'assaut et la capture de Trondheim[24]. »

« MAURICE »

On se souvient que, conformément aux plans établis le 14 avril par le Comité de coordination militaire, l'attaque navale directe contre Trondheim (nom de code : « Boots ») devait être précédée d'un débarquement à Namsos par une force substantielle (« Maurice »), chargée d'attaquer simultanément Trondheim par le Nord. Telles sont en effet les instructions que reçoit le soir même le général Carton de Wiart, illustre combattant de la Première Guerre mondiale et grand mutilé de guerre, qui vient d'être nommé commandant de cette expédition.

Le général s'est vu promettre une force très substantielle : la 146e brigade arrivera à Namsos le 15 avril, la 148e le 17, deux bataillons de chasseurs alpins français le 18, et la 147e brigade avec de l'artillerie le 20 ou le 21[25]. Il est vrai que la 146e brigade territoriale, détournée en mer ce même 14 avril, a déjà subi bien des avatars ; il est vrai aussi que deux jours plus tard, la 148e brigade est détournée sur Aandalsnes ; quant à la 147e brigade, elle n'arrivera pas non plus à Namsos ; mais tout cela, le général Carton de Wiart ne peut encore le savoir au moment où il se dirige en hydravion vers la côte norvégienne. Par contre, il a remarqué que si sa mission consistait bien à attaquer Trondheim en conjonction avec la grande opération navalc (« Boots »), personne n'a pu lui préciser à quel moment cette dernière opération serait lancée[26]...

À Namsos, où les 300 Marines de l'opération « Henry » ont établi une tête de pont dès le 14 avril, le général Carton de Wiart et les hommes de la 146e brigade débarquent avec quelque difficulté entre le 15 et le 17 avril. Malheureusement, les conditions quelque peu hasardeuses de cc débarquement* provoquent une nouvelle perte de matériel – qui sera ramené par erreur en Grande-Bretagne – et les soldats du général Carton de Wiart, déjà fort peu entraînés, se retrouvent avec des provisions pour deux jours au lieu de deux semaines, une sérieuse pénurie de munitions et une absence totale de D.C.A., d'artillerie, de moyens de transport, de skis, de raquettes de neige, et bien entendu de couverture aérienne. Du reste, même le matériel qui leur reste pose certains problèmes : « Les soldats britanniques, écrit le général Carton de Wiart, avaient été équipés de manteaux doublés de fourrure, de bottes et de socquettes spéciales pour

---

* L'hydravion du général Carton de Wiart est bombardé dès son arrivée, et son aide de camp est grièvement blessé. Quant aux hommes de la 146e brigade, ils sont amenés à Lillesjona, à 100 milles plus au nord, et transférés ensuite dans des destroyers pour éviter les bombardements. Malheureusement, le transfert lui-même s'effectue dans un certain désordre... et sous un furieux bombardement.

affronter le froid, mais lorsqu'ils portaient tout cela, il leur était impossible de se mouvoir, et ils ressemblaient à des ours paralysés[27]. » Comme port d'approvisionnement et comme base d'opérations, la ville de Namsos présente en outre des inconvénients certains : un seul quai en pierre, possibilités de mouillage réduites à l'extrême, aucun appareil de levage, très grande vulnérabilité aux bombardements, pénurie d'eau potable, un mètre de neige dans les rues…

En dépit de ces prémices peu encourageantes, le général Carton de Wiart décide de diriger sans retard ses forces vers le sud. Sa tâche va être grandement facilitée par la coopération qui s'instaure d'emblée avec les autorités militaires norvégiennes. Il y a en effet au nord de Steinkjer deux bataillons appartenant à la 5e brigade de la 5e division norvégienne ; les hommes de ces deux bataillons manquent autant d'entraînement que de munitions[28], leur division, qui n'a pas eu le temps de mobiliser, n'existe plus guère que sur le papier, son commandant, le général Laurantzon, est « complètement dépassé par les événements[29] » et s'apprête à passer la main, enfin l'unité est coupée de tout contact avec le commandant en chef des armées à Øyer. Pourtant, il y a là un homme énergique qui va assumer la responsabilité de la résistance – et de la coopération avec les Alliés : c'est le colonel Getz, commandant de la 5e brigade.

Si insuffisants que soient ses propres moyens, le colonel Getz va apporter aux troupes britanniques une aide très appréciable : approvisionnement, appui tactique par ses détachements de skieurs, et surtout fourniture de camions, qui vont permettre aux troupes britanniques de se déployer rapidement en direction de Steinkjer, et même de Verdal, qu'elles atteignent le 18 avril. Dès le lendemain, le général Carton de Wiart va recevoir un autre renfort substantiel : trois bataillons de la 5e demi-brigade de chasseurs alpins français, détournés en mer deux jours plus tôt*, débarquent à

* Ils devaient à l'origine se rendre à Narvik.

Namsos dans la nuit du 19 au 20 avril. Du coup, le général Carton de Wiart voit doubler ses effectifs, et les forces françaises, entraînées aux combats dans la neige, vont lui fournir un surcroît de mobilité et d'efficacité très appréciables... en théorie tout au moins ; car malheureusement, l'embarquement et le débarquement de ces chasseurs alpins se sont effectués dans de fort mauvaises conditions : une partie du matériel a été perdue, et l'autre partie, qui comprend les skis de la brigade, les mules, les voiturettes, le matériel de transmissions et l'artillerie antiaérienne, n'est pas encore arrivée[30]. Lorsqu'elle arrivera enfin à bord du paquebot *Ville d'Alger*, on ne pourra rien décharger, sauf deux caisses de vivres et les skis – auxquels il manque les fixations, ce qui va les rendre absolument inutilisables[31]. Enfin, l'arrivée des chasseurs alpins va déclencher dès le lendemain un furieux bombardement allemand sur Namsos, qui va réduire la ville en cendres, détruire la plus grande partie des vivres et des munitions françaises entassés pêle-mêle sur les quais[32], et décimer l'état-major du commandant de l'expédition, le général Audet.

L'avance vers le sud devra donc se faire sans les Français. Mais dès le 18 avril, le commandant de la 146e brigade, le général Phillips, (qui a finalement réussi à s'extraire de Narvik), reçoit du colonel Getz une mise en garde pressante : si les troupes norvégiennes se sont retirées au nord de Steinkjer, c'est que la route Steinkjer-Verdal, qui longe le fjord de Trondheim, deviendra hautement vulnérable à une attaque par des unités navales allemandes dès que la glace aura fondu dans le fjord, ce qui est justement en train de se produire[33]. Si les Britanniques choisissent de ne pas tenir compte de cet avertissement, c'est, encore et toujours, parce qu'ils n'ont qu'une confiance très limitée dans les compétences et la fiabilité de leurs nouveaux alliés norvégiens*.

* L'absence de tout interprète lors de ces conférences anglo-norvégiennes n'a certainement pas non plus facilité les choses.

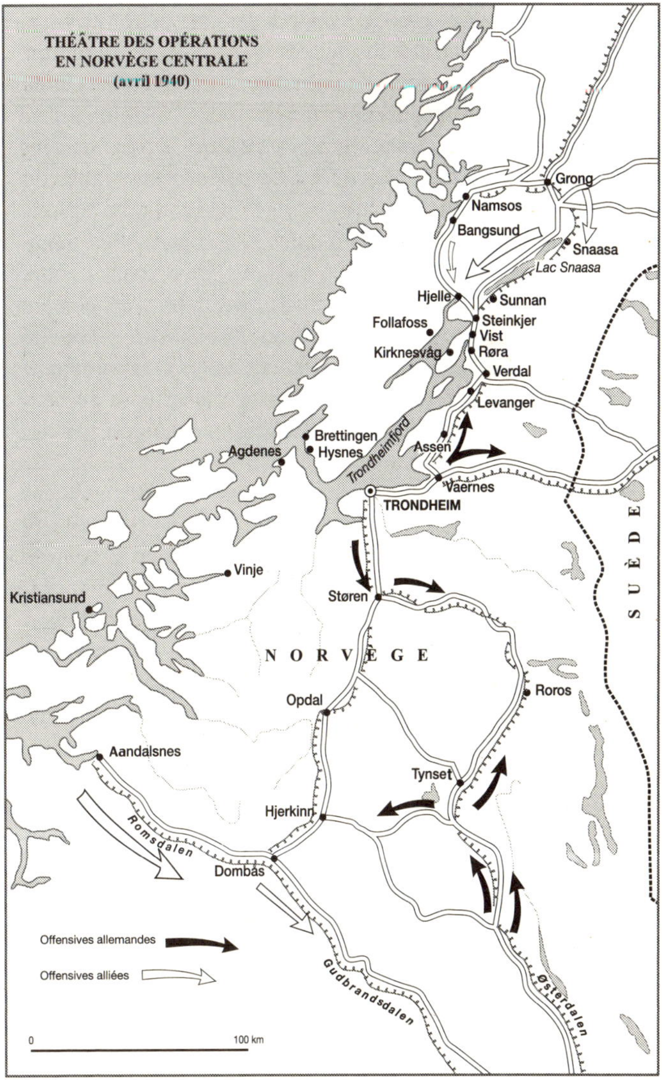
THÉÂTRE DES OPÉRATIONS
EN NORVÈGE CENTRALE
(avril 1940)
Grong
Namsos
Bangsund
Snaasa
Lac Snaasa
Hjelle
Sunnan
Follafoss
Steinkjer
Vist
Kirknesvåg
Røra
Verdal
Levanger
Brettingen
Hysnes
Agdenes
Trondheimfjord
Assen
Vaernes
TRONDHEIM
SUÈDE
Vinje
Kristiansund
Støren
NORVÈGE
Roros
Opdal
Aandalsnes
Tynset
Hjerkinn
Romsdalen
Dombås
Offensives allemandes
Offensives alliées
Gudbrandsdalen
Østerdalen
0
100 km

C'est aussi et surtout parce que ce même jour, le général Carton de Wiart a reçu de Londres des instructions faisant état de l'imminence du déclenchement de « Boots », maintenant rebaptisée « Hammer[34] ». Il s'agit, on s'en souvient, de la grande attaque navale contre Trondheim. Ainsi, le général Carton de Wiart n'a pas de temps à perdre s'il veut que ses troupes soient à pied d'œuvre pour déclencher simultanément l'attaque terrestre.

Au matin du 21 avril, alors que les deux bataillons avancés de la brigade britannique se trouvent dispersés entre Steinkjer, Vist, Røra et Stiklestad, les craintes du colonel Getz deviennent soudain réalité : un destroyer et un navire de transport allemands débarquent des troupes de montagne à Verdal et Kirknesvåg, prenant ainsi en tenaille le dispositif britannique. Extrêmement mobiles, soutenues par les canons du destroyer, l'aviation et l'artillerie légère, ces forces vont parvenir en trois jours à chasser les Britanniques de toutes leurs positions le long du fjord de Trondheim, depuis Verdal jusqu'à Steinkjer[35]. Comme pour la brigade Morgan 300 kilomètres plus au sud, le 23 avril est une journée noire pour les bataillons du général Carton de Wiart autour de Steinkjer. Finalement, assistés des détachements norvégiens – et de ceux des chasseurs alpins qui ont pu se procurer des skis norvégiens – ils parviennent tant bien que mal à reconstituer un front autour de Hjelle, hors de portée du fjord de Trondheim.

L'avance des forces alliées vers Trondheim a donc été enrayée, et si les pertes n'ont pas été trop importantes*, il est manifeste que la force « Maurice » est maintenant sur la défensive. Pour envisager une contre-attaque, il faudrait des renforts, une couverture aérienne… et bien sûr des informations sur le moment où se déclenchera la fameuse opération « Hammer » :

* 19 morts, 42 blessés, 96 disparus (J. L. Moulton, *The Norwegian campaign*, *op. cit.*, p. 171).

« J'attendais toujours, écrira Carton de Wiart, des nouvelles de notre attaque navale, qui devait être pour moi le signal du déclenchement de l'opération contre Trondheim ; mais rien ne venait. D'ailleurs, à chaque heure qui passait, il me paraissait de plus en plus évident qu'avec l'équipement déficient dont je disposais, il me serait impossible d'avancer sur Trondheim. D'autre part, je ne voyais guère l'intérêt de rester dans cette région de Norvège, assis dans la neige à ne rien faire. Je télégraphiai donc aux gens du War Office pour leur faire part de mes conclusions, mais ils me répondirent que, pour des raisons politiques, ils aimeraient que je reste sur mes positions. J'acceptai, en ajoutant que c'était à peu près tout ce que j'étais en mesure de faire. Ils furent si soulagés qu'ils allèrent jusqu'à me télégraphier leurs remerciements[36]. »

De toute évidence, une grande confusion continue à régner chez les stratèges de Londres. Le général Carton de Wiart ne va d'ailleurs pas tarder à en recevoir confirmation : « Mes chances de prendre Trondheim s'étant évanouies, j'envoyai Peter Fleming* au War Office pour s'enquérir de ce que l'on avait l'intention de faire. Au bout de quelques jours, il revint m'annoncer qu'une certaine confusion semblait présider aux plans et aux idées concernant la Norvège, et il ajouta : “En fait, vous pouvez faire ce que vous voulez, parce qu'ils ne savent pas eux-mêmes ce qu'ils voudraient vous voir faire[37]”. »

« HAMMER »

« Quant à moi, écrivait Winston Churchill au commandant en chef de la Home Fleet le 17 avril, je considère les opérations de Namsos et d'Aandalsnes comme des feintes destinées à détourner l'attention de l'ennemi, afin que le coup puisse être porté au centre avec un maximum de force et d'effet de surprise[38]. » Le centre, c'est bien sûr Trondheim,

* Le Capitaine Peter Fleming, que le général s'est adjoint comme chef d'état-major.

et le coup, c'est l'attaque navale directe connue sous le nom de « Boots », puis « Hammer ». Les services de planification conjoints, les chefs d'état-major, le Comité de coordination militaire et le Cabinet de guerre s'en préoccupent très sérieusement depuis le 14 avril.

En dehors des services de planification, qui estiment dès l'abord que l'opération « serait coûteuse et aurait peu de chances de réussir[39] », tout le monde à Londres souhaite le déclenchement de « Hammer ». Le 14 avril, le Premier Lord de l'Amirauté écrivait déjà au commandant en chef de la Home Fleet :

> « L'intention jusqu'ici a été de débarquer à Namsos pour investir le secteur de Trondheim. Pour bien des raisons, il serait avantageux de faire débarquer les troupes à l'intérieur même du fjord de Trondheim. Estimez-vous que les batteries côtières pourraient être détruites, ou du moins suffisamment dominées pour permettre l'entrée de navires de transport ? Si oui, combien et quels types de navires proposeriez-vous d'employer ? Veuillez me faire tenir une réponse rapide, car l'élaboration de nos plans en dépend[40]. »

La réponse de Sir Charles Forbes n'a rien d'encourageant : les batteries côtières de Trondheim, communique-t-il, pourraient sans doute être détruites avec des obus de semi-rupture, mais la Home Fleet n'en dispose pas*. D'autre part, ajoute-t-il, la principale difficulté consisterait à protéger les transports de troupes d'une attaque aérienne massive sur une distance de 30 milles dans des eaux confinées, pour effectuer ensuite un débarquement de vive force sans bénéficier du moindre effet de surprise. « C'est pourquoi, conclut l'amiral Forbes, je considère l'opération comme irréalisable, à moins que vous n'acceptiez le risque de subir des pertes très importantes en troupes comme en moyens de transport[41]. »

---

* Il s'agit d'obus à haute charge d'explosifs, pour utilisation contre les défenses terrestres. Les navires étaient normalement équipés d'obus de rupture (perforants) destinés à percer les plaques de blindage des navires ennemis.

Cette réponse ne satisfait pas l'Amirauté, et encore moins Winston Churchill, qui télégraphie dès le matin du 15 : « Nous persistons à penser que l'opération décrite doit être étudiée plus avant. » En effet, estime le Premier Lord, les aérodromes de Trondheim et de Stavanger pourront être bombardés au moment de l'attaque, et comme l'opération ne sera pas déclenchée avant une semaine, la Home Fleet aura été approvisionnée en obus de semi-rupture dans l'intervalle. Et le télégramme se termine par un « Churchillisme » caractéristique : « *Pray, therefore, consider this important project further*[*]. »

Le Premier Lord de l'Amirauté sait se montrer persuasif, et Sir Charles Forbes finit par télégraphier que « sa réponse précédente a été mal comprise ». En fait, il ne serait pas vraiment opposé à l'opération, pourvu que les troupes de débarquement soient transportées dans des navires de guerre[42]. Fort de cette « caution », et de l'assentiment des chefs d'état-major, Churchill va pouvoir soumettre le projet au Comité de coordination militaire.

À ce stade, les choses se compliquent quelque peu ; en effet, les méthodes assez peu orthodoxes de Churchill ont provoqué le mécontentement des membres du Comité de coordination – et de leurs conseillers – de sorte que Churchill a dû demander au Premier ministre Chamberlain de présider cette séance du 16 avril[43]. Moyennant cela, les choses se passent sans trop de difficultés, et le plan « Hammer » est accepté. Le Cabinet de guerre ratifie cette décision dès le lendemain, et il est décidé de lancer l'opération « le 22 avril si possible[44] ». Participeront à l'attaque : une brigade de 2 500 chasseurs alpins français, 1 000 canadiens[**], la 15e brigade régulière britannique et un bataillon territorial (le 147e)

---

* « Vous êtes donc prié de poursuivre l'examen de cet important projet. » Ceci est important, dans la mesure où le télégramme n'est pas signé ; or, Churchill s'est défendu plus tard d'être intervenu directement dans la conduite des opérations navales.

** On a d'ailleurs oublié de demander au gouvernement canadien la permission d'affecter son contingent à cet usage.

comme réserve. L'opération sera soutenue « par toute la force de la Flotte », y compris deux porte-avions, et couverte par 100 avions, dont 45 chasseurs[45].

Cette fois, on ne voit pas ce qui pourrait empêcher le déclenchement de « Hammer », qui a même reçu l'aval exprès du Premier ministre au soir du 17 avril[46]. Il est vrai que les Français demandent que l'on règle par priorité la question de Narvik[47] et que l'on « arrête l'ennemi débarqué à Oslo et progressant vers le nord » en débarquant à Molde[48], mais les Britanniques soupçonnent le général Gamelin et M. Paul Reynaud de se livrer là à des exercices de stratégie théorique, sur la base de cartes où ne figurent pas les reliefs... D'ailleurs, ils notent que le général Gamelin est fort satisfait de mettre des troupes à leur disposition et de leur laisser l'entière responsabilité de la conduite des opérations, conformément à ce qui avait été décidé en février au Conseil suprême ; il est vrai qu'il s'agissait alors d'aider les Finlandais contre l'Union Soviétique, alors que l'on veut maintenant aider les Norvégiens contre les Allemands, mais personne ne s'arrête à ces détails...

Ce même 17 avril, le ministre de la Guerre a désigné le commandant de l'opération « Hammer » : ce sera le général de division Hotblack, qui reçoit ses instructions le jour même au cours de la réunion des chefs d'état-major. Malheureusement, le général Hotblack est terrassé le soir même par une attaque d'apoplexie ; le déclenchement de l'attaque est donc reporté au 24 avril[49], et un nouveau commandant est nommé : c'est le général de brigade Berney-Ficklin, qui reçoit le 18 avril les nouvelles instructions des chefs d'état-major et part le soir même pour Edimbourg. Hélas ! le lendemain même, l'avion qui transporte le général Berney-Ficklin et son état-major vers Scapa Flow s'écrase sur l'aérodrome de Kirkwall, et le général est grièvement blessé. Il va donc falloir lui désigner un successeur : ce sera le général Paget[50]. Le déclenchement de l'attaque est maintenant reporté au 25 avril... Mais entre-temps, de nouveaux changements sont intervenus dans les conceptions stratégiques des hauts responsables civils et militaires : « Jusqu'alors, explique Winston Churchill, les états-majors et leurs chefs avaient semblé résolus à mener l'attaque principale contre Trondheim (...) Même si Narvik était mon projet de prédilection, je me lançai avec une confiance croissante dans cette aventure hardie (...) S'il n'en avait tenu qu'à moi, je serais resté fidèle à mon premier amour, Narvik. Mais étant au service d'un chef loyal et d'un Cabinet d'amis, j'attendais avec impatience le déclenchement de cette exaltante entreprise que tant de ministres avisés et prudents avaient soutenue avec force, et qui paraissait recueillir l'adhésion complète de l'état-major naval, comme d'ailleurs celle de tous nos experts[51]. » C'est encore vrai le 17 avril ; c'est déjà moins vrai le 18 avril ; ce n'est plus vrai du tout le 19 avril...

Qu'est-ce à dire ? Tout simplement que les chefs d'état-major viennent de changer d'avis : l'opération navale directe contre Trondheim est décidément trop risquée... C'est le Premier Lord de la Mer, l'amiral Pound, qui a donné le signal de la volte-face ; au matin du 18 avril, en effet, le croiseur *Suffolk*, qui bombardait l'aérodrome de Stavanger, est rentré à Scapa Flow avec la proue entièrement détruite, après avoir été harcelé pendant sept heures pas l'aviation ennemie. L'amiral n'a pu s'empêcher de faire un rapprochement avec ce qui risquait de se produire si sa flotte était exposée à un pareil bombardement dans le fjord de Trondheim, et il en a fait part dès le soir du 18 avril au général Ironside, chef de l'état-major impérial ; ce dernier, estimant que ce qui était valable pour des navires protégés par la D.C.A. l'était encore davantage pour des troupes de débarquement dépourvues de toute protection antiaérienne, s'est rallié à l'opinion de l'amiral Pound ; ensemble, ils n'ont eu aucun mal à persuader le chef d'état-major de l'Air, qui tout bien réfléchi ne tient pas tellement à prendre la responsabilité de couvrir une opération de cette envergure avec seulement cent avions, dont une moitié seulement de chasseurs[52]… C'est ainsi qu'au matin du 19 avril, les chefs d'état-major ont rédigé un rapport dans lequel ils se prononcent catégoriquement contre la mise en œuvre de l'opération « Hammer » [53]. À la réunion des chefs d'état-major ce matin-là, l'amiral Pound a d'ailleurs fait observer que les 148e et 146e brigades ayant débarqué avec succès à Aandalsnes et Namsos respectivement, la poursuite d'une stratégie d'« attaque en tenaille » par voie de terre serait à la fois « plus avantageuse et plus sûre » que l'« attaque directe par le centre »[*54].

La réaction de Winston Churchill, si récemment converti à l'opération « Hammer », est évidemment intéressante à connaître : « Je fus indigné en apprenant cette soudaine volte-face, et j'interrogeai très soigneusement les officiers concernés. Il apparut bientôt que tous les responsables étaient désormais opposés à l'opération qu'ils avaient spontanément adoptée quelques jours auparavant. » Dans ces conditions, que peut faire le Premier Lord de l'Amirauté ? Il était prêt à se détourner quelque peu de « Rupert » en faveur de « Hammer », pourvu que l'affaire soit rondement menée et que l'on prenne l'offensive sans plus tarder. Or, il s'avère maintenant que les résistances à l'assaut direct contre Trondheim sont encore plus fortes que les réticences qui freinent l'attaque immédiate contre Narvik. Évidemment, il y a depuis le 16 avril un partisan énergique de l'assaut contre Trondheim : c'est l'amiral de la Flotte Sir Roger Keyes qui, sorti de sa retraite, a même proposé à Churchill de prendre lui-même le commandement de l'assaut[55]. Or,

---

* Certains autres arguments invoqués par les chefs d'état-major semblent surtout avoir été ajoutés pour faire bonne mesure ; ainsi, l'affirmation selon laquelle la presse britannique a longuement évoqué au cours des derniers jours la possibilité d'une opération navale contre Trondheim. Ceci est exact, particulièrement en ce qui concerne le *Daily Express* et le *Daily Sketch*, mais comme toutes les opérations en Norvège sont régulièrement annoncées et commentées par la presse britannique, il faudrait alors renoncer complètement à agir…

Sir Roger Keyes n'est pas le premier venu : héros de Zeebrugge au cours de la Grande Guerre, amiral de la Flotte depuis 1930, il est supérieur en grade au commandant en chef de la Home Fleet, et même au Premier Lord de la Mer ; son avis revêt donc un poids certain, et son enthousiasme pour l'offensive ne peut pas déplaire à Winston Churchill ; ce dernier connaît d'ailleurs Sir Roger Keyes depuis plus de trente ans, et particulièrement depuis l'affaire des Dardanelles, lorsque Churchill était Premier Lord de l'Amirauté et Roger Keyes chef de l'état-major naval. Mais précisément, Churchill a appris à cette occasion ce qu'il en coûtait d'imposer un assaut majeur à ses collègues du gouvernement, face à l'opposition des uns et à l'indifférence des autres. Peu soucieux de voir l'histoire se répéter à un quart de siècle d'intervalle, et craignant en outre de voir ses principaux subordonnés de l'Amirauté démissionner s'ils étaient désavoués[56], Churchill a donc repoussé sous des prétextes divers le plan et les offres de service de Sir Roger Keyes[57]. Plus encore, avec une surprenante rapidité que nous avons déjà notée cinq jours auparavant, lorsqu'il s'était rendu à l'avis de ses collègues en adoptant l'opération contre Trondheim, Churchill va maintenant s'incliner devant l'avis des chefs d'état-major et préconiser l'abandon de cette même opération… « J'acceptai donc, note-t-il dans ses mémoires, l'abandon de “Hammer”. J'exposai les faits au Premier ministre dans l'après-midi du 18 avril et, en dépit de sa déception, il n'eut d'autre choix que de s'incliner comme moi devant la nouvelle tournure prise par les événements[58]. » Il y a là une légère erreur : les documents disponibles comme la simple chronologie indiquent clairement que l'entretien en question n'a pu avoir lieu que dans l'après-midi du 19 avril.

Quoi qu'il en soit, le Comité de coordination ratifie cet abandon le soir même, et au matin du 20 avril, Churchill s'adresse à ses collègues du Cabinet de guerre :

« La veille au matin, les services intéressés en sont arrivés à la conclusion que, compte tenu des succès que nous avons obtenus en faisant débarquer des troupes à Namsos et Aandalsnes, et des graves risques que comporterait un débarquement de vive force dans le secteur de Trondheim, il serait préférable de faire porter notre effort sur un mouvement en tenaille par le nord et le sud, plutôt que sur un débarquement à Trondheim même (…) Le nouveau plan consiste en gros à envoyer l'ensemble de la 1re division légère de chasseurs alpins au général Carton de Wiart afin qu'il puisse attaquer Trondheim par le Nord, et à expédier la 15e brigade régulière venue de France comme renfort au général Morgan, qui a débarqué à Aandalsnes et a poussé jusqu'à Dombås avec ses troupes[59]. »

Présenté ainsi, le changement complet de stratégie apparaît naturel et justifié. Pourtant, il n'est attrayant qu'en théorie, et le ministre de la Guerre, quant à lui, n'est pas entièrement dupe des arguments invoqués :

« Je désire attirer l'attention sur les risques que comporterait le débarquement de forces considérables à Namsos et Aandalsnes. En fait, le nouveau plan n'est pas beaucoup moins risqué que l'assaut direct contre Trondheim. (…) Tout compte fait, il est inexact de dire que le nouveau plan prévoit une attaque “en tenaille” contre Trondheim, car (…) il se passera un délai considérable avant que les unités venues du sud puissent investir Trondheim. Leur premier soin devra être de se garder contre une attaque allemande venue du sud, ce qui nécessitera l'emploi de la plus grande partie de cette force. (…) » ; et le général Ironside de renchérir : « Les troupes actuellement à Dombås n'ont ni canons ni moyens de transport, et sont par conséquent hors d'état de combattre dans des conditions satisfaisantes[60]. »

Ces arguments ne manquent pas de justesse, surtout si l'on considère la situation sur le terrain ; mais les membres du Cabinet de guerre ne sont décidément pas disposés à jouer le sort de la flotte et du corps de débarquement sur un seul coup de dés, d'autant que l'on continue à jeter des regards inquiets vers l'Italie, soupçonnée de vouloir entrer en guerre dès que les Alliés auront subi un désastre naval d'envergure… Enfin, le Premier Lord de l'Amirauté a rappelé qu'il ne s'agissait pas de se laisser détourner de l'objectif principal, qui n'avait jamais cessé d'être… « de mettre la main sur les mines de fer de Gällivare »[61] ! En fin de compte, le changement de stratégie est approuvé par le Cabinet de guerre, et l'opération « Hammer » a définitivement rendu l'âme au soir du 20 avril.

Au cours des trois jours qui suivent, aucune décision importante ne sera prise par le Cabinet de guerre. Or, si les comptes rendus des débats du Cabinet indiquent que les ministres et les chefs d'état-major sont bien tenus au courant de la situation difficile dans laquelle se trouvent le général Carton de Wiart au nord de Trondheim et le général Morgan au sud, ils montrent également que leur information est aussi fragmentaire qu'approximative et que, volontairement ou non, ils s'abstiennent soigneusement d'en tirer la moindre conclusion. C'est ainsi qu'entre le 21 et le 23 avril, les responsables civils et militaires reçoivent des renseignements, vagues au début, puis de plus en plus précis, au sujet du bombardement de Namsos par l'aviation allemande et des dégâts qu'il a occasionnés[62] ; ils reçoivent même un message du général Carton de Wiart faisant état d'une possible évacuation de ses troupes, du fait de leur vulnérabilité aux attaques aériennes[63]. Pourtant, on continue au Cabinet de guerre à envisager l'acheminement de renforts et d'équipements par le port de Namsos – écrasé sous les bombes – conformément au nouveau « plan » dont il a été fait état le 20 avril. D'autre part, bien des informations importantes, essentielles même, ne passent pas : c'est ainsi qu'à la réunion du Cabinet de guerre du 23 avril, le général Dill, nouveau chef adjoint de l'état-major impérial, peut encore déclarer qu'« il est curieux que Carton de Wiart n'ait fait aucune allusion aux 3 000 hommes de troupes françaises débarqués à Namsos et équipés pour se déplacer sur la neige » [64]. En d'autres termes, le général Dill ne sait pas encore que s'il n'est pas fait allusion aux troupes françaises, c'est justement parce qu'elles ne sont *plus* équipées pour se déplacer sur la neige…

En ce qui concerne la moitié sud de la « tenaille », l'information n'est pas meilleure : rien dans les débats des 21, 22 ou 23 avril n'indique en effet que les troupes territoriales du général Morgan ont subi un grave revers au sud de Lillehammer… ; en fait, rien n'indique même que les ministres aient été informés avant le 22 avril que des troupes britanniques aient jamais combattu au sud de Lillehammer ; il est uniquement mentionné qu'elles se trouvent à Dombås, puis à Øyer[65], et seul le ministre sans Portefeuille (Lord Hankey), soutenu par le ministre de la Guerre, a fait remarquer – sans rencontrer le moindre écho – que « les troupes débarquées à Aandalsnes ont deux missions à remplir dans des directions opposées. Il est évident qu'elles ne sont pas assez nombreuses pour prendre l'offensive dans les deux directions à la fois »[66]. Encore Lord Hankey ne se doute-t-il pas que sur place, il n'est nullement question de prendre l'offensive, mais uniquement d'éviter de se faire tailler en pièces… Soyons plus précis : les responsables britanniques ne comprennent pas – ou ne veulent pas admettre – que les deux bras de la tenaille, « Sickle » et « Maurice », au lieu de se refermer sur Trondheim, sont au contraire en train de s'écarter démesurément, et même de se fissurer, sous les coups de boutoir de l'aviation et de l'artillerie ennemies. En d'autres termes, il n'y a pratiquement plus de tenaille… et plus du tout de marteau, puisque « Hammer » a été abandonnée trois jours plus tôt. Mais c'est justement là qu'intervient un élément plus extraordinaire et plus inquiétant encore : les membres du Cabinet de guerre et les chefs d'état-major ont omis d'en informer les principaux intéressés !

Que les Norvégiens n'aient pas été informés de l'abandon du plan « Hammer » le 20 avril, ce n'est pas vraiment surprenant ; après tout, les responsables du War Office, de l'Amirauté, et le Premier ministre lui-même n'ont guère communiqué avec leurs nouveaux alliés, et s'ils se sont abstenus depuis le début de la campagne de leur donner le moindre renseignement quant à leurs intentions stratégiques, ce n'est pas uniquement parce qu'ils ignoraient eux-mêmes ce qu'étaient ces intentions… C'est aussi parce qu'ils n'avaient confiance ni dans la discrétion, ni dans les compétences des autorités militaires norvégiennes. C'est ainsi que les officiers britanniques présents au quartier général du commandant en chef norvégien reçoivent certains ordres de Londres, avec instruction de ne pas en communiquer la teneur au général Ruge ; motif : « on soupçonne des fuites au sein du quartier général norvégien » [67]. Comme on ne connaît à Londres ni le général Ruge, ni ses officiers d'état-major, ni même l'emplacement de leur quartier général, il n'est pas facile de comprendre sur quoi se fondent ces soupçons… Du reste, les officiers britanniques montreront sans hésiter l'ordre en question au général Ruge, en même temps que l'instruction de ne pas le lui communiquer[68] ! D'autre part, dès le 18 avril, Neville Chamberlain déclarait au Cabinet de guerre qu'« il était enclin à n'avoir dans les Norvégiens qu'une confiance limitée, car ils n'offraient pas de résistance sérieuse à l'ennemi »[69] – ce qui est d'ailleurs d'une rare inconscience, si l'on considère qu'à cette date, les Norvégiens tenaient seuls le front depuis neuf jours, tandis que les fantassins britanniques n'avaient pas encore tiré un seul coup de fusil en Norvège…

Que les responsables militaires britanniques aient donc évité d'informer le commandement norvégien de leur décision d'annuler l'attaque navale directe contre Trondheim, c'est certes maladroit et regrettable, mais c'est dans la nature des choses : les stratèges britanniques et norvégiens continuent de mener une guerre séparée dans le même pays contre le même ennemi. Là où les choses s'aggravent, c'est lorsque l'on constate que Londres a également omis d'informer les commandants de « Sickle » et de « Maurice » de l'annulation de l'opération « Hammer » ! Cela peut paraître invraisemblable, mais à aucun moment après le 20 avril, alors qu'ils se sont dangereusement aventurés en direction de l'ennemi dans les conditions que l'on connaît, les généraux Morgan et Carton de Wiart n'ont été prévenus du fait que le soutien de l'assaut naval sur Trondheim venait de leur être retiré ; or, depuis le 14 avril, cet assaut était la raison même de l'engagement des forces « Sickle » et « Maurice » au sud et au nord de Trondheim. Comment a-t-on pu s'abstenir de leur communiquer un renseignement aussi important ?

Les historiens britanniques ne se l'expliquent pas ; Winston Churchill non plus, qui se contente de rapporter le fait[70] ; un éminent officier supérieur britannique, qui a tenu à rester anonyme, nous a fourni quant à lui une explication aussi concise que vraisemblable : *« Sheer damn negligence* ! »* À vrai dire, nous sommes tentés d'en retenir une autre, qui n'exclut d'ailleurs pas nécessairement la précédente : nous savons que les autorités britanniques comptent désormais beaucoup sur le succès des opérations « Sickle » et « Maurice » ; nous savons aussi que, dès le 22 avril, elles ont reçu un message du général Carton de Wiart leur annonçant qu'il pourrait être amené à évacuer ses troupes, et que le War Office l'a instamment prié de n'en rien faire. Or, il va sans dire que si le général Carton de Wiart apprenait, dans la situation où il se trouve, que l'assaut naval contre Trondheim a été abandonné, il mettrait fin sur-le-champ à une opération qui, vue de Namsos, serait manifestement devenue sans objet. Il reste évidemment à savoir pourquoi, vue de Londres, elle conserve tant d'importance ; or, il faut se souvenir que lorsque le War Office a demandé au général Carton de Wiart de rester sur ses positions, il a précisé que c'était « pour des raisons politiques »[71]. Les raisons en question ne vont pas tarder à nous apparaître ; pour l'heure, le

---

* « De la f… négligence ! »

général Carton de Wiart a demandé des renforts[72], mais il ne voit pas comment ils pourront être débarqués, ni comment ils seront protégés de l'aviation ennemie après leur débarquement… ni d'ailleurs à quoi ils serviront une fois montés en ligne[73].

Il faut également faire parvenir des renforts au général Morgan, qui tourne certes le dos à Trondheim, mais contribue tant bien que mal à empêcher les Allemands venus d'Oslo de faire leur jonction avec ceux de Trondheim. Si ce front-là devait céder, la campagne en Norvège du Sud serait perdue ; c'est pourquoi le général Paget, qui s'est vu nommer commandant de l'opération « Hammer » le 19 avril, et retirer son commandement le lendemain même à la suite de l'annulation de l'opération, a été nommé le surlendemain commandant en chef de l'opération « Sickle ». À la tête de la 15e brigade régulière, qui vient d'être évacuée de France, il ira donc prêter main-forte à la 148e brigade quelque part entre Aandalsnes, Dombås et Lillehammer, et si tout se passe conformément au plan, rien n'interdit d'espérer qu'il pourra ensuite se porter vers Trondheim ; rien, sinon peut-être les réalités de la situation…

Ainsi, le 21 avril, dans le bureau n° 287 du War Office, le général Paget s'est vu confier le commandement de l'opération « Sickle », qui est déjà en cours depuis 72 heures. D'après son chef d'état-major, le lieutenant-colonel Nicholson, « tout n'était qu'improvisation ; il n'y avait pas de cartes. Nous avons dû en découper dans des livres de géographie, et envoyer l'aide de camp acheter un Baedeker au bureau du tourisme norvégien. À l'ambassade de Norvège et dans plusieurs agences de voyages, nous avons récolté une brassée de dépliants touristiques, dont nous avons pu extraire une photo représentant en toile de fond une vue partielle d'Aandalsnes, ainsi que quelques photos de la vallée entre Aandalsnes et Dombås. Tels étaient les seuls documents dont nous disposions pour nous faire une idée de notre futur théâtre d'opérations[74] ».

Le 23 avril, la brigade est en mer, et l'optimisme n'est toujours pas de mise : « Au cours de la traversée, le général Paget a réuni les officiers dans la salle des opérations. Tout le monde était d'accord : l'expédition s'annonçait mal ; pas de soutien aérien, pas de D.C.A.*, pas de matériel pour établir une base, pas de soutien d'artillerie, pas dc moyens de communication. (...) Toutefois, lors du débarquement (...) j'ai remarqué plusieurs cannes à pêche et de nombreux fusils de chasse[75]. »

Une fois à Aandalsnes, le commandant de la 15e brigade rencontre le colonel Dudley Clarke[76], et c'est là qu'il apprend pour la première fois ce qui est arrivé à la 148e brigade du général Morgan autour de Tretten. D'ailleurs, il y a plus grave encore : dans la vallée de l'Østerdal, qui longe à l'est le Gudbrandsdal, les Allemands remontent à vive allure en direction de Trondheim, sans que les Norvégiens aient pu s'y opposer, ou même effectuer les destructions nécessaires. En d'autres termes, les troupes britanniques risquent également d'être débordées par le nord et l'est. Décidément, les officiers du général Paget n'ont pas tort : l'expédition s'annonce mal.

* Ce n'est pas tout à fait exact : la brigade emporte deux batteries de canons antiaériens, mais comme elles sont arrivées au tout dernier moment, il est fort possible que les officiers du général Paget ne s'en soient pas rendu compte.

Chapitre IX

TEMPÊTES À LA CHANCELLERIE DU REICH

À Berlin, on a tout lieu d'être satisfait de la tournure prise par les opérations depuis le 9 avril ; et pourtant, ce n'est pas la satisfaction, mais l'anxiété qui domine à la Chancellerie du Reich, et il y a à cela au moins deux raisons. La première a pour origine la situation des troupes du général Dietl à Narvik ; en effet, Hitler a considéré l'attaque navale britannique du 13 avril comme une véritable catastrophe, dans la mesure où elle aboutissait à couper la garnison allemande de toute possibilité de renfort substantiel. Or, le général Dietl est un vieux compagnon des temps « héroïques » de Munich, ses troupes sont autrichiennes, et surtout, la défaite ou la reddition de la garnison porterait un coup sévère au prestige personnel du Führer…

Il est vrai que le général Dietl ne se trouve pas dans une situation très brillante ; s'étant rendu maître de Narvik sans grande difficulté au matin du 9 avril, il se retrouve assiégé à son tour avec ses 1 500 chasseurs de montagne, face à la redoutable puissance de la Royal Navy et du corps expéditionnaire allié. Du reste, il n'a pratiquement pas d'artillerie, très peu de moyens de transport, et ses communications sont précaires, alors que le périmètre a défendre autour de Narvik est extrêmement étendu et que les conditions climatiques sont détestables. Enfin, le bombardement anglais du 13 a fortement démoralisé ses troupes… et l'a obligé à accueillir quelque 2 500 marins rescapés des durs combats dans le fjord.

Pourtant, la situation est loin d'être désespérée : les chasseurs de montagne autrichiens de la 3e Gebirgsdivision sont d'excellents soldats, ils sont très bien équipés, les vivres ne manquent pas dans la ville, et la nature très accidentée du terrain permet d'occuper d'excellentes positions défensives : Ankenes au sud, toute la longueur du Rombaksfjord et de la voie ferrée de la « route du fer » au nord, et une large ligne de crête allant de Bjerkvik à Gratangen et Fossbakken au nord-ouest. Évidemment, on manque d'hommes pour défendre des positions aussi dispersées, mais les 2 500 marins des destroyers coulés sont de solides gaillards qui, une fois remis de leurs émotions et rééquipés, vont plus que doubler la capacité défensive des assiégés. Or, l'équipement ne manque pas, car on a mis la main sur le camp militaire d'Elvegaardsmoen, qui contient un véritable arsenal : fusils, mitrailleuses lourdes, mortiers, avec des tonnes de munitions ; d'ailleurs, rien n'empêche de recevoir un complément de matériel par parachute… Enfin, le général Dietl, qui connaît son affaire, mesure très tôt les difficultés qu'auront les Alliés à effectuer un débarquement de vive force sur des rivages convenablement défendus et fortifiés ; il est donc résolument optimiste[1].

Ce n'est pas le cas du Führer ; dès le 14 avril, alors que Narvik n'a même pas été attaquée, Hitler s'apprête déjà à donner l'ordre d'évacuation de la ville. Ce jour-là, le général Jodl, chef de la section de commandement à l'O.K.W., note dans son journal : « L'énervement est à son comble. (…) Le Führer veut que Dietl se fraye un chemin vers le sud. Je me déclare opposé à un projet aussi impensable[2]. » Le lendemain 15 avril, d'après le général Halder, chef d'état-major de l'armée de terre, « Keitel a fait savoir au commandant en chef de l'armée[3] que Narvik devait être évacuée. Ce n'est pas une chose à faire[4]. » Sans doute, mais Hitler semble avoir entièrement perdu son sang-froid. Il n'a pas dormi depuis plusieurs nuits[5], et le général Warlimont, qui s'est rendu à cette époque à la Chancellerie du Reich, se souviendra de l'avoir vu, « assis dans un coin, à l'écart, regardant dans le vide comme absorbé par une méditation apathique, et ne paraissant plus attendre le salut que de quelque correspondance téléphonique qu'il voulait prendre en même temps que le chef de la section de commandement, afin de ne pas perdre un instant[6]. »

Le lendemain, on s'attend à une puissante attaque britannique contre les côtes de Norvège[7], et dans la nuit du 16 au 17 avril, la tension monte encore à la Chancellerie du Reich ; « Stavanger appelle au secours, note le général Jodl. Le Führer, hors de lui, répète que le groupe Dietl doit se frayer un chemin vers le sud ou être évacué. Je répète catégoriquement que :

a) Une marche vers le sud est impossible.

b) Une opération aérienne ne pourrait évacuer qu'une partie insignifiante des troupes, causerait la perte de nombreux avions et briserait le moral du général Dietl. On n'abandonne la partie que lorsqu'elle est perdue[8]. »

Mais Hitler n'écoute pas : « 15 h 30, nouvelle bataille au sujet des ordres à donner au groupe Narvik. Chaque mauvaise nouvelle suscite les pires craintes[9] » [de la part du Führer[10]]. En fait, la « bataille » a dû être brève, car cet après-midi-là, un ordre écrit parvient à la section « Défense du territoire » de l'O.K.W. pour transmission immédiate au général Dietl. Il a été rédigé par le général Keitel, porte la signature du Führer, et fait savoir au général Dietl qu'il doit évacuer Narvik, puis passer en Suède avec ses troupes, afin qu'elles y soient internées[11]. Cet ordre ne sera pas transmis, du fait de l'intervention énergique auprès de Jodl d'un jeune officier de la section « Défense du territoire », le lieutenant-colonel von Lossberg[12]. Le soir même, quelque peu calmé par la réception de nouveaux rapports sur l'effet des bombardements de la Luftwaffe et sur la stratégie visiblement très hésitante des Britanniques à Narvik et autour de Trondheim, le Führer revient sur sa décision ; au grand soulagement du général Jold, il signe un nouvel ordre prescrivant au général Dietl de se maintenir à Narvik aussi longtemps que possible[13]. Hitler se détend légèrement, et à l'O.K.W., tout le monde respire... pour peu de temps il est vrai.

La seconde raison de l'anxiété qui règne à Berlin a été très clairement exposée après la guerre par le général von Falkenhorst lui-même : « Le temps pressait, car l'attaque à l'ouest devait être déclenchée en mai ; il s'agissait donc de conclure au plus vite les opérations en Norvège centrale. (...) Le Führer (...) insistait pour que le rythme des opérations fût accéléré[14]. » À vrai dire, ce n'est pas en mai, mais bien en avril, quelques jours seulement après le déclenchement de « Weserübung », que le Führer avait l'intention de lancer l'opération « Gelb », la grande attaque à l'ouest[15]. En revanche, il est bien exact que le général Falkenhorst est soumis à une intense pression de la part d'Hitler et de son état-major pour conclure au plus vite les opérations en Norvège du Sud, qui accaparent une partie de la Luftwaffe nécessaire au déclenchement de « Gelb ».

Évidemment, cela est bien plus facile à dire qu'à faire. Après tout, les plans d'opérations du « groupe 21 » ne prévoyaient aucune opposition sérieuse de la part des Norvégiens. Et pourtant, à la mi-avril, non seulement la résistance norvégienne se poursuit au sud du lac Mjøsa, mais encore elle semble se renforcer de jour en jour ; des jeunes gens par centaines continuent à rejoindre l'armée du général Ruge, et l'on a même enregistré depuis le 11 avril les premiers actes de sabotage à Oslo. Or, pour le ministre Bräuer comme pour le général von Falkenhorst, cette résistance aussi massive qu'inattendue a des origines politiques bien précises : elle est due à la prise de pouvoir à Oslo par le major Vidkun Quisling.

On se souvient que ce n'est pas de gaieté de cœur que le ministre Bräuer a laissé Quisling annoncer la formation de son « gouvernement » au soir du 9 avril. Mais Bräuer n'a nullement renoncé à persuader son chef Ribbentrop, et au-delà le Führer lui-même, que l'entrée en scène de l'étrange chef du « Rassemblement National » ne pouvait que nuire aux intérêts de l'Allemagne. Il est vrai qu'à Oslo, l'initiative de Quisling a provoqué une véritable levée de boucliers dans les milieux de l'administration, des affaires, des syndicats et même des Allemands installés en Norvège. Au cours des jours suivants, d'innombrables personnalités ont ainsi rendu visite à la légation d'Allemagne pour protester contre ce coup d'État effectué grâce au soutien des baïonnettes allemandes. Or, à leur grande surprise, tous ces hommes ont reçu le meilleur accueil de la part des diplomates allemands. Victor Mogens, le chef du Fedrelandslaget*, s'est même entendu dire le 12 avril par le conseiller d'ambassade von Neuhaus que l'on « accueillera avec plaisir toute information qui aidera la légation à persuader Berlin qu'il [Quisling] est inacceptable[16] ».

En fait, le ministre Bräuer a déjà pris quelques initiatives personnelles en ce sens ; la veille, il a écrit à Berlin : « Comme je l'ai déjà signalé par téléphone, les partisans du nouveau Premier ministre, Quisling, sont peu nombreux (…) Quisling est respecté en tant qu'homme, mais peu de gens le prennent au sérieux en tant que politicien. Il ne fait guère de doute que la personnalité de Quisling place l'Allemagne dans une situation difficile. On s'accorde ici pour dire que la grande majorité des Norvégiens aurait accepté l'occupation allemande, comme au Danemark, mais qu'elle ne saurait accepter Quisling. (…) Pour les Norvégiens, il devrait être tout à fait possible de former un gouvernement issu du Storting qui soit acceptable par l'Allemagne, tout en jouissant d'une certaine confiance parmi la population norvégienne.

* La « Ligue de la patrie ». Sur ce mouvement nationaliste et son association passée avec Quisling, voir notre thèse *La Norvège et les grandes puissances, op. cit.*, pp. 262-265.

(...) On dit ici qu'un arrangement de cette nature, auquel Quisling est tout à fait disposé à souscrire, amènera un apaisement de la situation. Les gens disent que l'Allemagne économisera ainsi au moins deux divisions (...) En revanche, il apparaît clairement qu'avec Quisling au pouvoir, les forces d'occupation allemandes devront prendre de plus en plus les choses en main afin d'éviter l'anarchie[17]. »

Tout cela est très habile, et sera répété à maintes reprises au cours des cinq jours qui suivent. Or, si l'on considère l'extraordinaire tension qui règne au même moment à la Chancellerie du Reich et l'exaspération croissante d'Hitler devant la résistance opiniâtre des Norvégiens, on comprendra sans peine pourquoi Hitler est disposé à prêter une oreille complaisante aux propos du ministre Bräuer ; car enfin, moyennant l'abandon de Quisling par l'Allemagne, le diplomate se fait fort d'obtenir la pacification du pays... et même la mise en place d'un gouvernement pro-allemand qui supplantera celui de M. Nygaardsvold, tout en gardant la confiance de la population ! Il est vrai que le Führer se sent une dette de reconnaissance envers Quisling, mais enfin, quand on a en charge les destinées d'un Reich millénaire, on ne peut guère se permettre de faire du sentiment... Le ministre Bräuer reçoit donc le feu vert de Berlin pour négocier avec les Norvégiens opposés à Quisling.

Si les négociations vont se révéler délicates, c'est que les principaux interlocuteurs du ministre Bräuer, le président de la Cour suprême Paal Berg, le gouverneur Christensen et l'évêque Berggraw, cherchent effectivement à ramener l'ordre dans le pays – et à se débarrasser de Quisling – mais ils ne sont nullement disposés pour autant à constituer un nouveau gouvernement qui s'opposerait à l'administration légale, appellerait les Norvégiens à cesser la résistance et collaborerait loyalement avec l'Allemagne ; ils songent uniquement à établir un organisme purement provisoire, qui assurerait la gestion administrative et économique des régions déjà occupées par l'Allemagne, sans s'opposer le moins du monde à la couronne ou au gouvernement Nygaardsvold. On voit donc qu'un gouffre impressionnant sépare les conceptions norvégiennes des positions allemandes, à quoi il faut d'ailleurs ajouter que le Führer insiste pour qu'il soit ménagé à Quisling « une porte de sortie honorable[18] », et que ce dernier refuse catégoriquement de sortir… Pourtant, le ministre Bräuer, avec l'aide du sous-secrétaire d'État Habicht qui lui a été dépêché de Berlin, peut faire des miracles : au matin du 15 avril, Quisling a été amené, sans douceur excessive, à céder la place[19] ; quant à Paal Berg, il a été persuadé de remercier publiquement Quisling « pour son dévouement et son patriotisme », et d'accepter que ce dernier soit nommé « responsable de la démobilisation[20] ». Une formule a même été trouvée pour concilier le désir d'Hitler de voir se créer un nouveau gouvernement pour toute la Norvège, et le souci des Norvégiens de créer une administration provisoire pour les territoires occupés qui soit tout sauf un gouvernement !

Comme tous les numéros d'illusionnistes, celui-ci repose sur une habile duperie, qui exploite à merveille les embûches de la terminologie allemande et norvégienne. L'extrait suivant du journal de M. Paal Berg explique parfaitement la manœuvre, et donne au passage une bonne idée de l'âpreté des négociations :

> « J'ai déclaré que pour ma part, j'étais disposé à soumettre à la Cour suprême une proposition tendant à ce qu'elle nomme un organe d'administration civile pour les parties du pays occupées par les Allemands. Du côté allemand, on a fait valoir que ce que l'on voulait, c'était un véritable gouvernement (…). J'ai refusé, et ils ont cédé assez rapidement. Mais on m'a déclaré ensuite que Quisling devrait faire partie du conseil que l'on allait établir. J'ai refusé, et ils ont fini par céder. Pourtant, ils ont insisté pour qu'il lui soit ménagé une retraite honorable, et puis ils voulaient que le conseil soit appelé "Comité de gouvernement". J'ai répondu que ceci serait mal interprété en Norvège. Il fallait l'appeler "Conseil d'administration" *(Administrasjonsråd)*, ou quelque chose du

même genre. Ils ont accepté, mais ont ajouté aussitôt que la traduction allemande serait *Regierungsausschuss*, expliquant que le mot *Regierungsausschuss* rendrait exactement le sens du mot norvégien *Administrasjonsråd**. J'ai répondu que l'intitulé norvégien serait le seul officiel, et que je ne voulais pas savoir comment ils le traduiraient en allemand. Sur ce, le terme de "Conseil d'administration" a été accepté[21]. »

C'est ainsi que dans l'après-midi du 15 avril, le président de la Cour suprême Paal Berg et le gouverneur Christensen vont pouvoir annoncer à leurs concitoyens la création d'un Conseil d'administration de sept membres « pour diriger l'administration civile dans les régions du pays occupées par l'Allemagne[22] ». Le ministre Bräuer, lui, va transmettre à Berlin une version soigneusement retouchée de leurs propos, avec bien sûr sa propre traduction de l'intitulé du nouvel organe. La supercherie s'avère payante… au début. Hitler, qui se débat à ce moment avec les préoccupations que l'on connaît, compte bien que cette nouvelle initiative va amener les Norvégiens à résipiscence, et au cours des jours qui suivent, Bräuer et Falkenhorst vont l'entretenir dans cette idée, en décrivant à longueur de rapport la très nette détente intervenue dans les relations avec les Norvégiens depuis la proclamation du « Conseil d'administration » – pardon, du « Comité de gouvernement » – et surtout depuis le départ de Quisling…

Hélas ! les choses ne vont pas tarder à se gâter sérieusement. Le 17 avril, en effet, le gouvernement de M. Nygaardsvold prend officiellement position au sujet de la mise en place du « Conseil d'administration ». Sa déclaration est radiodiffusée le soir même, et publiée le lendemain dans de nombreux journaux paraissant dans les zones non occupées :

---

* C'est évidemment inexact. *Administrasjonsråd* veut dire Conseil d'administration, tandis que *Regierungsausschuss* signifie Comité de gouvernement. Personne n'est dupe à Oslo, mais il s'agit bien sûr de rendre la formule acceptable à la Chancellerie du Reich…

« Le soi-disant gouvernement formé à Oslo par le major Quisling (...) a dû démissionner, et il est satisfaisant de constater que la tentative de constituer un nouveau gouvernement opposé au gouvernement légal (...) est maintenant abandonnée. (...) La mise en place à Oslo ces jours derniers d'un Conseil d'administration pour les parties du pays occupées par l'Allemagne constitue une mesure d'urgence, et ne saurait en aucune façon se substituer au gouvernement norvégien. Ce Conseil (...) ne représente pas la volonté du pays, et n'a aucune base légale en droit norvégien. Néanmoins, il peut dans une certaine mesure aider à garantir les droits civiques aussi longtemps que les forces de l'ennemi tiendront certaines parties du pays. Mais il va de soi que le Conseil devra céder la place dans toutes les régions dont le gouvernement norvégien reprendra le contrôle[23]. »

C'est seulement au matin du 19 avril qu'Hitler prend connaissance de cette déclaration. Or, ses traducteurs, qui n'entendent rien à la diplomatie, lui en ont fourni une traduction aussi fidèle qu'intégrale ; après 24 heures d'accalmie, la Chancellerie va donc résonner de nouveaux éclats, et le général Jodl note dans son journal : « Nouvelle crise. L'action politique a échoué[24]. » Quatre mois plus tard, Hitler lui-même racontera à Quisling ce qui s'est passé :

« D'un seul coup, il avait dû se rendre à l'évidence : ce n'était pas un gouvernement pour la Norvège qui avait été créé, mais un "Conseil d'administration" pour les territoires occupés. Il (...) n'avait que faire d'un "Conseil d'administration" pour les territoires occupés par ses soldats ; ce qu'il voulait, c'était un gouvernement norvégien[25]. »

Bien entendu, la colère d'Hitler s'abat en premier lieu sur le ministre Bräuer, qui est rappelé à Berlin le jour même... et envoyé sur le front de l'Ouest*. En ce qui concerne la Norvège, Hitler a également pris une décision immédiate : « le Führer, note Jodl, est d'avis qu'il faut employer la

* Ce que personne ne considérait comme une sinécure en avril 1940.

force. Le Gauleiter Terboven va être envoyé là-bas[26] ». Josef Terboven, Gauleiter d'Essen, ancien compagnon d'Hitler, Nazi fanatique, protégé de Goering, est un personnage des plus inquiétants, vaniteux, rusé, brutal et sans aucun scrupule… Tel est l'homme qui va désormais prendre en main l'administration directe de la Norvège occupée.

Mais l'attention d'Hitler va rapidement être monopolisée par les questions stratégiques. En effet, le débarquement anglais du 20 avril à Namsos est passé inaperçu, en raison du mauvais temps qui a gêné l'aviation allemande d'observation. Mais dès le lendemain, la B.B.C. a annoncé le débarquement[27]… Dès lors, Hitler, très agité et redoutant un encerclement de Trondheim, ordonne personnellement à la 5e Luftflotte de bombarder massivement Namsos et Aandalsnes[28] ; on en connaît le résultat…

Au cours des jours qui suivent, Hitler, dans un grand état d'agitation, va suivre jour et nuit le déroulement des bombardements autour de Trondheim et la progression des colonnes allemandes au nord de Lillehammer. Le 22 avril, Jodl constate que « le Führer est de plus en plus inquiet au sujet des débarquements britanniques, et de l'impossibilité qui en résulte de rétablir rapidement les communications terrestres avec Trondheim[29]. » Et le lendemain : « La tension monte encore, car la progression des 163e et 196e divisions vers le nord est très lente, et de nouvelles destructions de ponts sont signalées[30]. »

Le 24 avril, brusque détente : on apprend la déroute des unités britanniques au nord de Lillehammer et la capture de nombreux officiers et soldats, mais aussi la saisie d'une importante quantité de matériel, et même des ordres d'opérations du corps expéditionnaire britannique. Dès le lendemain, le général Jodl peut écrire : « L'atmosphère est résolument à l'optimisme. Le Führer très satisfait des nouvelles reçues. (…) Préparation des nouvelles opérations, compte tenu des ordres trouvés sur les Anglais capturés[31]. »

Chapitre X

LE SPECTRE DE LA DÉFAITE

Le 22 avril, la nouvelle des revers essuyés par les troupes britanniques autour de Lillehammer et du fjord de Trondheim n'est pas encore parvenue à Londres, mais Winston Churchill, qui se rend à Paris ce jour-là pour assister à la réunion du Conseil suprême, n'en écrira pas moins : « Nous arrivâmes à Paris oppressés par les inquiétudes et la confusion de la campagne de Norvège[1]. » À Paris, ce n'est pas la Norvège en tant que telle qui préoccupe les dirigeants français. L'atmosphère politique est toujours empoisonnée par la querelle Reynaud-Daladier, et par les multiples manœuvres des conseillers de Paul Reynaud pour obtenir le départ du général Gamelin ; quant aux délibérations stratégiques, elles restent dominées par les considérations exposées avec énergie par le colonel de Villelume dès la fin du mois de mars, et répétées depuis lors avec une grande régularité devant les deux chambres par le président du Conseil lui-même : une solution militaire sur le front du nord-est étant impossible, il faut vaincre le Reich en le privant de ses sources de ravitaillement en fer et en pétrole. Ce point de vue continue à recueillir l'adhésion enthousiaste des députés comme des sénateurs, dans la mesure où il permet d'espérer vaincre, tout en éloignant la guerre des frontières de la France. Bien entendu, la position politique de M. Paul Reynaud ne peut que s'en trouver affermie… pourvu évidemment qu'il démontre au pays que toutes les mesures sont effectivement prises pour attaquer les sources de ravitaillement allemandes.

Ce sont certes les Britanniques qui ont la responsabilité du théâtre norvégien, mais il n'est pas trop difficile de présenter leurs succès éventuels comme le produit de la coopération alliée… donc de la politique de M. Paul Reynaud. C'est ce qu'a fait le président du Conseil avec une réussite certaine lorsqu'il a déclaré à la Chambre le 11 avril : « La route permanente du minerai de fer suédois vers l'Allemagne est et restera coupée[2]. » Évidemment, Paul Reynaud joue sur les mots, et il le sait ; car il y a une autre route du minerai, celle de la Baltique, qui pour n'être pas permanente, n'en sera pas moins grande ouverte dès la fin du mois. Mais le jeu parlementaire exige de belles paroles et des formules frappantes, et celle-ci a parfaitement fait l'affaire.

Depuis lors, il est vrai, les succès se sont faits rares en Norvège, et M. Reynaud a pu craindre de nouveau pour la stabilité de son gouvernement. Mais cette fois encore, il a adopté une position fort habile : si les Britanniques subissent des revers en Norvège, c'est qu'ils ne mènent pas la guerre avec suffisamment d'énergie. En d'autres termes, si leurs succès sont aussi ceux de M. Paul Reynaud, leurs échecs, par contre, ne lui sont en rien imputables ; d'ailleurs, il fait l'impossible pour les encourager, les conseiller et leur fournir des troupes… Ce sont toutes ces considérations que l'on trouve résumées dans la lettre que Paul Reynaud a envoyée le 18 avril au Premier ministre britannique, après l'avoir soumise au Comité de guerre : « La bataille qui se livre en Scandinavie est essentielle pour la suite de la guerre. Essentielle parce qu'elle vise à priver l'Allemagne de fer. Essentielle aussi parce que de son issue dépendront, avec le sort de notre prestige, l'attitude des Balkans, celle de l'Italie, nos possibilités futures dans la bataille du pétrole, deuxième pôle de l'économie allemande. Aussi ai-je la conviction profonde qu'il convient de ne négliger aucun des moyens qui s'offrent à nous pour assurer d'une façon toujours plus efficace la coordination et le développement de nos efforts[3]. » C'est grâce à des déclarations tout à fait analogues que Paul Reynaud a obtenu la confiance du Sénat comme de la Chambre sur sa politique de guerre[4]. Il y a là un facteur qui explique bien des prises de position passées et futures : si M. Paul Reynaud pousse la Grande-Bretagne à accroître toujours davantage son effort de guerre en Norvège et à ne reculer à aucun prix, c'est avant tout parce qu'il considère que le sort de son propre gouvernement en dépend…

Les participants à la séance du Conseil suprême qui s'ouvre le 22 avril à 15 heures dans la grande salle à manger du Quai d'Orsay sont déjà des vétérans de ce genre de conclave : du côté britannique, Chamberlain, Churchill, les généraux Ironside et Ismay, ainsi que l'amiral Pound* ; du côté français, Reynaud, Daladier, le général Gamelin, l'amiral Darlan, Alexis Léger, Paul Baudouin et le colonel de Villelume, pour ne citer que les principaux. M. Paul Reynaud ouvre la séance en brossant un vaste tableau de la situation stratégique, qui met en évidence l'infériorité des Alliés par rapport à l'Allemagne, du point de vue des effectifs comme de celui des armements. Pour gagner la guerre, déclare M. Reynaud en suivant un raisonnement qui nous est maintenant familier**, il faut s'attaquer aux sources d'approvisionnement de l'Allemagne. Pour le pétrole, poursuit-il, cela pose des problèmes qui sont difficiles à résoudre ; il ne reste donc qu'une seule voie ouverte à l'initiative alliée :

> « L'opération de Norvège, qui vise à couper le Reich de son ravitaillement en minerai de fer suédois, a une tout autre valeur. Elle est même si importante que le président du Conseil est d'avis que rien ne doit distraire les Alliés de l'entreprise dans laquelle

* Lord Halifax n'assistera qu'à la séance du lendemain.

** … et qui semble une fois encore lui avoir été dicté par le colonel de Villelume.

ils se sont engagés en Scandinavie. (…) Quels sont les moyens à mettre en œuvre pour assurer l'exécution de ce plan ? Il convient de placer des contingents assez importants dans le nord de la péninsule de manière à pouvoir occuper les mines de fer ou, éventuellement, les détruire. D'autre part, il faut également disposer de troupes suffisantes autour de Trondheim pour empêcher les Allemands d'établir des bases sur la côte atlantique de la Norvège, pour répondre à une attaque éventuelle de l'Allemagne vers la région des lacs suédois et, éventuellement, pour aider à la défense des mines par un mouvement vers le nord[5]. »

Le discours de Paul Reynaud, haché par les traductions, a duré près d'une heure. Le Premier ministre britannique, resté impassible depuis le début[6], prend maintenant la parole ; cette fois encore, il se déclare entièrement d'accord avec Paul Reynaud : l'objectif principal des Alliés est bien de priver l'Allemagne du fer suédois… et bien sûr, on est pleinement conscient à Londres de l'importance que revêt Narvik à cet égard. Chamberlain explique ensuite ce qui a motivé le détournement d'une partie des troupes vers la région de Trondheim, puis il décrit le plan de l'attaque navale contre Trondheim (« Hammer ») comme s'il était toujours d'actualité, ainsi que la fameuse « manœuvre d'encerclement » à partir de Namsos et Aandalsnes. « En fait, précise-t-il, aucun des débarquements effectués n'a rencontré de résistance, et les Alliés ont pu sans difficultés déposer à Namsos 8 000 hommes, dont 6 000 Français, et à Aandalsnes 5 000 hommes, dont 2 000 ont, par la suite, réalisé une avance de 250 milles qui les a portés jusque dans la région de Lillehammer, où ils sont en contact avec le gros des forces norvégiennes. Cet audacieux contingent s'est, au passage, emparé de l'importante bifurcation de Dombås. » Les deux dernières phrases de Neville Chamberlain sont encore plus audacieuses que le contingent en question ; car enfin, nous savons que la brigade du général Morgan n'est pas en contact avec le gros des forces norvégiennes, mais avec le gros des forces allemandes, ce qui, hélas, n'est pas du tout la même chose. Quant à s'être « emparé » de Dombås, cela ne demandait qu'une audace très limitée : la ville était aux mains d'une petite unité norvégienne, qui a naturellement accueilli à bras ouverts les soldats du général Morgan… De toute évidence, Chamberlain cherche à montrer sous son meilleur jour l'effort de guerre britannique en Norvège.

Pourtant, on ne peut pas faire entièrement abstraction des réalités, et il faut maintenant expliquer pourquoi le corps expéditionnaire semble piétiner :

> « Tout paraissait s'arranger dans les meilleures conditions pour déclencher contre Trondheim une double attaque, par le nord et par le sud, et pour prendre le port entre les tenailles des armées alliées. Malheureusement, l'exécution de ce plan a été interrompue depuis deux jours à la suite des raids aériens que les Allemands ont effectués samedi dernier sur Namsos. Le problème qui se pose maintenant consiste à renforcer les contingents débarqués à Aandalsnes, à assurer leur sécurité, en les mettant notamment en mesure de résister à d'éventuelles attaques aériennes allemandes et, ensuite, à les employer à la prise de Trondheim. À Namsos, la nécessité d'assurer la sécurité des troupes débarquées est particulièrement pressante, comme l'a montré le raid de samedi. À l'heure actuelle, le gouvernement britannique manque d'informations précises sur la situation à Namsos. »

C'est incontestable ; il manque d'ailleurs aussi d'informations sur la situation à Aandalsnes, Lillehammer et Narvik. Pour conclure, M. Chamberlain tient à déclarer qu'il a été « profondément touché de la participation si généreuse que le commandement français a bien voulu spontanément consentir en vue de l'expédition de Scandinavie », et ajoute que de son côté, « le gouvernement anglais est décidé à jeter en Norvège autant d'hommes qu'il sera possible d'y débarquer et d'y ravitailler »… ce qui ne l'engage d'ailleurs pas trop, les ports d'Aandalsnes, Namsos et Harstad étant fort embouteillés et quotidiennement bombardés. Sur ce, Winston Churchill prend justement la parole. Il évoque d'emblée les difficultés auxquelles on se heurte pour faire débarquer une armée entière, avec tout son matériel, sur les côtes norvégiennes : « Ces difficultés sont réellement énormes et, maintenant que les transports sont exposés à la fois à des attaques aériennes et sous-marines, ces opérations se déroulent dans des conditions telles qu'il ne s'en était jamais produit de semblables jusqu'ici. (...) Bien que, comme vient de l'indiquer M. Chamberlain, treize mille hommes aient pu être débarqués sans subir aucune perte, il est important de rappeler que ces troupes n'ont derrière elles aucune base digne de ce nom, que leurs lignes de communication sont des plus précaires, et, enfin, qu'elles ne possèdent ni artillerie ni aviation. »

Tout cela ne décourage nullement Paul Reynaud, qui revient sans délai à ses préoccupations initiales en remerciant M. Chamberlain « d'avoir bien voulu donner son accord sur le programme dont il avait tracé les grandes lignes au début de la séance ». Il tient du reste à « adresser les félicitations du gouvernement français à la marine et à l'armée britanniques, et spécialement aux troupes qui n'ont pas hésité, à peine débarquées, à marcher sur Oslo ». L'expression « marcher sur Oslo » montre bien à quel niveau d'abstraction on en est arrivé. Mais M. Reynaud poursuit :

> « L'exposé du Premier ministre et celui du Premier Lord de l'Amirauté ont vivement intéressé les représentants français et leur ont appris beaucoup de choses. Ils se rendent mieux compte maintenant de la nature des difficultés auxquelles les Alliés ont à faire face en Scandinavie. (...) Cependant, cet exposé amène le président du Conseil à poser les questions suivantes :
>
> a) Quelle que soit la cause des difficultés auxquelles se heurte l'expédition, ces difficultés sont-elles de nature à rendre la situation réellement dangereuse ?
>
> b) Est-il possible de mettre obstacle d'une manière effective au transport des contingents allemands ?

c) Est-il vrai que les Allemands en sont réduits à transporter la plus grande partie de leurs troupes par avion ?
d) Est-il possible d'empêcher les Allemands d'utiliser les eaux territoriales suédoises en coupant celles-ci par des champs de mines ?
e) Peut-on bloquer la Baltique en y lançant des mines par avion ?
f) Peut-on, de même, rendre difficiles les expéditions de minerai de fer à partir de Luleå en lançant par avion des mines dans les deux étranglements du golfe de Botnie, celui qui se trouve à la hauteur des îles d'Aaland et celui qui existe au nord de ce dernier ? »

Après avoir déclaré qu'« il peut répondre sans difficulté à ces diverses questions », M. Chamberlain ne répond à aucune d'entre elles… sauf peut-être à la dernière, au sujet de laquelle il affirme hardiment qu'« il est tenté de penser que l'on pourra trouver des moyens d'action ». Et pour être plus concret encore, il précise que : « Par exemple, on pourrait peut-être jeter à la mer les morceaux de minerai qui se trouvent à Luleå, de manière à bloquer complètement le port et à rendre nécessaires des dragages qui prendraient du temps. » Le Premier ministre ne va pas jusqu'à révéler si cela pourrait être fait au moyen de grues volantes, ou si une occupation du territoire suédois s'imposera au préalable. Peu importe, du reste, car on continue à nager dans l'abstraction, et Paul Reynaud s'empresse de répondre sans la moindre ironie qu'il « tient à exprimer son admiration pour les diverses opérations que vient de décrire le Premier ministre et à rendre hommage au zèle, au courage et à l'imagination des forces anglaises ».

Après avoir renvoyé au lendemain l'examen de l'éventualité d'une agression italienne contre la Dalmatie ou la Grèce, de la menace allemande contre la Hollande et… de plans d'offensive alliée contre les Russes au Caucase, M. Paul Reynaud, « résumant les conclusions de l'échange de vues qui vient de se terminer, déclare que l'essentiel est, pour le moment, de gagner la bataille de Trondheim, de s'emparer de ce port et d'en faire une base solide pour les opérations ultérieures[7] ». M. Reynaud aurait certes été fort surpris si le Premier ministre britannique lui avait révélé que l'attaque navale directe contre Trondheim avait été abandonnée trois jours plus tôt. Mais M. Chamberlain s'en est bien gardé… d'ailleurs, si l'on n'en a informé ni les Norvégiens, ni ses propres généraux, on ne voit pas pourquoi on en informerait les Français !

Paul Reynaud est plutôt satisfait des résultats de ce Conseil, même si l'amiral Auphan parlera pour sa part de « résolutions académiques » qui « rappellent, par leur balancement “nègre-blanc”, un ordre du jour parlementaire[8] ». Édouard Daladier sera moins indulgent encore ; sur son exemplaire du procès-verbal de la séance, il a inscrit à la main : « Du Courteline[9]. » Du côté britannique, tout le monde est également rentré à Londres enchanté[10], sauf Winston Churchill, qui se déclarera « fort préoccupé par l'échec complet de toutes nos entreprises contre l'ennemi, mais aussi par la faillite totale de notre manière de conduire la guerre[11] ».

On le serait à moins ; trois jours plus tôt, le War Office a certes désigné – enfin – un commandant unique pour l'ensemble du théâtre norvégien (à l'exception de Narvik). Mais ce commandant, le général H.R.S. Massy, ne pouvant coordonner les opérations en Norvège même du fait de l'absence quasi totale de moyens de communication, va devoir le faire depuis Londres. Hélas ! Même à Londres, il ne pourra pas coordonner grand-chose, d'autant qu'il ne sera invité qu'une seule fois à assister à une réunion du Comité de coordination militaire[12]… Du reste, ce Comité ne coordonne pratiquement rien non plus, et le Cabinet de guerre, qui prend les décisions en dernier ressort, reste aussi hésitant que mal informé : au soir du 23 avril, il a seulement noté que les Norvégiens et la brigade Morgan « avaient dû se retirer de leurs positions avancées dans la région de Lillehammer », ce qui, on en conviendra, ne rend compte que très imparfaitement des réalités de la situation. Le lendemain, après avoir tout de même noté que le général Carton de Wiart avait dû faire retraite et que Steinkjer avait été entièrement détruite, le Cabinet de guerre n'évoque même pas le bombardement d'Aandalsnes, et mentionne que « les Norvégiens et les forces de Morgan opèrent le long de la ligne ouest de la voie ferrée ». Or, nous savons qu'à cette date, les forces du général Morgan n'opèrent plus du tout… Du reste, l'ensemble de la délibération du Cabinet de guerre ce jour-là montre à quel point, ici encore, on est éloigné des réalités ; après avoir noté que la voie ferrée de l'Østerdal, qui relie Trondheim à Oslo par l'est, n'est pas défendue et risque de permettre aux Allemands venus d'Oslo de faire leur jonction avec ceux de Trondheim, les membres du Cabinet de guerre parviennent aux conclusions suivantes, qui ne manqueront pas de surprendre :

> « Notre véritable objectif consiste à mettre la main sur les mines de fer de Gällivare (…) Il y a cependant une relation étroite entre la situation qui prévaut dans le sud et la possibilité de parvenir jusqu'aux mines de Gällivare. En effet, nous ne pourrions aller de Narvik à Gällivare que si les Suédois étaient amenés à entrer en guerre. Or, le moyen le plus sûr d'obliger les Allemands à violer la neutralité suédoise serait de leur barrer l'accès à Trondheim (…) en tenant les deux lignes de chemin de fer. Ils pourraient alors être contraints d'envoyer des troupes à travers la Suède. La nuit précédente, des informations ont été reçues selon lesquelles une expédition allemande concentrée à Stettin venait de lever l'ancre. Il est possible que cette expédition soit destinée à débarquer en Suède. (…) Ceci nous permettrait d'utiliser Trondheim comme base de départ pour des opérations ultérieures dans le sud de la Scandinavie. »

C'est-à-dire en Suède… En d'autres termes, la situation pourrait s'améliorer sensiblement pour peu que les Allemands consentent à attaquer la Suède – et que l'on ait pris Trondheim dans l'intervalle – ce qui suppose évidemment le problème résolu. Hélas, il est loin de l'être, et l'on finit tout de même par revenir sur terre : « À moins que nous ne trouvions un moyen quelconque de prendre Trondheim d'ici peu, nous ne pouvons espérer résister à la pression des troupes allemandes venues d'Oslo avec les forces réduites que nous avons pu débarquer et approvisionner grâce à des bases peu développées comme Aandalsnes. » Mais la suite du compte rendu nous ménage encore une surprise de taille : « Le plan original, qui prévoyait un assaut direct contre Trondheim au moyen de forces navales couvrant un débarquement de forces militaires, a été abandonné du fait des risques très graves qu'il comportait (...) et parce qu'à cette époque (...) le mouvement en tenaille à partir de Namsos et Aandalsnes semblait présenter de meilleures chances de réussite. Pourtant, ce calcul s'est révélé décevant, et l'on peut se demander à présent si une attaque navale contre le fjord de Trondheim, combinée avec des débarquements en des points peu susceptibles d'être défendus, ne devrait pas être entreprise[13]. »

On ne rêve pas : le projet d'opération navale contre Trondheim, conçu le 9 avril au matin, abandonné le soir même, repris le 14 avril, confirmé le 16, mis en œuvre dans sa partie préliminaire le 18, et abandonné le 20, vient d'être ressuscité au matin du 24 avril ! Qu'on se rassure : il mourra de nouveau deux jours plus tard... Mais on voit dès lors à quoi fait allusion M. Churchill lorsqu'il évoque le 24 avril « la faillite totale de notre manière de conduire la guerre ».

Il y a à Londres un autre homme qui se désole du désordre et de la pusillanimité régnant en maîtres au sein des instances suprêmes de décision : c'est l'amiral de la Flotte Sir Roger Keyes, qui de surcroît n'est pas homme à se désoler en silence. Il a conçu, on s'en souvient, un plan d'attaque navale contre Trondheim, et il continue, contre vents et marées, à essayer de l'imposer à Winston Churchill et à ses anciens subordonnés de l'Amirauté. Lorsqu'on lui répond à l'état-major naval qu'« il est impossible de risquer des navires dans l'entreprise du fait des incertitudes de la situation du côté de l'Italie[14] », il propose d'utiliser « des croiseurs et des destroyers anciens, avec des dragueurs de mines et des petites unités pour faire des écrans de fumée[15] ». Enfin, à la différence des officiers de l'état-major et des membres du Cabinet de guerre, l'amiral Keyes a pensé à consulter l'attaché militaire et le conseiller d'ambassade norvégiens avant d'élaborer ses plans[16]. Mais tout cela est en vain : Churchill refuse de le voir sous des prétextes divers, l'Amirauté le fait recevoir le 23 avril par un officier subalterne qui ignore tout de la question[17], le général Ironside et l'amiral Pound lui demandent de leur laisser son plan[18]… et n'en font rien. Entre-temps, l'amiral Keyes a appris l'abandon du plan « Hammer » le 20 avril, et l'opération de débarquement menée le lendemain au fond du fjord de Trondheim… par les Allemands eux-mêmes, contre les troupes du général Carton de Wiart. Hors de lui, l'amiral Keyes écrit à Winston Churchill : « J'enrage de voir que la marine a été abandonnée par l'Amirauté. Elle a été jusqu'à assumer la responsabilité de permettre à un destroyer et à une vedette lance-torpilles allemands (…) d'exercer leur puissance navale à l'intérieur du fjord de Trondheim, et de débarquer une force mobile sur les arrières des troupes venues de Namsos, portant ainsi un coup d'arrêt à toute l'expédition, et ce après trois semaines d'inaction navale de notre part[*]. »

Si le style est un peu haché, c'est sans doute que l'amiral Keyes bafouille de rage. Au demeurant, il ne sera pas écouté, mais il est parfaitement exact que l'opération de débarquement menée par les Allemands dans la région de Steinkjer a porté un coup d'arrêt définitif à l'offensive vers Trondheim du général Carton de Wiart et de ses alliés…

Le 14 avril, le commandant Paul Stehlin, de la mission militaire française en Finlande, est arrivé à Namsos, après avoir reçu huit jours plus tôt du quartier général des forces

* L'amiral Keyes exagère quelque peu : la campagne de Norvège n'est commencée que depuis douze jours au moment de ce débarquement.

aériennes françaises un curieux télégramme, lui donnant « rendez-vous en Norvège entre 64e et 68e parallèle* », pour y rechercher et aménager des terrains d'aviation[19]. Dans Namsos entièrement rasée, le commandant Stehlin prend contact avec l'état-major du corps expéditionnaire français : « Le général Audet est en train d'examiner le dispositif que vient de prescrire le général Carton de Wiart. Il s'agit, en réalité, d'une sorte de défense d'une tête de pont, d'un déploiement de forces tout autour de Namsos, à réaliser dans les quarante-huit heures. Ce plan me paraît exclure toute idée offensive vers le nord ou le sud, en vue de reprendre le terrain occupé par l'armée allemande[20]. »

De fait, le général Carton de Wiart a ordonné à ses deux bataillons, très éprouvés moralement et physiquement par les combats de Steinkjer, d'occuper des positions défensives autour de Namsos en coopération avec le 53e bataillon de chasseurs alpins. Plus au sud, les 13e et 67e bataillons de chasseurs alpins, soutenus par un bataillon britannique** et les détachements de skieurs norvégiens du colonel Getz, opèrent dans la région de Bangsund-Namdalseidet-Hjelle, sans toutefois entrer en contact avec les troupes allemandes concentrées entre Steinkjer et Sunnan, qui restent d'ailleurs entièrement sur la défensive. Cela, joint au fait que les avions allemands sont beaucoup moins actifs au-dessus de Namsos à partir du 25 avril, que l'aviation britannique embarquée a fait son apparition, et que le matériel tant attendu commence à parvenir aux corps expéditionnaires dès le 26 avril, explique dans une large mesure que le moral des hommes de l'opération « Maurice » se soit beaucoup amélioré depuis la désastreuse retraite des 22 et 23 avril.

Évidemment, les choses sont encore loin d'être parfaites : des renforts ont été promis, mais on ignore quand ils arriveront, combien ils seront, et ce que seront leurs ordres d'opé-

---

* Soit n'importe où entre Trondheim et Narvik !

** Le tout sous le commandement du général Béthouart.

rations. L'équipement qui arrive est très difficile à débarquer, du fait de la façon dont il a été entreposé, de l'état des quais et de la menace permanente des bombardements ; du reste, une bonne partie du matériel expédié est inutile ou inadaptée : du bois de chauffage pour les Français[21], et pour les Britanniques des cartes de Norvège au un-millionième, illisibles et vieilles d'un demi-siècle, ainsi que des camions de 3 tonnes inutilisables sur les routes autour de Namsos – ou sur ce qui en tient lieu[22]. Il y a aussi du matériel incomplet : de la D.C.A. sans viseurs, une batterie entière d'obusiers sans un seul obus, etc.[23]. D'ailleurs, même lorsque le matériel est utilisable, il est souvent mal utilisé faute d'entraînement : c'est ainsi que les servants d'une batterie de D.C.A. française abattront au premier coup de canon… l'officier qui commande le tir[24]. Lorsque l'entraînement s'améliorera, les choses n'iront pas mieux pour autant : on tirera à plusieurs reprises par erreur sur des avions britanniques… et on finira par en abattre un[25]. Du reste, les Britanniques eux-mêmes tirent sur leurs propres avions… mais ils les manquent[*26].

Les contacts entre alliés se caractérisent par une certaine méfiance réciproque : les commandants français et britanniques se soupçonnent mutuellement de vouloir évacuer Namsos dès la première occasion – à juste titre dans les deux cas – et la coordination laisse beaucoup à désirer ; c'est ainsi qu'à partir du 26 avril, un officier français et un officier britannique cherchent séparément un emplacement pouvant convenir comme terrain d'aviation… et chacun ignore la mission de l'autre[27]. Au niveau des soldats, les rencontres peuvent même être assez brutales : c'est qu'en dépit de multiples admonestations, les Britanniques s'obstinent à rouler à gauche[28]… Français et Britanniques ont également tendance à se méfier des Norvégiens : tous les civils leur

* Un caporal qui avait ouvert le feu à la mitrailleuse contre un hydravion de la flotte recevra un blâme « pour avoir manqué un amiral qui volait bas… ».

paraissent suspects[29], les militaires leur semblent inactifs, peu fiables et mal entraînés[30]. Pourtant, ce sont ces civils qui vont ravitailler les deux corps expéditionnaires[31], et les militaires qui leur fourniront les moyens de transport qui leur font si cruellement défaut. Mais les Britanniques n'ont qu'une confiance très limitée dans le colonel Getz, qui, à la différence de son prédécesseur le général Laurentzon, est pourtant un excellent officier, possédant une combativité à toute épreuve. Malheureusement, ses 4 000 hommes n'ont de munitions que pour un seul jour de combat, et les Français comme les Britanniques, qui s'étaient engagés à lui fournir des fusils et des munitions, ne tiendront jamais leurs promesses. Du côté français comme du côté britannique, on fait également très peu de cas des conseils du colonel… avec des conséquences souvent tragiques. Il y a un dernier élément qui ne facilite pas non plus les contacts entre alliés ; du côté britannique, le général Carton de Wiart parle certes un français impeccable… mais il est le seul. Les Français, eux, ne parlent pas anglais, et ni les Anglais, ni les Français ne parlent norvégien. Les Norvégiens, eux, ne parlent pas français et très mal anglais, mais certains parlent allemand, langue que ne comprennent malheureusement ni les Anglais, ni les Français. Le général Phillips demandera donc d'urgence à Londres… un dictionnaire allemand[32].

Surmontant toutes ces difficultés, le général Audet et le colonel Getz ont établi ensemble le 26 avril un plan d'attaque contre Steinkjer : les Britanniques marcheront sur la ville par l'ouest, les Français par le nord, et les Norvégiens par l'est[33]. Il est prévu que cette attaque sera soutenue par des tanks français et de l'artillerie, et déclenchée en même temps que l'assaut naval contre la forteresse d'Agdenes, à l'entrée du fjord de Trondheim[34]. Ce projet peut paraître attrayant, et il a un excellent effet sur le moral des officiers ; hélas ! il s'agit surtout d'un exercice de stratégie théorique, car les Britanniques ne peuvent guère opérer sans skis, les Norvégiens n'ont toujours pas reçu de munitions, et les tanks français n'arriveront jamais. Comme en outre il n'y aura pas non plus d'attaque navale contre la forteresse d'Agdenes, et que le plan n'a prévu aucun appui aérien, ses chances de succès sont à peu près nulles. D'ailleurs, le général Carton de Wiart, vieux soldat qui sait reconnaître d'instinct l'odeur de la défaite, s'est abstenu de tout commentaire au sujet de ce plan d'« offensive ». Par contre, il a pris ce jour-là une initiative qui est plus éloquente qu'un long discours ; au War Office, qui lui proposait l'envoi d'une demi-brigade de chasseurs alpins en renfort, le général Carton de Wiart a répondu par la négative : « Bouches inutiles, et, en cas d'évacuation, trop d'effectifs à évacuer[35]. » Il ne faudra que 48 heures pour que les événements lui donnent raison…

Au sud de Trondheim, pendant ce temps, la 15e brigade régulière du général Paget, débarquée deux jours plus tôt, s'efforce de contenir l'avance allemande dans le Gudbrandsdal. Elle a pris position autour du village de Kvam, d'où elle peut bloquer la vallée, permettant ainsi aux troupes norvégiennes, très éprouvées par les combats au nord de Lillehammer, de se regrouper dans le Romsdal et le long de la côte*. Le général Paget espère tenir ainsi le plus longtemps possible en attendant le débarquement des renforts, mais il est parfaitement conscient de la précarité de sa situation : avec moins de 3 000 hommes assistés de quelques détachements de skieurs norvégiens, sans moyens de transport, sans artillerie et sans couverture aérienne, il doit tenir tête à une avant-garde de 8 500 soldats allemands, hautement motorisée, soutenue par des tanks, de l'artillerie et une aviation omniprésente. D'autre part, il est menacé sur son flanc gauche par la colonne allemande qui remonte le long de l'Østerdal, et son unique voie d'approvisionnement depuis le port d'Aandalsnes est une route étroite doublée d'une ligne de chemin de fer terriblement vulnérable, qui longe le Romsdal jusqu'à Dombås. Or, la route est enneigée, percée

---

* Voir carte, p. 160.

de cratères, encombrée d'épaves sur toute sa longueur, et la voie de chemin de fer est quotidiennement bombardée – tout comme les points d'appui de Dombås et Aandalsnes. Une escadrille d'avions Gladiator a bien été envoyée en Norvège le 24 avril, et s'est posée sur un lac gelé au nord de Dombås. Malheureusement, il s'agissait là de biplans démodés, mal équipés et dépourvus de protection anti-aérienne ; ils ont été attaqués au sol dès le lendemain par les bombardiers allemands, et douze d'entre eux ont été coulés sur place... Les six derniers, à court d'essence et de munitions, ne leur survivront que 24 heures[36].

En dépit de tout cela, les hommes du général Paget vont repousser pendant près de 48 heures tous les assauts allemands contre Kvam ; du reste, c'est la première fois depuis le débarquement britannique en Norvège que l'on assiste à un véritable combat, non à une exécution. « Vers une heure de l'après-midi, raconte un témoin des combats, les tanks allemands sont entrés en action pour soutenir leur infanterie (...) Le caporal Stokes, du York and Lancaster Regiment, commandait la pièce antitank installée à proximité de la route, derrière le village (...) Le tank approchait lentement. Stokes l'a arrêté d'un seul obus ; au deuxième, le tank s'est enflammé, et est resté immobilisé au bord de la route. Une légère pause, puis (...) un autre tank s'est avancé. Stokes a attendu qu'il soit parvenu à la hauteur du premier, après quoi il l'a mis hors de combat exactement comme le premier, en deux coups de canon. Les Allemands avaient décidément de la suite dans les idées ; débouchant du virage, une automitrailleuse s'est dirigée à toute allure vers les carcasses des deux tanks (...) Stokes a attendu qu'elle passe juste entre les deux, puis il l'a détruite d'un seul coup de canon... grâce à quoi la route s'est trouvée complètement bloquée[37]. »

« Le 25 vers midi, raconte un autre témoin, deux hommes de la compagnie E étaient retranchés derrière un mur, avec une mitrailleuse Bren en batterie. Ils sont restés là à tirer, tandis qu'autour d'eux les maisons brûlaient, les obus éclataient presque sans interruption, et les lignes téléphoniques au-dessus d'eux étaient hachées les unes après les autres par les balles ennemies. Leur commandant s'était replié, mais eux, ils sont restés ; ils ont continué à tirer en échangeant des plaisanteries (…) jusqu'à ce que tard dans l'après-midi du 26, un obus leur tombe en plein dessus[38]… »

En deux jours, les Allemands perdent devant Kvam plus de 50 hommes, 5 tanks et 3 automitrailleuses, sans avancer d'un mètre. Au soir du 26 avril, les défenseurs du village se retirent en bon ordre pour former une nouvelle ligne de défense à Kjørem, puis à Otta. Là encore, les Allemands, qui se heurteront à ces positions le 27 et le 28 avril[39], vont essuyer de lourdes pertes, et leur avance vers le Nord s'en trouvera sensiblement ralentie. Pourtant, le général Paget ne peut espérer contenir l'ennemi indéfiniment sans renforts, sans artillerie et sans appui aérien ; c'est d'ailleurs ce qu'il a fait savoir au War Office dès son arrivée dans le Gudbrandsdal. Mais la réponse qu'il va recevoir au matin du 28 avril n'est pas du tout celle qu'il attendait…

On se souvient que depuis le jour du débarquement de la 148ᵉ brigade, l'aviation allemande a régulièrement bombardé la ville d'Aandalsnes, sans toutefois provoquer de très gros dégâts. Mais le 26 avril, tout change : ayant observé la veille le débarquement de la 15ᵉ brigade, et reçu entre-temps des ordres très précis de la part du Führer lui-même, les aviateurs allemands vont s'acharner sur Aandalsnes ; or, les défenseurs de la ville ne disposent d'aucune protection contre les bombardements aériens à haute altitude ; ils n'ont pas non plus d'appareils de visée, de projecteurs, de camions, de sacs de sable… ni même de pelles[40] ! Au soir du 26 avril, les bombes explosives et incendiaires ont eu raison de la jetée en bois, écrasé tous les abords du port, et fait disparaître en fumée les munitions et les approvisionnements qui s'y trouvaient entreposés. La suite, le général de brigade Hogg, commandant la garnison du port, l'expliquera lui-même dans son rapport :

> « Ayant mesuré l'étendue des dégâts et les perspectives qui s'offraient à nous, j'ai communiqué au War Office qu'à défaut de mesures immédiates pour remédier à notre vulnérabilité face aux attaques aériennes, la base allait devenir inutilisable. J'ai pris contact par téléphone avec le quartier général avancé, et le général Paget, mis au courant de la situation, s'est déclaré d'accord avec moi, me priant de souligner dans mon rapport la précarité de sa position. Il n'avait pas de canons, face à un ennemi doté d'artillerie de campagne (...) et entièrement maître du ciel. (...) Un peu plus tard, ayant reçu de plus amples informations sur les dégâts causés par le bombardement, j'ai tenté de contacter à nouveau le général Paget, mais sans succès. Nous avons discuté des plans d'évacuation[41]. »

Dès le lendemain 27 avril, à 5 heures du matin, le général Hogg envoie à l'Amirauté, au War Office, au ministère de l'Air et au général Massy un nouveau message leur exposant « les mesures à prendre en cas d'évacuation ». « Telle était la situation, écrira-t-il plus tard dans son rapport : j'étais coupé de tout contact avec le général Paget, j'estimais qu'une évacuation était inévitable, et que si elle était retardée trop longtemps, cela entraînerait un désastre majeur : la perte de l'ensemble des effectifs, à la suite d'une reddition ou d'un carnage. Je décidai donc d'insister pour que soit prise une décision d'évacuation. Évidemment, si j'avais pu entrer en contact avec le général Paget, je lui aurais laissé le soin de prendre lui-même la décision ; mais en l'occurrence, c'était à moi de décider. J'en assume pleinement la responsabilité, et je suis convaincu que toute autre initiative aurait entraîné un désastre. Je recommandai donc au War Office d'ordonner l'évacuation[42]. » Si le général Hogg se justifie aussi longuement dans ce rapport rédigé a posteriori, c'est que les initiatives qu'il prendra les 26 et 27 avril vont exercer une influence décisive sur les débats qui se déroulent au même moment entre les stratèges alliés réunis à Londres.

La réunion du Conseil suprême à Paris les 22 et 23 avril ayant quelque peu éloigné les ministres britanniques des dures réalités de l'affaire norvégienne, c'est seulement à partir du 24 avril qu'ils vont prendre connaissance de ce qui s'est réellement passé à Steinkjer, à Tretten et dans l'Østerdal. Le ministre de la Défense canadien, Norman M. Rogers, en visite à Londres, trouve ce jour-là M. Chamberlain « grave et préoccupé[43] » ; Winston Churchill, avec qui il déjeune le lendemain, lui apparaît « quelque peu tendu » :

> « Il était visiblement très préoccupé par l'invasion de la Norvège, et considérait que notre position était précaire. (…) Dans l'éventualité où les forces britanniques et françaises ne pourraient maintenir leurs positions en Norvège du Sud, il a souligné l'importance de tenir Narvik et la ligne de chemin de fer menant vers la Suède[44]. »

Lord Halifax, Samuel Hoare et même le roi George VI lui apparaîtront tout aussi pessimistes[45]. Du reste, le capitaine de vaisseau Auphan, qui est à Londres au même moment, trouve également l'Amirauté « sombre », et l'amiral Pound « très affaissé[46] ». Quant au général Ironside, lui-même fort accablé, il écrira dans son journal : « De retour au War Office, je trouve Oliver Stanley et Dill assis, l'air très noir. Stanley prétend qu'il a dit au Premier ministre que la situation était désespérée à Namsos[47]. » Enfin, pour Sir Alexander Cadogan, « il est évident que nous sommes dans un sale pétrin[48] ».

Cela ne fait guère de doute, et le Comité de coordination, réuni en principe le lendemain matin pour examiner l'opportunité de ressusciter l'attaque navale contre Trondheim, va parvenir à des conclusions tout à fait opposées, ainsi que l'expliquera à 11 h 30 M. Chamberlain devant le Cabinet de guerre :

« Le Premier ministre déclare que le Comité de coordination militaire a examiné ce que serait la situation après la capture de Trondheim. Avant que nous puissions utiliser Trondheim comme base, il faudrait y installer 50 canons antiaériens lourds et 80 légers, et même alors, il serait difficile de résister à des attaques aériennes massives. (...) Si l'Italie se joignait au camp de nos ennemis, nous serions incapables de lui faire face tout en maintenant des troupes à Trondheim et Narvik[49]. »

En d'autres termes, même si l'on prenait Trondheim, cela ne servirait pratiquement à rien ; or, on est très loin de l'avoir prise, et, comme l'a fait ressortir le Comité de coordination, « sans Trondheim, nous ne pourrions pratiquement rien faire en Norvège centrale ». Et M. Chamberlain de poursuivre : « C'est pourquoi le Comité en est arrivé à la conclusion que des plans devraient être préparés afin d'assurer l'évacuation de nos forces d'Aandalsnes et de Namsos en cas de nécessité, même s'il nous fallait dans l'intervalle faire tout notre possible pour poursuivre notre résistance à l'avance allemande[50]. »

Ainsi, le mot est lâché, et il crée un certain choc parmi les membres du Cabinet de guerre. M. Chamberlain, qui, comme d'habitude, ne considère les choses que sous l'angle politique, s'empresse donc d'ajouter : « Il est indéniable que le fait de nous reconnaître battus en Norvège porterait un coup sensible à notre prestige, mais nous pourrions limiter l'effet produit par notre retraite en faisant valoir que nous n'avions débarqué en Norvège centrale que pour gagner le temps nécessaire à l'accomplissement de notre véritable objectif, c'est-à-dire la capture de Narvik. »... Une ruse de guerre, en quelque sorte ! Mais les ministres présents sont tout de même assez effarés par les perspectives qui leur sont présentées. C'est ainsi que pour le ministre des Dominions, Anthony Eden, « Chaque jour passé à tenir le front en Norvège centrale nous aidera énormément pour nos opérations plus au nord ». Le ministre de l'Air ne peut qu'approuver, et le chancelier de l'Échiquier se demande « si un retrait de la région de Trondheim ne serait pas en contradiction totale avec les conclusions récemment adoptées au Conseil suprême, qui plaçaient Trondheim au tout premier rang de nos objectifs ».

La question est pertinente, mais Chamberlain se borne à répondre que l'on pourra rappeler aux Français qu'ils se sont toujours intéressés en priorité à Narvik et au minerai de fer. Le Premier ministre va d'ailleurs conclure la réunion en revenant sur le sujet qui l'intéresse au tout premier chef : « Vis-à-vis de l'opinion publique, il serait bon que nous puissions faire coïncider notre évacuation de la Norvège centrale avec l'annonce de la capture de Narvik. » Mais le Premier ministre n'a tout de même pas perdu entièrement le sens des réalités, et il ajoute : « Il se pourrait bien malgré tout que nous nous trouvions contraints de procéder à l'une avant de pouvoir annoncer l'autre. »

À l'issue de cette réunion du 26 avril, trois éléments au moins sont dignes de retenir l'attention : d'une part, bien sûr, la possibilité d'une évacuation a été longuement évoquée, mais il n'a pas été expressément décidé de la mettre en œuvre ; il est vrai qu'une place forte assiégée est bien près de la reddition dès lors que son gouverneur en parle, mais il n'en demeure pas moins qu'aucune date précise n'a été adoptée pour l'évacuation, et que la plupart des ministres espèrent qu'elle pourra être différée aussi longtemps que possible. D'autre part, l'effet que produirait une telle évacuation sur les autorités, l'armée et la population norvégiennes n'a été évoqué à aucun moment par les membres du Cabinet de guerre. Par contre, il est clair que l'on redoute fort la réaction des Français à la décision qui vient d'être prise – si tant est qu'une décision ait été prise – et la suite des événements va montrer que les craintes britanniques à ce sujet ne sont pas sans fondement…

Ce jour-là, en effet, à l'ambassade de Grande-Bretagne à Paris, un diplomate britannique note que « Léger et Reynaud sont tous deux horrifiés[51] ». C'est exact… et ils ne sont pas les seuls. Cet après-midi-là, à 15 heures, le Comité de guerre se réunit à l'Élysée, et le général Gamelin, lui aussi, « juge déplorable le projet de rembarquement anglais[52] ». Tous les autres participants, le président Lebrun, Daladier, Campinchi, Laurent-Eynac, Mandel, Darlan, Vuillemin et Georges se déclarent d'accord avec le président du Conseil lorsqu'il propose au Comité d'envoyer le général Gamelin à Londres, « avec mission d'attirer, de la façon la plus pressante, l'attention du commandement britannique sur les points suivants :

– décision de poursuivre les opérations en Norvège,

– nécessité d'organiser le commandement,

– avec la coopération des forces navales et aériennes, préparation de l'attaque de Trondheim[53]. »

De fait, Paul Reynaud sait ce qu'il lui en coûterait si l'affaire de Norvège se terminait comme celle de Finlande. Pour faire bonne mesure, il va donc envoyer ce soir-là à son homologue anglais un télégramme énergique, dans lequel il résume les considérations mises en avant au Comité de guerre. Il y ajoute les arguments suivants, qui vont provoquer outre-Manche une consternation certaine[54] : « Les Français, en ce qui les concerne, ne procèdent pas à cette évacuation (…). Il faut voir grand ou renoncer à faire la guerre, il faut agir vite, ou perdre la guerre[55]. » À Londres, ce soir-là, le général Gamelin et l'ambassadeur Corbin s'entretiennent avec les membres du Cabinet de guerre britannique ; le généralissime présente deux propositions précises : conserver une tête de pont alliée au sud de Trondheim, dans la région Aalesund-Molde-Kristiansund, et d'autre part occuper les principaux points de la route côtière au nord de Namsos, afin de « couvrir » Narvik[56]. Ses interlocuteurs ne paraissent guère convaincus, mais se déclarent immédiatement d'accord avec l'ambassadeur Corbin, qui propose une réunion d'urgence du Conseil suprême[57]. Dès l'après-midi du lendemain, ce sera chose faite ; mais entre-temps, à Londres, un nouvel élément est intervenu, qui va transformer en résolution les velléités des autorités britanniques : il s'agit des deux télégrammes envoyés d'Aandalsnes par le général Hogg…

On se souvient que les messages envoyés par le commandant de la base d'Aandalsnes dans l'après-midi du 26 avril et au petit matin du 27 étaient destinés au War Office, à l'Amirauté et au ministère de l'Air, mais aussi au général Massy. Il n'y a rien là que de très normal, puisque ce dernier est, depuis quelques jours, commandant en chef de toutes les forces britanniques* en Norvège centrale. Or, si jusqu'au matin du 27 avril, le général Massy n'a rien pu faire de bien utile au milieu de l'extraordinaire confusion qui préside à la prise de décisions stratégiques concernant la Norvège, les deux messages plutôt inquiétants du général Hogg vont l'amener pour la première fois à exercer pleinement ses prérogatives de commandant en chef ; coup sur coup, il envoie deux notes énergiques au Cabinet de guerre dès 9 heures au matin du 27 avril.

Dans la première, qui est en fait un long mémorandum, il indique que le chef de l'état-major impérial lui a certes donné carte blanche pour fixer la date d'une éventuelle évacuation, mais que le Comité de coordination militaire et le Cabinet de guerre ont par contre indiqué la veille dans leurs conclusions que « l'échéance de l'évacuation doit être différée le plus longtemps possible (en tenant compte des impératifs de la sécurité militaire) et devrait même, pour bien faire, n'intervenir qu'après la capture de Narvik[58] ». Tout cela nous est évidemment familier depuis longtemps : les ministres et les chefs d'état-major désirent à la fois une chose et son contraire, et ils comptent sur l'aide de la Providence pour les rendre compatibles. Mais le général Massy ne l'entend pas de cette oreille, et il démontre non sans quelque logique que s'il doit différer le plus longtemps possible

* … et françaises, bien sûr.

l'échéance de l'évacuation – si possible même jusqu'à la capture de Narvik – alors il n'a plus du tout carte blanche pour fixer la date de l'évacuation[59]...

La seconde note est tout aussi longue, mais beaucoup plus catégorique : l'expédition « Maurice » à Namsos, constate-t-elle, n'a plus qu'un rôle purement défensif, et l'expédition « Sickle », déjà sévèrement malmenée et menacée d'être débordée par l'est et le nord, vient d'être l'objet de très violents bombardements sur ses lignes de communications et ses bases arrière*. Dès lors, conclut le général Massy, « il faut prendre des mesures pour rembarquer la force "Sickle" au plus tôt[60] » ; et il ajoute : « le retrait de Namsos est également nécessaire, car une jonction Oslo-Trondheim rendrait intenable la position de l'expédition "Maurice" » [61]. Enfin, le général Massy conclut par un argument de poids : si l'évacuation se fait sur-le-champ, elle pourra être terminée vers le 1er ou le 2 mai ; si elle est différée, il faudra plus d'un mois pour évacuer l'ensemble du corps expéditionnaire**...

Il ne s'agit pas d'envoyer ces deux rapports par le courrier ; ils sont apportés le matin même au général Ironside, qui s'apprête à assister à la réunion du Cabinet de guerre. Or, le chef de l'état-major impérial va tenir le plus grand compte de ces documents. En effet, au cours de la séance du Cabinet de guerre – qui se prolongera pendant trois heures – le général Ironside déclare aux ministres présents que le plan exposé la veille par le général Gamelin « se heurterait à des difficultés considérables », et que de toute façon, « le bombardement de nos bases arrière rend l'approvisionne-

* On reconnaît là l'influence des télégrammes qui viennent de lui parvenir d'Aandalsnes.

** Le général Massy, qui n'a pas mis les pieds en Norvège et n'a jamais vu un soldat norvégien, précise également que « les forces armées norvégiennes n'assisteront probablement pas les troupes britanniques dans leur mouvement de retrait vers leurs bases. Dès qu'elles nous verront reculer, elles se rendront presque à coup sûr aux Allemands, ou se disperseront dans les collines. Les commandants de "Sickle" et "Maurice" devront donc recevoir des instructions en conséquence ».

ment des troupes pratiquement impossible. Le général Massy est donc d'avis que nous devrions évacuer nos forces[62] ». Cette fois, chacun comprend qu'il ne s'agit plus de discuter d'une échéance lointaine et incertaine, mais de décider l'évacuation *dans les meilleurs délais*... en d'autres termes, de prendre sur-le-champ une décision contraignante et définitive. Nous savons déjà depuis longtemps que les membres du Cabinet de M. Chamberlain détestent profondément ce genre d'exercice, sauf bien sûr Winston Churchill, qui se prononce d'ailleurs d'emblée contre une évacuation immédiate. Il serait plutôt partisan de « laisser les troupes actuellement en Norvège donner le meilleur d'elles-mêmes, en coopération avec l'armée norvégienne » ; du reste, il rappelle que l'amiral Keyes lui a proposé avec insistance de prendre le commandement d'une opération du type de « Hammer » contre Trondheim[63]. Mais pour les autres membres du Cabinet de guerre, tout cela est trop risqué ; comme Chamberlain, ils mesurent parfaitement les conséquences politiques d'un éventuel désastre en Norvège, et l'intervention du général Ironside leur a fait clairement comprendre qu'en laissant « Maurice » et « Sickle » aux prises avec les Allemands, on s'achemine à coup sûr vers une éclatante défaite. Dès lors, l'accord se fait : on procédera à l'évacuation... et sans délai[64]. « Atmosphère très sombre, note Sir Alexander Cadogan, il nous faut déguerpir : c'est une terrible débâcle. Mais les faits sont là, et on ne leur échappe pas[65]. »

C'est possible, mais rien n'oblige à le crier sur les toits ; c'est exactement ce que pensent les membres du Cabinet de guerre, et voilà pourquoi, au cours de la séance du Conseil suprême qui s'ouvre deux heures plus tard, personne ne se souciera de faire savoir aux Français que toute discussion est inutile, puisqu'on vient de décider l'évacuation de la Norvège centrale, avec effet immédiat. Au lecteur qui garde cela à l'esprit, les débats suivants entre Français et Britanniques apparaîtront sans doute comme un très mauvais vaudeville :

> « Après avoir souhaité la bienvenue aux représentants français et rappelé que les dernières délibérations du Conseil suprême, tenues le 22 et le 23 avril, avaient fait apparaître un accord complet des deux gouvernements en ce qui concerne les mesures à prendre en Norvège, M. Chamberlain indique qu'il désire expliquer brièvement les circonstances qui ont depuis lors complètement modifié la situation et dont M. Corbin a dû d'ailleurs informer le gouvernement français (…) Avant son départ pour Paris, lundi dernier*, le Premier ministre avait appris qu'une attaque aérienne avait été effectuée le samedi précédent sur Namsos et que la ville et la tête de ligne du chemin de fer avaient été détruites (…) À ce moment, la situation paraissait donc être la suivante : un certain revers avait été subi à Namsos. Mais Aandalsnes n'avait pas été sérieusement bombardée. Autrement dit, au nord de Trondheim, notre avance marquait un temps d'arrêt, mais au sud la situation semblait évoluer d'une manière satisfaisante (…)
>
> À ce moment, on n'éprouvait à Londres aucune inquiétude sérieuse. On s'apprêtait à mettre à exécution les plans prévoyant le débarquement de nouveaux contingents et l'envoi de matériel, notamment de batteries antiaériennes. (…) Malheureusement, la situation n'a pas tardé à empirer très rapidement. Le même soir**, on a appris à Londres que la colonne du général Carton de Wiart s'était heurtée à des forces allemandes et avait dû se retirer avec des pertes considérables. (…) En même temps, tous les rapports reçus à Londres soulignaient les effets destructeurs des bombardements aériens auxquels les Allemands procédaient d'une manière constante, et l'avantage énorme que leur conférait leur supériorité aérienne. (…)
>
> La conséquence de tout ceci est qu'il est pratiquement impossible de débarquer du matériel lourd par suite, d'une part, de la destruction des appontements et, d'autre part, du fait que les nuits, seul moment où l'opération serait éventuellement pos-

* Le 22 avril.

** Le 23 avril.

sible, sont maintenant de plus en plus courtes dans cette région nordique. Il n'est donc plus possible d'envisager la prise de Trondheim (...) Sans doute cette conclusion est-elle différente d'une décision d'évacuation. Tout en estimant la prise de Trondheim impossible, le gouvernement britannique n'en reconnaît pas moins la nécessité de poursuivre la lutte sur ce front aussi longtemps que possible. Il se rend compte, en effet, des conséquences extrêmement sérieuses que ne manquerait pas d'avoir une évacuation. Il ne peut cependant s'empêcher d'être sceptique sur le temps pendant lequel il sera possible de conserver des forces dans cette région. Le général Gamelin a fait à ce sujet des suggestions. Celles-ci sont actuellement examinées par les experts militaires. C'est à ceux-ci et non à des civils de décider ce qu'il convient de faire à la lumière des possibilités pratiques[66]. »

Depuis quelques minutes, on le voit, M. Chamberlain en est arrivé au vif du sujet, et il a commencé insensiblement à s'écarter de la vérité : son scepticisme quant au « temps pendant lequel il sera possible de conserver des forces dans cette région » est bien sûr éminemment justifié, puisque son gouvernement vient d'en décider l'évacuation immédiate ! Quant aux suggestions du général Gamelin, nous savons fort bien qu'elles ont déjà été rejetées, par les civils comme par les militaires. Sans doute un peu gêné de devoir prendre tant de libertés avec les faits, M. Chamberlain se dépêche de changer de sujet :

« La situation est toute différente à Narvik. Ce point a toujours été considéré comme essentiel. (...) Pour le moment, les opérations à Narvik sont arrêtées par le temps, qui est épouvantable. Une neige épaisse recouvre toute la région et des tempêtes de neige ne cessent de se succéder. Toutes dispositions n'en ont pas moins été prises pour procéder à une vigoureuse attaque aussitôt que les conditions atmosphériques le permettront. Cette attaque visera à s'emparer de la ville et à pousser les troupes vers la frontière suédoise avec l'aide des chasseurs alpins français. »

La suite va nous permettre d'admirer une fois encore l'étonnante habileté manœuvrière de M. Chamberlain, qui se déclare « entièrement d'accord avec l'exposé que M. Corbin a fait la veille des conséquences politiques et psychologiques qui résulteraient d'une évacuation de la Norvège par les Alliés. La conséquence certaine en serait un profond découragement chez tous les neutres, qu'il s'agisse des Pays-Bas ou des pays balkaniques. Quant à l'Italie, l'effet peut en être encore plus grave. Or il faut reconnaître que les ressources navales et aériennes des Alliés ne sont pas suffisantes pour mener à la fois une guerre en Scandinavie centrale et une autre contre l'Italie. L'entrée de l'Italie dans le conflit suffirait à nous obliger à renoncer à l'expédition de Scandinavie. M. Chamberlain désire seulement, pour le moment, faire allusion à ce nouvel aspect de la question. Les Alliés ne doivent pas conserver les yeux braqués sur un point particulier. Il leur faut examiner la situation dans son ensemble. Le gouvernement britannique a le sentiment que si le Conseil suprême d'aujourd'hui décide qu'il n'y a pas moyen de maintenir les positions alliées dans la Scandinavie méridionale, il sera essentiel d'effectuer une riposte ailleurs. Cette riposte pourrait consister en une attaque dirigée contre le cœur même de l'Allemagne (…) »

Sur ce, Paul Reynaud prend la parole. Vieux renard de la politique, rompu au jeu parlementaire, il a pu admirer en connaisseur l'effort de Chamberlain pour détourner l'attention et faire passer la Norvège à l'arrière-plan. Bien entendu, le président du Conseil va s'empresser de la ramener à l'avant-scène ; ayant déclaré que lui-même et ses collègues sont « très heureux d'avoir cette occasion de discuter franchement d'une situation aussi sérieuse que celle qui existe en Scandinavie », il s'empresse de faire remarquer qu'il ne croit guère à l'hypothèse d'une action italienne : « Avec les Italiens, dit-il, on ne peut jamais écarter l'hypothèse d'un bluff (…) » En revanche, « une retraite des Alliés de la Norvège centrale serait, il ne faut pas craindre de le dire, un véritable désastre au point de vue moral comme au point de vue politique. L'effet sur les Allemands, sur les neutres, sur les Alliés eux-mêmes, serait incalculable (…) ». Paul Reynaud présente ensuite plusieurs propositions : il s'agit d'abord de « sauver la face », en maintenant « certains éléments de résistance autour de Trondheim » ; ensuite, bien sûr, il faut « sauvegarder Narvik » ; par ailleurs, on pourrait offrir aux Suédois une certaine somme d'argent, « en compensation de la destruction des mines de fer à laquelle nous serons peut-être obligés de procéder ». Enfin, ajoute Paul Reynaud, peut-être faudrait-il se soucier du roi de Norvège : « N'y aurait-il pas intérêt à lui proposer de le recueillir, ainsi que son gouvernement, comme cela a été fait pour le gouvernement polonais ? Ce qu'il faut, c'est montrer qu'il existe encore, aux côtés des Alliés, une entité norvégienne vivante, et éviter un traité de paix entre la Norvège et le Reich (…) »

C'est bien la première fois que l'on se soucie des Norvégiens depuis le début des débats… et encore, en des termes qui indiquent une absence totale de désintéressement. Chamberlain répond qu'« en ce qui concerne une offre à la Suède pour amener ce pays à détruire les mines de fer, il ne s'agit pas d'une question d'argent. En effet, le résultat de l'occupation de la Norvège par les Allemands sera que la Suède va être complètement coupée du monde extérieur. Peut-on s'attendre à ce que les Suédois acceptent de détruire le seul instrument d'échange qui leur sera reconnu par les Allemands » ? En ce qui concerne le roi de Norvège, Chamberlain trouve la suggestion de M. Reynaud « excellente », même s'il avoue ignorer où se trouve le souverain ; « Il est quelque part au sud de Trondheim. Rien n'est en tout cas plus aisé que de se mettre en contact avec lui (…) » Enfin, pour ce qui est des initiatives militaires à prendre en Norvège, Chamberlain considère que le président du Conseil et lui-même ont « exprimé le même avis » ; et il poursuit : « Il faut d'une part sauver la face, d'autre part sauvegarder

Narvik (...) Quant aux suggestions du général Gamelin, elles sont de la compétence des experts militaires, mais elles correspondent dans l'ensemble aux idées mêmes du gouvernement britannique. » Paul Reynaud saisit la balle au bond, et « se félicite de ce qu'un accord de principe ait ainsi été réalisé en ce qui concerne les propositions du général Gamelin. Il appartient aux experts militaires d'arrêter le détail de ces décisions[67] ».

Ce dernier et très gros mensonge de M. Chamberlain, qui vient en fait de laisser entendre que son gouvernement est d'accord avec les suggestions du général Gamelin, a complètement abusé M. Paul Reynaud. Comme le général Gamelin avait proposé que l'on se maintienne à la fois au sud de Trondheim et au nord de Namsos, Paul Reynaud est maintenant convaincu d'avoir coupé court aux tentations défaitistes de l'allié britannique, et d'avoir ainsi remporté la partie. Il ne peut savoir que les dés sont pipés depuis le début, et le malentendu persiste jusqu'à la conclusion des débats... Après quelques nouveaux exercices de stratégie hypothétique sur leur théâtre préféré, la Méditerranée, les Français vont donc repartir pour Paris pleinement satisfaits d'avoir, selon les paroles mêmes de Paul Reynaud, réussi à donner aux Britanniques « la méthode et du cran[68] ».

Moins de deux heures plus tard, les ordres partent de Londres vers Aandalsnes et Namsos ; ils se résument en deux mots : Évacuation immédiate.

Avec le général Ruge et son état-major, le roi et son gouvernement attendent toujours le déclenchement de la grande opération contre Trondheim, qui après tout leur a été promise depuis le 9 avril. Le 21 avril, l'amiral Evans a rendu visite au roi à Vågå, et lui a promis que l'attaque contre Trondheim débuterait... le jour même ; à quoi le roi, qui commence à se méfier des promesses britanniques, lui a répondu qu'il n'annoncerait pas la nouvelle à ses ministres, parce que « si l'attaque n'avait pas lieu (...) ils perdraient confiance dans les Britanniques[69] ». Il est vrai que cette confiance a déjà été mise à rude épreuve ; c'est ainsi qu'on a vu arriver à Aandalsnes et à Dombås des troupes territoriales anglaises mal entraînées, mal équipées, peu disciplinées, sans moyens de transport, sans artillerie, qui montaient en ligne avec quatre ballons de football et 50 000 cigarettes[70]... Le colonel Thue, qui commande le 4e régiment d'infanterie stationné dans le Romsdal, les a d'ailleurs décrites en ces termes aux membres de son gouvernement :

> « De tous jeunes gens, qui semblaient venir des mauvais quartiers de Londres. Ils s'étaient intéressés de très près aux femmes du Romsdal et avaient pillé sans retenue dans les boutiques comme dans les habitations. (...) Ils avaient aussi tendance à prendre leurs jambes à leur cou au moindre bruit d'avion[71]. »

C'est un fait ; le Foreign Office reconnaîtra lui-même d'autres cas tout aussi déplorables :

> « Des soldats britanniques en état d'ébriété s'étaient querellés et avaient fini par tirer sur des pêcheurs norvégiens. Quelques-uns des officiers britanniques s'étaient comportés "avec l'arrogance de Prussiens", quant aux officiers de marine, ils se montraient en général tellement circonspects et soupçonneux qu'ils traitaient chaque Norvégien rencontré comme un membre de la cinquième colonne, et refusaient de croire les informations les plus importantes qui leur étaient communiquées de source norvégienne[72]. »

On connaît déjà les résultats de tout cela sur le terrain, et au gouvernement comme au quartier général norvégien, la déception a été énorme. Mais le débarquement du général Paget et de sa brigade régulière à partir du 24 avril a ramené l'espoir, et le général Ruge a été très favorablement impressionné par la détermination et l'esprit de coopération de Paget, qui lui a rendu visite le 26 pour mettre au point une stratégie commune. Dès le lendemain, Ruge a d'ailleurs confié au général Paget le commandement de toutes les troupes opérant dans le Gudbrandsdal, et regroupé ses autres unités – quelque 4 000 hommes en tout – plus au nord, dans la région Hjerkinn-Opdal, afin qu'elles puissent couvrir le flanc sud de la grande attaque contre Trondheim[73]. Officiellement, en effet, celle-ci a été maintenue. Le général Paget a bien confié dès son arrivée à Aandalsnes au ministre Cecil Dormer que l'opération avait été abandonnée cinq jours plus tôt[74], mais ni le général, ni le diplomate n'ont été autorisés à en faire part aux Norvégiens. Il en résulte que toute la stratégie norvégienne reste centrée autour de la reprise de Trondheim : « Accompagné de mon collègue français, écrit Sir Cecil Dormer le 26 avril, je suis allé voir le ministre des Affaires étrangères, qui a été rejoint par le Premier ministre, le ministre de la Défense et celui de l'Approvisionnement. J'ai eu la surprise de constater qu'ils semblaient relativement optimistes, mais c'était visiblement parce qu'ils n'étaient pas au courant de la situation militaire. Ils m'ont montré des plans décrivant les défenses de Trondheim et un terrain d'aviation que les Allemands étaient en train d'y construire. (…) Ils ne savaient pas que nous avions renoncé à attaquer la ville. (…) Tous les espoirs du gouvernement étaient cristallisés autour de la reprise de l'ancienne capitale[75]. »

Ceux du général Ruge aussi ; quelque peu mal à l'aise d'avoir dû cacher à son allié cette information capitale, le général Paget dirige au soir du 27 avril la défense de Kjørem, avec le soutien des détachements de skieurs du général Ruge. Cette défense est couronnée de succès, mais elle ne peut rien être d'autre qu'une brillante action d'arrière-garde, si l'appui aérien et l'artillerie que le général Paget a fait instamment demander à Londres ne lui arrivent pas très rapidement.

Ainsi, dans des conditions extrêmement difficiles, on en est arrivé sur le terrain à un début de coopération efficace entre les chefs militaires des deux pays, dont la stratégie est pourtant basée sur des prémices entièrement différentes, puisque l'un connaît le plan stratégique d'ensemble et l'autre non. Mais peut-on réellement parler de plan stratégique d'ensemble ? D'ailleurs, celui que connaît le général Paget date déjà de 72 heures ; au rythme des revirements du Cabinet de guerre britannique, c'est là, nous le savons, un délai très considérable…

À l'aube du 28 avril, le général Paget reçoit l'ordre fatidique du War Office : Évacuation immédiate de la force « Sickle ». Sans doute a-t-il également reçu pour instruction de ne pas en informer les Norvégiens, dont on se méfie décidément beaucoup à Londres… De toute évidence, le général Paget ne s'attendait pas à tout cela :

> « Ayant reçu le 28 avril l'ordre du War Office d'évacuer mes forces, dont les éléments avancés se trouvaient à 170 kilomètres de leur base, il m'est apparu à l'évidence que je ne pourrais le faire qu'avec l'aide du général Ruge, dont je dépendais pour mes transports routiers et ferroviaires, ainsi que pour la protection de mes flancs. J'ai consulté le capitaine Allen, de la Royal Navy, et le capitaine Brown, officier de liaison auprès du quartier général norvégien. Tous deux ont estimé qu'il était fort possible que le général (Ruge) refuse de coopérer, et me dise de me débrouiller pour quitter le pays par mes propres moyens. En fin de compte, j'ai pensé qu'il était préférable de lui exposer franchement la situation, et je me suis donc rendu à son quartier général dans cette intention[76]. »

C'est une entrevue extrêmement pénible qui se déroule au quartier général norvégien peu après 5 heures du matin. Le général Ruge accueille d'abord la nouvelle avec un grand calme et une certaine incrédulité : « Ainsi, la Norvège va subir le destin de la Tchécoslovaquie et de la Pologne… Mais pourquoi ? Pourquoi ? Vos troupes n'ont pourtant pas été battues[77] ! » Puis le général Ruge s'échauffe quelque peu :

> « Il a parlé en termes vifs de la trahison de son pays, rapporte le général Paget. Il a dit que lorsque nous avions mouillé des mines devant la côte norvégienne, nous devions certainement nous

attendre à une invasion allemande en réaction, et pourtant nous n'avions pris aucune disposition pour y faire face. On avait promis de lui envoyer une division britannique dans le Sud, et il n'avait reçu que mes cinq bataillons sans la moindre artillerie. Il avait pu persuader ses soldats de tenir en leur promettant que d'importantes forces britanniques allaient venir à leur secours, mais maintenant ils n'auraient plus confiance, ni en lui, ni en la Grande-Bretagne[78]. »

Une longue pause, puis le général Ruge s'excuse et sort de la pièce[79]. Lorsqu'il revient, il a retrouvé tout son calme, et à la grande surprise de ses interlocuteurs britanniques, il déclare : « Nous sommes des soldats, et nous devons obéir. Revenons à nos plans. Veuillez me dire en quoi je puis vous aider à exécuter vos ordres[80]. » L'accord se fait rapidement : le général Ruge assurera le transport des forces britanniques vers la côte, la protection de leurs flancs, et l'évacuation de leurs blessés ; les Britanniques, eux, couvriront la retraite des dernières unités norvégiennes le long du Romsdal[81]. Tous deux envoient sur-le-champ un télégramme au War Office. Le général Paget souligne que l'évacuation est des plus risquées, demande que l'on se maintienne au moins à Dombås, et réclame de nouveau avec insistance une couverture aérienne[82]. Quant au général Ruge, il rappelle les promesses faites par les Britanniques depuis le 9 avril, et souligne qu'en remettant à plus tard la capture de Trondheim, on prendrait le risque de la transformer en « une affaire grave et difficile[83] ». Le général Ruge, on le voit, ne sait pas encore toute la vérité…

Ainsi va débuter un long processus de désengagement, de retraite et de rembarquement, sous la pression constante de l'armée allemande et le bombardement continuel de la Luftwaffe. Le général Paget, comme le général Massy à Londres, estime que si tout va bien, l'évacuation pourra être terminée le 2 mai ; seulement, la situation militaire étant ce qu'elle est, personne ne peut garantir que tout ira bien. En cette journée du 28 avril, en effet, Aandalsnes, Molde et Kristiansund ont été littéralement écrasées sous les bombes. Ce soir-là, à Londres, on se préoccupe d'exécuter les décisions du Conseil suprême, et à 7 heures au matin du 29 avril, Sir Cecil Dormer, qui a trouvé refuge dans un asile d'aliénés à quelques kilomètres de Molde, reçoit de Londres un message urgent : « Le gouvernement de Sa Majesté me demandait d'inviter le roi Haakon et son gouvernement à quitter Molde cette nuit même à bord d'un croiseur britannique, qui les amènerait vers n'importe quel port de Norvège ou vers l'Angleterre, suivant les préférences exprimées par Sa Majesté. Je ne devais rien dire au sujet des plans d'évacuation, mais il fallait prendre des mesures pour que le roi ne tombe pas aux mains des Allemands[84]. »

En bon diplomate, Sir Cecil Dormer a quelque peu arrondi les angles dans ce rapport ; car le message transmis par l'Amirauté comportait en vérité les passages suivants :

> « Le gouvernement de Sa Majesté a décidé que le roi de Norvège, son entourage et les membres du gouvernement norvégien seront évacués avec les dernières troupes alliées qui quitteront la région de Molde, et en cas de nécessité, cela devra se faire même contre le gré du roi, afin qu'il ne tombe pas entre les mains des Allemands. (...) Sa Majesté ne doit pas être informée du plan d'évacuation pour le moment, et c'est seulement après la première nuit de l'évacuation que l'on devra recourir à la force si nécessaire[85]. »

En compagnie du ministre de France, Sir Cecil Dormer se rend donc chez M. Koht, où se trouvent déjà les autres membres du gouvernement. Il n'est pas facile d'annoncer la nouvelle avec ménagements, mais le comte de Dampierre notera ce jour-là : « Nos amis norvégiens sont étonnants de sang-froid et de calme. “You kill us”, avait cependant dit M. Koht[86]. » Effectivement, confirme le ministre de Grande-Bretagne, « M. Koht était très affecté, et j'ai pu craindre un moment que le gouvernement n'abandonne la partie[87] ». Il ajoutera toutefois : « Tandis que nous nous entretenions, un Heinkel a lancé une bombe, qui a explosé assez près pour me permettre d'espérer que les membres du gouvernement seraient incités à envisager plus favorablement l'idée d'un départ ; mais c'est seulement au cours de l'après-midi qu'ils m'ont fait savoir que le roi et eux-mêmes étaient disposés à embarquer*. »

De fait, ils n'ont plus guère le choix. Ce soir-là, à 21 heures 30, plusieurs voitures avec le roi, les membres du gouvernement et les ministres de Grande-Bretagne, de France et de Pologne traversent en trombe la ville de Molde, où les incendies font rage. En chemin, un *Stuka* largue une bombe incendiaire, qui tombe juste derrière la voiture royale. « L'intention est bonne, dit le roi sèchement, c'est l'exécution qui n'est pas à la hauteur[88]. » Les voitures arrivent au port, où les attend le croiseur *Glasgow*. Le quai de bois est en feu, et c'est au milieu de la fumée et des flammes, entre les colonnes d'eau envoyées par le croiseur, que le roi et ses compagnons embarquent vers 22 heures 30, suivis de plusieurs blessés**. Le *Glasgow* et ses destroyers d'escorte quittent précipitamment le port, et depuis le pont, Haakon VII et ses ministres regardent s'éloigner Molde, qui n'est plus qu'une mer de flammes.

Une fois au large, les membres du gouvernement vont devoir décider de leur destination. Bien entendu, il n'est pas question de quitter la Norvège, mais quel point de la côte va-t-on choisir ? Mosjøen, Bodø, Tromsø ?

« Les membres du gouvernement, note sir Cecil Dormer, étaient pour Mosjøen (...) Le roi préférait Tromsø (...) mais conformément à son habitude, il était disposé à laisser la décision au gouvernement. (...) J'entrepris de persuader le

* Il est intéressant de noter qu'à ce stade, les autorités norvégiennes ignorent que Namsos va également être évacuée. Pire encore, elles attendent toujours le déclenchement de l'attaque contre Trondheim !

** ... et de 23 tonnes de lingots d'or.

gouvernement d'accepter [la solution de Tromsø], mais ce ne fut pas sans mal, car M. Koht était d'avis qu'en allant aussi loin au Nord que Tromsø, le gouvernement se trouverait isolé du reste de la Norvège et serait accusé par la population d'avoir pris la fuite. Il était très agité[89]. »

Le Premier ministre Nygaardsvold racontera la suite après la guerre, dans un compte rendu au Parlement : « Comme les opinions restaient partagées au sein du gouvernement, (...) on décida de passer au vote. À l'issue du scrutin, il apparut que la solution de Tromsø avait recueilli une très légère majorité*. On en prit acte, en joignant au procès-verbal l'opinion de la minorité. La décision ayant ensuite été prise dans les formes par décret royal en conseil de gouvernement, on put annoncer au capitaine du *Glasgow* que le roi et le gouvernement désiraient se rendre à Tromsø. À quoi le Capitaine nous répondit laconiquement que nous aurions pu nous épargner tous ces efforts, car c'était là qu'il se rendait de toute façon. Il avait en effet reçu l'ordre de son gouvernement de nous déposer en lieu sûr, autrement dit à Tromsø[90]. »

L'épisode est intéressant, et en dit long sur la position de dépendance dans laquelle se trouve désormais le gouvernement norvégien vis-à-vis de l'Angleterre. Mais le Premier ministre Nygaardsvold ne connaît pas encore tous les dessous de cette affaire, qui en disent plus long encore sur les relations à l'intérieur du gouvernement norvégien, et sur les relations anglo-norvégiennes... C'est qu'en effet, l'officier commandant le *Glasgow*, le capitaine Pegram, n'a en fait reçu aucune autre instruction des autorités britanniques que celle de conduire le roi et le gouvernement là où ils le désiraient. Seulement, pendant que les ministres norvégiens délibéraient encore, il a reçu la visite du roi ; « Il m'a déclaré en confidence, écrira le capitaine Pegram à l'Amirauté, qu'il désirait aller à Tromsø, et que je pourrais peut-être dire à

* 6 voix contre 5.

son gouvernement que je n'étais pas disposé à aborder ailleurs[91] ».

Nous l'avions déjà laissé entendre à plusieurs reprises dans le passé : malgré les apparences, le roi Haakon VII représente une force avec laquelle il faut absolument compter…

Chapitre XI

LE CONTRECOUP POLITIQUE

Le 28 avril 1940, à Paris, on s'attend à ce que les Britanniques mettent rapidement en œuvre les décisions du Conseil suprême, et l'ambassadeur des États-Unis William Bullitt écrit ce jour-là au président Roosevelt : « Reynaud s'exprime violemment au sujet du manque d'intelligence dont font preuve le gouvernement et le haut commandement britanniques. Daladier (...) s'en prend à Reynaud autant qu'aux Britanniques, leur reprochant de n'avoir pas prévu la riposte allemande et de n'avoir pas pris les mesures nécessaires pour y faire face. Reynaud en rend responsable le général Gamelin, qui est soutenu par Daladier, qui, etc. » C'est effectivement un cercle vicieux, et l'ambassadeur ajoute cette information, qui ne fait que confirmer ce que nous savons déjà : « Reynaud prévoit la chute de son gouvernement en cas de défaite en Norvège[1]. »

Il ne doit donc pas y avoir de défaite en Norvège ; or, l'évacuation serait une défaite : par conséquent, il ne saurait être question d'évacuation. Une petite retraite locale, « sur des positions préparées à l'avance », peut à la rigueur se concevoir s'il n'y a pas moyen de faire autrement, mais on a bien insisté la veille auprès des Anglais pour que le corps expéditionnaire se maintienne coûte que coûte autour de Trondheim et au nord de Namsos. Ce même jour, le général

Gamelin a préparé le télégramme suivant à l'intention du général Lelong, attaché militaire à Londres :

> « Répétez général Ironside que nous faisons entière confiance à commandement britannique pour réalisation de notre conception commune. J'insiste sur suggestions suivantes :
> 1) Nécessité tenir en force région Grong afin couvrir route Mosjøen
> 2) Nécessité tenir rapidement en forces sérieuses région Mosjøen, Mo, Bodø
> 3) Étroite surveillance côtes entre Namsos et Bodø[2]. »

Cette même journée du 28 avril, Paul Reynaud a reçu le capitaine de Brantes, adjoint de l'attaché militaire à Londres, qui vient de rendre une brève visite au corps expéditionnaire français à Namsos. Or, le rapport du capitaine, qui a quitté Namsos au matin du 26 avril, est résolument optimiste : les quais du port sont intacts, les chasseurs alpins n'ont perdu « qu'une partie de leurs vivres et de leurs munitions », et le général Audet « a très bon moral ». Tard dans la nuit, Paul Reynaud a fait venir l'ambassadeur de Grande-Bretagne pour lui communiquer ces informations, et lui faire savoir qu'en conséquence, « Namsos devrait être utilisée pour débarquer des troupes et du matériel supplémentaires »[3]. Ainsi, plus de 24 heures après que l'ordre d'évacuation eut été envoyé à Namsos et Aadalsnes, Paul Reynaud ne sait pas encore… Il ne connaîtra la « nouvelle » que dans l'après-midi du 29 avril ; « J'apprends, note ce jour-là le colonel de Villelume, que deux heures après le Conseil suprême d'avant-hier, les Anglais ont donné l'ordre d'évacuer non seulement Namsos, mais le quadrilatère autour de Trondheim que voulait conserver Gamelin. (…) En somme, ils se sont moqués ouvertement des décisions du Conseil suprême[4]. »

Bien entendu, Paul Reynaud va utiliser toutes les ressources de la diplomatie pour essayer d'infléchir les autorités britanniques ; son propre avenir politique en dépend. Dès le 30 avril, il écrit à Chamberlain pour l'exhorter à revenir sur l'ordre de retraite, « au nom de l'amitié qui unit nos deux peuples[5] ». À Londres, les efforts de la diplomatie française vont se conjuguer avec ceux, bien plus timides il est vrai, de la diplomatie norvégienne. C'est que les Norvégiens sont encore moins bien informés que les Français des plans britanniques, et ils attendent toujours... le déclenchement de l'attaque navale contre Trondheim ! Le 29 avril, le ministre de Norvège a reçu de M. Koht une instruction qu'il va communiquer telle quelle à Lord Halifax : « J'ai appris avec surprise que les forces britanniques dans le Gudbrandsdal et le Romsdal avaient reçu l'ordre de se retirer. Au nom du gouvernement norvégien, vous insisterez aussi énergiquement que possible pour que cet ordre soit rapporté ; en effet, une telle retraite ne manquerait pas d'entraîner l'effondrement total de la résistance norvégienne à l'Allemagne, si elle devait s'effectuer avant que Trondheim ait été libérée[6] et que la situation soit rétablie[7]. »

Mais les pressions qui s'exercent sur le gouvernement britannique ne viennent pas seulement des gouvernements français et norvégien ; elles émanent également de Sir Roger Keyes, qui continue à faire le siège de l'Amirauté afin qu'on lui confie enfin le commandement de l'assaut contre Trondheim... qui a été abandonné dix jours plus tôt. Il ne s'agit donc pas de se retirer, mais au contraire de passer hardiment à l'offensive. Le 30 avril, l'amiral Keyes envoie à Churchill sa quatorzième lettre en moins de deux semaines, et il ne mâche pas ses mots : « Je considère (...) que la guerre sur mer a été conduite avec une pusillanimité et une myopie lamentables. (...) Vous m'aviez dit (...) qu'il serait possible de forcer l'entrée du fjord de Trondheim sans difficultés. Alors, pourquoi diable cela n'a-t-il pas été fait ? Ce n'est pas la peine de concevoir des plans, si ensuite ils ne sont pas mis en œuvre à temps pour prévenir des désastres comme celui de Steinkjer. (...) Si Trondheim avait été en notre possession, il n'aurait pas été question d'abandonner les Norvégiens à leur sort, comme nous nous apprêtons apparemment à le faire (...). J'ai reçu le soutien d'un grand nombre de personnes, qui partagent mes vues au sujet de la nécessité absolue de lancer une opération navale fulgurante contre Trondheim. (...) L'ambassadeur de France, qui m'a reçu ce matin, s'est déclaré en accord avec moi et a promis de faire connaître mes vues à Paris sans délai[8]. » Deux jours plus tôt, Sir Roger Keyes avait également écrit à Churchill ces lignes menaçantes : « Si ce gouvernement persiste à vouloir nous saborder, il va falloir qu'il s'en aille, et je ferai tout mon possible pour accélérer le mouvement, Nom de Dieu ! [9]. »

L'occasion ne va pas tarder à s'en présenter, et Sir Roger Keyes tiendra parole... Mais pour l'heure, le Cabinet de guerre maintient sa décision de faire évacuer la Norvège centrale*, et au vu de la situation sur le terrain, on ne peut pas vraiment lui donner tort...

Le 29 avril, le général Massy a fait envoyer au général Paget une réponse à son télégramme de la veille ; elle porte la mention « priorité absolue », et on peut y lire : « Couverture aérienne impossible. Vous devez absolument en prendre conscience, et faire de votre mieux pour vous échapper[10]. » Pour le général Paget, cependant, les choses ne sont pas si simples : il a promis de couvrir la retraite le long du Romsdal des 4 000 hommes du général Ruge, et pour ce faire, il doit se maintenir au moins 48 heures à Dombås avec ses trois bataillons remontés d'Otta. Après cela, il lui restera à évacuer ses 2 000 hommes le long d'une étroite vallée, par une route défoncée et une voie de chemin de fer coupée en huit endroits, le tout sous un déluge de bombes et avec la menace permanente d'un débordement par les forces allemandes venues de Trondheim et de Støren. Au bout du che-

* Il a tout de même fait une concession au général Gamelin, en acceptant un repli de Namsos jusqu'à Mosjøen. Malheureusement, le War Office a oublié de vérifier si ce mouvement était praticable avant d'envoyer les ordres en ce sens au général Carton de Wiart...

min, si l'on y parvient, il y aura la ville d'Aandalsnes, qui n'est plus qu'un gigantesque brasier...

Ce même 29 avril, le lieutenant-colonel Clark, qui continue à faire la navette entre Londres et le front, débarque à Aandalsnes sur un quai en flammes, au milieu d'une nouvelle attaque aérienne. Arrivé au quartier général britannique, il assiste à une conférence qui réunit le général Hogg, le lieutenant-colonel Lewis* et le général Morgan. « Les communications entre la base et le quartier général avancé étaient visiblement difficiles, et le général Hogg ne semblait pas être au courant des plans du général Paget. Il n'excluait pas que les forces de général Paget puissent se trouver dans l'incapacité de rallier la base, et il craignait même que l'ennemi n'effectue une percée le jour même. Il était donc en train d'établir indépendamment ses plans d'évacuation (...) Les conclusions de la conférence avaient été les suivantes :

a) Embarquement par Molde impossible (...) car il n'y avait aucun moyen d'acheminer les troupes jusque-là.

b) Le général Hogg craignant une percée de l'ennemi, et les lignes de communications risquant d'être coupées à tout moment, un message avait été envoyé au War Office pour demander que l'embarquement débute cette nuit même et se fasse en totalité à Aandalsnes** (...) Les effectifs à embarquer étaient à peu près les suivants :

15e brigade d'infanterie, etc.	1 500
14e brigade d'infanterie etc.	400
garnison de la base	1 000
Royal Navy, Royal Marines et R.A.F.	800
Total :	3 700 »

Dans la confusion, on oublie de comptabiliser quelque 700 hommes... mais peu importe : les effectifs seront

* Chef du détachement « Primrose » à Aandalsnes.

** À l'exception de petits détachements de marins devant être embarqués à Aalesund et Molde.

embarqués au fur et à mesure qu'ils se présenteront. Pour l'heure, il faut mettre la base en état de défense contre une offensive terrestre[11] et se préparer à vendre chèrement sa peau, avec des moyens réduits à l'extrême : le dernier dépôt de munitions a sauté, la réserve d'essence achève de se consumer[12], et la route vers Dombås, défoncée, inondée, mitraillée, encombrée d'épaves sur toute sa longueur, est quasiment impraticable. Pourtant, la chance, qui a résolument tourné le dos au corps expéditionnaire durant ses opérations offensives, va au contraire favoriser au plus haut point son désengagement et son rembarquement : entre le 29 avril et le 1er mai, les conditions météorologiques se dégradent, rendant plus difficiles les opérations aériennes allemandes* ; par ailleurs, malgré les milliers de bombes déversées sur les croiseurs et les destroyers britanniques qui viennent évacuer le corps expéditionnaire, aucune des grandes unités ne sera coulée**. Enfin et surtout, la 15e brigade du général Paget, appuyée par des détachements de skieurs norvégiens et par quatre pièces d'artillerie que le général Ruge a fait dépêcher sur place, parvient à se maintenir à Dombås jusqu'au soir du 30 avril[13]. À ce stade, on peut parler d'une réelle fraternité d'armes entre les troupes britanniques et norvégiennes ; ces dernières, ayant pu assurer leur retraite jusqu'à la côte derrière l'écran des troupes de la 15e brigade, vont ensuite s'employer à faciliter par tous les moyens le désengagement britannique de Dombås à partir du 29 avril.

Durant les 48 heures qui suivent, la retraite des 1 800 soldats du général Paget*** et de quelque 300 Norvégiens vers

---

* Il est vrai que la R.A.F., qui ne peut couvrir le rembarquement, a réussi à bombarder depuis le 29 avril les aérodromes de Fornebu, Aalborg et Stavanger, ce qui a dû également ralentir les opérations aériennes allemandes.

** Les Britanniques remarqueront à cette occasion qu'une proportion considérable de ces bombes – fabriquées en Tchécoslovaquie – n'explose pas à l'impact.

*** Depuis son débarquement au soir du 24 avril, la 15e brigade a perdu 850 soldats et 30 officiers (WO 106/1905, Report by Lt. Col. D.W. Clarke, *op. cit.*, p. 4).

Aandalsnes, en train, en camions et à pied, constitue un véritable exploit militaire, au cours duquel on frôlera la catastrophe à plusieurs reprises*. Mais en fin de compte, les soldats britanniques atteindront Aandalsnes dans la soirée du 1er mai, et à 2 heures au matin du 2 mai, un destroyer emporte l'arrière-garde de ce qui a été l'opération « Sickle ». La campagne du Gudbrandsdal est terminée ; c'est une défaite, ce n'est pas un désastre. À Londres, Neville Chamberlain est tellement soulagé qu'il annonce le jour même aux Communes le succès de l'évacuation[14]. C'est une erreur, bien sûr : les Allemands, alertés, vont en tirer les conséquences ; or, plus au nord, à Namsos, un autre embarquement est en cours, sur lequel l'ennemi va maintenant faire porter tout son effort…

À Namsos, le général Carton de Wiart a reçu l'ordre d'évacuation tard dans la soirée du 27 avril, et l'a communiqué au général Audet le lendemain matin. Il est clair que l'un comme l'autre ont accueilli cet ordre avec soulagement[15], et les quelques officiers qui l'ont déploré**[16] comprennent rapidement l'impossibilité de faire autrement : dès le matin du 28 avril, un furieux bombardement allemand détruit l'essentiel du matériel déchargé depuis l'avant-veille sur les quais de Namsos… Entre le 28 avril et le 2 mai, les troupes françaises et britanniques qui s'étaient avancées vers Steinkjer depuis trois jours vont être progressivement ramenées sur Namsos. Les Britanniques amorcent un premier repli de Hjellbotn à Namdalseid, les chasseurs alpins du lac Gilten jusqu'à Berge et Klingen. Partout, on laisse des arrière-gardes pour dissimuler cette retraite aux yeux des Allemands… mais aussi, hélas ! à ceux des Norvégiens…

---

* Notamment lorsque le train transportant un des bataillons déraillera près de Lesjaskog, et que les soldats devront parcourir 30 kilomètres à pied sous les bombes pour se réfugier dans le tunnel de Verma (voir WO 106/1904, Report (…) by Gen. Paget, *op. cit.*, ainsi que T.K. Derry, *The campaign, op. cit.*, p. 137).

** Dont le capitaine Kœnig, qui semble avoir déclaré à cette occasion : « Les c…, il fallait y rester ! » (R. du Pavillon, *Les Dessous…*, op. cit., p. 249)

Le général Carton de Wiart a, quant à lui, pris très au sérieux les instructions du War Office de ne pas informer les Norvégiens du plan d'évacuation. Ainsi, jusqu'au 2 mai, les troupes du colonel Getz, qui sont déployées autour du lac Snåsa conformément au plan d'attaque décidé en commun le 26 avril, continueront leur avance vers Steinkjer, sans se douter que leur aile droite est en train de s'affaiblir démesurément, pour enfin disparaître entièrement au soir du 2 mai. Le colonel Getz a bien remarqué quelques mouvements de retraite anormaux, mais il lui a été dit qu'il s'agissait d'embarquer des chasseurs alpins pour une opération de débarquement contre la forteresse d'Agdenes[17]. Ainsi, la seule ruse de guerre réussie par le corps expéditionnaire franco-britannique à Namsos l'aura été aux dépens de ses propres alliés…

Alors que les troupes françaises et britanniques se retirent discrètement vers Namsos, un nouvel ordre parvient aux deux commandants de l'expédition. D'après le commandant Stehlin, « le général Gamelin qui, de Paris, dirige des opérations fictives sur la carte, fait adresser directement au général Audet l'ordre de mouvement d'une partie de nos moyens en direction du nord, sur Mosjøen, dans l'intention, semble-t-il, de soutenir par là l'opération en cours vers Narvik[18] ». Il s'agit là, on s'en souvient, du plan français destiné à atténuer l'effet politique de la retraite, et qui a finalement été accepté par le Cabinet de guerre britannique pour faire plaisir aux Français. Le général Carton de Wiart, surpris, notera : « Je savais que la route était recouverte d'une épaisse couche de neige, et impraticable pour l'infanterie ; je ne voyais pas l'intérêt d'une telle manœuvre, et j'informai le War Office en conséquence[19]. » Le général Audet et le commandant Stehlin sont du même avis ; selon ce dernier, « tout cela vu d'un bureau, dans la proche banlieue de Paris, n'est pas réalisable sur le terrain, du moins avec les moyens de transport et l'équipement que nous possédons, en raison de la neige encore très abondante en cette fin d'avril[20] ».

Le 30 avril, pour la première fois depuis une semaine, les avant-gardes allemandes commencent à tâter les positions alliées, tandis que les attaques aériennes redoublent d'intensité ; ce jour-là, dans le port de Namsos, le contre-torpilleur antiaérien *Bittern* est touché de plein fouet, et sombrera peu après. La D.C.A. du port se révèle inefficace, de même que la protection des quelques chasseurs envoyés le 1er mai par le porte-avions *Ark Royal*[21]. De Namsos, il ne reste absolument rien : la ville a été entièrement rasée. « Pendant que nous nous débattons dans une situation pénible et humiliante, note le commandant Stehlin, arrive un nouveau télégramme ; le général Gamelin s'impatiente et ordonne, malgré les explications du général Audet, la prise de Mosjøen par une formation de skieurs. La route est toujours impraticable, le détachement sera envoyé par mer. Nous continuons à ne pas comprendre l'utilité de cette occupation[22]. » Pour couronner le tout, les officiers britanniques apprennent avec effarement dans l'après-midi du 2 mai que leur Premier ministre a annoncé publiquement l'évacuation d'Aandalsnes[23].

Finalement, malgré d'innombrables difficultés, une flotille de destroyers et de croiseurs français et britanniques parvient à gagner Namsos au soir du 2 mai, et réussira ce tour de force d'embarquer de nuit 4 200 hommes en moins de quatre heures. Par un véritable miracle, l'aviation allemande n'interviendra pas pendant la traversée du Namsen Fjord, lorsque l'escadre lourdement chargée se trouve encore prise au piège entre les falaises à pic qui bordent le fjord. Le 3 mai, alors que la flotte se trouve déjà en haute mer, la Luftwaffe interviendra certes avec une efficacité meurtrière*, mais trop tard pour compromettre le succès de l'évacuation.

* Les contre-torpilleurs *Bison* et *Afridi* seront coulés, avec la perte de plus de 250 hommes.

Quelques heures plus tôt, à 22 h 30 au soir du 2 mai, le colonel norvégien Getz – qui s'attendait encore le matin même au grand assaut naval contre Trondheim[24] – reçoit deux messages signés des généraux Audet et Carton de Wiart. Les deux officiers l'informent enfin… qu'ils s'en vont, et ils lui présentent leurs excuses. Ainsi, le colonel Getz, officier courageux et loyal, se trouve abandonné avec ses troupes au nord-est de Steinkjer, tandis que l'ennemi s'est déjà profondément infiltré sur son flanc droit et ses bases arrière, si récemment évacués par les soldats alliés. Dans les ruines de Namsos, il trouvera les carcasses d'une dizaine de camions, les débris de quelques canons de D.C.A., des caisses de vivres et 300 fusils. « Nous vous laissons, avait écrit le général Carton de Wiart dans son message d'adieu, une certaine quantité de matériel, (…) qui, j'en suis sûr, se révélera d'une grande utilité pour vous et vos vaillantes troupes[*25]. » Le colonel Getz s'abstient de tout commentaire, ce qui est évidemment préférable pour l'avenir des relations anglo-norvégiennes. Le soir du 3 mai, lui et ses hommes, cernés et à court de munitions, accepteront de se rendre aux Allemands ; le même jour, le général Hvinden-Haug signe la capitulation de toutes les forces norvégiennes au sud de Trondheim[26]. L'avant-veille, le général Ruge, après avoir longuement hésité à abandonner ses soldats, a finalement quitté Molde à bord d'un destroyer britannique pour rejoindre le roi et le gouvernement à Tromsø[27]. En Norvège centrale, la campagne s'achève faute de combattants.

« Il est bien trop tôt, a déclaré le Premier ministre Chamberlain aux Communes le 2 mai, pour dresser le bilan de l'affaire norvégienne, car ce n'est qu'une seule phase de la campagne qui s'achève à présent[28]. » C'est possible, mais

* Il n'y a là aucune ironie. Les destructions ont été effectuées plusieurs heures après la rédaction de cette lettre, dans la désorganisation presque totale qui a présidé à l'embarquement.

elle s'achève très mal ; et quoi qu'en dise M. Chamberlain, l'opinion publique, la presse et les honorables membres du Parlement ne peuvent en conscience s'empêcher de dresser d'ores et déjà le bilan de l'affaire norvégienne…

Depuis le 9 avril, les communiqués officiels, la B.B.C. et la presse n'ont cessé de présenter la moindre initiative des forces britanniques en Norvège comme une action d'éclat, rendant à chaque fois plus certaine la victoire finale. Chaque opération navale, chaque débarquement de troupes, chaque arrivée d'officiers supérieurs en Norvège a été annoncée complaisamment par la radio ou la presse, avec à chaque fois un excellent effet sur le moral des populations (ainsi que des conséquences désastreuses pour la sécurité des opérations). Mais dès lors que les victoires se font attendre et que les revers s'accumulent, les membres du gouvernement britannique commencent à s'inquiéter des conséquences politiques d'une éventuelle désillusion de l'opinion publique. Dès le 22 avril, le ministre de la Guerre Oliver Stanley déclarait au Cabinet de guerre : « Les comptes rendus optimistes parus dans la presse donnent l'impression que les Alliés avancent victorieusement, après avoir débarqué en très grand nombre sur plusieurs points de la côte norvégienne. À moins que nous ne parvenions à persuader la presse de changer de ton, le public pourrait bien éprouver un choc sévère si les choses tournaient mal à Namsos[29]. » Le 24 avril, Chamberlain déclare à ses collègues du Cabinet de guerre que « le fait de s'avouer vaincus en Norvège aurait des conséquences graves pour notre prestige[30] ». On devine de quel genre de prestige il s'agit, d'autant que deux jours plus tôt, on s'en souvient, le général Carton de Wiart avait été prié de renoncer à ses projets d'évacuation de Namsos « pour des raisons politiques ». Mais à partir du 26 avril, alors que la question de l'évacuation ne peut plus être écartée, le Premier ministre s'attend à « une réaction sévère de la part de l'opinion publique[31] », et dès lors, la crainte d'une remise en question de la politique du gouvernement par l'opinion, la presse et l'opposition va dominer les débats du Cabinet de guerre. Le 29 avril, M. Chamberlain déclare à ses collègues que, « pour des raisons politiques », il ne faut pas donner l'impression « que l'on abandonne les Norvégiens à leur sort » ; le lendemain, on apprend que le ministre de l'Information a « commencé à préparer l'opinion », tandis que le Premier ministre constate avec un soulagement évident que « les chefs de l'opposition (...) qu'il a rencontrés n'ont pas critiqué l'action du gouvernement[32] ».

C'était sans doute par courtoisie ; mais la lame de fond du mécontentement est déjà clairement perceptible. Dès le 29 avril, le Comité de surveillance, qui regroupe sous la présidence de Lord Salisbury des membres du Parlement conservateurs, envoie au Foreign Office une délégation pour protester contre « le manque d'initiative dont a fait preuve le gouvernement » dans sa politique de guerre[33] ; le lendemain, un membre du Comité, le député Harold Nicolson, notera dans son journal : « L'impression générale est que nous sommes en danger de perdre la guerre[34]. »

C'est un fait. Non seulement les détails des revers subis en Norvège au cours des dix derniers jours commencent à être connus dans le pays, mais encore certains bruits circulent au sujet des graves insuffisances qui ont présidé à l'organisation et à l'équipement du corps expéditionnaire[35] ; et il y a pire : dès le 30 avril, la nouvelle de l'évacuation, qui venait à peine de débuter à Aandalsnes et à Namsos, était déjà connue d'un grand nombre de personnes en Grande-Bretagne... et il semble même que l'indiscrétion soit venue d'un membre du gouvernement[36] ! Tout cela attise le mécontentement, et d'après le député conservateur Sir Henry Channon, « on continue à parler à la Chambre d'une cabale contre ce pauvre Neville. "Ils" disent que c'est 1915 qui recommence[37] ». Le lendemain, 1er mai, le député Harold Nicolson, de retour de la Chambre des Lords, fait une constatation analogue : « Buck* semble penser que si la Norvège est perdue, le Premier ministre sera obligé de démissionner[38]. » Le 2 mai, Sir Henry Channon, qui est pourtant un vieil ami du Premier ministre, ne peut s'empêcher de noter : « Forte bourrasque à Westminster (...) Je commence malgré moi à me rendre à l'évidence : tout compte fait, les jours de Neville sont comptés[39]. » Et le lendemain : « David Margesson** dit que nous sommes à la veille de la crise politique la plus grave depuis 1931[40]. » Ce même jour, enfin, le général Ironside apprend « qu'il se prépare à la Chambre une bataille en règle, (...) et qu'un fort parti veut se débarrasser du Premier ministre[41] ».

Le gouvernement est parfaitement conscient de « la marée montante de l'opinion qui se dresse contre lui[42] » ; aux réunions du Cabinet de guerre, dans les premiers jours de mai, on passe donc de plus en plus de temps à préparer la défense du gouvernement contre la tempête qui s'annonce au Parlement... Bien entendu, l'idéal serait que Narvik soit prise avant le débat fatidique à la Chambre, et l'on exerce une discrète pression en ce sens sur Lord Cork depuis la fin du mois d'avril[43]. Hélas ! la garnison allemande ne semble nullement disposée à favoriser la survie politique du gouvernement de M. Chamberlain, et elle refuse obstinément de se rendre ; d'autre part, les officiers britanniques sur place sont unanimes : une attaque immédiate est hors de question[44]. Il va donc falloir chercher ailleurs ; le 1er mai, toujours pour tenter de désamorcer les critiques, le Premier ministre avait annoncé une réorganisation de la conduite des opérations : Winston Churchill, déjà président du Comité de coordination militaire, se voyait désormais confier en outre la responsabilité « de guider et de donner des directives au Comité des chefs d'état-major[45] ». Mais les députés savent bien que les directives en question doivent avoir recueilli au

* Lord de La Warr.

** Le capitaine David Margesson, chef de file du parti conservateur.

préalable l'assentiment du Cabinet de guerre, ce qui limite fortement la portée de la mesure ; ils savent aussi que Chamberlain met toujours Churchill en avant lorsqu'on l'accuse de conduire la guerre avec trop de mollesse[46]... Décidément, il va encore falloir trouver autre chose. Le lendemain, M. Chamberlain annonce avec fierté la réussite de l'évacuation d'Aandalsnes, une révélation prématurée qui ne peut qu'aider l'ennemi, et fait grincer bien des dents chez les militaires... sans apaiser pour autant les députés ; c'est que certains de ses propos à cette occasion sonnent étrangement faux : « Je m'aperçois, note ainsi l'Honorable Harold Nicolson, que de graves soupçons pèsent sur le Premier ministre. Son discours sur l'expédition de Norvège a créé un malaise. La Chambre sait parfaitement que nous avons subi là-bas une défaite majeure. Mais le Premier ministre a déclaré que "dans l'ensemble, nous conservions l'avantage", et que "l'Allemagne n'avait pas atteint son objectif". Or, tout le monde sait bien que c'est faux. Si Chamberlain croit ce qu'il dit, c'est qu'il est idiot. S'il n'y croit pas, c'est qu'il essaye de tromper son monde. Dans les deux cas, il perd la confiance de ses auditeurs[47]. » Il est vrai que ce discours va également déclencher une avalanche de critiques dans la presse ; le 4 mai, le *Manchester Guardian* écrit dans son éditorial : « La propension du Premier ministre à s'auto-illusionner ne constitue rien de moins qu'un péril national, car elle amortit la prise de conscience par le pays du péril qui le guette (...) Nous ne pouvons pas, nous ne voulons pas continuer ainsi[48]. »

Lors de ce discours, Chamberlain a dû promettre à la Chambre un débat général sur l'affaire de Norvège pour le 7 mai. D'ici là, il va falloir trouver de nouveaux arguments, mais de toute évidence, les choses se présentent mal – d'autant que dans l'intervalle, les marins, les aviateurs et les soldats seront rentrés de Norvège, et ils ont bien des histoires à raconter à leurs familles... et à leurs députés. Au cours des jours qui suivent, les ministres vont donc passer le plus clair de leur temps à préparer leur défense ; on en trouvera bien des traces dans les archives de M. Chamberlain, et notamment cette petite note non signée, datée du 6 mai : « En cas de besoin, nous pourrions dire que nous pensions qu'il serait possible de devancer les Allemands en débarquant dans les ports norvégiens, mais que l'action perfide des Allemands avant le début des hostilités nous en avait empêchés[49]. » C'est donc l'argument de la cinquième colonne et du cheval de Troie que l'on s'apprête à ressortir, avec pour complément celui de l'incapacité des Norvégiens à se défendre, voire même celui de leur trahison[50]... Après tout, il faut bien que Quisling serve à quelque chose ! Face à un ennemi utilisant des moyens aussi malhonnêtes, comment peut-on s'étonner qu'un gouvernement composé d'hommes parfaitement honorables se soit laissé aussi complètement surprendre* ?

C'est au milieu de cette atmosphère très lourde que le ministre des Affaires étrangères Koht et le ministre de la Défense Ljungberg débarquent le 5 mai ; ils ont été chargés par le gouvernement norvégien réfugié à Tromsø d'essayer d'en apprendre un peu plus sur les intentions stratégiques alliées, ce qui se conçoit aisément compte tenu des circonstances. D'ailleurs, on hésite à le dire, mais c'est seulement la veille que l'on a jugé utile de faire savoir aux autorités norvégiennes que... l'attaque contre Trondheim avait été annulée[51] ! Pourtant, au cours de leurs premiers entretiens avec les ministres britanniques, MM. Koht et Ljungberg s'aperçoivent rapidement qu'à Londres, la politique a nettement pris le pas sur la stratégie ; ainsi, M. Koht, qui a une brève conversation avec le Premier ministre Chamberlain dans l'après-midi du 6 mai, le trouve peu aimable, mais

* Cette nouvelle ligne de défense est d'ailleurs inaugurée lors d'entretiens « exploratoires » avec plusieurs membres de l'opposition entre le 4 et le 7 mai. À défaut d'autre chose, M. Chamberlain est un redoutable stratège en matière de politique intérieure...

surtout mal à l'aise, très tendu et constamment sur ses gardes[52]. « Lorsque je fis remarquer, raconte Koht, qu'il y avait eu un certain manque de coopération entre les hauts commandements norvégien et allié, il m'interrompit immédiatement pour dire : "Ce n'est pas de notre faute !" Je me contentai (...) de répondre que je ne songeais nullement à me plaindre, et que je n'ignorais pas que pour coopérer, il fallait être deux[53]. » M. Koht reviendra de cet entretien plutôt perplexe, mais il suffit de regarder le calendrier pour comprendre la nervosité de M. Chamberlain : c'est le lendemain même que va commencer à la Chambre le grand débat sur l'affaire de Norvège... et sur l'ensemble de la politique de guerre du Premier ministre par la même occasion.

Au moment où s'ouvre au Parlement la séance du 7 mai 1940, une très grande incertitude règne dans les esprits, tant au gouvernement qu'au sein de l'opposition. Le gouvernement va devoir justifier ses actions, ses inactions, son impréparation, ses tergiversations, tout en évitant soigneusement de divulguer le moindre renseignement susceptible d'être mis à profit par l'ennemi ; d'autre part, il sait que le danger ne viendra pas seulement de l'opposition : parmi les censeurs les plus sévères de sa politique, il s'attend à trouver beaucoup de membres du parti conservateur, même s'il ignore encore quel sera leur nombre exact ; enfin, comme si tout cela ne suffisait pas, des renseignements de plus en plus précis et concordants font état depuis huit jours de l'imminence d'une attaque allemande dirigée contre la Belgique et les Pays-Bas...

Du côté de l'opposition, on s'apprête certes à dresser un réquisitoire impitoyable contre les insuffisances et les maladresses de la politique de guerre du Premier ministre. Mais chacun sait, au parti libéral comme au parti travailliste, que les conservateurs disposent d'une solide majorité aux Communes ; il ne saurait donc être question de remplacer le gouvernement actuel par une administration travailliste. Tout au plus peut-on espérer un changement à la tête du gouvernement, qui permettrait la constitution d'un Cabinet de coalition ; seulement, le nouveau Premier ministre ne pourrait être qu'un des membres de l'administration que l'on s'apprête justement à dénoncer : Lord Halifax, de préférence, ou bien Winston Churchill, à la rigueur[54]... De toute évidence, il faudra montrer autant de doigté que d'énergie en prononçant ce réquisitoire contre le gouvernement – d'autant que l'on ignore encore ce que sera la réaction de la majorité des députés conservateurs. Mais pardessus les clivages politiques et les sympathies personnelles, ce qui va dominer les débats et leur donner pendant deux jours entiers une importance et une âpreté tout à fait exceptionnelles, ce n'est rien de moins que le spectre hideux de la défaite qui menace désormais l'Angleterre elle-même...

Dès son arrivée à la Chambre, Chamberlain est accueilli aux cris de « Qui a manqué le coche ? » – une allusion peu discrète à ses paroles malheureuses du 4 avril. Le Premier ministre semble gêné, fatigué, et il commence son discours d'une voix hésitante, en rendant hommage aux troupes engagées en Norvège, qui « ont accompli leur tâche avec une vaillance exemplaire ». Puis, lentement, sur un ton monocorde, il égrène les arguments destinés à justifier sa politique – et à désarmer ses critiques :

> « J'espère que nous nous garderons d'exagérer l'étendue ou l'importance du revers que nous venons de subir. L'évacuation de la Norvège du Sud n'est pas comparable à celle de Gallipoli (...) Il n'y avait là guère plus d'une division (...) Le coup de force allemand a été facilité par des actes de trahison en Norvège même, et préparé longtemps à l'avance par l'envoi de troupes et de matériels dissimulés dans des navires apparemment pacifiques (...). Pourtant, la campagne n'est pas terminée[55]...
>
> *Interruptions* : Hitler a manqué le coche !
>
> – S'il m'apparaît que les implications de la campagne de Norvège ont été gravement exagérées...
>
> *Interruptions* : Qui a manqué le coche ?

– … et si je garde une confiance totale dans la victoire finale, je ne crois pas en revanche que les citoyens de ce pays se rendent encore compte de l'étendue et de l'imminence du danger qui nous menace…
Un député : C'est ce que nous disions il y a cinq ans !
– Pour ma part, je m'efforce de maintenir le cap en évitant les extrêmes…
Interruptions.
– … sans susciter de vaines illusions…
Interruptions : Hitler a manqué le coche !
– Voilà bien des fois que des honorables membres de cette Chambre répètent la phrase "Hitler a manqué le coche"…
Interruptions : Elle est de vous[56] ! »

Le Premier ministre termine son discours tant bien que mal, en lançant un appel à l'unité qui ne rencontre guère d'écho. « La Chambre, écrit dans son journal le député Henry Channon, était à la fois houleuse et amorphe. L'ambassadeur d'Égypte dormait. Enfin, le Premier ministre s'assit[57]. » MM. Lloyd George et Herbert Morrison ayant posé quelques questions, c'est ensuite M. Clement Attlee qui prend la parole. Le chef du parti travailliste n'a rien d'un grand orateur, mais la pertinence de ses arguments n'échappe à personne – sauf bien sûr à l'ambassadeur d'Égypte :

« L'évacuation a certes été un fait d'armes magnifique, mais enfin, c'est bien d'une retraite qu'il s'agit, donc d'un revers. Les déclarations faites jeudi dernier par le Premier ministre* ont péché par excès d'optimisme (…) et de suffisance. (…) À la lumière des événements, il me paraît bien difficile de dire aujourd'hui que la campagne a tourné à notre avantage. De grands espoirs avaient été suscités (…) nous en payons maintenant le prix (…). Rien ne sert de minimiser l'événement. (…) Au mois de mars (…) nous disposions de skieurs entraînés. J'ai entendu dire que leur unité avait été dissoute, et qu'ils avaient été

* Il s'agit de son discours du 2 mai.

affectés à toutes sortes d'autres tâches. Pourquoi donc ? Je me suis laissé dire que parmi ceux qui ont été envoyés en Norvège, il y avait de très jeunes gens, fort peu entraînés de surcroît. (…) Je veux savoir si nous avons envoyé les troupes qu'il fallait. Je veux savoir si nous avions reçu des renseignements et, dans l'affirmative, s'il en a été fait bon usage. (…) Je demande s'il ne s'est pas trouvé des moments où l'hésitation et la discussion ont servi de substituts à l'action. Je ne suis nullement convaincu que le Cabinet de guerre que nous avons à l'heure actuelle constitue un instrument efficace pour assurer la conduite de la guerre (…) Après tout, ce n'est pas seulement de la Norvège qu'il s'agit. (…) Dans le pays, on dit que ceux qui sont responsables de la conduite des affaires ont derrière eux une suite d'échecs ininterrompue. Avant la Norvège, il y a eu la Tchécoslovaquie et la Pologne. À chaque fois, nous sommes arrivés trop tard. (…) Le conflit actuel est pour nous une question de vie ou de mort, et nous ne pouvons pas nous permettre de confier nos destinées à des professionnels de l'échec, ou à des hommes qui ont besoin d'une cure de repos[58]. »

Ce réquisitoire impitoyable va être poursuivi immédiatement après par le chef du parti libéral, Archibald Sinclair : « Ce n'est pas l'évacuation que je critique, ce sont les conditions qui ont mené à cette évacuation. Du point de vue de la propagande (…), de l'économie, de la diplomatie surtout, de la stratégie dans une moindre mesure, nous avons subi un grave revers[59]. » Le chef du parti libéral va réfuter un à un les arguments du Premier ministre, sans oublier celui de la carence des troupes norvégiennes : « Nos hommes qui sont revenus des théâtres d'opérations au nord et au sud de Trondheim (…) ont rendu un vibrant hommage à la bravoure et à la détermination des Norvégiens qui ont combattu à leurs côtés (…) en particulier les détachements de skieurs. À Lillehammer, les Norvégiens, armés seulement de fusils, ont tenu en échec pendant sept jours une armée allemande appuyée par des chars, des automitrailleuses, des bombardiers et toutes sortes d'équipements modernes[60]. » Mais ce sont surtout les carences dans l'équipement, l'approvisionnement et le commandement suprême des troupes britanniques qui retiennent l'attention de M. Archibald Sinclair. Ayant passé en revue certains des épisodes que nous connaissons bien, le scandale du chargement et du déchargement des navires, l'absence de couverture aérienne, l'état pitoyable des quelques pièces de D.C.A. débarquées à Namsos et Aandalsnes, l'absence totale de skis et de raquettes de neige, le manque d'entraînement des troupes[61], Archibald Sinclair déclare tout net : « Je prétends que cette défaillance dans l'organisation est due à un manque de prévoyance de la part de ceux qui, au niveau politique, sont chargés de la conduite de la guerre[62]. »

On peut difficilement être plus clair, et lorsque le chef du parti libéral termine son intervention, on remarque que les applaudissements ne viennent pas seulement des bancs de l'opposition… Mais assez curieusement, l'éloquence de M. Archibald Sinclair n'est pas de celles qui suscitent l'enthousiasme et les retournements d'opinion ; celle de M. Attlee non plus, d'ailleurs : Winston Churchill, un orfèvre en la matière, n'a-t-il pas dit un jour : « J'en connais quelques-uns qui, par la seule magie du verbe, sont capables de faire passer une défaite pour une victoire, mais Attlee est le seul qui parvienne à faire passer une victoire pour une défaite. »

Plusieurs députés conservateurs se lèvent ensuite pour défendre le gouvernement ; ils sont peu expérimentés, ne paraissent guère convaincus, et une certaine torpeur s'installe dans la salle… Mais les honorables députés sont bientôt réveillés en sursaut, car l'orateur suivant n'est autre que l'amiral Roger Keyes lui-même, revêtu de son uniforme de cérémonie de grand amiral de la Flotte, avec six rangs de décorations. Ce spectacle imposant, joint à la conviction profonde du héros de Zeebrugge – et à son langage fort peu parlementaire – va littéralement envoûter l'auditoire. L'histoire qu'il raconte nous est déjà familière, mais les députés, eux, l'entendent pour la première fois, et l'effet produit est considérable : « La capture de Trondheim était indispensable ; elle était impérative ; elle était vitale. Depuis le 16 avril, j'avais conjuré l'Amirauté de lancer une opération navale plus énergique, en utilisant de vieux navires[63]. » L'amiral Keyes, conservateur de longue date, évoque longuement ses tentatives infructueuses pour obtenir le commandement de l'attaque navale, les rebuffades qu'il a subies, les causes réelles du désastre de Steinkjer, les hésitations du Cabinet de guerre, et finalement l'abandon définitif de tout projet d'offensive… « Une effarante démonstration d'impéritie d'un bout à l'autre ! tonne l'amiral, c'est la tragédie de Gallipolli qui s'est fidèlement répétée[64]. »

De très nombreux députés ont consigné dans leur journal ou leurs mémoires l'impression produite par ces paroles. Selon Harold Nicolson, « la Chambre retient son souffle (…) C'est de loin le discours le plus dramatique que j'aie jamais entendu, et lorsque Keyes s'assoit, un tonnerre d'applaudissements retentit[65]. » Pour Harold Macmillan, « que la décision de ne pas forcer le fjord de Trondheim ait été justifiée ou non, ce discours mettait clairement en lumière ce que les députés soupçonnaient déjà : une effarante absence de détermination dans la conduite de la guerre, et de coopération entre les trois armes[66]. » De toute évidence, les propos de Sir Roger Keyes ont fortement ébranlé les députés conservateurs. Mais les paroles de Harold Macmillan devant cette même assemblée au lendemain de l'affaire de Finlande avaient également produit une forte impression, sans pour autant affecter réellement la position de M. Chamberlain. Cette fois, pourtant, une autre intervention, venant après la brèche ouverte par l'amiral Keyes, va sceller le destin du gouvernement. Une fois encore, elle sera le fait d'un conservateur : Leopold Amery.

Député de Birmingham depuis plus d'un quart de siècle, ancien ministre, ami et collègue d'Austen et de Neville Chamberlain, Leopold S. Amery jouit à la Chambre de l'estime de tous ses pairs, du fait de sa vaste culture et de la hauteur de ses vues. En tant que Conseiller privé, il a le droit d'être entendu dès la première séance, mais le moment exact est à la discrétion du Speaker. « Cette fois, écrira Leopold Amery, je savais que ce que j'avais à dire était important, et je tenais absolument à ce que cela produise l'effet que j'en attendais. Je suivais donc avec impatience les propos des orateurs qui se succédaient, les uns pour affirmer que tout était pour le mieux dans le meilleur des mondes possibles et que le gouvernement venait de remporter un succès sur le terrain, les autres pour évoquer la déroute militaire qui n'était que l'aboutissement naturel de nombreuses années de gestion irresponsable[67]. »

Mais l'heure avance, les députés sortent les uns après les autres pour aller dîner, et lorsque Leopold Amery est enfin invité à s'exprimer, il ne reste plus guère qu'une demi-douzaine d'auditeurs dans la salle. Amery racontera lui-même la suite : « Je faillis me résoudre à renvoyer à un autre jour mon plaidoyer en règle contre le gouvernement et à me contenter de parler quelques minutes au plus, lorsque Clement Davies, qui vint se placer derrière moi alors que je m'étais déjà levé, me murmura à l'oreille qu'il fallait à tout prix que j'expose l'ensemble de nos griefs contre le gouvernement ; sur quoi il alla battre le rappel au fumoir et à la bibliothèque. Lorsque j'eus fait quelques remarques au sujet des interventions précédentes, je me trouvai déjà devant un auditoire plus fourni, et je passai d'emblée à l'attaque directe[68]. »

Le mot n'est pas trop fort ; pendant plus d'une heure, au milieu du groupe conservateur, à quelques mètres seulement des bancs du gouvernement, Leopold Amery va prononcer un réquisitoire dévastateur contre la politique de guerre de M. Chamberlain :

> « Le Premier ministre nous a présenté des arguments logiques pour expliquer notre échec. On peut toujours faire cela après n'importe quel échec. (...) On ne gagne pas une guerre avec des explications a posteriori, mais avec de la prévoyance, des déci-

sions claires et des actions rapides. Je dois avouer qu'il ne m'a pas semblé entendre une seule phrase dans le discours du Premier ministre cet après-midi qui laisse entendre que le gouvernement ait prévu les intentions de l'Allemagne, pris une décision claire une fois l'action allemande connue, ou agi avec rapidité et constance pendant toute la durée de cette lamentable affaire (…) C'est sur l'histoire (…) des décisions, de l'absence de décisions, des changements de décisions (…) que nous devons nous pencher[69]. »

Et Leopold Amery va lancer une salve de questions aux membres du gouvernement : Pourquoi n'a-t-on pas tenu compte des avertissements en provenance de Stockholm et Copenhague au début d'avril ? Pourquoi avoir envoyé des forces aussi réduites et dépourvues de moyens de transport ? Pourquoi Trondheim n'a-t-elle pas été prise ? Pourquoi et par qui l'opération « Hammer » a-t-elle été annulée ? Et Amery poursuit :

« L'autre jour, et encore aujourd'hui, le Premier ministre s'est déclaré convaincu que dans l'ensemble, nous conservions l'avantage. Il a beaucoup insisté sur l'importance des pertes allemandes, et sur l'insignifiance des nôtres. Mais qu'ont perdu les Allemands ? Quelques milliers d'hommes – une peccadille pour eux – une vingtaine de navires marchands, et une partie de leur marine de guerre, qui de toute façon ne peut se mesurer à la nôtre. Qu'ont-ils gagné ? Ils ont gagné la Norvège, avec des avantages stratégiques qui, à leurs yeux du moins, compensent l'ensemble de leurs pertes navales. Et nous, qu'avons-nous perdu ? D'abord, nous avons perdu la plus grande part de l'armée norvégienne, non seulement telle qu'elle était, mais encore telle qu'elle aurait pu être si seulement nous avions eu le temps de la regrouper et de l'équiper. (…) Mais ce que nous avons perdu par-dessus tout, c'est l'une de ces occasions qui ne se présentent pas deux fois au cours d'une guerre*. »

* Amery a d'ailleurs ajouté : « On a le cœur déchiré en pensant à ces forces norvégiennes prises au piège en Norvège du Sud et obligées de se rendre après avoir amèrement protesté contre notre évacuation. »

« Arrivé à ce stade de mon discours, écrira Amery, je remarquai que la Chambre m'écoutait avidement ; plus encore, les murmures d'approbation et les applaudissements venaient de plus en plus des bancs conservateurs qui se remplissaient autour de moi[70]. » Enhardi, Leopold Amery en arrive à l'essentiel : « Nous ne pouvons continuer ainsi. Il faut qu'il y ait des changements, et ils doivent affecter avant tout la structure et le fonctionnement de notre système de gouvernement (...) Notre organisation de temps de paix est inadaptée aux conditions du temps de guerre (...) Pouvons-nous nous permettre d'attendre plus longtemps ? D'une façon ou d'une autre, il nous faut mettre à la tête du pays des hommes qui se montrent à la hauteur de l'ennemi par leur esprit combatif, leur audace, leur résolution et leur soif de vaincre[71]. » Sur ce, Amery cite les propos tenus jadis par Cromwell à John Hampden au sujet de l'armée du Parlement, vaincue à plusieurs reprises par les cavaliers du prince Rupert : « Il vous faut trouver des hommes décidés, aptes à aller aussi loin que leurs ennemis, sinon vous serez battus de nouveau. » Et il poursuit : « Sans doute n'est-il pas aisé de trouver de tels hommes. On ne le pourra qu'en les mettant à l'épreuve, et en écartant impitoyablement tous ceux qui échouent et dont les insuffisances sont révélées. Aujourd'hui, nous sommes engagés dans un combat pour la vie, pour la liberté et pour tout ce qui nous est cher. Nous ne pouvons continuer à être dirigés de cette façon[72]. » Mais Amery a pensé à certaines autres paroles prononcées par Cromwell, des paroles plus fortes encore qu'il hésite à citer... jusqu'à ce que l'approbation de plus en plus manifeste de ses pairs dissipe son hésitation. « Je me sentis porté, écrira-t-il, par la vague d'émotion que mon discours avait suscitée autour de moi[73]. » Il va donc conclure par ces mots : « J'ai déjà cité certaines paroles d'Oliver Cromwell. Je vais maintenant en citer d'autres. C'est avec une grande réticence que je le fais, car je m'adresse à des hommes qui sont depuis longtemps mes amis et mes collègues, mais les paroles auxquelles je pense s'appliquent bien, je crois, à la situation actuelle. Voici ce qu'a dit Cromwell au Parlement-Croupion, lorsqu'il a estimé qu'il n'était plus apte à conduire les affaires de la nation : "Vous avez siégé trop longtemps en ces lieux pour le peu de bien que vous y avez fait. Partez, vous dis-je, et qu'on ne vous revoie plus. Au nom du Seigneur, partez[74] !" »

Tous les députés s'accorderont pour dire que l'effet produit sur la Chambre a été considérable : « Une attaque dévastatrice », écrit M. Harold Nicolson[75] ; « Des mots terribles », selon Winston Churchill[76] ; quant à Harold Macmillan, il affirmera : « Par le discours qu'il a prononcé ce jour-là (...) il (Leopold Amery) a bel et bien détruit le gouvernement Chamberlain. Et je n'exagère pas[77]. » Certes non, mais Harold Macmillan anticipe ; le débat va se poursuivre toute la soirée et toute la journée du lendemain. Les attaques contre le gouvernement se succéderont, âpres, impitoyables, lancées depuis les bancs conservateurs, travaillistes et libéraux à la fois. Au matin du 8 mai, Herbert Morrison, au nom de l'opposition travailliste, annonce qu'il demande pour le soir même un vote de censure contre le gouvernement[78]. À ces mots, Chamberlain, visiblement fatigué et énervé, va se lever pour répondre : « Je dis ceci à mes amis qui sont dans cette Chambre – car j'ai des amis dans cette Chambre – aucun gouvernement ne peut mener la guerre avec succès sans le soutien de l'opinion publique et du Parlement. J'accepte le défi. Je l'accueille même avec plaisir. Nous verrons au moins qui est avec nous et qui est contre nous, et j'en appelle à mes amis pour qu'ils nous soutiennent lors du vote de cette nuit[79]. »

C'est une erreur de taille, qui va semer la consternation jusque dans les rangs du gouvernement. Ainsi, le Premier ministre en est toujours à considérer comme une simple affaire de parti, et même de loyauté personnelle à son égard, ce qui de toute évidence est devenu au plus haut point une question d'intérêt national et de salut public ? L'opposition ne va pas tarder à s'engouffrer dans la brèche, en particulier le vieux chef libéral Lloyd George, qui va faire à cette occasion son dernier grand discours parlementaire :

> « Il a déclaré : "j'ai mes amis". La question n'est pas de savoir qui sont les amis du Premier ministre. Il s'agit de bien autre chose. Le Premier ministre doit se souvenir qu'il s'est trouvé face à face avec notre redoutable ennemi en temps de paix comme en temps de guerre, et qu'à chaque fois, il a été vaincu (...) Il nous a invités à faire des sacrifices. La nation est prête à tous les sacrifices, pourvu que le gouvernement montre clairement ce que sont ses buts, et tant que la nation sera convaincue que ceux qui la dirigent font de leur mieux. Je déclare solennellement que c'est au Premier ministre de donner l'exemple du sacrifice, parce que rien ne pourra contribuer davantage à la victoire que sa démission[80]. »

Sir Stafford Cripps, l'ancien Premier Lord de l'Amirauté Duff Cooper*, le commandant Bower, le travailliste A.V. Alexander relèvent les uns après les autres l'inconvenance et l'incongruité des derniers propos de M. Chamberlain[81]. De nombreux jeunes conservateurs en uniforme égrènent de nouveau la liste interminable des insuffisances constatées lors de la campagne de Norvège, et, à l'exemple de Duff Cooper lui-même, laissant clairement entendre qu'ils voteront ce soir-là contre le gouvernement[82]. Mais les adversaires politiques de M. Chamberlain manifestent quelque inquiétude : ils veulent certes le départ du Premier ministre, mais il ne s'agit pas de sacrifier en même temps Winston Churchill, dont chacun sait bien qu'il est seul capable de mener l'Angleterre à la victoire. Or, Churchill est au gouvernement, et pleinement solidaire de ses collègues. C'est lui qui fera la dernière intervention à la fin de la journée, et selon Harold Macmillan, « Nous étions décidés à faire tomber le gouvernement, et chaque heure qui passait nous

---

* Il avait démissionné en 1938 pour protester contre les accords de Munich.

rapprochait de notre objectif. Mais comment sauver Churchill du naufrage ?[83] »

En fait, depuis la veille, la plupart des orateurs ont déjà préparé ce sauvetage ; ils ont concentré leurs attaques sur le Premier ministre et sur la politique de défense menée depuis 1935 – un exercice périlleux pour les députés travaillistes – et ont fait à plusieurs reprises une distinction très nette entre Churchill et ses collègues. Ainsi, dès le 7 mai, l'amiral Keyes, si sévère pour le gouvernement et pour l'Amirauté, avait rendu en même temps un hommage aussi appuyé qu'inattendu au Premier Lord de l'Amirauté : « J'attends avec impatience que l'on se décide à faire un usage convenable de ses vastes capacités. Je ne puis croire que ce sera possible dans le cadre du système tel qu'il est actuellement constitué[84]. » Dès le lendemain matin, le même phénomène se reproduit avec une régularité déconcertante : le commandant Bower rappelle les attaques passées de Churchill contre la politique du gouvernement Chamberlain, A.V. Alexander, en plein milieu d'un réquisitoire impitoyable contre le ministre de l'Air et le ministre de la Guerre, rend un vibrant hommage au Premier Lord de l'Amirauté[85], imité en cela par Duff Cooper, qui déclare entre autres : « Ce soir, le Premier Lord prononcera sans nul doute un discours éloquent et persuasif. (…) Il défendra ainsi de son éloquence ceux qui ont pendant si longtemps refusé d'écouter ses conseils et ont accueilli avec mépris ses avertissements. Je ne doute pas qu'il réussira, comme d'habitude, et ceux qui ont si souvent tremblé devant son épée ne seront que trop heureux de se réfugier derrière son bouclier[86]. » Lloyd George va de même s'engager résolument dans cette voie, et prononcer au passage quelques paroles mémorables :

> « Tout le monde sait que le peu qui a été fait l'a été à contrecœur, sans efficacité, sans entrain, sans intelligence. (…) Personne n'est satisfait. Le monde entier le sait. Et voilà que nous nous retrouvons dans la pire situation stratégique que ce pays ait

jamais connue. (...) Je ne crois pas que le Premier Lord porte l'entière responsabilité de tout ce qui s'est passé en Norvège...
Winston Churchill :
– J'assume l'entière responsabilité de tout ce qui a été fait par l'Amirauté.
Lloyd George :
– Le Très Honorable Gentleman ne doit pas se laisser transformer en abri antiaérien pour protéger ses collègues des éclats d'obus[87]. »

On le voit, les honorables députés de tous les partis font eux-mêmes l'impossible pour préserver Winston Churchill des salves répétées qu'ils tirent contre son gouvernement. Lorsque Churchill se lève finalement pour prononcer son discours, il se trouve dans la situation extrêmement embarrassante d'avoir à défendre ses ennemis politiques d'hier, devenus ses collègues du moment, contre les ennemis du gouvernement, qui sont déjà ses partisans et risquent de devenir ses collègues de demain... Le Premier Lord de l'Amirauté va s'efforcer d'éviter les éclats, en s'étendant longuement sur les difficultés de l'affaire de Norvège, et en lançant un émouvant appel à l'unité[88].

Personne ne se méprend sur la signification du vote qui suit. Pour Harold Macmillan, « c'était tout l'avenir de la Grande-Bretagne et de l'Empire qui était en jeu[89] ». À première vue, les résultats ne paraissent pas trop défavorables : 281 voix pour le gouvernement, 200 voix contre[90]. En réalité, c'est une défaite cinglante pour M. Chamberlain : jamais depuis 1937 il n'a eu une majorité aussi réduite ; 33 conservateurs ont voté contre le gouvernement, 60 se sont abstenus... « Il ne faisait guère de doute, écrira Winston Churchill, que le débat comme le vote avaient fait apparaître un manque de confiance extrême à l'égard de M. Chamberlain et de son gouvernement. » « Après le débat, poursuit Churchill, Chamberlain me demanda de venir le voir, et je m'aperçus tout de suite qu'il était très affecté par l'attitude de la Chambre à son égard. Il se sentait hors d'état de poursuivre sa tâche. (...) Quelqu'un devait former un gouvernement au sein duquel tous les partis seraient représentés, sinon on ne pourrait s'en sortir. » Avec sa pugnacité habituelle, Churchill refuse d'abandonner la partie, et tente de persuader le Premier ministre de rester en place. Mais ce dernier est découragé : « Chamberlain ne se laissa ni convaincre, ni réconforter, et je le quittai vers minuit avec le sentiment qu'il persisterait dans sa résolution de se sacrifier s'il n'y avait pas d'autre solution, plutôt que de poursuivre la guerre avec un gouvernement appuyé par un seul parti[91]. »

En fait, Neville Chamberlain va hésiter longtemps et changer plusieurs fois d'avis. Pendant toute la matinée du 9 mai, des rumeurs de toutes sortes vont circuler dans les couloirs du Parlement, au sein des clubs et des états-majors de partis. Chamberlain va-t-il démissionner ? Qui lui succéderait ? On dit que les travaillistes préféreraient Halifax. C'est exact[*92] ; Chamberlain aussi, d'ailleurs... Une chose semble sûre : la situation exige que l'on constitue un gouvernement de coalition. C'est également ce que pense Chamberlain, et il vient de consulter Clement Attlee et Arthur Greenwood pour savoir s'ils accepteraient d'entrer dans un gouvernement dont il resterait Premier ministre. Ces derniers lui ont répondu qu'ils allaient soumettre la question au congrès de leur parti, réuni au même moment à Bournemouth, mais qu'à leur avis, la réponse serait presque certainement négative[93]. Cet après-midi-là, Chamberlain a donc réuni Lord Halifax et Winston Churchill à Downing Street : « Nous nous assîmes à la table, en face de M. Chamberlain, se souvient Churchill. Il nous dit qu'il avait acquis la conviction qu'il lui serait impossible de former un gouvernement de coalition. La réponse des chefs du parti travailliste ne lui avait laissé aucun doute à cet égard. Il lui fallait donc choisir celui qu'il proposerait au roi comme

---

* Mais les travaillistes ne voient personne d'autre que Churchill « pour gagner la guerre », et semblent le voir plutôt dans le rôle de ministre de la Défense.

successeur une fois que sa propre démission aurait été acceptée. (…) Il nous regarda tous deux de l'autre côté de la table[94]. »

En fait, il est clair que Chamberlain préférerait voir Halifax lui succéder ; il le reconnaîtra d'ailleurs deux jours plus tard dans une lettre à sa sœur[95], et pour l'heure, il s'est avancé jusqu'à déclarer à ses deux interlocuteurs que « Halifax passait pour être le plus acceptable[96] ». Mais Churchill a été dûment chapitré par Anthony Eden et par un vieil ami de Chamberlain, Sir Kingsley Wood ; ce dernier a effectivement prévenu Churchill que le Premier ministre « voudrait que Halifax lui succède, et demanderait à Churchill de donner son accord »… « Ne le donnez pas, a ajouté Kingsley Wood, d'ailleurs, ne dites rien[97]. » Winston Churchill va suivre ce conseil à la lettre : « D'habitude, je parle beaucoup, mais en l'occurrence, je restai coi. Ainsi (…) un très long silence s'ensuivit. Il me sembla qu'il durait bien davantage que les deux minutes de silence que l'on observe traditionnellement lors de l'anniversaire de l'armistice. Enfin, Halifax prit la parole. Il déclara qu'à son avis, sa position de Pair du Royaume, en le maintenant en dehors de la Chambre des communes, lui poserait de grosses difficultés pour s'acquitter de ses fonctions de Premier ministre au cours d'une guerre comme celle-là. Il serait tenu pour responsable de tout, mais n'aurait pas le pouvoir d'orienter une assemblée sur la confiance de laquelle reposait l'existence même du gouvernement. Il poursuivit pendant quelques minutes son argumentation en ce sens, et lorsqu'il eut achevé, il apparut clairement que la charge allait m'échoir – et qu'en fait, elle m'était déjà échue[98]. »

Ce n'est pas encore certain, car au matin du lendemain 10 mai, un coup de tonnerre éclate : Hitler a attaqué la Belgique et la Hollande. Dès lors, Chamberlain revient sur sa décision, et manifeste l'intention de rester à son poste[99]. C'est encore Sir Kingsley Wood qui va intervenir pour persuader le Premier ministre que la crise qui vient d'éclater rend plus nécessaire encore la constitution d'un gouvernement d'union nationale. Chamberlain finit par se laisser convaincre, et ce soir-là, à 18 heures, Winston Churchill se rend à Buckingham Palace, où le roi va le charger de former le nouveau gouvernement*. À son retour du palais, il confie à son garde du corps, l'inspecteur Thompson : « J'espère qu'il n'est pas trop tard. J'ai bien peur que si. Il ne nous reste qu'à faire pour le mieux[100]. »

* Il est intéressant de noter que le roi George VI aurait lui aussi préféré Lord Halifax. Voir le journal du roi *in* J.W. Wheeler-Bennett, *King George VI*, MacMillan, Londres, 1958, p. 444.

Chapitre XII

ÉCHEC ET MAT

Le 10 mai, le ministre des Affaires étrangères Halvdan Koht a reçu de Lord Halifax, et même du roi George VI, l'assurance que l'offensive déclenchée à l'ouest par les Allemands ne changerait rien à la résolution britannique de poursuivre les opérations en Norvège du Nord[1]. Pour une fois, c'est l'exacte vérité : le nouveau Premier ministre britannique est bien décidé à mener à son terme l'attaque contre Narvik et, la ville une fois prise, à l'utiliser comme base de départ pour une offensive vers le sud… et vers l'est.

À Narvik, il est vrai, la situation n'a guère évolué depuis l'opération manquée du 24 avril. Néanmoins, les Alliés ont cette fois l'impression que toutes les chances sont de leur côté, car ils ont à Narvik tout ce qui leur manquait à Aandalsnes et à Namsos : une supériorité numérique écrasante, avec une force qui, après l'arrivée des chasseurs alpins, de la Légion et des chasseurs polonais[*], se montera à plus de 30 000 hommes, face aux quelque 4 000 hommes du général Dietl retranchés autour de Narvik ; une bonne protection antiaérienne, avec 48 canons lourds et 60 légers[2] ; une assistance aérienne de plus en plus efficace – particulièrement

* 4 bataillons de chasseurs alpins, 4 bataillons de chasseurs polonais et 2 de la Légion étrangère.

après la remise en état des aérodromes de Bardufoss et Skaanland* – face à une aviation allemande qui opère pour une fois à l'extrême limite de son rayon d'action ; l'arrivée au début de mai des chalands de débarquement et des tanks tant attendus ; l'amorce du dégel, qui va enfin permettre de progresser sur terre sans trop de difficultés ; enfin et surtout, l'arrivée sur place du général Béthouart, qui va mettre fin, dans une certaine mesure, à la paralysie du commandement britannique.

Sorti de Saint-Cyr en 1912, la même année que Charles de Gaulle, Antoine Marie Béthouart est un technicien de la guerre de montagne. Il a été conseiller militaire en Finlande après la Grande Guerre, puis attaché militaire en Yougoslavie, mais le rêve de sa vie s'est réalisé lorsqu'il a été nommé commandant de la 5e demi-brigade de chasseurs alpins à Bellay. Choisi en janvier 1940 pour mettre en œuvre l'éphémère plan de débarquement à Petsamo, il s'est finalement retrouvé sous les ordres du général Audet à Namsos, sans pouvoir rien y faire de très utile du fait des circonstances. D'ailleurs, peu avant l'évacuation de ses troupes, Béthouart a reçu l'ordre de partir pour Harstad, où il débarque donc au matin du 28 avril.

Dès sa première réunion avec les deux commandants britanniques, le général Béthouart se rend compte de l'incompatibilité totale de leurs conceptions stratégiques : Lord Cork, confiant dans l'appui de sa flotte, veut que l'on débarque « au plus près » de Narvik ; le général Mackesy, qui redoute toujours un Gallipoli arctique, veut investir progressivement Narvik par une action convergente – et nécessairement très lente – à partir de Salangen au nord, Bogen à l'ouest, et Ballangen au sud**. Pour le général Béthouart, cette stratégie n'a rien d'attrayant : elle obligerait ses chas-

---

* Ils accueilleront une escadrille de Gladiators et une de Hurricane à partir du 21 mai.

** Voir carte, p. 179.

seurs alpins à parcourir quelque 75 kilomètres en terrain montagneux et dans près d'un mètre de neige fondante, avant d'entrer en contact avec l'ennemi ; du reste, le désordre qui a présidé à leur embarquement en France fait qu'ils n'ont ni chaussures de montagne, ni bottes, ni lunettes de neige... S'étant livré à une reconnaissance du terrain en compagnie de Lord Cork, le général Béthouart se prononce néanmoins contre un débarquement immédiat à Narvik ; il estime préférable d'occuper d'abord la presqu'île d'Øjord, qui servira ensuite de base de départ à l'assaut final contre Narvik. Pour lui, l'attaque contre les principaux objectifs de la presqu'île, Bjerkvik, Meby, Øjord, et au-delà le camp d'Elvegårdsmoen, doit être menée à la fois par terre et par mer ; seulement, Mackesy se fait tirer l'oreille pour accepter un débarquement par mer. En revanche, les skieurs norvégiens de la 6e division du général Fleischer viennent de réussir une action d'éclat, qui va beaucoup faciliter l'opération terrestre : ils ont chassé les Allemands de Gratangen. Du coup, les chasseurs alpins vont pouvoir être débarqués au fond du Gratangenfjord, et gagner 50 kilomètres en direction de leur objectif...

Le 4 mai, le général Mackesy ne veut toujours pas entendre parler d'un débarquement par mer... mais il est menacé sur ses arrières par Lord Cork, qui, fort de l'appui du gouvernement et de l'Amirauté britanniques, exige un débarquement immédiat et de vive force... à Narvik même ! Du coup, le débarquement sur Bjerkvik et la presqu'île d'Øjord apparaît sans doute à Mackesy comme un moindre mal ; pendant 48 heures, on négocie beaucoup à Harstad, on télégraphie constamment à Londres, et finalement, la situation se débloque : Londres autorise Lord Cork à remettre l'attaque sur Narvik... et à charger le général Béthouart du débarquement sur Bjerkvik.

« Le général Fleischer, rapporte Béthouart, est furieux contre les Anglais, car il est resté sans liaison avec eux depuis plus de trois semaines[3]. » Le général Béthouart, par contre, a immédiatement compris la valeur des skieurs norvégiens de Fleischer pour la réalisation de son plan d'attaque, et on se met aisément d'accord sur la stratégie à suivre : partis de Gratangen et Foldvik, les skieurs norvégiens passeront à gauche, par les hauteurs, les chasseurs alpins prendront à droite, par la route, et les deux colonnes convergeront sur les approches nord de Bjerkvik ; en même temps, la brigade polonaise du général Bohucz-Szysko, partie de Bogen, attaquera Bjerkvik par l'ouest ; enfin, c'est la 13e demi-brigade de la Légion étrangère qui effectuera les débarquements sur Bjerkvik et Meby, avec l'appui massif des canons de la flotte. En déclenchant toutes ces actions simultanément, on compte bien prendre l'ennemi en tenaille et occuper la presqu'île sans coup férir ; ce sera d'ailleurs, il faut bien le dire, la première véritable attaque menée par les Alliés en Norvège depuis le début de la campagne…

Le 12 mai, peu avant minuit, une formidable escadre se présente donc devant le petit port de Bjervik : trois destroyers, quatre chalands blindés ayant chacun 120 hommes à bord, puis le cuirassé *Resolution* et les deux croiseurs *Effingham* et *Vindictive*, encadrés de cinq autres destroyers. Il fait clair comme en plein jour, et le général Béthouart, embarqué sur l'*Effingham*, s'apprête à diriger les opérations :

> « Je suis sur la passerelle avec Lord Cork qui me présente l'officier de tir, le met à ma disposition et ajoute : "Vous commanderez le feu." (…) L'étude des photographies aériennes et les observations faites au cours de la reconnaissance du 8 mai avaient permis de déterminer les principaux objectifs à battre pour préparer le débarquement, puis appuyer les troupes à terre.
>
> La neige couvre le sol. On ne voit aucun mouvement. Il est vraisemblable que les Allemands se camouflent dans les maisons le long de la plage. Le général Fleischer m'a assuré que la population civile a été évacuée.
>
> Les chars sont descendus à la grue sur les chalands, mais l'opération est difficile et lente.

> Je demande à l'officier de tir de préparer la concentration de ses feux sur les objectifs les plus proches et les plus dangereux pour le débarquement. Je regarde où en sont les chalands. Il me paraît que le moment est venu et, le cœur un peu battant, je lâche le mot fatidique : "Fire !"
>
> Le souffle brûlant des pièces sous tourelles qui tirent à nos pieds nous balaie la figure et arrache les cigarettes.
>
> C'est un vacarme assourdissant. Instantanément, plusieurs maisons prennent feu, puis l'église saute et flambe. Elle abritait un dépôt de munitions. D'une autre maison des fusées atteintes par un obus font un effrayant feu d'artifice. C'est un brasier gigantesque qui colore en rouge toute la neige des montagnes environnantes[4]. »

Depuis la passerelle de commandement du second croiseur, le capitaine de la Légion Pierre-Olivier Lapie assiste également à la canonnade : « Le spectacle était étrange. Il tenait du Châtelet et du métrage de cinéma. "30 mètres de bombardement, s'il vous plaît." (...) Des maisons flambaient. Un dépôt de munitions pétarada et sauta. Des flammes s'élevèrent (...) Au bout d'une heure de canon, il se fit un silence soudain et l'on vit que la mer, à hauteur de la plage, était meublée de petites embarcations noires, remplies d'hommes. Le premier bataillon allait à l'assaut de Bjerkvik[5]. » Mais les chasseurs de montagne autrichiens du groupe Windisch sont solidement retranchés, et ils balaient la plage du feu croisé de leurs mitrailleuses... « Comme je lui avais bien recommandé, écrit le général Béthouart, l'officier qui commande le 1er échelon n'a pas insisté, il cherche une zone moins battue par le feu. Il se porte vers la gauche, trouve une anse abritée derrière un promontoire, s'y précipite, débarque. Il y a deux mitrailleuses mais leurs servants se sont enfuis. Le 2e échelon suit et bientôt je vois la ligne des légionnaires se déployer sur la neige, attaquer Bjerkvik de flanc, appuyée par les chars[6]. »

Parmi ces légionnaires, le caporal Charles Favrel raconte : « Alors, ce fut l'assaut et l'effroyable boucherie d'un carnage qui nous fit tuer plus de civils que d'Allemands. Les F.M. criblaient portes et fenêtres de leurs feux croisés, puis les voltigeurs s'avançaient en lançant des grenades avant de pénétrer dans les maisons épargnées par le feu (...) Le fusil à la main, je devais parcourir un atroce chemin de croix jonché de cadavres déchiquetés, de berceaux renversés sur leurs bébés morts, de blessés râlant dans des flaques de sang[7]... » Ainsi, le général Fleischer s'est trompé : la population civile de Bjerkvik n'a pas été évacuée... Mais l'assaut se poursuit, ponctué par les échos d'une canonnade plus au nord : ce sont les chasseurs alpins et les Norvégiens venus de Gratangen, qui attaquent sur les arrières de l'ennemi. Pourtant, les Gebirgsjäger autrichiens tirent en rafales au débouché de chaque rue pour retarder l'avance alliée, et piègent le terrain avant de décrocher ; il faudra encore deux heures aux légionnaires pour se rendre maîtres de Bjerkvik. Après cela, comme à Namsos, on pillera allègrement, et cette fois, les Britanniques n'y seront pour rien[8]...

Pendant ce temps, les opérations se poursuivent plus à l'est ; le deuxième bataillon de la Légion, appuyé par deux chars, débarque à Meby ; il se heurte à une sérieuse résistance, qui est finalement écrasée par les canons de l'*Effingham*. Les légionnaires peuvent alors avancer vers le camp d'Elvegårdsmoen, qu'ils atteignent à 7 h 30 et enlèvent en trois heures, après un dur combat, baraque par baraque. Ils y trouvent un imposant matériel : cent mitrailleuses lourdes, des tonnes de munitions, un hôpital avec soixante blessés allemands, et même le courrier du général Dietl, parachuté la veille[9]. Après cela, il reste à dégager les abords du camp, car l'ennemi tient toujours les hauteurs. Pourtant épuisés par les durs combats de la nuit, les légionnaires vont encore déployer des prodiges de valeur ; « Au-delà du camp, écrit le général Béthouart, le bataillon se heurte à une hauteur rocheuse, la côte 220. Trois mitrailleuses allemandes ouvrent le feu sur les légionnaires. Un char en détruit deux au canon de 37, mais la troisième tire toujours. Alors, trois légionnaires entreprennent d'escalader la paroi rocheuse. Ce sont des Espagnols. Ils grimpent, approchent du sommet, les Allemands les voient, abaissent le canon de leur mitrailleuse, tuent deux d'entre eux, mais le troisième légionnaire survivant (...) bondit sur le sommet et bascule dans le vide la mitrailleuse et ses servants[10]. »

Mais pour le général Béthouart, l'objectif le plus important reste à atteindre : c'est la pointe sud de la presqu'île d'Øjord. De Bjerkvik à peine conquise, Béthouart lance le peloton motocycliste de la Légion sur la route longeant le fjord, en direction du village d'Øjord ; il sera couvert par les Polonais arrivés de Bogen à marches forcées, et par deux destroyers, qui vont suivre la côte au plus près jusqu'à l'objectif. Cette fois, pourtant, il n'y aura pas de combats ; les Allemands, effrayés par le bombardement de Bjerkvik, se sont retirés dans la montagne. Ainsi, écrira le général Béthouart, « Nous avons enfin conquis, sans tirer un coup de fusil, l'objectif qui m'intéresse le plus où, dès la reconnaissance du 28 avril, j'avais pensé pouvoir établir une bonne base de feu d'artillerie et lancer l'attaque sur Narvik, par le nord, en traversant le Rombaksfjord[11]. »

Incontestablement, c'est là une brillante victoire, la toute première, et elle va grandement faciliter les opérations ultérieures contre Narvik. Pourtant, la situation sur l'ensemble du théâtre reste des plus préoccupantes ; d'une part, bien sûr, l'abandon de la Norvège centrale n'a pas été sans influencer la situation stratégique en Norvège du Nord : dès le rembarquement des Alliés à Namsos, les troupes de montagne allemandes ont lancé une puissante offensive en direction de Mosjøen, sous le commandement du général Feuerstein. Il est vrai que les Français comme les Britanniques avaient estimé la route impraticable, mais cela ne s'applique pas à une armée parfaitement équipée, et pouvant se déplacer de jour sans crainte des attaques aériennes. Quelques éléments du 14e régiment d'infanterie norvégien ont certes établi des barrages de fortune sur la route de

Mosjøen, et les Britanniques ont envoyé cinq « Independent companies » de 300 hommes chacune pour des opérations de guérilla. Mais cette force, baptisée « Scissor » – encore un outil – sous le commandement du colonel Collin Mac V. Gubbins, n'obtiendra que des succès très limités, et sera même tournée par une audacieuse opération amphibie allemande tout à fait comparable à celle de Steinkjer. Le 10 mai, en effet, les Allemands débarquent deux compagnies à Hemnesberget, entre Mosjøen et Mo, obligeant les Britanniques et les Norvégiens à se retirer précipitamment vers le Nord[12].

Dès lors, Mosjøen tombe dès le 10 mai, et Mo est directement menacée. Il va donc falloir distraire des troupes de Harstad pour essayer de retarder l'avance allemande, et deux bataillons de la 24e brigade britannique sont embarqués pour Bodø à bord du navire polonais *Chrobry* ; ce dernier sera coulé quelques heures plus tard par la Luftwaffe, et les rescapés, ayant perdu tout leur équipement, vont être ramenés à Harstad. Trois jours plus tard, un des bataillons est de nouveau embarqué, cette fois dans le destroyer *Effingham*, mais celui-ci s'échoue à 12 milles de Bodø, et le bataillon doit de nouveau rentrer à Harstad, ayant une fois encore perdu tout son équipement. C'est seulement alors que l'on se décide à écouter les conseils des Norvégiens, et à embarquer les troupes dans des bateaux de pêche…

Ainsi, on ne dispose plus d'un temps illimité pour prendre Narvik : même si la route de Mo à Bodø est difficilement praticable, et si les chemins qui mènent de Bodø à Narvik ne permettront certainement pas l'acheminement rapide d'unités allemandes très importantes, il faut s'attendre à ce que le général Dietl reçoive bientôt des renforts par le sud, en plus de ceux qu'il reçoit déjà par la voie des airs… et par la Suède*.

---

* Entre le 19 et le 22 avril, un train de 34 wagons a traversé la Suède et est parvenu à Narvik, avec des vivres et du matériel sanitaire. Le 25, un autre convoi de cinq wagons a amené 300 membres du « personnel sanitaire ». Quelque 800 marins et soldats blessés ont été évacués par la même voie (W. Hubatsch, *Weserübung, op. cit.*, p. 153).

Pour Churchill, le succès de Bjerkvik constitue une preuve éclatante de l'incompétence du général Mackesy, qui avait fortement déconseillé l'opération… *Vae Victis !* le lendemain même de l'occupation de Bjerkvik, Mackesy est remplacé sans cérémonie par le général Auchinleck, arrivé trois jours plus tôt. À Harstad, les relations entre les commandants alliés s'en trouveront grandement facilitées. Par contre, la coordination entre Londres et Paris reste très peu satisfaisante, parce que le général Gamelin, depuis son bureau de Vincennes, continue à mener une guerre théorique sur une carte peu contrariante, tandis que Reynaud et Daladier, pour des raisons politiques, s'obstinent à faire envoyer vers la Norvège de nouvelles troupes qui restent coincées dans l'effrayant goulot d'étranglement constitué autour de la Clyde… [13].

Les difficultés matérielles ne manquent pas non plus sur le théâtre d'opérations : parmi les chasseurs de montagne polonais, beaucoup n'ont jamais vu une montagne de leur vie ; les chasseurs alpins français manquent de skis et de raquettes de neige, les 3 500 Norvégiens qui opèrent au nord et au nord-est de Narvik manquent cruellement de munitions, et les Français comme les Britanniques ont autant de pertes du fait du froid que la résistance ennemie[14]. Enfin, l'arrivée de l'approvisionnement pose souvent autant de problèmes qu'elle en résout. C'est ainsi que le 15 mai, le général Béthouart télégraphie au général Gamelin : « J'éprouve de grandes difficultés et dois subir des retards parce que le chargement exact des navires ne m'est pas connu et que celui-ci n'est pas organisé logiquement[15]. »

Au moment où, au prix de durs combats sur la péninsule d'Ankenes et dans les montagnes du Kuberg et du Haugfjell, les troupes françaises, polonaises, norvégiennes et britanniques convergent vers Narvik, on ne peut pas dire que la coordination entre alliés soit bien meilleure qu'à Namsos ou à Aandalsnes. À la base de l'incompréhension, il y a, encore et toujours, un problème linguistique : les Français ne comprennent pas les Anglais, et ni les Français, ni les Anglais ne comprennent les Norvégiens. Dès son arrivée, le général Béthouart a câblé à Paris : « Nous éprouvons de grandes difficultés en raison du manque d'interprètes anglais et norvégiens. Je demande d'urgence des interprètes dont des officiers. J'ai seulement un interprète parlant russe[16]. » En effet, ce n'est sans doute pas d'un grand secours… mais un mois plus tard, si les interprètes sont arrivés, le problème n'est toujours pas résolu, comme l'écrit le lieutenant Dewavrin (le futur colonel Passy) : « Les conversations avec les indigènes n'étaient guère commodes, du fait que nombre d'interprètes, s'ils parlaient fort bien le finnois, ne comprenaient pas un mot de norvégien. Le G.Q.G. avait sans doute pensé que ce qui était bon pour la Finlande devait l'être pour la Norvège[17]. »

À dire vrai, ce n'est pas là le seul obstacle à la coopération entre les Norvégiens et leurs alliés. Il y a aussi le fait que le gouvernement et le commandant en chef norvégiens, pour échapper aux bombes allemandes, se sont établis très loin du théâtre des opérations… et même très loin les uns des autres. En l'absence de Sir Cecil Dormer, le chargé d'affaires britannique écrit ainsi au Foreign Office : « Nous avons suivi le ministre des Affaires étrangères par intérim (Lie, précédemment ministre de l'Approvisionnement) jusqu'à un endroit situé à quelque 100 kilomètres de Tromsø. C'est en fait un village, (…) Kvesmenes, qui est presque entièrement coupé de tout le reste – y compris du lieu de résidence de presque tous les autres membres du gouvernement – les routes étant impraticables du fait de la neige et du dégel. Nous n'avons pu parvenir à destination qu'au prix de 48 heures de voyage dans des petits bateaux puants, régulièrement bombardés et mitraillés par des avions allemands. Les autres membres du gouvernement sont dispersés dans une autre vallée presque inaccessible, et le roi avec le prince royal dans une troisième. Je peux rejoindre Sa Majesté lorsque c'est nécessaire, mais il faut pour cela une journée entière, et la voiture doit constamment être extraite de fossés et de congères. Lie me fournit toute l'assistance possible. C'est de loin le meilleur élément du gouvernement – bien meilleur que Koht, en particulier (...)[18] »

Peu après son retour en Norvège, Sir Cecil Dormer câblera lui-même ce message : « Nous sommes arrivés à Tromsø le 19 mai (...). Il y avait quelques fonctionnaires subalternes dans la ville, mais le gouvernement était largement dispersé dans la contrée alentour. Les légations britannique et française se trouvaient dans le même hôtel que le ministre des Affaires étrangères par intérim, M. Lie. (...) C'était (et c'est toujours) le seul homme du gouvernement qui soit capable de prendre une décision et de la faire appliquer. Le roi et le général Ruge (...), bien qu'habitant à proximité l'un de l'autre, étaient complètement isolés de tout le reste du gouvernement. (...) Le Premier ministre, qui souffrait de dépression nerveuse, vivait également en reclus[19]. » En fait, comme le laisse entendre le ministre de Grande-Bretagne lui-même, ce n'est pas seulement un problème de séparation physique ou d'absence de communications (car le téléphone ne marche pas non plus...) ; il y a également des querelles et des antipathies personnelles tenaces au sein du gouvernement, une incompatibilité d'humeur très marquée entre M. Halvdan Koht et ses principaux collaborateurs dans ce qui tient lieu de ministère des Affaires étrangères, enfin la « dépression nerveuse » de M. Nygaardsvold, qui est tout simplement dépassé par les événements depuis le matin du 9 avril, et se sent très mal à l'aise dans son rôle de Premier ministre de guerre*. Finalement, le problème de la séparation physique sera réglé lorsque tout le gouvernement décidera après le 18 mai de se

* Il est également très affecté par les nouvelles venues du sud de la Norvège, qui montrent toutes que la population rend le gouvernement responsable des épreuves subies depuis le 9 avril... (voir en particulier NRK, 52087-8, 21/9/71. O. Solumsmoen. dagbok).

réunir à Tromsø. Il serait cependant hardi – et inexact – de dire que les querelles personnelles en seront apaisées pour autant ; or, ces conflits mesquins ont exercé un effet paralysant sur la politique d'un gouvernement qui n'est déjà pas porté à des décisions rapides[20]...

Précisément, le gouvernement va devoir se prononcer à cette époque sur une proposition venue de Stockholm, et qui va recevoir le nom de « plan Mowinckel ». Cette proposition, apparemment d'origine suédoise, qui a été soumise à M. Mowinckel et à M. Hambro par le ministre suédois des Affaires étrangères Günther, ne prévoit rien de moins que la cessation des hostilités en Norvège du Nord, et la création autour de Narvik d'une ligne de démarcation. Aux termes de ce projet, les troupes franco-britanniques devraient évacuer la Norvège du Nord, et les troupes suédoises occuperaient Narvik pour garantir le respect des accords*. Ainsi, la Norvège du Nord deviendrait une zone libre, une « Norvège non occupée » en quelque sorte... avec les inconvénients inhérents à ce genre de statut : du jour au lendemain, bien sûr, les Allemands pourraient dénoncer l'accord, envahir la région, et mettre la main sur le gouvernement. Les discussions au sujet de ce plan, à Tromsø comme à Stockholm, vont naturellement provoquer quelques affrontements très durs, notamment entre M. Mowinckel et le président du Storting Carl Hambro. Le Premier ministre, comme toujours, se montre hésitant, mais Koht, Lie et le roi Haakon VII se prononcent avec véhémence contre l'accepta-

---

* La Suède avait sans nul doute intérêt à promouvoir un plan de cette nature, car elle subissait depuis la mi-avril des pressions très vives de la part de l'Allemagne pour livrer le passage aux troupes allemandes destinées à renforcer Narvik. Pourtant, il n'est nullement exclu que ce plan ait eu son origine à Berlin. C'est qu'à la mi-mai, Hitler redoute toujours la capture de Narvik par les Alliés, et peut fort bien avoir trouvé ce moyen de sauver la garnison. Voir par exemple : AE, X, Roger Maugras, Stockholm, à M.A.E., n° 826, 30/5/40, qui informe le Quai d'Orsay que le plan « avait été discuté à Berlin entre un personnage suédois et le maréchal Goering avant de l'être à Stockholm ».

tion, ce dernier faisant valoir qu'elle constituerait une trahison de la cause alliée[21]. Finalement, au grand soulagement des Britanniques, le plan sera rejeté.

Il est vrai que depuis l'arrivée du gouvernement à Tromsø, le comportement de ces mêmes alliés n'a pas manqué de provoquer chez les Norvégiens une certaine perplexité. Alors qu'il existe sur le terrain une réelle fraternité d'armes entre les troupes qui assiègent Narvik, les relations au niveau du commandement sont marquées par une certaine méfiance réciproque, due certes pour une part aux malheureux précédents de Namsos et d'Aandalsnes. Mais il y a également autre chose, comme le reconnaîtra lui-même le commandant en chef norvégien : « Nous ignorions ce qu'étaient les instructions de nos homologues britanniques. Nous avions l'impression que les Alliés ne faisaient pas preuve de suffisamment de franchise à notre égard[22]. » Comme toujours, le général Ruge s'exprime par litotes ; en fait, on en dit le moins possible aux alliés norvégiens, et on néglige une fois encore de leur fournir les armes dont ils ont besoin. Le 15 mai, Ruge télégraphie au War Office : « D'ici très peu de temps, nous allons manquer de munitions pour nos fusils comme pour nos canons. Il nous faut des armes et des munitions britanniques et françaises. Nous avons des contingents de réserve qui ne peuvent être employés faute d'armes et d'autres matériels (…). Les troupes norvégiennes n'ont ni armes antitanks, ni D.C.A., ni avions de chasse. (…) Nous avons pourtant suffisamment de pilotes entraînés pour constituer deux ou trois escadrilles de chasse[23]. » Le général Ruge ne recevra jamais rien…

Par ailleurs, le commandement norvégien comprend assez mal certaines initiatives britanniques sur le terrain, en particulier l'évacuation précipitée de Mo et les étonnantes carences de la défense antiaérienne de Bodø, qui ne vont pas tarder à provoquer un nouveau désastre. Enfin, les Norvégiens s'étonnent de la très grande nonchalance dont peuvent faire preuve les Britanniques ; du reste, ils ne sont pas les seuls :

« Au port, écrit le futur colonel Passy, je retrouvais immanquablement les dockers anglais, déguisés en militaires, prenant la énième tasse de thé de la énième pause de la journée, tandis qu'un char ou un camion pendait lamentablement, accroché tant bien que mal au filin d'une grue[*24]. » Et puis, comme le fera remarquer le général Ruge, « à mesure que le temps passait, nous eûmes l'impression que les Alliés hésitaient à s'engager trop avant dans de nouvelles entreprises[25]. »

L'impression est parfaitement fondée ; s'il est vrai que le 13 mai, le nouveau ministre de la Guerre britannique Anthony Eden déclarait encore au ministre de Norvège Éric Colban que l'« action alliée en Norvège serait poursuivie avec la dernière énergie[26] », il est évident que quatre jours plus tard, les Alliés commencent déjà à reconsidérer le coût d'opportunité de leur engagement en Norvège du Nord. On en comprend facilement la raison : sur le front de l'Ouest, en moins d'une semaine de combats, la campagne a pris un tour nettement défavorable aux armes franco-britanniques…

La majeure partie de l'armée britannique, commandée par Lord Gort, est entrée en Belgique avec la Ire armée française pour tenter d'enrayer l'offensive allemande. Le 12 mai, les armées alliées occupaient des positions défensives le long de la Dyle et de la Meuse, où elles faisaient face à 22 divisions allemandes, dont trois blindées. Mais c'est plus au sud qu'est venu le coup décisif : le 14 mai, après avoir franchi les Ardennes et la Meuse, sept divisions de Panzer ont enfoncé les positions françaises à Sedan et à Dinant. Soutenues par des bombardiers en piqué, suivies par l'infanterie motorisée, elles ont répandu la dévastation dans les rangs des IIe et IXe armées françaises, les contraignant à refluer en

* Pour être tout à fait juste, il faudrait ajouter que les civils norvégiens de Harstad fournissent pendant la nuit aux militaires britanniques une distillation particulièrement puissante, qui en mettra plus d'un hors de combat pendant une période prolongée…

désordre. Plus au nord, les divisions françaises, belges et britanniques, déjà durement accrochées, se trouvent dès lors menacées sur leurs arrières par la rupture du front de Sedan. Le 15 mai à 6 heures du matin, Daladier prévient Paul Reynaud : « Nos troupes se débandent. On a vu un général de corps d'armée en fuite sur la route. La bataille est perdue[27]. » Une heure et demie plus tard, à Londres, on annonce à Churchill que Paul Reynaud est au téléphone. Le président du Conseil a déjà appelé la veille pour demander des renforts d'aviation ; mais cette fois, Churchill note une très nette différence de ton :

> « L'appareil était sur ma table de chevet, M. Reynaud s'exprimait en anglais et semblait fort ému :
> – Nous sommes battus, me dit-il.
> Comme je ne répondais pas immédiatement, il répéta :
> – Nous sommes battus, nous avons perdu la bataille.
> – Cela n'a certainement pas pu arriver si vite, répondis-je.
> Mais il reprit :
> – Le front est percé près de Sedan, ils passent en masse avec des chars et des voitures blindées. (Tel était le sens de ses paroles sinon les termes mêmes qu'il employa.)
> Je déclarai alors :
> – L'expérience a montré qu'au bout d'un certain temps une offensive s'éteint d'elle-même. Je me souviens du 21 mars 1918. Dans cinq ou six jours, ils seront obligés de s'arrêter pour attendre leur ravitaillement, et ce sera alors le moment de la contre-attaque. J'ai appris cela dans le temps, de la bouche même du maréchal Foch.
> Sans aucun doute, c'était bien ce que nous avions toujours vu dans le passé et ce que nous aurions dû revoir à présent. Néanmoins, le président du Conseil revint à la phrase par laquelle il avait commencé, et qui, certes, ne se révéla que trop fondée : "Nous sommes battus, nous avons perdu la bataille." Je lui dis alors que j'étais prêt à aller m'entretenir avec lui[28]. »

Au Nord, les Hollandais ont capitulé, tandis qu'au centre, la IXe armée française s'est pratiquement désintégrée à l'ouest de Dinant. Pourtant, Winston Churchill, fort de son expérience de la Grande Guerre, persiste à ne voir dans tout cela qu'un revers temporaire. Au matin du 16 mai, le sous-secrétaire d'État aux Affaires étrangères, Sir Alexander Cadogan, note dans son journal : « Réunion du Cabinet ce matin ; les nouvelles de France sont de plus en plus sombres. En fin de compte, Dill nous a exposé le plan de retraite pour les troupes engagées en Belgique. Churchill s'est fâché tout rouge. Il a dit que nous ne pouvions laisser faire, que cela pourrait mettre toute notre armée en péril. Puis il s'est levé d'un bond et a déclaré qu'il se rendrait en Francc – il était ridicule de croire que la France pourrait être conquise par 120 tanks. Il a ajouté qu'il partirait après le déjeuner, et a demandé à Neville Chamberlain de s'occuper de la boutique[29] ! » De fait, à 3 heures de l'après-midi, Churchill s'envole pour Paris, accompagné des généraux Dill et Ismay. Il vient de demander une réunion urgente du Conseil suprême.

Dès leur atterrissage au Bourget, Churchill et Ismay sont frappés par le pessimisme qui règne à tous les niveaux. On leur dit même que les Allemands peuvent être à Paris « dans quelques jours au plus » [30]. Une fois au Quai d'Orsay, Churchill et ses compagnons voient de grands feux allumés dans les jardins : ce sont les archives qui brûlent... Reynaud, Daladier, Baudouin et le général Gamelin sont tous présents, et Churchill note que « leurs visages expriment le plus grand dépit[31] ». Bien entendu, le Premier ministre britannique va s'employer à remonter le moral de ses interlocuteurs, mais il sera lui-même très désagréablement surpris d'entendre le général Gamelin dire que l'armée française est hors d'état de contre-attaquer, ne disposant d'aucune réserve stratégique. « Je dois avouer, écrira Winston Churchill, que ce fut une des plus grandes surprises de mon existence[32]. » À plusieurs reprises, Reynaud et Gamelin vont demander davantage de chasseurs, et Churchill leur répondra qu'il ne lui reste que 31 escadrilles pour assurer la protection de l'Angleterre. Pourtant, il va obtenir le soir même l'assentiment du Cabinet de guerre à l'envoi de dix escadrilles supplémentaires sur le front de France[33].

Les efforts de Churchill n'auront pas été vains. Le lendemain 17 mai, Paul Reynaud se sent suffisamment fort pour prendre une décision longtemps différée : il va relever Daladier de ses fonctions et assumer lui-même la charge de ministre de la Guerre. Il va également nommer Georges Mandel ministre de l'Intérieur, faire appel au maréchal Pétain pour occuper la vice-présidence du Conseil, et surtout faire remplacer le général Gamelin par le général Weygand. Il est vrai que ce dernier a 73 ans, et ne passe pas pour être un génie militaire. Mais il a été le chef d'état-major de Foch un quart de siècle plus tôt, et cela peut encourager les troupes, qui en ont bien besoin ; le général Weygand a donc été rappelé de Syrie. Dans l'intervalle, bien sûr, on a cessé de faire pression sur les Britanniques pour qu'ils acheminent le plus possible de troupes françaises vers la Norvège. Au contraire, on demande avec insistance le rapatriement des chasseurs alpins encore en attente dans la Clyde…

De retour à Londres le 17 mai, Churchill fait part de ses impressions au Cabinet de guerre, et devant l'extrême gravité de la situation, il est amené immanquablement à évoquer la dispersion des ressources entraînée par la poursuite des opérations en Norvège : « Nous devrions nous demander si Narvik n'est pas en train d'absorber des ressources nécessaires à notre propre défense, particulièrement en ce qui concerne les destroyers, la D.C.A. et les avions de chasse[34]. ».

Les choses en restent là pour le moment, car la prise de Bjerkvik a fait renaître l'espoir, et Churchill lui-même, avec son optimisme coutumier, vient de déclarer que Narvik « peut être capturée à tout moment[35] ». Mais au cours des jours qui suivent, la situation en France s'aggrave sensiblement. À Rethel, Saint-Quentin, Charleroi, les tanks allemands balayent tout sur leur passage, et les troupes alliées sont en pleine retraite. Sur la Somme, les colonnes allemandes, au lieu de poursuivre leur route vers le Sud, ont viré vers l'Ouest et menacent à présent Amiens et Abbeville. Au Nord, les troupes françaises, anglaises et belges se trouvent pratiquement isolées par l'avance allemande, et pourtant, aucune offensive n'a encore été lancée contre la tête de pont ennemie. Le 19 mai, le général Gamelin a bien ordonné aux armées du Nord de se frayer un chemin vers le sud et d'attaquer les divisions blindées allemandes sur la Somme ; mais l'ordre est annulé par le général Weygand, qui lui succède le lendemain, et lorsque Weygand lui-même donne l'ordre d'attaquer, le front allié est déjà en pleine décomposition : de nombreuses unités ne reçoivent pas l'ordre, d'autres sont hors d'état de l'exécuter ; quant à Lord Gort, il envisage déjà une retraite sur Dunkerque.

Face à cette situation plus que préoccupante, on hésite beaucoup au Cabinet de guerre britannique quant à la conduite à tenir en Norvège du Nord. Le 20 mai, on peut lire dans les minutes de la réunion du Cabinet :

> « Le Premier ministre a exprimé sa déception quant à l'évolution de la situation à Narvik, qui mobilise une part importante de nos ressources en matériel et en moyens de transport. Il est d'avis que les opérations ne sont pas menées avec suffisamment d'énergie, et le Cabinet de guerre devrait peut-être envisager l'envoi d'un message à Lord Cork lui ordonnant de prendre Narvik d'assaut[36]. »

Bien entendu, ce n'est pas aussi facile qu'il y paraît ; l'ennemi a reçu par la voie des airs des renforts en matériel et même en hommes, il s'accroche farouchement sur ses positions au nord-est et au sud de la ville, et les plages de débarquement restent couvertes de quelque 90 centimètres de boue et de neige fondante. Mais la pression des événements en France est considérable, et Churchill a déclaré à la fin de la réunion du 20 mai que : « Les chefs d'état-major doivent maintenant examiner la question de savoir si nous tirerons un bénéfice de l'occupation de Narvik, une fois qu'elle aura été prise. Il est évident que les troupes, les navires et les équipements utilisés pour cette opération sont requis ailleurs de toute urgence[37]. »

Il est visible que Churchill répugne à abandonner la partie à Narvik. Le 22 mai, il souligne encore la valeur psychologique considérable que revêtirait une prise de la ville[38] ; mais le même jour, il admet pour la première fois qu'une invasion imminente de la Grande-Bretagne est maintenant possible[39]. Sur le déroulement des opérations militaires en France, le Premier ministre reçoit des informations confuses et contradictoires. Il a recommandé à Lord Gort de suivre les directives du haut commandement français, et de dispenser au général Weygand conseils et encouragements. Mais Lord Gort ne reçoit guère d'instructions du haut commandement français, et Weygand ne tient pas compte des avis britanniques. D'ailleurs, la liaison entre Français et Britanniques est des plus difficiles, et Churchill, dans son français approximatif, ne cesse de tonner contre « la liaison qui ne liaise pas ». Il retourne à Paris le 22 mai, et lors d'une nouvelle séance du Conseil suprême, il se déclare d'accord avec le plan du général Weygand, visant à opérer une jonction entre les armées alliées du Sud et celles du Nord. Pourtant, il exprime son inquiétude au sujet des carences du commandement français dans le Nord[40]. Il est vrai que le général Billotte, commandant le corps d'armée du Nord, vient de mourir dans un accident, et que le général Blanchard l'a remplacé ; mais les liaisons se font très mal entre Lord Gort et le général Blanchard…

Le lendemain 23 mai, à Londres, le Cabinet de guerre a devant lui le rapport demandé trois jours plus tôt aux chefs d'état-major. Or, leurs conclusions sont très claires : ils recommandent la capture de Narvik, suivie… de l'évacuation totale de la Norvège[41]. L'argument principal des chefs d'état-major est qu'il est impossible de fournir à Lord Cork des troupes et du matériel en quantités suffisantes pour tenir indéfiniment la Norvège du Nord, eu égard bien sûr à la situation sur le front de l'Ouest. Tout cela est logique, mais désastreux, comme le relève d'emblée Winston Churchill, qui « voit d'un mauvais œil la perspective de faire subir aux troupes de lourdes pertes pour prendre d'assaut une ville que l'on se propose d'évacuer immédiatement après ». Le chef de l'état-major de l'Air fait bien remarquer que « les chefs d'état-major sont pleinement conscients des avantages politiques qu'entraînerait l'annonce de la capture de Narvik », mais Churchill lui répond aussitôt que « ces avantages ont été considérablement réduits du fait de la situation sur le front de l'Ouest ». Malgré tout, il est bien difficile de se résigner, et le Premier Lord de l'Amirauté, A. V. Alexander, exprime l'espoir « qu'au cours de cette réunion, on ne prendra pas la décision d'abandonner la Norvège. Il est d'avis qu'il y aurait là de graves considérations politiques à prendre en compte avec toute l'attention nécessaire ». Pour finir, Churchill fait valoir qu'il « ne demande pas que l'on prenne une décision immédiate. Cependant, il s'agit d'établir sur-le-champ les plans d'une évacuation de la Norvège. (...) La Grande-Bretagne sera soumise d'ici peu à une attaque en règle. Les canons, les destroyers, les porte-avions, la capacité de transport maritime et les troupes actuellement consacrés à l'opération norvégienne sont requis d'urgence pour notre propre défense ».

Le ministre des Affaires étrangères et le Lord du Sceau privé se déclarent d'accord, tout en faisant ressortir l'intérêt de la capture de Narvik. Quant au Premier ministre, il souligne que « de toute façon, une évacuation de la Norvège du Nord prendrait plusieurs semaines » ; après quoi il énonce une considération qui ne nous est que trop familière : il espère que dans l'intervalle, « nous profiterons pleinement de la position que nous occupons en Norvège du Nord pour miner les approches de Luleå le plus efficacement possible » ; et une autre qui, hélas ! nous est plus familière encore : « Nous ne devons en aucun cas informer les Norvégiens de notre retrait avant qu'il ait été mis en œuvre. Après quoi, nous devrons offrir au roi de Norvège et à son entourage l'asile politique dans ce pays[42]. »

Cela laisse prévoir que nous allons assister cette fois encore aux scènes pénibles qui ont marqué l'évacuation de Namsos et d'Aandalsnes ; car il ne faut pas s'y méprendre : quoi qu'en ait dit le Premier ministre, le principe de l'évacuation a été tacitement accepté, et d'ailleurs, Lord Cork va recevoir dès le lendemain l'ordre d'évacuer Narvik dans les meilleurs délais[43]… Mais bien entendu, pour pouvoir évacuer Narvik, il faudrait d'abord l'occuper. Et, dans le cadre de l'instruction ci-dessus, Lord Cork a carte blanche à ce sujet – pourvu bien sûr que les choses se passent très rapidement, car désormais, le sort de la Grande-Bretagne elle-même est en jeu, et il se joue très loin de la Norvège du Nord.

Il est intéressant de noter que deux semaines après l'arrivée au pouvoir de Winston Churchill, le système de décision stratégique s'est déjà beaucoup simplifié, et fortement concentré entre les mains du Premier ministre. Car enfin, la décision d'évacuation totale a été prise entre le 23 et le 24 mai par Churchill lui-même, en sa qualité de Premier ministre et ministre de la Défense. Qu'elle ait été prise après consultation du nouveau Comité de défense, l'héritier du Comité de coordination militaire, ne change rien à l'affaire : les chefs d'état-major comme les ministres étaient fortement divisés sur l'opportunité de l'évacuation, et la décision finale a été prise… dès que Churchill lui-même a acquis la conviction qu'elle était inévitable. Que les instructions ne soient guère plus rationnelles que sous Neville Chamberlain est une autre affaire ; nous savons par exemple que Lord Cork n'a pas la permission d'informer les Norvégiens de la décision d'évacuation. Mais ce n'est pas tout : ses ordres ne lui permettent pas davantage d'en informer les Français !

Ainsi, Lord Cork, qui prépare maintenant l'assaut final, va ordonner l'attaque contre Narvik avec en poche l'ordre d'évacuer l'ensemble du pays. Pour l'amiral, c'est déjà une anomalie singulière ; mais la consigne de secret vis-à-vis des alliés lui paraît si totalement dépourvue de sens qu'il va immédiatement passer outre de sa propre initiative, au moins en ce qui concerne les Français. Le 27 mai, il envoie aux chefs d'état-major le télégramme suivant :

> « Eu égard au fait que les opérations actives sont menées par les forces françaises en contact étroit avec les Norvégiens, il m'a paru indispensable de communiquer la décision d'évacuation au général Béthouart, ce que j'ai fait dès hier 26 mai. Le général Béthouart a fait savoir au général Auchinleck (...) qu'il pourrait se révéler extrêmement difficile de retirer les troupes britanniques et françaises sans trahir les troupes norvégiennes qui combattent à nos côtés et sont en contact avec l'ennemi[44]. »

Ce sera difficile, en effet ; mais pour l'heure, l'assaut final contre Narvik va être déclenché dans la nuit du 27 au 28 mai. Il est prévu d'attaquer simultanément dans trois directions : au nord-est, la 13e demi-brigade de la Légion et un bataillon norvégien, partant d'Øjord, traverseront le Rombaksfjord sur des chalands et débarqueront sur la plage d'Orneset, immédiatement en contrebas de la voie ferrée ; un deuxième échelon abordera ensuite plus à l'ouest, à Taraldsvik. En même temps, au sud-ouest de la ville, la brigade polonaise attaquera Ankenes et, traversant le Beisfjord, cherchera à occuper la rive sud du port de Narvik. Enfin, sur la rive nord du Rombaksfjord, un bataillon de chasseurs alpins, soutenu par les skieurs norvégiens, prendra l'offensive vers l'est pour déboucher à Hundalen, sur les arrières de l'ennemi. Comme à Bjerkvik, l'artillerie lourde de l'escadre britannique appuiera massivement les opérations ; comme à Bjerkvik aussi, l'assaut sera déclenché à minuit, et ce n'est pas une coïncidence : les aérodromes allemands de Trondheim et Stavanger n'étant pas équipés pour des décollages de nuit, on espère ainsi échapper au bombardement aérien pendant les premières heures de l'assaut.

Le 27 mai à 23 h 45, toute l'escadre est en place. Depuis la passerelle de commandement du croiseur *Cairo*, Lord Cork et le général Béthouart surveillent les opérations ; cette fois encore, le général va commander le tir, puis diriger l'action terrestre. Derrière l'écran formé par l'escadre, cinq chalands transportant le 1er bataillon de légionnaires longent la presqu'île d'Øjord, traversent l'entrée du Rombaksfjord, et se dirigent vers Orneset. C'est alors que le général Béthouart donne le signal de l'ouverture du feu.

Sur la côte, les chasseurs autrichiens du 139e régiment de montagne et les hommes des trois compagnies de marine du groupe Haussels voient une fusée rouge s'élever au-dessus de l'escadre ; « ensuite », raconte l'un d'eux, « toutes les pièces ont craché un feu dévastateur. (...) Sans interruption, des centaines d'obus s'écrasaient sur la voie de chemin de fer, explosaient dans un grondement de tonnerre devant les entrées des tunnels, s'abattaient en mugissant contre les falaises de Framnes, détonaient au milieu des maisons de Vassvik, tandis que d'énormes quartiers de roc dévalaient les pentes du Fagernesfjell dans un fracas de fin du monde (...) Partout dans la ville et dans le port, à Fagernes et sur les berges d'Ankenes, les maisons de bois flambaient comme des torches. À chaque détonation (...) des milliers d'éclats d'obus et de pierres sifflaient dans toutes les directions (...) Toute l'étendue de la côte, allant d'Orneset à Taraldsvik, était enveloppée d'un épais nuage de poudre et de poussière, constamment zébré par les éclairs de nouvelles explosions[45]. »

Derrière ce rideau de feu, les légionnaires du 1er bataillon débarquent à 0 h 15 sur la plage d'Orneset, sans rencontrer d'opposition sérieuse ; en retrait de la plage, les quelque 50 défenseurs allemands de la compagnie d'artillerie de marine Nöller qui ont échappé au bombardement sortent de leurs abris pour se trouver face aux légionnaires ; il s'ensuit un sanglant corps à corps, à l'issue duquel les Allemands abandonnent leurs positions pour se regrouper plus haut, le

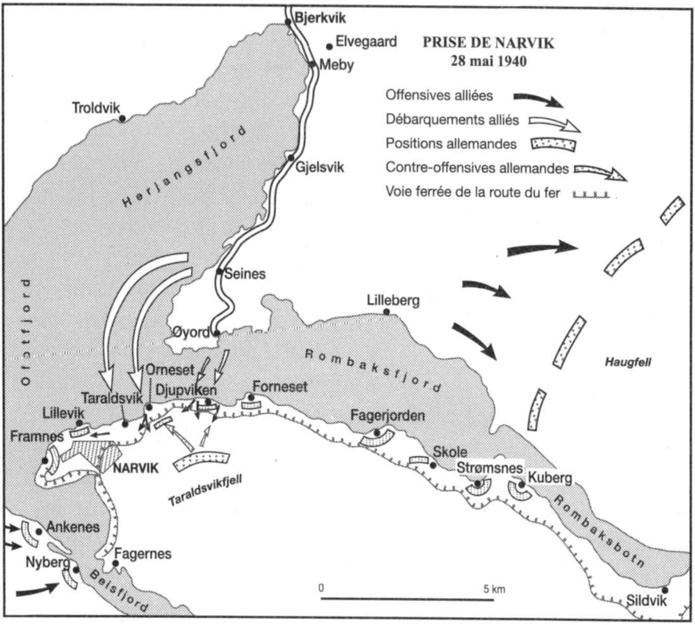

long de la voie ferrée ; de là, ils dominent l'assaillant, qui va devoir escalader la falaise. En outre, l'artillerie allemande vient d'ouvrir le feu contre les appontements d'Øjord au moment où le 2e bataillon de la Légion commençait à embarquer ; il y a des pertes sévères, l'embarquement est retardé, et faute de renforts, la tête de pont d'Orneset devient dangereusement vulnérable. Pourtant, les légionnaires du 1er bataillon vont accomplir des prouesses ; malgré le feu meurtrier des mitrailleuses allemandes, ils gravissent les hauteurs d'Orneset et atteignent la voie ferrée. Une pièce d'artillerie sur rail, tirant d'un tunnel, ralentit leur avance, mais ils hissent à la main un canon de montagne… et détruisent la pièce ennemie. Bientôt, un bataillon norvégien, embarqué dans des bateaux de pêche, aborde à son tour sur la plage d'Orneset ; avec les légionnaires, il va entreprendre de gravir la cote 457 où le gros des forces allemandes se trouve retranché, dominant à la fois les plages et la voie ferrée ; la résistance est très forte, et les pertes sévères. À 4 heures, le 2e bataillon de la Légion n'a toujours pas débarqué, tandis qu'au sud de Narvik, les Polonais sont durement pris à partie par l'artillerie allemande devant Ankenes.

Pour les Alliés, les choses ne vont pas tarder à empirer ; à 4 h 30, une vingtaine de bombardiers Messerschmidt apparaît au-dessus de Narvik, et pique droit sur l'escadre britannique. « Toutes les pièces du *Cairo*, rapporte le général Béthouart, tirent sans résultat sur les assaillants qui lâchent une pluie de bombes (…) Instinctivement, tout le monde rentre la tête dans les épaules. Deux bombes éclatent sur le bâtiment, l'une sur la plage avant, devant nous, l'autre entre les deux cheminées. Des quantités de débris nous retombent sur le dos. Nous nous redressons. L'amiral, casque en tête, se penche sur le bastingage et pousse un “Oh !” qui restera le seul signe d'émotion que j'aie jamais observé chez lui. Il y a en effet de quoi être ému. Tous les équipages des pièces ont été fauchés : 20, 30 cadavres plus ou moins déchiquetés et du sang partout. Des écoutilles émergent les équipes de relève qui, écartant les corps, reprennent le tir. Derrière nous, une mitrailleuse de gros calibre a été touchée, ses munitions brûlent. Watney réclame à un matelot les ceintures de sauvetage. “Inutile, sir, nous allons sauter”[46]. »

Le *Cairo* ne sautera pas ; mais toute l'escadre doit s'éloigner en zigzaguant sous les averses de bombes, et ne peut plus appuyer l'offensive. Profitant de ce répit, les Allemands passent à la contre-offensive sur les pentes de la cote 457 ; « C'est la contre-attaque, écrit J. M. Torris ; deux compagnies allemandes dévalent. Un légionnaire se jette en avant ; il s'abat aussitôt, les jambes arrachées par une rafale[47]. » « Alors que certains de nos éléments étaient presque à la crête des premières pentes, rapporte également Lapie, en bas, près de la ligne du chemin de fer et du col menant à Orneset, les Allemands pénétraient, leurs mitrailleuses s'approchaient. Ils allaient couper les compagnies engagées sur les pentes de la plage de débarquement d'Orneset[48]. » Le caporal Favrel fait partie d'une de ces compagnies : « L'intensité des tirs à un kilomètre derrière nous, note-t-il, semble indiquer que l'assaut d'une très forte ampleur porte essentiellement sur l'unité norvégienne qui vient de nous relever. Nous sommes coupés du bataillon, lequel doit être également coupé du reste de la brigade car le combat se poursuit à mi-pente de la falaise et les Norvégiens refluent sur la plage est d'Orneset, rendue intenable par les tirs croisés des canons de montagne, mortiers et mitrailleuses. L'allongement de ces tirs interdit le passage du fjord aux embarcations amenant les renforts et le ravitaillement en munitions et vivres[49]. »

C'est exact ; sur un chaland de débarquement à une centaine de mètres de la plage, le commandant Paris, chef d'état-major du général Béthouard, vient d'être tué net d'une balle en plein front. « Le rivage est balayé par les balles, note Torris ; au milieu du fjord, un bateau qui amène des munitions est atteint par un obus. Il grésille comme un morceau de phosphore, pétarade longtemps, puis, tout d'un coup, saute, est englouti. La situation est devenue terriblement angoissante. La tête de pont va être bousculée, les troupes jetées à la mer[50]. » À Ankenes également, les Allemands ont mis à profit l'attaque de la flotte pour lancer une contre-offensive, et l'aile gauche du bataillon polonais a dû reculer avec de fortes pertes…

Vers 6 heures du matin, pourtant, les « Hurricane » britanniques apparaissent dans le ciel de Narvik, et le 2e bataillon de la Légion débarque enfin à Taraldsvik. Sur les hauteurs d'Orneset, la contre-attaque allemande s'essouffle, et les légionnaires se ressaisissent ; « Sur les pentes de la colline, raconte un témoin, au milieu du désordre, de la confusion, de l'incertitude, jaillit un cri : – À moi ! la Légion ! Le capitaine de Guittaut, mortellement blessé à la tête, reprend en main sa compagnie, la lance sur l'assaillant. Les blessés se relèvent. Un lieutenant, pistolet au poing, enlève sa section : sur 35 légionnaires, 20 tombent. La compagnie perd 60 hommes. (...) Légionnaires et Norvégiens, côte à côte, s'agrippent maintenant au terrain. (...) Les Norvégiens, continuant la relève, dépassent les éléments de la Légion, montent doucement vers le sommet de la colline » [51]. À 7 heures, la situation s'est stabilisée et tourne lentement à l'avantage des Alliés ; l'assaut a repris contre la cote 457, couverte de morts et de blessés ; le 2e bataillon de la Légion et un détachement norvégien avancent vers Narvik, en suivant la voie ferrée ; au sud, une compagnie du 2e bataillon atteint Nybord, d'où elle va pilonner Ankenes, tandis que le 1er bataillon polonais progresse vers Beisfjord. Au nord-est, pendant ce temps, les chasseurs alpins et les skieurs norvégiens avancent lentement vers le fond du Rombaksfjord, en un long mouvement tournant.

À Narvik, au P.C. du major Haussels, on examine froidement la situation ; les communications avec le quartier général de Dietl sont coupées, il n'y a plus de réserves, et l'axe de progression des troupes ennemies laisse clairement deviner une manœuvre d'encerclement. Avec 150 chasseurs de montagne et 250 marins et artilleurs, on ne peut espérer tenir bien longtemps, encore moins contre-attaquer. Par contre, la route qui longe le Beisfjord vers l'est reste ouverte, et elle peut permettre de s'échapper... À 6 h 50, le major Haussels donne l'ordre d'évacuer Narvik, avec toutes les armes légères et le plus possible de munitions[52] ; Beaucoup d'éléments isolés, à l'est comme au sud de la ville, ne recevront pas l'ordre, et la résistance va se poursuivre jusque tard dans l'après-midi, tant à Fagernes que sur les hauteurs de la cote 457.

Vers 17 heures, pourtant, les avant-gardes du bataillon norvégien pénètrent dans les faubourgs de Narvik, et apprennent qu'il n'y a plus d'Allemands dans la ville. La Légion contourne Narvik par l'ouest, et couvre les approches du port ; quelques heures plus tard, le général Béthouart lui-même entre dans Narvik, sous les ovations de la population.

Dès le lendemain, les Norvégiens, les Polonais, les chasseurs alpins et la section motorisée de la Légion étrangère entameront les opérations destinées à repousser le reste des troupes du général Dietl vers la frontière suédoise[53].

De toute évidence, il s'agit là d'une victoire magnifique, même si à bien des égards, elle peut paraître dérisoire aux vainqueurs eux-mêmes ; c'est que sur le front de France, pendant ce temps, la campagne dans le Nord est virtuellement perdue. Par l'ouest, le sud et le nord, les divisions blindées allemandes convergent vers les armées alliées regroupées autour de Dunkerque. Le 28 mai, l'armée belge a capitulé. La veille, le War Office a ordonné à Lord Gort d'« évacuer le plus grand nombre d'hommes possible », en se frayant un chemin jusqu'à la côte. Les troupes du général Blanchard, n'ayant pas reçu les mêmes ordres, ne suivent que lentement, et cinq divisions françaises sont prises au piège près de Lille. Le 30 mai, les divisions britanniques, sévèrement étrillées, ont toutes gagné le périmètre défensif de Dunkerque, et la moitié de la 1re armée française est parvenue à les rejoindre. Une gigantesque opération navale va maintenant être montée pour évacuer l'ensemble des troupes de Dunkerque ; Churchill lui-même revient à Paris le 31 mai pour assister à une nouvelle réunion du Conseil suprême. Alors que dans le Nord, les armées alliées sont engagées ensemble dans une lutte désespérée, le Premier ministre veut éviter tout malentendu entre Anglais et Français : « L'évacuation, répète-t-il sans cesse, doit se faire bras dessus, bras dessous[54] ! » Jamais sans doute la France et la Grande-Bretagne ne se sont trouvées en aussi grand péril.

À Narvik, cependant, les Français et les Britanniques ont une autre raison d'être amers ; la ville conquise avec tant de peine après six semaines d'efforts va devoir être évacuée presque immédiatement. En fait, les premiers préparatifs de l'évacuation avaient débuté avant même la prise de Narvik. Mais dès le 1er juin, il va falloir songer à arrêter toutes les opérations qui se poursuivent à l'est de la ville, pour commencer à rembarquer les 26 000 hommes du corps expéditionnaire. Or, à cette date, le gouvernement et le haut commandement norvégiens ne sont toujours pas informés…

La question de savoir quand on informera les Norvégiens a été évoquée à plusieurs reprises au Cabinet de guerre britannique depuis le 24 mai, mais aucune décision n'a été prise. Le 27 mai, enfin, on a décidé « de réexaminer la question d'ici deux ou trois jours[55] ». Le 29 mai, Lord Halifax a soulevé une fois encore la question, mais le Premier ministre a répondu qu'il « était partisan d'attendre quelques jours avant de prendre une décision[56] ». De toute évidence, on n'a toujours pas confiance dans la discrétion des Norvégiens, et surtout, on redoute leur réaction lorsqu'ils apprendront la nouvelle : s'ils capitulent sur-le-champ, le rembarquement des Alliés sera nettement plus périlleux. Le précédent d'Aandalsnes aurait dû donner aux Britanniques une bien plus haute opinion de la loyauté du général Ruge, mais le fait est là : à Londres, les Norvégiens ne sont toujours pas considérés comme des alliés à part entière…

À Tromsø, les autorités norvégiennes, maintenues dans l'ignorance des projets britanniques, n'en ont pas moins reçu dès le 27 mai un choc assez dur : ce jour-là, en effet, la ville de Bodø a été bombardée et entièrement détruite par la Luftwaffe, sans que la D.C.A. et l'aviation britanniques aient pu s'y opposer. Deux jours plus tard, la bonne nouvelle de la prise de Narvik a été entièrement éclipsée pour le gouvernement norvégien par une information à la fois inattendue et extrêmement inquiétante : on a en effet appris que les troupes britanniques s'apprêtaient à évacuer toute la région de Bodø, laissant ainsi grand ouvert le chemin de Narvik à la Werhmacht. Le ministre Cecil Dormer, qui s'entretient le lendemain avec les membres du gouvernement norvégien, écrit à Lord Halifax : « Le Premier ministre et le ministre des Affaires étrangères étaient visiblement très tendus lorsqu'ils m'ont reçu ce matin. (…) M. Koht (…) m'a déclaré que la décision [d'évacuation de Bodø] paraissait avoir été prise sans la moindre consultation avec le général Fleischer, commandant norvégien dans la région, qu'elle était contraire aux assurances expresses qui lui avaient été données à Londres, et qu'en outre, elle permettrait aux Allemands de se rapprocher considérablement de Tromsø, où le gouvernement avait espéré pouvoir se maintenir solidement[57]. » À ce stade, le président du Storting Carl Hambro est intervenu pour prononcer des paroles très dures à l'égard de la Grande-Bretagne, affirmant entre autres que les Norvégiens « ne pouvaient plus avoir confiance en l'Angleterre[58] ». Il a ajouté qu'il ne semblait même pas y avoir de coopération entre la Royal Navy et l'armée britannique ; le ministre Dormer lui a répondu assez vertement qu'il ne pouvait pas en juger et qu'au contraire, la coopération était excellente... à quoi Carl Hambro a rétorqué que « si c'était vrai, c'était encore pire[59] ».

« M. Koht, poursuit Sir Cecil Dormer, s'est exprimé avec davantage de retenue, mais a déclaré qu'il était de la plus haute importance que les commandants en chef alliés et norvégien se réunissent pour discuter de la situation et prendre connaissance des plans britanniques. Il a ajouté que le général Fleischer désirait poursuivre la lutte à Bodø même si nous nous retirions, mais qu'il avait besoin d'approvisionnement. Il a longtemps insisté sur l'importance de tenir cette région. M. Nygaardsvold, qui depuis le début de l'entretien présentait l'image même de la désolation, avec le visage enfoui dans les mains, a alors fait son unique intervention pour déclarer qu'il y aurait un Conseil des ministres le lendemain, et qu'il fallait donc que la conférence [entre les commandants en chef] ait lieu cet après-midi même ; sinon, il irait trouver le roi, et son pays déposerait les armes (ou quelque chose d'approchant). Ses paroles exactes n'étaient pas très audibles, mais de toute façon je n'y ai guère prêté attention, car le Premier ministre semblait manifester tous les signes extérieurs d'une extrême tension nerveuse[60]. » Bien entendu, Sir Cecil Dormer accepte le principe d'une conférence entre les commandants en chef ; ceci, il faut l'avouer, ne l'engage pas à grand-chose… En attendant, les Norvégiens ne savent toujours rien au sujet des plans alliés d'évacuation totale du pays, même s'ils semblent avoir déjà détecté quelques signes suspects[61].

À Narvik, justement, les commandants alliés ont de plus en plus de réticence à se conformer aux ordres reçus de Londres en ce qui concerne le secret de l'évacuation. Ainsi, pour le général Auchinleck, qui a maintenant remplacé le général Mackesy, « le pire de tout, c'est qu'il faut mentir à tout le monde pour préserver le secret de l'évacuation. La situation vis-à-vis des Norvégiens est particulièrement délicate, et l'on se sent tout à fait méprisable d'avoir à faire comme si on allait poursuivre la lutte, alors qu'en réalité on va plier bagage sur-le-champ[62] ». Ce sont les commandants britanniques sur place qui vont jeter l'éponge avant leur gouvernement ; alors que le 31 mai, le Cabinet de guerre a une fois de plus renvoyé à plus tard la décision d'informer les autorités norvégiennes[63], Lord Cork, lui, va prendre les devants : « Le général Auchinleck et moi-même étions invités à Tromsø pour discuter des opérations futures. De toute évidence, la situation était devenue intenable. Nous avons décidé qu'il n'était plus possible de garder le secret[64]. » Au matin du 1er juin, en effet, Sir Cecil Dormer est amené à Harstad en hydravion, et informé par Lord Cork de la décision d'évacuation ; il promet de transmettre la nouvelle aux autorités norvégiennes l'après-midi même.

Ce matin-là, à Tromsø, le Cabinet s'est réuni en présence du roi Haakon VII, et le tour pris par les débats montre clairement que les Norvégiens commencent à se douter de ce qui se prépare* : « Nous nous sommes tous déclarés d'accord, indique le procès-verbal, sur le fait que si les Alliés devaient

* Halvdan Koht a d'ailleurs déclaré la veille au diplomate suédois Carl Douglas qu'il « soupçonnait fort que les Anglais avaient l'intention de retirer entièrement de Norvège leurs forces et celles de leurs alliés » (SUD, HP 39 AI, 172, 1938-1940, 59 A « Vissa händlingar ». Grev Douglas til U.M. Chr. Günther, 2/6/40.)

évacuer entièrement leurs troupes, une éventualité que nous avons quelques raisons de redouter, la situation deviendrait pour nous pratiquement désespérée. En effet, outre que nous manquons de D.C.A. et d'avions, nos réserves de munitions sont presque entièrement épuisées. Voici maintenant plus d'un mois que la Grande-Bretagne a promis de nous envoyer des fusils et des munitions (...)[65] »

Arrivé à Tromsø en fin d'après-midi, Sir Cecil Dormer rend d'abord visite au ministre de la Défense Ljungberg, avec qui il est en très bons termes, et lui annonce la nouvelle avec tous les ménagements requis : « Je lui ai dit en confidence qu'à mon avis, les Alliés allaient sans doute décider l'évacuation, et que dans ce cas, le gouvernement de Sa Majesté serait disposé à évacuer en même temps le roi et le gouvernement[66]. »

On remarquera la formulation hypothétique et la multiplication des conditionnels pour annoncer une décision qui a tout de même été prise neuf jours auparavant... mais de toute façon, le ministre Ljungberg n'est pas dupe, et il demande immédiatement si la Norvège pourra reprendre le matériel allié afin de poursuivre seule la lutte. Sir Cecil Dormer lui répond par la négative : « Tout doit être emporté[67]. » Mais il ajoute aussitôt :

« Ceci étant, il est sans doute opportun de reconsidérer la question de l'adoption du projet dit "Plan Mowinckel", aux termes duquel les Allemands s'engageraient à ne pas attaquer la Norvège du Nord si les forces alliées l'évacuaient, et si les Suédois occupaient Narvik[68]. » Ljungberg acquiesce, de même que Koht, qui a été mis peu après au courant de cette proposition.

Ainsi, le plan Mowinckel, rejeté deux semaines plus tôt à Londres comme à Tromsø, est maintenant considéré comme une bouée de sauvetage par les Norvégiens comme par les Britanniques. La veille, l'ambassadeur de Suède à Londres a entretenu Lord Halifax du projet, et le noble Lord, après avoir qualifié la proposition de « très curieuse », a ajouté nonchalamment que « comme toutefois nous vivons des temps curieux », il allait soumettre de nouveau la proposition au Cabinet[69]. Or, dès le lendemain, le Cabinet accepte le principe du plan Mowinckel, avec un empressement qui étonne les Suédois eux-mêmes[70]. À dire vrai, cela n'a rien de très étonnant ; d'une part, bien sûr, une éventuelle acceptation de ce plan par les Allemands permettrait de maintenir le gouvernement norvégien sur une partie de son territoire, et donc de sauver la face des Britanniques au moment où ils se replient en toute hâte vers leurs îles. Mais d'autre part, les membres du Cabinet de guerre de Sa Majesté ne sont pas naïfs, et ils ne voient pas du tout pourquoi les Allemands leur feraient un tel cadeau… En revanche, ils voient fort bien l'utilité de maintenir en vie le plan Mowinckel pendant toute la durée de l'évacuation ; c'est qu'à Londres, on redoutait par-dessus tout les réactions du gouvernement norvégien : une reddition hâtive, par exemple, serait catastrophique pour les Alliés, non seulement parce qu'elle mettrait en danger le rembarquement, mais encore parce qu'elle mettrait les autorités norvégiennes à la merci des Allemands… Or, ces autorités, malgré leur dénuement apparent, disposent encore d'un atout considérable – un atout dont la Grande-Bretagne ne peut en aucun cas se passer : ce sont les quelque mille navires de la marine marchande norvégienne, avec l'ensemble de leur équipage[71].

Les choses sont donc très claires : même si le plan Mowinckel n'aboutit pas, il permettra au moins de gagner un temps précieux, non seulement pour évacuer, mais encore, en cas d'échec du plan, pour convaincre le gouvernement norvégien de rallier l'Angleterre, où sa présence serait plus que souhaitable. C'est à quoi Sir Cecil Dormer va s'employer dès le 1er juin.

En fait, les membres du gouvernement norvégien ne sont pas naïfs non plus, bien que le fait soit déjà beaucoup plus récent, et si M. Koht est disposé à explorer toutes les avenues pouvant conduire au succès du plan Mowinckel, la plupart de ses collègues ont compris dès le 1er juin qu'il allait falloir se préparer à quitter le pays. Le 3 juin, alors que M. Koht s'entretient à Luleå avec son homologue suédois Günther au sujet du plan Mowinckel, le général Ruge est convoqué à Tromsø. « La décision était prise », notera le général, « le roi, le gouvernement et le président du Storting partiraient pour l'Angleterre afin de poursuivre la lutte. Je me déclarai entièrement d'accord[72] ».

Au cours des quatre jours qui suivent, alors que les troupes polonaises et les légionnaires opérant dans la région de Sildvik et le long de la route du fer continuent à repousser l'ennemi vers la frontière suédoise, les autres unités et le matériel sont discrètement évacués vers Harstad, puis embarquées. Mais à Tromsø, pendant ce temps, plusieurs personnalités norvégiennes vont s'interroger sur la sagesse de leur décision de quitter le pays. Le prince Olav, d'abord, qui dès le 3 juin proposera au gouvernement de rester en Norvège pour partager le sort du peuple. « Je comprenais bien, expliquera-t-il vingt-trois ans plus tard, que la défaite, puis l'évacuation (...) auraient un effet extrêmement déprimant sur le peuple norvégien, et je pensais pouvoir lui faire comprendre qu'il était nécessaire de poursuivre la lutte[73]. »

L'intention est noble, mais le Cabinet norvégien va repousser cette proposition à l'unanimité[74]. Deux jours plus tard, c'est le général Ruge qui, pour des motifs analogues, va se déclarer dans l'impossibilité de suivre le gouvernement en Grande-Bretagne. Il considère qu'ayant déjà une fois abandonné ses troupes en Norvège centrale, il ne saurait récidiver sans perdre entièrement le respect de ses hommes. Malgré une invitation pressante du gouvernement, le général Ruge restera sur ses positions : il désire capituler avec ses troupes, une fois que le roi, le gouvernement et toutes les unités de la marine, de l'aviation et les volontaires de l'armée de terre auront quitté la Norvège et seront hors d'atteinte de l'ennemi.

Mais justement, il y a un troisième personnage qui ne peut se résoudre à quitter son peuple : c'est le roi Haakon VII lui-même. Le 5 juin, deux jours seulement avant la date fixée par les Britanniques pour la fin de l'évacuation, Sir Cecil Dormer va en effet recevoir un message surprenant : « Vers 22 heures le 5 juin, j'ai reçu la visite de M. Johan Anker (...) un ami personnel du roi Haakon, qui m'apportait une lettre personnelle de Sa Majesté, écrite au crayon, (...) dans laquelle il me disait que tout bien réfléchi, il considérait qu'il était de son devoir de rester en Norvège[75]. » Sir Cecil Dormer communique immédiatement cette nouvelle à Londres, où elle va causer une consternation certaine : « Le roi de Norvège, note le sous-secrétaire d'État Cadogan, a envoyé un message préoccupant. Il s'apprête à jouer les Léopold. Ai rédigé un projet de réponse, le priant de ne pas faire le c..., ou le traître, et ai obtenu l'assentiment de W.S.C. et de Neville[76]. »

Ce sera inutile, car le lendemain à l'aube, bien avant l'arrivée de cette note, Sir Cecil Dormer est déjà sur la route défoncée et inondée qui mène à la retraite du roi. Son rapport sur la suite des événements constitue un document à peu près unique sur une phase cruciale de l'histoire de la Norvège moderne :

> « À mon grand soulagement, je me suis aperçu que le roi n'avait pas encore pris de décision définitive. Je lui ai expliqué qu'en restant en Norvège après l'évacuation des forces alliées, il deviendrait virtuellement prisonnier, et ne pourrait en aucune façon aider son peuple, ou même communiquer avec lui. Les Allemands émettraient des ordres censés avoir son approbation ; en somme, il servirait leurs intérêts. Par contre, s'il venait en Angleterre avec son gouvernement, il aurait les mains libres, et la Norvège pourrait continuer la lutte aux côtés des Alliés. Les hésitations de Sa Majesté ont été bientôt dissipées, et après une courte conversation, il a accepté de se conformer aux dispositions prévues antérieurement, après quoi nous avons pu nous entretenir de questions de moindre conséquence. Il m'a dit qu'il

n'avait pas informé les membres de son gouvernement de la lettre qu'il m'avait fait parvenir, et qu'il n'était pas utile qu'ils en fussent informés. Je pouvais la considérer comme nulle et non avenue.

La conversation s'est déroulée dans la minuscule chambre à coucher de Sa Majesté, afin que personne ne puisse nous entendre. Le prince héritier et le lieutenant Eric Smith, qui m'accompagnait, étaient également présents. Avant de prendre congé, j'ai fait savoir à Sa Majesté que le départ avait été fixé à la nuit suivante. Le prince héritier nous a accompagnés jusqu'à la grille, et là, à ma grande consternation, il a déclaré que si le roi avait raison de partir pour l'Angleterre, il lui apparaissait que son devoir à lui était de rester. J'ai fait valoir que ce serait presque aussi nuisible que si le roi lui-même restait, car les Allemands ne manqueraient certainement pas d'utiliser l'un contre l'autre, et de provoquer un état de fait qui aboutirait à la déposition du roi. Le prince s'est rendu à mes raisons, et j'ai pu alors rentrer précipitamment à Tromsø pour télégraphier que tout était arrangé. À mon arrivée, j'ai trouvé un télégramme du Foreign Office (…) me demandant de prendre les mesures que je venais justement de prendre.

C'est à ce moment que certains membres du gouvernement, y compris le Premier ministre, ont commencé à leur tour à vouloir revenir sur leur décision. (…) Il était clair qu'ils espéraient contre toute logique que les Allemands accepteraient le plan Mowinckel, ce qui leur permettrait de rester en Norvège ; mais après que deux, puis trois jours se sont passés sans qu'aucune réponse parvienne de Stockholm, il a bien fallu qu'ils abandonnent cet espoir. Néanmoins, je craignais qu'il ne se produise quelque chose qui les amène à changer d'avis au dernier moment. Il y a eu une nouvelle alerte lorsque le Premier ministre a annoncé qu'il ne partirait pas si sa femme n'arrivait pas à temps pour l'accompagner[77]. »

La Norvège – et la Grande-Bretagne – doit décidément beaucoup à Sir Cecil Dormer. Jusqu'au soir du 6 juin, les ministres vont hésiter, et certains d'entre eux vont même demander *in extremis* un report de l'évacuation. Mais

Sir Cecil, impassible et intraitable, va rester sur ses positions : le lendemain même, l'évacuation devra être terminée, et le dernier navire à partir sera le croiseur *Devonshire*. Il est à la disposition du gouvernement, mais quoi qu'il arrive, il lèvera l'ancre ce soir-là à 20 heures[78].

Le lendemain 7 juin, à 14 heures, un dernier Conseil des ministres se tient à l'évêché de Tromsø. On traite d'abord des questions ordinaires, puis de la nomination de deux nouveaux ministres[79], après quoi le Premier ministre soumet au Cabinet une proposition « tendant à ce que le roi, le prince royal et le gouvernement se transportent vers un pays allié, et à ce que cette décision soit annoncée par proclamation au peuple norvégien ». La proposition, puis le texte de la proclamation sont acceptés, puis le roi prend la parole : « Après avoir bien considéré les choses, j'en suis venu à la ferme conclusion que dans la situation actuelle, mon gouvernement et moi-même ne pouvons rien faire d'autre que quitter le pays, pour poursuivre à l'étranger notre travail au bénéfice de la Norvège[80]. » Le roi est très ému, et il ne pourra terminer son intervention[81] ; en fait, il n'est pas aussi convaincu qu'il a bien voulu le dire de la justesse de sa décision. Quelques instants plus tard, il s'entretiendra avec l'évêque Hansen, qui rapportera leur conversation en ces termes :

> « – Qu'avez-vous pensé lorsque vous avez appris cela ? m'a dit le roi avec des larmes dans les yeux.
> – C'est terrible, lui ai-je répondu, mais je comprends bien qu'il n'y a rien d'autre à faire, puisque les Alliés s'en vont.
> – C'est si bon de vous entendre dire cela. J'ai si peur du jugement que portera le peuple norvégien[82]. »

De fait, les Norvégiens se sont souvent montrés sévères à l'égard de leurs rois. Qu'on se souvienne de Christian-Frédéric, et plus encore de saint Olav… Et puis, à près de 70 ans, Haakon VII va quitter son pays, sans savoir s'il le reverra un jour ; beaucoup de ses ministres sont assaillis par les mêmes pensées au moment du départ. Ne vont-ils pas se couper encore davantage du peuple norvégien ? Celui-ci a déjà jugé sévèrement les lacunes de leur politique ; ne risque-t-il pas maintenant de condamner leur exil ? D'ailleurs, savent-ils même s'ils arriveront jusqu'en Angleterre ? Et s'ils y parviennent, qu'y feront-ils ?

Peu après 18 heures, en rade de Tromsø, les derniers militaires britanniques, les volontaires norvégiens des trois armes, les membres du corps diplomatique, le personnel des ministères et les ministres montent à bord du *Devonshire*. Le roi, le prince Olav et leurs aides de camp vont embarquer en dernier, au grand soulagement de Sir Cecil Dormer et du capitaine du croiseur. « Nous nous tenions près du bastingage, se souvient le ministre Trygve Lie, et nous avons vu le roi et le prince royal gravir l'échelle de coupée. Le roi paraissait très déprimé ; c'était certainement l'une des heures les plus pénibles de sa vie[83]. » À 20 heures précises, au soir du 7 juin 1940, le croiseur *Devonshire* lève l'ancre et s'enfonce dans la brume, cap au nord-nord-ouest.

Plus au sud, ce même soir, les deux bataillons de Polonais et de légionnaires qui poursuivaient encore les opérations vers la frontière suédoise sont redescendus silencieusement vers Narvik ; les Polonais ont laissé des mannequins sur leurs anciennes positions, afin que les Allemands ne s'aperçoivent de rien… Dans le port de Narvik, alors que le matériel et les munitions sont immergés ou détruits, les arrière-gardes des deux bataillons embarquent à 22 heures. Les pionniers de la Légion font encore sauter à la dynamite un large tronçon de la « route du fer » au-dessus de la ville, ainsi que leurs propres canons de D.C.A. ; les mulets, abandonnés, errent dans les rues désertes… À minuit, enfin, le général Béthouart et son état-major montent à bord du dernier destroyer, qui rejoint le gros du convoi à la sortie du fjord. Aucun avion allemand n'est signalé ; les vainqueurs ont réussi leur retraite.

Deux jours plus tôt, le général Auchinieck avait reçu un télégramme du chef de l'état-major impérial lui ordonnant de « ne laisser ni fusils, ni munitions aux Norvégiens[84] ». Or, dans la nuit du 7 au 8 juin, alors que les dernières unités navales britanniques ont gagné la haute mer depuis six heures, un nouveau signal parvient à Lord Cork : « Laissez aux Norvégiens 3 000 fusils et les munitions correspondantes[85]. » Le désordre aura régné jusqu'au bout…

Dans la journée du 9 juin, les soldats norvégiens de la 6e division sont démobilisés sous la supervision du général Ruge. Le lendemain, un armistice entre en vigueur en Norvège du Nord[86]. La campagne de Norvège est terminée ; dans quelques jours, celle de France le sera aussi… et la bataille d'Angleterre va s'engager. Ce n'est pas la fin ; ce n'est pas même le commencement de la fin ; mais c'est déjà la fin du commencement.

L'HEURE DU BILAN

Au mois de juin 1940, à Paris comme à Londres, personne ne s'est penché très attentivement sur les résultats de la campagne de Norvège, et cela s'explique aisément : l'existence même de la France et de la Grande-Bretagne est menacée, et la nouvelle de la prise de Narvik, comme celle de l'évacuation complète du pays, a été rapidement engloutie dans la grande tourmente de la campagne de France. Mais lorsque le fracas des armes se tait, le vacarme des historiens commence ; quel est donc le bilan de cette campagne de deux mois, et quelle influence a-t-elle exercée sur le déroulement ultérieur de la Seconde Guerre mondiale ?

L'habituelle comptabilité des pertes en vies humaines au cours des combats fait apparaître une sensible égalité entre les deux camps. Sur terre, les Britanniques ont perdu 1 869 hommes, morts, disparus ou grièvement blessés ; les Français et les Polonais 530, et les Norvégiens 1 335*, à quoi il faut ajouter quelque 2 500 hommes (en majorité britanniques) morts ou disparus en mer. Les Allemands, de leur côté, ont sacrifié en tout 5 296 hommes, dont 1 317 tués et 2 375 disparus[1]. En ce qui concerne les pertes en matériel, la

* Plus 400 civils.

Luftwaffe a perdu 242 avions, dont un tiers d'avions de transport, et la R.A.F. 112 seulement, ce qui, étant donné la disproportion des forces aériennes entre les deux camps, représente une perte sensiblement égale en valeur relative. En ce qui concerne les pertes navales, on constate également une certaine égalité en valeur absolue : les Britanniques ont perdu dans cette campagne trois croiseurs, sept destroyers, un porte-avions et quatre sous-marins[2] ; les Allemands, quant à eux, ont perdu trois croiseurs, dix destroyers, six sous-marins, avec quatre croiseurs et six destroyers endommagés[*]. En valeur relative, bien sûr, la disproportion est considérablc : insignifiantes pour la Royal Navy, ces pertes sont au contraire écrasantes pour la Kriegsmarine, qui perdra ainsi jusqu'à la fin de la guerre l'essentiel de sa capacité opératoire.

Pour l'Allemagne, le résultat le plus intéressant du point de vue stratégique est l'acquisition de bases navales et aériennes à l'est et au nord-est des îles britanniques, ainsi que dans la région du Cap Nord. Ceci lui permettra d'attaquer les lignes de communications maritimes de l'ennemi, et lui facilitera grandement l'accès à la haute mer. Pourtant, la médaille a son revers : d'une part, il n'y a plus guère de flotte pour profiter de cette occasion unique, dont avaient rêvé les amiraux allemands après la Grande Guerre[3] ; d'autre part, les Britanniques ont discrètement effectué un débarquement « préventif » en Islande à la mi-mai, et cette grande île septentrionale va servir aux Alliés de base aérienne et navale jusqu'à la fin de la guerre. Par ailleurs, à la suite de la victoire allemande en Norvège, la route du fer sera effectivement coupée... mais pour les Alliés seulement. L'Allemagne, elle, va recevoir sans la moindre interruption possible le minerai de fer suédois – et celui de Norvège du Nord –, une fois réparées les installations portuaires de Narvik. C'est ainsi que l'Allemagne obtiendra de cette

* Les Allemands ont toutefois récupéré quatre destroyers norvégiens.

source 600 000 tonnes de minerai en 1941, et 1,8 million de tonnes en 1943[4]. Il est vrai que dès l'été de 1940, elle pouvait également disposer du minerai de fer lorrain et luxembourgeois…

Pour l'Allemagne, la victoire de Norvège représente également un succès de prestige vis-à-vis des neutres comme la Suède… et des hésitants comme l'Italie ; mais bien entendu, les victoires en France auront un effet bien plus considérable à cet égard. Enfin, Hitler, qui restera obsédé jusqu'à la fin de la guerre par l'idée d'un débarquement britannique en Norvège, va transformer le pays en une véritable forteresse, défendue par une formidable artillerie côtière, un demi-million d'hommes, et l'essentiel de la Kriegsmarine ; or, cette véritable obsession lui fera commettre des erreurs stratégiques fatales sur d'autres théâtres, notamment en Méditerranée et dans l'Atlantique…

Il est bien difficile à ce stade de discerner les avantages que la Grande-Bretagne a pu retirer de cette malheureuse campagne. Il est traditionnel de faire valoir que la destruction d'une bonne partie de la flotte allemande en Norvège a empêché Hitler de monter une opération navale d'envergure lors de l'évacuation alliée de Dunkerque ; en fait, il est peu probable qu'Hitler aurait choisi de lancer une telle attaque à ce moment, même s'il en avait eu les moyens : « Sur terre, a dit le Führer, je suis un héros ; sur mer, un lâche[5]. » Il est également traditionnel d'affirmer que la campagne de Norvège a conduit à une réorganisation complète du processus de décision stratégique en Grande-Bretagne, avec en particulier la création d'un ministère de la Défense ; mais l'argument est difficilement défendable, car cette refonte des instances de décision stratégique est due bien moins à la pression des événements de Norvège qu'à l'initiative de Winston Churchill, qui y songeait déjà depuis le début de la guerre, et même longtemps avant. Il est plus traditionnel encore d'écrire que les leçons de la campagne de Norvège ont été très précieuses pour les Alliés, dans la mesure où elles ont permis d'améliorer substantiellement la planification et l'exécution des opérations combinées ultérieures. En fait, cet argument-là n'est guère plus convaincant que les autres, car il serait aisé de démontrer qu'à Dakar, en Crète ou à Dieppe, on commettra exactement les mêmes erreurs qu'en Norvège... et quelques autres plus inquiétantes encore*. Ce que l'on pourrait sans doute dire, par contre, en anticipant quelque peu sur la suite des événements, c'est que la campagne de Norvège a ôté pour longtemps aux militaires britanniques l'envie d'opérer dans des conditions d'infériorité aérienne telles que celles qu'ils viennent de connaître. Étant donné les pressions auxquelles Churchill va les soumettre au cours des quatre années à venir pour passer outre et opérer de nouveau en Norvège, cet aspect des choses est loin d'être négligeable.

La campagne de Norvège a-t-elle au moins créé l'amorce d'une fraternité d'armes entre Britanniques et Norvégiens ? La lecture des chapitres précédents n'encourage guère à le croire, et il est vrai qu'à l'issue de cette campagne, les Britanniques considèrent leurs nouveaux alliés avec une extrême méfiance, tant est grande la tentation de voir dans chaque Norvégien un Quisling en puissance. De leur côté, les Norvégiens ont été très déçus par la médiocre prestation des Britanniques en Norvège, par leurs abandons successifs à Aandalsnes, Namsos et Narvik, et par leur incapacité presque totale de fournir une aide matérielle à leurs alliés norvégiens. Cette déception se reflétera dans l'attitude très réservée de M. Koht à l'égard des Britanniques, et dans les positions assez violemment antibritanniques adoptées par le successeur du général Ruge, le général Fleischer, qui va accompagner le gouvernement en Grande-Bretagne. On

* Encore nous limitons-nous ici à la Seconde Guerre mondiale ; or, il est très intéressant de constater que certaines erreurs rigoureusement identiques ont été commises lors des opérations d'un corps expéditionnaire britannique en... avril-mai 1982 !

pourrait en dire tout autant du président du Storting Carl Hambro, héros du 9 avril et depuis lors représentant du gouvernement à Stockholm. Ses déclarations officielles et officieuses sont devenues si hostiles à la Grande-Bretagne depuis la fin de mai 1940 que le gouvernement norvégien devra rapidement se résoudre à l'envoyer « en mission » aux États-Unis jusqu'à la fin de la guerre… Il faudra de très longs mois pour qu'un minimum de confiance et de coopération s'établisse à Londres entre Britanniques et Norvégiens.

Tout bien considéré, le seul avantage substantiel – nous pourrions même dire décisif – que la Grande-Bretagne ait retiré de cette campagne, c'est le remplacement de Neville Chamberlain par Winston Churchill. En effet, rien d'autre que la succession de revers subis en Norvège n'aurait pu provoquer le départ de Chamberlain avant le 10 mai, et il est pratiquement exclu que les parlementaires britanniques aient accepté d'ouvrir une crise politique une fois la bataille de France engagée. Or, il est infiniment probable que les événements auraient pris une tournure très différente si Neville Chamberlain était resté Premier ministre de Grande-Bretagne à l'été de 1940…

NOTES

Chapitre I

1. AEB, 11075/Oslo 35/40, J.U. de Schooten à M. Spaak, n° 84-59, 27/1/38.
2. *Ibid.*, J.U. de Schooten à M. Pierlot n° 1118, 2/8/39.
3. *Morgenbladet*, 24/1/39.
4. Yngvar Hauge, *Kongen av Norge*, Aschehoug, Oslo, 1960, p. 62.
5. *Ibid.*, p. 65.

Chapitre II

1. E. Spears, *Assignment to catastrophe*, Heinemann, Londres, 1954, vol. I, p. 27.
2. FO 371/23657, Note from industr. Intell. Ctee to CID, London, 30/8/39.
3. *Ibid.* (Voir carte page suivante.)
4. W. S. Churchill, *The Second World War*, vol. I, Cassell, London, 1948, p. 420.
5. ADM 205/2, First Sea Lord records, 18/9/39.
6. W. S. Churchill, *The Second World War*, vol. I, *op. cit.*, pp. 421-422.
7. W. S. Churchill, *The Second World War, op. cit.*, vol. I, p. 423.
8. *Ibid.*, p. 424.
9. T. Felstead, *Intelligence*, Hutchinson, Londres, 1941, p. 62.
10. FO 371/23659, Intelligence Department of Ministry of Economic Warfare, 27/11/39.
11. FO 371/23659, War Cabinet meeting, 30/11/39.
12. F. Kersaudy, *Stratèges et Norvège*, Hachette, Paris, 1977, pp. 25-26.
13. *Ibid.*
14. K. Feiling, *Neville Chamberlain, op. cit.*, pp. 428-429 ; également : M. Cowling, *The impact of Hitler*, C.U.P., Londres, 1975, p. 356.
15. J. Mordal, *La campagne de Norvège*, Self, Paris, 1949, p. 37.
16. W. N. Medlicott, *The economic blockade*, vol. I, HMSO and Longmans, Londres 1952, pp. 36-37.
17. Voir J. B. Duroselle, *L'Abîme*, Imprimerie Nationale, Paris, 1982, pp. 72-77, 117-120 ; et E. Bonnefous, *Histoire politique de la Troisième République*, vol. VII, P.U.F., Paris 1967, p. 137.
18. H. Michel, *La drôle de guerre*, Hachette, Paris, 1971, p. 241.
19. Sur cette question, voir également notre thèse : *La Norvège et les Grandes Puissances, op. cit.*, pp. 214-216 ; 315-317 et surtout R. Girault ; « Les relations franco-soviétiques après septembre 1939 » *in Français et Britanniques dans la drôle de guerre*, C.N.R.S., Paris 1979, pp. 263-291.
20. P. Auphan, *La marine française dans la Deuxième Guerre mondiale*, France-Empire, Paris, 1967, p. 79.
21. W. Churchill, *The second world war, op. cit.*, vol. I, pp. 429-430.
22. *Times*, 6/12/39.
23. ADM. 205/2, First Sea Lord Records, Note du D.N.I. au Premier Lord de la Mer, 5/12/39.
24. *Ibid.*, Note de Churchill au Premier Lord de la Mer, 6/12/39.
25. W. Churchill, *The second World War, op. cit.*, vol. I, p. 430.
26. FO 371/23660, War Cabinet Conclusions 111 (39), 11/12/39.
27. *Ibid.*, War Cabinet conclusions 116 (39), 15/12/39.
28. R. Mac Leod, *The Ironside Diaries, 1937-1940*, Londres, Constable 1962, p. 185.
29. FO 371/23667, War Cab. concl. 118 (3 c), 18/12/39.
30. FO 371/23667, War Cab. Concl. n° 120 (39), 20/12/39.

31. FO 371/24820, Réunion du Comité de coordination militaire, 20 décembre 1939.
32. J. R. M. Butler, *Grand Strategy*, vol. II, septembre 1939-juin 1941, Londres, H.M.S.O. 1957, p. 101.
33. *Ibid.*
34. Dilks, *Cadogan Diaries, op. cit.*, p. 239.
35. ADM 116/4305, *Admiral Drax to First Lord*, 28/12/39.
36. FO 371/24820, W. Churchill to Prime Minister, 29/12/39.
37. *Ibid.*, War Cabinet meeting, W.M. 40, 2/1/40.
38. Mac Leod, *Ironside Diaries, op. cit.*, p. 191.
39. Dilks, *Cadogan Diaries, op. cit.*, p. 243.
40. *Förspelet til det tyska angreppet pä Danmark och Norge den 9 avril 1940*, KGL Utrikesdepartementet, Stockholm, 1947, pp. 22-23.
41. FO 419/34, Tel. from King Haakon VII, 8/1/40.
42. W. S. Churchill, *The second world war*, vol. I, *op. cit.*, p. 444.
43. *Ibid.*
44. Sur l'cnsemble de cette affaire et ses répercussions politiques, voir en particulier : R. Omang, *Altmarksaken*, Gyldendal, Oslo, 1953.
45. FO 415/34, Sir C. Dormer to Viscount Halifax n° 50, 19/2/40, Oslo.
46. AE, X. Rapport du ministre Dampierre au Quai d'Orsay, 28/3/40, Oslo.
47. W. S. Churchill, *The second world war*, vol. I, *op. cit.*, p. 445.
48. WO 106/1858, Cabinet Papers, Norwegian Operations, C.O.S.C., 16/1/40.
49. WO 106/204 B, Scandinavia, Stratford.
50. WO 106/1858, COSC 16/1/40, *op. cit.* et WO 193/772 « Memo by C.I.G.S. ».
51. F. Kersaudy, *Stratège et Norvège 1940*, Hachette, Paris, 1977, pp. 123-124.
52. H. Ismay, « Le Comité des chefs d'état-major pendant la guerre », *L'Armée*, la Nation, Bruxelles, 6e année, n° 3, mars 1951, p. 28.
53. R. Mac Leod, *Ironside Diaries*, *op. cit.*, p. 210.
54. G. Rossi-Landi *in Français et Britanniques dans la drôle de guerre, op. cit.*, pp. 48-51.
55. F. Kersaudy, *Stratèges et Norvège, op. cit.*, pp. 125-126.
56. WO 106/1858, Cabinet Papers, Norwegian operations. Lord Halifax to Lord Chatfield, 23/1/40 ; ainsi que : ADM 1165458, NID, 24/1/40.
57. SHAT, Hautes Instances, 61 P. 4 – CQG, Cabinet de la Défense nationale, Conseil suprême, 5/2/40.
58. SHAT, Hautes Instances, Conseil suprême, *op. cit.*
59. *Ibid.*
60. ACC, Lettre du vice-amiral Odend'hal au capitaine de vaisseau Auphan, 13/2/40, Londres.
61. J. Minart, *P.C. Vincennes*, T. I. Berger-Levrault, Paris 1945, p. 187.
62. Minart, *P.C. Vincennes, op. cit.*, p. 186.
63. J. Kennedy, *The business of war*, W. Morrow, New York, 1958, p. 46.
64. WO 193/772, General Massy to General Sir Guy Williams, 6/2/40.
65. FO 371/24818, Lord Halifax to Marquess of Lothian, 20/2/40, London.
66. *Ibid.*, War Cabinet meeting, 23/2/40.
67. *Ibid.*, War Cabinet meeting, 29/2/40.
68. UD 2/35 G. Sov. Finl. VII, Rapport de l'ambassadeur de Norvège à Helsinki, 15/2/40, Helsinki.
69. *Ibid.*
70. LL. Woodward, *British Foreign Policy in the Second World war*, vol. II, HMSO, Londres, 1957, p. 88 ; et V. Tanner, *Finlands Väg*, Holger – Schildts, Stockholm, 1950, p. 248.

71. *Ibid.*
72. C. G. E. Mannerheim, *Mémoires*, Hachette, Paris, 1952, p 287.
73. *Ibid.*, p. 288.
74. K. A. Meretskov, *Na sloujbe narodu*, Izd. Pol. Lit., Moscou, 1968, p. 189.
75. LL. Woodward, *British foreign policy*, vol. II, *op. cit.*, p. 92.
76. G. Rossi-Landi *in Français et Britanniques, op. cit.*, pp. 48-51.
77. M. Gamelin, *Servir*, T. III, Plon, Paris, 1946, p. 204.
78. J. Mordal, *La campagne de Norvège, op. cit.*, p. 103.
79. J. Harvey, *The diplomatic Diaries of Oliver Harvey, 1937-1940*, Collins, Londres, 1970, p. 338.
80. LL. Woodward, *British Foreign policy, op. cit.*, pp. 92-93.
81. *Ibid.*
82. *Ibid.*, ainsi que INNSTILLING, Bilag, Bd. I, p. 221.
83. C.G.E. Mannerheim, *Mémoires, op. cit.*, p. 292.
84. D. Dilks, *Cadogan Diaries, op. cit.*, p. 261.
85. R. Mac Leod, *Ironside Diaries, op. cit.*, p. 226.
86. WO 193/772, War Cabinet Meeting, 11/3/40.
87. R. Mac Leod, *Ironside Diaries, op. cit.*, p. 226.
88. J. Kennedy, *The Business of war, op. cit.*, p. 47.
89. WO 106/1893, Lettre du général Mackesy au DMO & P, 8 mars 1940, Londres.
90. *Ibid.*
91. J. Kennedy, *The Business of war, op. cit.*, p. 48.
92. *Ibid.*
93. Mac Leod, *Ironside Diaries, op. cit.*, p. 227.
94. J. Kennedy, *The business of war, op. cit.*, p. 49.
95. *Ibid.*
96. *Ibid.*, p. 50.
97. R. Mac Leod, *Ironside Diaries, op. cit.*, p. 228.
98. J. Kennedy, *The business of war, op. cit.*, p. 50.
99. CAB 65/12 War Cabinet Meeting, 12/3/40 Confidential Annex, minute 2.
100. J. Kennedy, *The business of war, op. cit.*, p. 50.
101. CAB 65/12 War Cabinet meeting, 14/3/40, Confident. annex, minute 4.
102. M. Gilbert, *Winston S. Churchill*, vol VI, Heinemann, Londres, 1983, p. 190.

Chapitre III

1. DGFP, séries D, Doc. n° 19, Hossbach minutes, 5/11/37.
2. H. Rauschning, *Hitler m'a dit*, Éd. France, Paris, 1939, p. 171.
3. F. Kersaudy, *Stratèges et Norvège, op. cit.*, pp. 42-52.
4. *Ibid.*, pp. 72 et 108.
5. V. Quisling, *Russland og vi*, Mallingske, Oslo, 1930.
6. *Morgenbladet*, 11 mars 1950.
7. MGFA, Nachlass Boehm, N 172/14, Lettre de H. W. Scheidt à l'Amiral Boehm, 31/1/55.
8. Straffesak mot V.A.L.J. Quisling, Eidsivating Lagstols Landssvikavdeling, Oslo, 1946, p. 346.
9. Walter Hubatsch, *Quellen zur neuesten Geschichte*, Stuttgart, 1953/1, p. 62.
10. MGFA, Nachlass Boehm, N 172/14, *op. cit.*
11. Franz Halder, *Kriegstagebuch*, T. III, Kohlhammer, Stuttgart, 1962, p. 13.
12. MGFA, KTB – SKL, Teil C 8 – 1017/1 Rapport du commandant en chef de la Marine au Führer, 26/1/40, p. 210.

13. Earl F. Ziemke, *The German Northern Theater of Operations*, D.A.P., Wash. 1959, p. 12.
14. IFZG ZS 979 Vernehmung Adm. Krancke 15/6/48.
15. E. F. Ziemke, *The German northern theater, op. cit.*, p. 15.
16. IFZG, ZS 979, *op. cit.*
17. TMI, Tome XV, Déposition de l'amiral Raeder, 17/5/46, p. 251.
18. Heinz G. Seraphim, *Das Politische Tagebuch Alfred Rosenbergs*, Musterschmidt, Göttingen, 1956, p. 102.
19. IFZG, ZS 979, *op. cit.*
20. TMI, Tome XXVIII, PS 1809, Tagebuch Jodl, p. 406.
21. Beretning til folketinget, Bilag Bd. XII, Copenhague, 1951, pp. 283-5.
22. Beretning, *op. cit.*, Bilag Bd. XII, p. 283.
23. *Ibid.*, p. 284.
24. NHM, F.O.II 09 Div., BKS 24, Bericht und Vernehmung des Generalobersten von Falkenhorst, 30/9/45, p. 6.
25. *Ibid.*, p. 12.
26. E.F. Ziemke, *The German northern, theater, op. cit.* p. 17.
27. TMI, T. XXVIII, PS 1809, *op. cit.*, p. 409, 29/2/40, et Beretning, *op. cit.*, p. 285.
28. K. von Tippelskirch, *Geschichte des Zweiten Weltkrieges*, Athaenäum, Bonn, 1956, p. 55.
29. TMI, T. XVIII, PS 1809, *op. cit.*, p. 409, 3/3/40.
30. MGFA, KTB-SKL, Teil A, 1000/7, p. 98, 13/3/40.
31. Beretning, *op. cit.*, T. XII, p. 38, Doc 24, 6/3/40 ; et p. 68, Doc. 38, 13/3/40.
32. *Ibid.*, Bilag, p. 17, doc. n° 14.
33. DGFP, vol. 9, p. 67, Doc. n° 41, 2/4/40.
34. Beretning, *op. cit.*, t. XII, p. 287.
35. MGFA, KTB-SKL, Teil B, 1005/2, 1/4/1940.

Chapitre IV

1. D. Dilks, *Cadogan Diaries, op. cit.*, pp. 262-263, et R. Mac Leod, *Ironside Diaries, op. cit.*, p. 228.
2. Parliamentary Debates, H. of C., vol. 358, 1939-40, col. 1922.
3. *Ibid.*, col. 1900, 2214.
4. *Ibid.*, col. 1850, 1874, 1912.
5. Harold MacMillan, *The blast of war*, MacMillan, Londres, 1977, p. 59.
6. CAB 83/5, MCC Memorandum n° 61/1940, 8/3/40.
7. CAB 65/12, War. Cab. 71, Confidential Annex n° 6, 18/3/40.
8. Sur les origines de ce projet, voir : W.S. Churchill : *The second world war*, vol. I, *op. cit.*, pp. 399-401.
9. WO 193/772, War Cabinet Meeting, 19/3/40.
10. FO 371/24821, Cabinet Conclusions 73 (40), 20/3/40.
11. J.B. Duroselle, *L'Abîme, op. cit.*, pp. 99-101.
12. FO 371/24821, Note by sir A. Cadogan, N 3504, 19/3/40.
13. W.S. Churchill, *The second World War*, vol. I, *op. cit.*, p. 455.
14. R. Mac Leod, *Ironside Diaries, op. cit.*, p. 234.
15. Paul De Villelume, *Journal d'une défaite*, Fayard, Paris, 1976, p. 249.
16. Commission d'Enquête Parlementaire, T. II, Paris, 1952, p. 351, Communication de M. Paul Reynaud au gouvernement britannique, 25/3/40.
17. R. Mac Leod, *Ironside Diaries, op. cit.*, pp. 234-235.
18. D. Dilks, *Cadogan Diaries, op. cit.*, p. 265.
19. R. Mac Leod, *Ironside Diaries, op. cit.*, p. 237.

20. D. Dilks, *Cadogan Diaries, op. cit.*, p. 265.
21. J.R.M. Butler, *Grand Strategy, op. cit.*, vol. II, p. 121.
22. SHAT, Hautes Instances, 61 p. 4, GQG, Cabinet de la Défense Nationale, Conseil Suprême du 28/3/40.
23. Butler, *Grand Strategy, op. cit.*, vol. II, p. 121.
24. SHAT, Hautes Instances, Conseil Suprême, *op. cit.*
25. Mac Leod, *Ironside Diaries, op. cit.*, p. 238 ; également : *Weissbuch* n° 6, p. 255, doc. n° 30, et J. Mordal, *La campagne de Norvège, op. cit.*, Annexe IV, p. 430.
26. Sur les dispositions prises du côté français, voir : F. Kersaudy, *La Norvège et les grandes puissances, op. cit.*, pp. 599-604.
27. WO 106/1969, Note du DMO & P., 30/3/40.
28. W.S. Churchill, *The second world war*, vol. I, *op. cit.*, pp. 460-461.
29. L. Thompson, *1940*, Collins, Londres, 1966, p. 50.
30. Llewelyn Woodward, *British foreign policy in the second world war*, HMSO, Londres, 1970, vol. I, p. 116.
31. Voir F. Kersaudy, *La Norvège et les grandes puissances, op. cit.*, pp. 616-650.
32. ADM 199/2202, War Diary, Home Command, 7/4/40.
33. Thomas K. Derry, *The campaign in Norway*, HMSO, Londres, 1952, p. 233.
34. *Aftenposten*, 2 avril 1940.
35. *Daily Telegraph*, 4 avril 1940.
36. INNSTILLING, *op. cit.*, bilag bd II, pp. 143-144, 148, 152, 156, 161.
37. Deutsch-Norwegischer Verlag, *Zwischen Storting und Downing* Street, Oslo, 1942, p. 28. Voir également : T. Lie, *Leve eller dø, op. cit.*, p. 101.
38. MVBZ, Archief van het Nederlandse Gezandschapt te Londen, C-8/Doos 28 n° 58, V.H. de With tot Van Kleffens, 16/8/43.
39. *Times*, 1er avril 1940.
40. *Times*, 3 avril 1940.
41. INNSTILLING, Bilag, bd II, p. 165.
42. AE, X. Note diplomatique remise par le ministre de France Dampierre au ministre des Affaires étrangères de Norvège, 5/4/40.
43. Förspelet, *op. cit.*, p. 379.
44. I. Maiski, *Vospominanja Sovjetskovo Posla*, Nauka, Moskva, 1965, p. 55.
45. AE, X. Note remise au ministre des Affaires étrangères de Norvège par le ministre de France, 8/4/40.
46. C. Hambro, *Historiske Dokumenter, op. cit.*, p. 99.
47. AE, X. Note du ministre des Affaires étrangères de Norvège au ministre de France, 8/4/40.
48. C. Hambro, *Historiske Dokumenter, op. cit.*, p. 102.
49. MGFA, KTB-SKL, Teil B, 1005/2, p. 211.
50. INNSTILLING, *op. cit.*, p. 97.
51. INNSTILLING, *op. cit.*, p. 98.
52. Leif C. Rolstad, *April 1940, en Krigsdagbok*, Gyldendal, Oslo, 1980, p. 21.

Chapitre V

1. RA, Koht Arkiv, Trumål, 5/11/45, pp. 2-3.
2. T. Lie : *Leve eller dø, op. cit.*, p. 16. M. Koht confirme ce fait dans H. Koht : *Norway neutral*, op. cit., p. 75.
3. T. Lie : *Leve eller dø, op. cit.*, p. 16.
4. FO 371/24829. Tel from Sir C. Dormer, received 3.25 am., 9/4/40.
5. Interview de Sir C. Dormer, *op. cit.*
6. T. Lie : *Leve eller dø, op. cit.*, p. 17.

7. *Ibid.*, egt : RA, Koht arkiv, trumål, 29/5/63.
8. L.C. Rolstad, *9 April, op. cit.*, p. 21.
9. T. Lie : *Leve eller dø, op. cit.*, p. 17.
10. L.C. Rolstad : *9 April, op. cit.*, p. 21.
11. H. Koht : *Norway neutral, op. cit.*, pp. 65-66.
12. UD U27 6/26, 9 April 1940, Notat av. J. Bull.
13. Voir W. Hubatsch : *Weserübung, op. cit.*, pp. 86-87, ainsi que : O.K. Grimnes : *Oscarsborg festning*, FKA, Oslo, 1972, pp. 6-8.
14. H. Koht : *Norway neutral, op. cit.*, pp. 203-209.
15. H. Koht : *Norway neutral, op. cit.*, pp. 74-75.
16. H. Koht : *Norway neutral, op. cit.*, p. 75.
17. *Ibid.*, voir aussi T. Lie : *Leve eller dø, op. cit.*, p. 23.
18. H. Koht : *Norway neutral, op. cit.*, p. 76.
19. T. Lie : *Leve eller dø, op. cit.*, p. 23.
20. FO 371/24834 Rapport de Sir Cecil Dormer, 20/4/40.
21. INNSTILLING, Bilag Bd II, *op. cit.*, p. 255.
22. INNSTILLING, Bilag, Bd II, *op. cit.*, p. 209.
23. *Ibid.*, p. 214. (D'après les déclarations du général Laake lui-même…)
24. NHM, FO II 09 Div., Vernehmung Falkenhorst *op. cit.*, pp. 12-13.
25. C.J. Hambro, *7 Juni, 9 April, 7 Juni*, Gyldendal, Oslo, 1956, pp. 131-132.
26. T. Lie : *Leve eller dø, op. cit.*, p. 114.
27. H. Koht : *Norway neutral, op. cit.*, p. 81.
28. C.J. Hambro : *7 Juni, op. cit.*, pp. 114 et 115.
29. T. Lie : *Leve eller dø, op. cit.*, p. 116.
30. *Ibid.*, p. 118.
31. T. Lie : *Leve eller dø, op. cit.*, p. 117.
32. T. Lie : *Leve eller dø, op. cit.*, p. 119.
33. FO 371/24834 Report by Sir C. Dormer, *op. cit.*
34. FO 371/24829 FO to Sir C. Dormer, 12.55, 9/4/40.
35. C.J. Hambro : *7 Juni, op. cit.*, pp. 134-137.
36. C.J. Hambro, *7 Juni, op. cit.*, p. 147.
37. C.J. Hambro, *7 Juni, op. cit.*, p. 152.
38. MGFA N 172/14, Nachlass Boehm, H. W. Scheidt an Adm. Boehm, 16/1/55, p. 9.
39. Erich Pruck : « Abwehraussenstelle Norwegen » *in Marine Rundschau*, 1956, n° 4, pp. 114-115. L'auteur affirme que c'est le ministre Bräuer lui-même qui a ordonné cette opération (*Ibid.*, p. 115).
40. MGFA N 172/14 Nachlass Boehm, *op. cit.*, pp. 9-10.
41. Le témoignage de Scheidt explique bien mieux que la subtile démonstration du professeur Skodvin (*Striden om Okkupasjonsstyret i Norge* Norske Samlaget, Oslo, 1956, pp. 81-89) pourquoi le ministre Bräuer n'a pu s'opposer à l'initiative de Scheidt et Quisling. La version de Scheidt est d'ailleurs confirmée par les notes prises le 9 avril par Rosenberg, qui se trouvait avec Hitler ce jour-là (voir H.G. Seraphim : *Das politische Tagebuch Rosenbergs*, Musterschmidt, Göttingen, 1956, p. 104 : 9/4/40).
42. NRK 51 987/1 (Original de l'enregistrement du discours).
43. C.J. Hambro *7 Juni, op. cit.*, p. 154.
44. C.J. Hambro : *7 Juni, op. cit.*, p. 156.
45. *Ibid.*, pp. 164-165.
46. NRK 2643, 10/3/55, General Helset om Midtskogen.

Chapitre VI

1. H. Ismay : *Memoirs, op. cit.*, pp. 118-119.
2. Sur l'ensemble de cette question, voir CCA, Redw 1/2, Diary of Adm R.E. Edwards, et W.S. Churchill : *Second World War*, vol. I, *op. cit.*, p. 467. Également *Infra*, p. 203.
3. T.K. Derry : *The Campaign, op. cit.*, p. 64.
4. CAB 65/6, WC 85 (40) 9/4/40, 8.30 am.
5. *Ibid.*, WC 86 (40) 2/4/40, 12H.
6. *Ibid.*
7. CAB 65/6, WC 86 (40) *op. cit.*
8. ADM 116/4471. « Summary of events », 9 April.
9. Paul Baudouin, *Neuf mois au gouvernement*, la Table Ronde, Paris, 1948, p. 21.
10. *Ibid.*, p. 22.
11. *Ibid.*, pp. 22-23.
12. Paul Reynaud, *Envers et contre tous*, Flammarion, Paris, 1963, p. 323.
13. Paul de Villelume : *Journal d'une défaite*, Fayard, Paris, 1976, p. 263.
14. FNSP, Archives Daladier, 3 DA 5 Dr 5, Conseil Suprême interallié, 9/4/40, pp. 3-12.
15. *Ibid.*
16. *Ibid.*
17. CAB 83/3, MCC n° 17, 9/4/40, 9.30 pm.
18. W.S. Churchill, *The second world war, op. cit.*, vol. I, p. 474.
19. FO 371/24834. Rapport de Sir Cecil Dormer, *op. cit.*, p. 5.
20. FO 371/24829 Naval attaché, Stockholm, to DNI, 10/4/40, 8.07 am.
21. AEB, 11064, GB. Baron Cartier de Marchienne à M. Spaak, n° 4708-1583, 10/4/40.
22. WO 106/1812. DMO for GIGS, Narvik appreciation, 10/4/40, 3 pm.
23. CCAC, DMCL (Maclachlan MSS), « *Source Todd* », 9/4/40.
24. WO 106/1812, Narvik appreciation, *op. cit.*
25. *Ibid.*
26. CAB 65/12, WM 87 (40) 10/4/40.
27. CAB 65/6, WC 87 (40) 10/4/40.
28. W.S. Churchill : *The second world war*, vol. I, *op. cit.*, p. 474.
29. WO 106/1812 DCIGS. Operations to capture Narvik, 11/4/40.
30. *London Gazette*, Supplement, 8/7/1947, Lord Cork's Despatch.
31. Cité dans : W.S. Churchill : *Second world war*, vol. I, *op. cit.*, p. 482.
32. WO 106/1812, Operations to capture Narvik, *op. cit.*
33. W.S. Churchill : *Second world war, op. cit.*, p. 482.
34. L.E.H. Maund : *Assault from the Sea*, Methuen, Londres, 1949, p. 24.
35. P. de Villelume : *Journal d'une défaite, op. cit.*, p. 271.
36. ADM 205/4. Scand. « Notes of informal meeting », 11/4/40, 9.35. am.
37. CAB 65/6, WC 88 (40) 11/4/40, 11.30 am.
38. LL. Woodward : *British foreign policy*, vol. I, *op. cit.*, pp. 120-121.
39. Forspelet, *op. cit.*, p. 381, Uppteckning av Gen. Thörnell.
40. FO 371/24834. Mr. Mallet, Stockholm, to FO n° 236, 13/4/40.
41. FO 371/24835 « De la part de M. Coulondre », Stockholm 13/4/40.
42. *Ibid.*, Mr. Mallet to FO n° 208 DIPP, 13/4/40.
43. *Ibid.*, Note for the Cabinet n° N 4643, 11/4/40.
44. FO 971/24830, Tel. by Sir C. Dormer, transm. by Mr. Mallet, Stockholm, n° 205, 12/4/40.
45. CAB 83/3, MCC n° 19, 11/4/40.

46. *Ibid.*
47. CAB 65/12, WM 89 (40) 12/4/40.
48. T.K. Derry : *The campaign in Norway, op. cit.*, p. 66.
49. FO 371/2/830 FO to Mallet, Stockholm, 11/4/40, 5.45 pm. Pour quelques autres « informations » du même genre, voir *Daily Mail*, 11/4/40 et *Yorkshire Post*, 11 et 12/4/40.
50. CB 65/12 WM 90 (40) 12/4/40.
51. CAB 65/12, WM 91 (40) 13/4/40.
52. *Ibid.*
53. CAB 65/12, WM (40) 13/4/40.
54. WO 106/1859, Battle Summary n° 17, p. 23.
55. CAB 83/3, MCC n° 22, 13/4/40, 10.30 pm.
56. R. MacLeod : *Ironside Diaries, op. cit.*, pp. 257-258.
57. *Ibid.*, p. 258.
58. CAB 65/12, WM 92 (40) 14/4/40. Toujours, bien sûr, le mirage du minerai de fer. Si les Allemands « s'en prennent à la Suède », on pourra alors mettre la main sur les mines…
59. CAB 65/12, WM 92 (40) 14/4/40.
60. L.E.H. Maund : *Assault from the Sea, op. cit.*, p. 26.
61. L.E.H. Maund : *Assault from the Sea, op. cit.*, p. 27.
62. CAB 65/12, WM 92 (40), 14/4/40.
63. T.K. Derry : *The campaign, op. cit.*, p. 66.

Chapitre VII

1. L.C. Rolstad : *April 1940, op. cit.*, p. 27.
2. Robert de Dampierre : *L'équipée d'une légation de France*, Plon, Paris, 1945, p. 41.
3. FO 371/24832. Report by Mr. Rowland Kenney, 7/5/40.
4. Johan Nygaardsvold, *Beretning om den Norske Regjeringens virksomhet fra 9 April 1940 til 25 Juni 1945*, Stortinget, Oslo, 1947, p. 6.
5. T. Lie : *Leve eller dø, op. cit.*, p. 134.
6. J. Nygaardsvold, *Bertning, op. cit.*, p. 7.
7. W. Hubatsch : *Weserübung, op. cit.*, p. 466, Anhang L. 4.
8. *Ibid.*, pp. 466-467.
9. UD, U 27. 6/26, Notat av møtet mellon Kongen og min. Bräuer, 10/4/40.
10. UD, U 27. 7/6, Notat 10/4/40 (Il s'agit ici d'un compte rendu moins détaillé que le précédent, mais plus précis sur les circonstances du début et de la fin de l'entretien).
11. INNSTILLING, Bilag, Bd II, p. 275.
12. T. Lie : *Leve eller dø, op. cit.*, p. 136.
13. INNSTILLING, Bilag, Bd II, p. 275.
14. *Ibid.*, p. 275-276.
15. *Ibid.*, p. 276.
16. *Ibid.*
17. UD, U 27. 6/26 Notat av telefonsamtale, 10/4/40. Voir également : K. Koht : *Norway neutral, op. cit.*, p. 87.
18. NRK, 2641/1, *C. J. Hambro taler*, 4/5/55.
19. T. Lie : *Leve eller dø, op. cit.*, p. 135.
20. L.C. Rolstad : *April 1940, op. cit.*, p. 32.
21. *Ibid.*, p. 38.
22. Otto Ruge : *Krigens dagbok*, Halvorsen og Larsen, Oslo, 1946, p. 260.

23. O.U. Munthe-Kaas, *The campaign in Norway*, International Symposium of Historians, Helsinki, 1978, p. 11.
24. O. Ruge, *Krigens dagbok, op. cit.*, p. 357.
25. Voir par exemple : L.C. Rolstad, *April 1940, op. cit.*, pp. 38-39 et surtout NRK, 52087-8 (Klausul), O. Solumsmoen ; Dagbok fra Aprildagene ; 21/9/71.
26. O. Ruge, *Krigens Dagbok, op. cit.*, pp. 350, 351.
27. N. og K. Gleditsch : *Glimt fra Kampårene*, Dreyers, Oslo, 1954, p. 27.
28. O. Ruge, *Krigens dagbok, op. cit.*, p. 352.
29. NRK, 50395/1, 18/2/65. Krigen i Norge.
30. L.C. Rolstad, *April 1940, op. cit.*, p. 50. (D'après les notes de Margaret Reid, secrétaire du capitaine Foley.)
31. FO 371/24834. Tel. received from Norway, 14.4.40 (Special distribution and WC).
32. L.C. Rolstad : *April 1940, op. cit.*, pp. 57-58.
33. FO 371/24834. Tel. 13/4/40, *op. cit.*, 5 pm.
34. T.K. Derry : *The campaign, op. cit.*, p. 67.
35. NA, St. Dpt, 740.0011, EW 39/3208. G.2 Report n° 1 by Capt. R.M. Losey, 19/4/40, Stockholm.
36. L.C. Rolstad : *April 1940, op. cit.*, p. 53.
37. FO 371/24834. Message from Norwegian C. in C. to H.M.'s governement, 14/4/40, 3.45 pm, N 4359.
38. Cité dans Odd Lindbäck-Larsen : *Krigen i Norge 1940*, Gyldendal, Oslo, 1965, p. 67.
39. NRHQ, 8th bat., the Sherwood Foresters, « Campaign in Norway », by E.G.C. Beckwith, Hon. Colonel, 1958, p. 2.
40. NRHQ, « Campaign », *op. cit.*, p. 3.
41. Dudley Clarke : *Seven Assignments*, J. Cape, Londres, 1948, pp. 89, 92.
42. *Ibid.*, p. 90. Également : NRHQ, « Campaign », *op. cit.*, p. 3 et T.K. Derry : *The Campaign, op. cit.*, p. 99.
43. D. Clarke : *Seven Assignments, op. cit.*, p. 95.
44. T.K. Derry : *The Campaign, op. cit.*, p. 99.
45. N. og K. Gleditsch, *Glimt, op. cit.*, p. 38.
46. NRHQ, « Campaign », *op. cit.*, p. 3.
47. *Ibid.*, Egt. T.K. Derry, *The Campaign, op. cit.*, p. 99 et WO 106/1859, Battle Summary n° 17, p. 47. Tel-AT/2217/17.
48. NRK 50031/2, 18/1/65, *Felttoget i Sør Norge*, av. Gen. Major R. Roscher Nilsen.
49. D. Clarke : *Seven assignments, op. cit.*, pp. 109-112.
50. NRK 50031/2, *Felttoget, op. cit.*
51. O. Lindback-Larsen, *Krigen i Norge, op. cit.*, p. 79 ; J.L. Moulton, *The Norwegian campaign, op. cit.*, p. 178 ; T.K. Derry : *The campaign in Norway, op. cit.*, pp. 105-107.
52. Sur l'ensemble de l'opération, voir NRHQ, « Campaign », *op. cit.*, ainsi que O. Linbäck-Larsen, *Krigen i Norge, op. cit.*, pp. 79-84 ; J.L. Moulton, *The Norwegian campaign, op. cit.*, pp. 176-189 ; T.K. Derry, *The Campaign in Norway, op. cit.*, pp. 105-112.
53. Voir par exemple T. Lie *Leve eller dø, op. cit.*, p. 185.
54. N. og K. Gleditsch, *Glimt fra Kampårene, op. cit.*, p. 185.
55. H. Koht, *Norway neutral, op. cit.*, p. 199.

Chapitre VIII

1. WO 106/1859, Battle summary n° 17, p. 62.
2. ADM 199/485 Tel. 2341/14. To Adm. of the Fleet Lord Cork.
3. ADM 199/485 Report by Adm. of the Fleet Lord Cork and Orrery, p. 3.
4. FO 371/56332 Lord Cork on campaign in Norway, 1946, p. 4.
5. X, Joint Services, Staff College lecture, 18th lecture, Script 10, Narvik, opening phase, p. 5.
6. WO 106/1905, notes on supply situation at Narvik (non daté), p. 3.
7. *Ibid.*
8. L.E.H. Maund, *Assault from the Sea, op. cit.*, p. 34.
9. WO 106/1898. For WO from Mackesy, 0943/19, ainsi que WO 106/1905, notes on supply sit., *op. cit.*, pp. 1-2 ; et ADM 199/485 Report by Ld. Cork, *op. cit.*, p. 1.
10. WO 106/1859, Battle Summary n° 17, *op. cit.*, p. 63.
11. ADM 199/485, tel. 1201/16 *in* : Report by Lord Cork, *op. cit.*, p. 2.
12. W.S. Churchill : *The Second World War*, vol. I, p. 486.
13. WO 106/1898. « Rupert plans for attack. » HQ Avon force to WO n° 2105/17, 17/4/40.
14. ADM 199/485. Report by Lord Cork, *op. cit.*, p. 3.
15. *Ibid.*
16. *Ibid.*, p. 4.
17. *Ibid.*, p. 5.
18. *Ibid.*, p. 6, Naval message from Flag officer, Narvik, to Admiralty, 1635/18, 18/4/40.
19. WO 106/1859, Battle Summary n° 17, *op. cit.*, p. 64.
20. X. Staff College lecture, Script 10, *op. cit.*, pp. 7-8.
21. WO 106/1859, Battle Summary n° 17, *op. cit.*, p. 64.
22. T.K. Derry, *The Campaign, op. cit.*, p. 154.
23. WO 106/1859, Battle Summary n° 17, *op. cit.*, p. 65.
24. CCAC, Rosk 4/76, W.S.C. to Sir C. Forbes, Secret and Personal, 17/4/40.
25. T.K. Derry : *The campaign, op. cit.*, p. 84.
26. A. Carton de Wiart, *Happy Odyssey*, Cape, Londres, 1950, p. 168.
27. A. Carton de Wiart, *Happy Odyssey, op. cit.*, p. 169.
28. T.K. Derry, *The campaign, op. cit.*, p. 87.
29. J. Mordal, *La campagne, op. cit.*, p. 291.
30. SHAT, 4723 CEFS, Campagne de Norvège, général Audet à 3ᵉ Bureau n° 86/35, rapport sur l'expédition de Namsos, 12/5/40 pp. 3-4.
31. *Ibid.*, p. 8.
32. J. Mordal, *La campagne, op. cit.*, pp. 291-292. Également : SHAT 4721, CEFS, Carton 3, rapport de l'adjudant Perrin, pp. 6-8.
33. O.B. Getz, *Fra Krigen i Nord Trøndelag, 1940*, Aschehoug, Oslo, 1940, p. 55.
34. WO 106/1938, « Maurice ». Conversation of Capt. Lindsay and Second Lt. Scott-Haston with DDMI (1), MI 2 (B), 10/5/40.
35. O.B. Getz, *Fra Krigen, op. cit.*, pp. 77-81 et T.K. Derry, *The Campaign, op. cit.*, pp. 91-96.
36. A. Carton de Wiart, *Happy Odyssey, op. cit.*, p. 171.
37. A. Carton de Wiart, *Happy Odyssey, op. cit.*, p. 171.
38. CCAC, ROSK 4/76 W.S.C. to Sir C. Forbes, Secret and Personal, 17/4/40.
39. R. Butler, *Grand Strategy, op. cit.*, p. 135. (Ils préfèrent un mouvement convergent par voie de terre, à partir de Namsos et Aandalsnes.)
40. WO 106/1859, Battle Summary n° 17, p. 31, Tel. A.T. 0142/14, 14/4/40.
41. *Ibid.*, A.T. 1157/14, 14/4/40.

42. WO 106/1859. Battle Summary n° 17, *op. cit.*, p. 32.
43. Sur cet épisode assez curieux, voir Brian Cosgrave, *Churchill at war*, Collins, Londres, 1974, pp. 164-165.
44. CAB 65/12, WM 95 (40), 17/4/40, p. 2.
45. CAB 65/12, WM 95 (40), *op. cit.*
46. Ibid., p. 4 ; également W.S. Churchill : *The Second World War*, vol. I, *op. cit.*, p. 493.
47. FNSP, 3 DA 7-DR 5, Avril 1940. P. Reynaud à N. Chamberlain, 18/4/40.
48. *Ibid.*, 3 DA 6-DR 5. Sdrb, Comité de guerre du 16 avril.
49. CAB 65/12, WM 96 (40), 18/4/40, p. 2.
50. W.S. Churchill, *The Second World War*, vol. I, *op. cit.*, p. 492.
51. *Ibid.*, p. 493.
52. Interview de Lord Mountbatten par l'auteur, *op. cit.*
53. CAB 80/105, COS paper 297 (s) (40) Opération « Hammer », 19/4/40.
54. CAB 79/85, COS 87 (40), 19/4/40.
55. CCAC, Keyes MSS, 13/28 « Norwegian crisis, April 1940 », Diary.
56. W.S. Churchill, *The Second World War*, vol. I, *op. cit.*, p. 496.
57. CCAC, Keyes MSS 13/28, Diary, *op. cit.*
58. W.S. Churchill, *The Second World War*, vol. I, *op. cit.*, p. 496.
59. CAB 65/12, WM (98) 40, 20/4/40, p. 1.
60. *Ibid.*, pp. 2-3.
61. CAB 65/12, WM (98) 40, *op. cit.*, p. 5.
62. CAB 65/12, WM 99 (40), 21/4/40, p. 1 ; WM 100 (40), 22/4/40, p. 1 ; 23/4/40, pp. 1-2.
63. *Ibid.*, WM 100 (40), 22/4/40, p. 1.
64. CAB 65/12, WM 101 (40), 23/4/40, p. 3.
65. CAB 65/12, WM 101 (40), 23/4/40, p. 2.
66. *Ibid.*, WM 99 (40), 21/4/40, p. 7.
67. NRK, 50031/2, 18/1/65, Gen. Major. R. Roscher-Nilsen, *op. cit.*
68. *Ibid.*
69. CAB 65/12, WM 96 (40) 18/4/40.
70. W.S. Churchill, *The Second World War*, vol. I, *op. cit.*, p. 508.
71. Interview du général X par l'auteur, Londres, 12/2/1978.
72. WO 106/1905. Report by Maj. Gen. A. Carton de Wiart, p. 3.
73. A. Carton de Wiart, *Happy Odyssey*, *op. cit.*, p. 171.
74. IWM, Sir C. Nicholson papers, DS. MISC/7, pp. 5-6.
75. IWM, Sir C. Nicholson papers, *op. cit.*, p. 9.
76. J.L. Moulton, *The Norwegian campaign*, *op. cit.*, p. 193.

Chapitre IX

1. Voir en particulier : G. L. Dietl, *General Dietl*, Münchner Buchverlag, Munich, 1951, pp. 118-142.
2. Tagebuch Jodl *in* W. Hubatsch, *Weserübung*, *op. cit.*, p. 373.
3. Le général von Brauchitsch.
4. Tagebuch Halder *in* W. Hubatsch, *Weserübung*, *op. cit.*, p. 374.
5. Bernhard von Lossberg, *Im Wehrmacht führungsstab*, Nölke, Hamburg, 1949, p. 70.
6. Walter Warlimont, *Im Hauptquartier der Deutschen Wehrmacht*, Bernard und Graefe, Frankfurt, 1962, p. 96.
7. Tagebuch Halder *in* W. Hubatsch, *Weserübung*, *op. cit.*, p. 374.
8. Tagebuch Jodl *in* W. Hubatsch, *Weserübung*, *op. cit.*, p. 376.
9. *Ibid.*

10. N.d.T.
11. B. von Lossberg, *Im Wehrmachtführungsstab, op. cit.*, p. 67.
12. *Ibid.*, pp. 67-68.
13. Tagebuch Jodl, *in* W. Hubatsch, *Weserübung, op. cit.*, p. 376.
14. NHM, FO II og div, Bks 24, Vernehmung des G.O. von Falkenhorst, *op. cit.*, pp. 14-15.
15. Voir à ce sujet notre thèse : *La Norvège et les grandes puissances, op. cit.*, pp. 584 et 589, et surtout : Helmut Greiner, *Die Oberste Wehrmachtführung, 1939-1943*, Limes Verlag, Wiesbaden, 1951, p. 88, qui énumère les reports successifs de « Gelb » après le déclenchement de « Weserübung » (le 14 avril : « "Gelb" pas avant le 21-22 avril » ; le 18 avril : « "Gelb" pas avant le 24 avril » ; etc.).
16. Victor Mogens, *Tyskerne, Quisling of vi andre*, Utenriksforlaget, Oslo, 1945, p. 110.
17. DGFP, vol. 6, April 1940, pp. 136-139, Doc. n° 95, The Minister in Norway to the Foreign Ministry n° 2800, 11/4/40.
18. INNSTILLING, bd. I, *op. cit.*, p. 156.
19. *Ibid.*, pp. 154-155.
20. *Ibid.*, pp. 159-160.
21. INNSTILLING, bd. I, *op. cit.*, p. 148-149.
22. *Ibid.*, pp. 162-163.
23. INNSTILLING, bd. I, *op. cit.*, p. 168.
24. Tagebuch Jodl *in* Hubatsch, *Weserübung, op. cit.*, p. 376.
25. AA, Partei Dienststellen Norwegen, 4/3, E 087690, Konferenz Hitler-Quisling, 16/8/40.
26. Tagebuch Jodl *in* Hubatsch, *Weserübung, op. cit.*, p. 376.
27. W. von Lossberg : *Im Wehrmachtführungsstab, op. cit.*, p. 70. (Voir également à ce sujet CAB 65/12, WM. 100 (40) 22/4/40).
28. Moulton, *The Norwegian Campaign, op. cit.*, p. 203. (« D'ordre du Führer, les villes et les installations ferroviaires de Namsos et Aandalsnes doivent être détruites. »)
29. Tagebuch Jodl, *in* Hubatsch, *Weserübung, op. cit.*, p. 378.
30. *Ibid.*, p. 379.
31. *Ibid.*, p. 380.

Chapitre X

1. W.S. Churchill, *The Second World War*, Vol. I, *op. cit.*, p. 503.
2. Journal officiel, 12/4/40, p. 669.
3. FNSP, E DA 7 DR 5, avril 1940, P. Reynaud à N. Chamberlain, 18/4/40.
4. Voir en particulier P. de Villelume, *Journal d'une défaite, op. cit.*, pp. 281-283.
5. … et qui semble une fois encore lui avoir été dicté par le colonel de Villelume (*Idem., Journal d'une défaite, op. cit.*, p. 287).
6. P. de Villelume, *Journal d'une défaite, op. cit.*, p. 288.
7. FNSP. Conseil Suprême, *op. cit.* ; F. Bedarida, *La Stratégie secrète, op. cit.*, p. 435.
8. Amiral Auphan, « À propos de l'expédition de Norvège », *Écrits de Paris*, 1948, n° 47, p. 46.
9. F. Bedarida, La *Stratégie secrète, op. cit.*, p. 475.
10. Voir CAB 65/12, WM (40) 102, 24/4/40 et Ironside Diaries, *op. cit.*, p. 279.
11. W. S. Churchill : *The Second World War, op. cit.*, p. 505.
12. J.R.M. Butler, *Grand Strategy, op. cit.*, p. 137.
13. CAB 65/12, WM 102 (40) 24/4/40.

14. CCAC, Keyes MSS, 13/28, Notes on the Norwegian campaign, 4/12/41.
15. *Ibid.*, Keyes to Churchill, 17/4/40.
16. *Ibid.*, Diary, Norwegian crisis.
17. *Ibid.*, 13/12. Keyes to Churchill, 29/4/40.
18. ADM 205/6, First Sea Lord records, C.I.G.S. to Adm. Keyes, 24/4/40.
19. Paul Stehlin, *Témoignage pour l'histoire*, Laffont, Paris, 1964, p. 239.
20. *Ibid.*, p. 245.
21. R. du Pavillon, *Les dessous de l'expédition de Norvège*, Arthaud, Paris, 1976.
22. WO 106/1905. « Report by Gen. Carton de Wiart », *op. cit.*, p. 8 et annexe, p. 241.
23. *Ibid.*, p. 3.
24. P. Stehlin, *Témoignage, op. cit.*, pp. 248-249.
25. R. du Pavillon, *Les dessous, op. cit.*, pp. 277 et 279.
26. D.J.L. Fitzgerald, *History of the Irish Guards*, Gale and Polden, Aldershot, 1949, p. 32.
27. WO 106/1905, « Report by Gen. Carton de Wiart », *op. cit.*, p. 3 ; et P. Stehlin, *Témoignage, op. cit.*, pp. 246-247.
28. R. du Pavillon, *Les dessous, op. cit.*, p. 259.
29. WO 106/1905 « Report by Gen. C. de Wiart », *op. cit.*, Annex, p. 8 ; et R. du Pavillon, *Les dessous, op. cit.*, p. 223.
30. WO 106/1856, Gen. C. de Wiart to C.I.G.S., Spillum, 25/4/40.
31. R. du Pavillon, *Les dessous, op. cit.*, p. 201.
32. WO 106/1856, Brig. Phillips to WO, 25/4/40. Priority.
33. On trouvera le plan détaillé, ainsi que la carte des opérations, dans O.B. Getz, *Fra Krigen, op. cit.*, pp. 100-103.
34. *Ibid.*
35. R. du Pavillon, *Les dessous, op. cit.*, p. 233 ; et A. Carton de Wiart, *Happy Odyssey, op. cit.*, pp. 171-172.
36. Sur l'épisode désastreux du lac Lesjaskog, voir en particulier V. Mac Clure, « Gladiators in Norway », *Blackwood's Magazine*, vol. 249, fév.-mars 1941, pp. 104-109.
37. W. Hingston, *Never give up, a history of the KOYLI*, vol. 5, Lund-Humphries, Londres, 1950, p. 97.
38. W. Hingston, *Never give up, op. cit.*, p. 96.
39. WO 106/1904, Report of operation – Sickle force in Norway, by Gen. Paget. (non daté) – Également : T.K. Derry, *The Campaign, op. cit.*, pp. 119-128.
40. WO 106/1905. Report on events observed at Aandalsnes, by Capt. Maxwell-Hislop, RN, 6/5/40, p. 4.
41. *Ibid.*, Sickle force. Report on certains aspects by Brigadier Hogg, 4/5/40, p. 3.
42. *Ibid.*
43. APC, MG 26 J4, N.M. Rogers. Visit to UK. Diary 1940, p. 32.
44. *Ibid.*, p. 39.
45. *Ibid.*, pp. 19, 32 et 43. Il notera d'ailleurs (p. 32) que le roi « ne semblait pas avoir été pleinement informé de cette expédition ».
46. Auphan, « À propos de l'expédition », *op. cit.*, p. 47.
47. Mac Leod, *Ironside diaries, op. cit.*, p. 279.
48. Dilks, *Cadogan diaries, op. cit.*, p. 273.
49. CAB 65/12, WM 104 (41) 26/4/40.
50. *Ibid.*
51. O. Harvey, *Diplomatic Diary, op. cit.*, p. 352.
52. FNSP, 3 DA 6 – DR 3 – Sdrb, Comité de Guerre, 26/4/40.
53. *Ibid.*

54. FO 800/312, Lord Halifax to Ambass. Campbell, 30/4/40.
55. *Les documents secrets, op. cit.*, pp. 296-297.
56. M. Gamelin, *Servir, op. cit.*, T. III, pp. 366-367.
57. CAB 21/1378, Bridges to Cadogan, 26/4/40.
58. WO 106/1827, Memo., by C. in C., NWEF, 27/4/40.
59. *Ibid.*
60. C'est nous qui soulignons.
61. WO 198/9, « Sickle force », Most secret appreciation of situation by C. in C., NWEF, 27/4/40.
62. CAB 65/12, WM 105 (40) 27/4/40.
63. *Ibid.*
64. *Ibid.*
65. D. Dilks, *Cadogan Diaries, op. cit.*, p. 273.
66. FNSP, 3 DA 5 – DR 5 – Sdr C, Conseil suprême du 27 avril 1940.
67. FNSP, 3 DA 5 – DR 5 – Sdr C, Conseil Suprême, 27/4/40.
68. FNSP, 3 DA 6 – DR 3 – Sdr b, Comité de guerre, 26/4/40.
69. T. Lie, *Leve eller dø, op. cit.*, p. 189.
70. FO 371/24834, Memorandum on situation et Aandalsnes, 3/5/40.
71. T. Lie, *Leve eller dø, op. cit.*, p. 189.
72. FO 371/24833, Note by J.M. Addis. N 5801, 14/6/40.
73. O. Ruge, *Krigens dagbok, op. cit.*, pp. 383-384.
74. FO 371/24834, Report by Sir C. Dormer, 4/5/40.
75. *Ibid.*
76. WO 106/1904, Report by Gen. Paget, *op. cit.*
77. NRK, 50031/2, Felttoget i Sør Norge, av Gen. Major, R. Roscher-Nielsen, 18/1/65.
78. WO 106/1904, Report by Gen. Paget, *op. cit.*
79. NRK, 50031/2, Felttoget, *op. cit.*
80. D. Clarke, *Seven Assignments, op. cit.*, p. 160.
81. WO 106/1904, Report by Gen. Paget, *op. cit.*
82. WO 106/1897, To CIGS from Paget, 28/4/40.
83. T.K. Derry, *The Campaign, op. cit.*, p. 132.
84. FO 371/24834, C. Dormer to the R.H. Viscount Halifax, 4/5/40.
85. FO 371/24831, To Black Swan for NO 1/2, Aand., Repeat C. in C. HF, from Admiralty.
86. R. de Dampierre, *L'équipée, op. cit.*, p. 81.
87. FO 371/24834, C. Dormer to the R.H. Viscount Halifax, 5/5/40.
88. Y. Hauge, *Kongen av Norge, op. cit.*, p. 167.
89. FO 371/24834, Sir C. Dormer to Halifax, *op. cit.*
90. J. Nygaardsvold, *Beretning om den Norske Regjeringens virksomhet, op. cit.*, p. 13.
91. FO 371/24834. HMS Glasgow. Report of proceedings to C. in C., HF. n° 0498/016, 4/5/40.

Chapitre XI

1. W. Bullitt, *For the President, Secret and Personal*, Houghton and Mifflin, Boston, 1972, p. 411.
2. P. de Villelume, *Journal d'une défaite, op. cit.*, p. 315.
3. FO 371/24831, R. Campbell to FO n° 161 DIPP, 28/4/40.
4. P. de Villelume, *Journal d'une défaite, op. cit.*, p. 316.
5. *Documents secrets, op. cit.*, pp. 334-336.
6. C'est nous qui soulignons.

7. UD. U 27-6/26 ; Minist. Colban til Lord Halifax, 29/4/40. Sur les démarches du ministre Colban, voir également D. Dilks, *Cadogan diaries, op. cit.*, pp. 274-275.
8. FO 800/322, Keyes to W.S.C., 30/4/40.
9. CCAC, Keyes MSS, 13/12, Keyes to W.S.C., 28/4/40.
10. WO 106/1895, Massy to Paget, Absolute priority n° 2100, 29/4/40.
11. WO 106/1905, Report by Lt. Col. D.W. Clarke, *op. cit.*, pp. 2-4.
12. ADM 199/477, Naval officer in charge, Aandalsnes. Narrative Report of Proceedings, 7/5/40, p. 6.
13. Voir T.K. Derry, *The campaign, op. cit.*, pp. 134-137.
14. Parliamentary Debates, House of Commons, vol. 360, May 1940, Col. 911-912, 2/5/40.
15. P. Stehlin, *Témoignage, op. cit.*, p. 251.
16. R. du Pavillon, *Les dessous, op. cit.*, p. 249.
17. O.B. Getz, *Fra Krigen, op. cit.*, p. 139.
18. P. Stehlin, *Témoignage, op. cit.*, p. 252.
19. A. Carton de Wiart, *Happy Odyssey, op. cit.*, p. 173.
20. P. Stehlin, *Témoignage, op. cit.*, p. 252.
21. R. du Pavillon, *Les dessous, op. cit.*, p. 277.
22. P. Stehlin, *Témoignage, op. cit.*, p. 253.
23. A. Carton de Wiart, *Happy Odyssey, op. cit.*, p. 173.
24. O.B. Getz, *Fra Krigen, op. cit.*, p. 139.
25. *Ibid.*, pp. 150-151. (Les deux lettres s'y trouvent reproduites en fac-similé.)
26. T.K. Derry, *The campaign, op. cit.*, p. 143.
27. L.C. Rolstad, *April 1940, op. cit.*, p. 134.
28. Parliamentary Debates, H. of C. vol. 360, vol. 912, *op. cit.*
29. CAB 65/12, WM 100 (40) 22/4/40.
30. *Ibid.*, WM 104 (41) 2614/40.
31. CAB 65/12, WM 104 (41) *op. cit.*
32. *Ibid.*, WM 108 (40) 30/4/40.
33. M. Gilbert, *Winston S. Churchill, op. cit.*, vol. VI, p. 276.
34. N. Nicolson, *Harold Nicolson, diaries and letters*, Collins, Londres, 1967, p. 74.
35. FO 371/24834. Memorandum by Mr. R. Kenney, 3/5/40.
36. CAB 65/13, WM 109 (40) 1/5/40.
37. R.R. James, *Chips, the Diaries of Sir Henry Channon*, Weidenfeld, Londres, 1967, p. 243.
38. N. Nicolson, *Harold Nicolson Diaries, op. cit.*, p. 74.
39. R.R. James, *Diaries of H. Channon, op. cit.*, p. 244.
40. R.R. James, *Diaries of H. Channon, op. cit.*, p. 244.
41. R. Mac Leod, *Ironside Diaries, op. cit.*, p. 293.
42. A. Eden, *Memoirs, The Reckoning, op. cit.*, p. 96.
43. CAB 79/4, C.O.S.C. n° 110, 4/5/40, 9.30 am.
44. ADM 199/1929, Lord Cork to Adm., Immed. TM. 11.55, 5/5/40.
45. CAB 120/3, « Defence Organisation » n° 120 (40), 3/4/40.
46. R.R. James, *Diaries of H. Channon, op. cit.*, p. 244.
47. N. Nicolson, *H. Nicolson diaries, op. cit.*, p. 75.
48. *Manchester Guardian*, 4/5/40.
49. BUL, NC 8/35, Norway debate, May 1940. Note on Intelligence for NC, 6/5/40.
50. D. Dilks, *Cadogan Diaries, op. cit.*, p. 276.
51. FO 371/24834, C. Dormer, To the R.H. Viscount Halifax, 4/5/40, *op. cit.*

52. H. Koht, *Fra Skanse til skanse*. Iden, Oslo, 1947, p. 116.
53. UD, U 27-6/26, H. Koht, Trumal, 10/5/40.
54. LSE, Dalton diaries, *op. cit.*, vol. 22, I, p. 65, 2/5/40.
55. Parliamentary Debates, H. of C. vol. 360, 7/5/40, col. 1075, 1078, 1081.
56. *Ibid.*, col. 1082-1083.
57. R.R. James, *Diaries of Sir H. Channon, op. cit.*, p. 244.
58. Parl. Debates, H. of C. vol. 360, *op. cit.*, col. 1088-1094.
59. *Ibid.*, col. 1095.
60. *Ibid.*, col. 1102.
61. *Ibid.*, col. 1102-1104.
62. *Ibid.*, col. 1104.
63. *Ibid.*, col. 1125.
64. *Ibid.*, col. 1126.
65. N. Nicolson, *H. Nicolson diaries, op. cit.*, p. 77.
66. H. Macmillan : *The blast of war, op. cit.*, p. 69.
67. L.S. Amery, *My political life*, vol III, Hutchinson, Londres, 1955, p. 359.
68. *Ibid.*, p. 360.
69. Parliamentary debates, H. of C., vol. 360, *op. cit.*, col. 1140-1141.
70. L.s. Amery, *My political life, op. cit.*, p. 361.
71. Parl. Debates, H. of C., vol. 360, *op. cit.*, col. 1149.
72. *Ibid.*
73. L.S. Amery, *My political life, op. cit.*, p. 365.
74. Parl. Debates, H. of C., vol. 360, *op. cit.*, col. 1150.
75. N. Nicolson, *Harold Nicolson diaries, op. cit.*, p. 77.
76. W. S. Churchill, *The Second World War*, vol. I, *op. cit.*, p. 521.
77. H. Macmillan, *The blast of war, op. cit.*, p. 69.
78. Parl. Debates, H. of C. vol. 360, *op. cit.*, col. 1265.
79. *Ibid.*, col. 1266.
80. *Ibid.*, col. 1283.
81. *Ibid.*, col. 1298, 1299-1300, 1322, 1335.
82. *Ibid.*, col. 1300.
83. H. Macmillan, *The blast of war, op. cit.*, p. 72.
84. Parl. Debates, H. of C., vol. 360, *op. cit.*, 1129.
85. *Ibid.*, col. 1337-1339.
86. *Ibid.*, col. 1307.
87. *Ibid.*, col. 1283.
88. *Ibid.*, col. 1349-1362.
89. M. Macmillan, *The blast of war, op. cit.*, p. 75.
90. Parl. Debates, H. of C., vol. 360, *op. cit.*, col. 1362.
91. W.S. Churchill, *Second World War, op. cit.*, p. 522.
92. LSE, Dalton diaries, I 22, 8/5/40, p. 68.
93. D. Dilks, *Cadogan Diaries, op. cit.*, p. 280.
94. W. S. Churchill, *The Second World* war, vol. I, *op. cit.*, p. 523.
95. BUL, NC 18/I, To Ida, 11/5/40.
96. D. Dilks, *Cadogan Diaries, op. cit.*, p. 280.
97. A. Eden, *The Reckoning, op. cit.*, pp. 96-97.
98. W.S. Churchill, *The Second World War*, vol. I, *op. cit.*, pp. 523-524.
99. Viscount Templewood, *Nine troubled years*, Collins, Londres, 1954, p. 432.
100. W.H. Thompson, *Sixty Minutes with Churchill*, C. Johnson, Londres, 1953, p. 45.

Chapitre XII

1. UD, U 27-6/26, Trumål, 10/5/40, H. Koht, p. 5. Également : H. Koht, *Frå Skanse, op. cit.*, p. 123.
2. T. K. Derry, *The Campaign, op. cit.*, p. 164.
3. A. Béthouart, *Cinq Années, op. cit*., p. 48.
4. *Ibid.*, p. 50.
5. P.O. Lapie, *La légion étrangère à Narvik*, J. Murray, Londres, 1941, p. 26.
6. A. Béthouart, *Cinq années, op. cit.*, p. 51.
7. C. Favrel, *Ci-devant légionnaire*, Paris, Presses de la Cité, 1963, p. 162.
8. *Ibid.*, pp. 166-168.
9. A. Béthouart, *Cinq années, op. cit.*, p. 53.
10. *Ibid.*
11. *Ibid.*, p. 55.
12. Voir. J.L. Moulton, *The Norwegian campaign, op. cit.*, pp. 237-239.
13. Voir en particulier WO 106/1824, DMT to DMO and P, 7/5/40 (« J'espère qu'on va nous faire grâce du prochain lot de Français »), et *Ibid*, DMO & P to DDM O, 1/5/40 (« Ce matin, Lelong a fait valoir de façon pressante qu'il est de la plus haute importance du point de vue politique que le second échelon appareille de Brest »).
14. CAB 65/7, WC 114 (40) 7/5/40.
15. SHAT. 4723 CEFS, Béthouart au Gen. Cdant en chef, n° 73, 15/5/40.
16. *Ibid.*, Tel. du Gen. Béthouart, n° 30, 30/40.
17. Col. Passy, *Souvenirs*, T.I., Raoul Solar, Monte-Carlo, 1947, p. 17.
18. FO 371/24832, Naval message, chargé d'aff. to L. Collier, FO, N 5460/1130/30, 12/5/40.
19. FO 371/24833, Sir C. Dormer to Viscount Halifax, N. 5946/1130/30, 28/5/40.
20. T. Lie, *Leve eller dø, op. cit.*, pp. 220-222, 229-231.
21. X. Également T. Lie, *Leve eller dø, op. cit.*, pp. 212-213, et WO 106/1835, Lascelles to FO n° 830, 17/5/40.
22. O. Ruge, *Krigens dagbok, op. cit.*, p. 410.
23. WO 198/14. Gen. Ruge to WO on Rearmament and Reorganisation of Norwegian troops, 15/5/40.
24. Passy, *Souvenirs*, T. I, *op. cit.*, p. 18.
25. O. Ruge, *Krigens Dagbok, op. cit.*, p. 406.
26. UD, U. 27-6/26, E. Colban om Britisk hjelpeaksjon : et lite tilbakeblikk, 23/1/41.
27. P. de Villelume, *Journal d'une défaite, op. cit.*, p. 337.
28. W. S. Churchill, Second World War, vol. II, *op. cit.*, pp. 38-39.
29. D. Dilks, *Cadogan diaries, op. cit.*, p. 286.
30. H. Ismay, *Memoirs, op. cit.*, p. 126.
31. W. S. Churchill, *Second World War*, vol. II, *op. cit.*, p. 42.
32. *Ibid.*, p. 43.
33. *Ibid.*, pp. 45-46.
34. CAB 65/7, WC 126 (40), 17/5/40.
35. *Ibid.*
36. CAB 65/7, WC 131 (40), 20/5/40.
37. CAB 65/7, WC 131 (40), *op. cit.*
38. *Ibid.*, WC 134 (40), 22/5/40.
39. *Ibid.*, WC 133 (40), 22/5/40.
40. CAB 99/3, SWC, 12 th meeting, 11/10/40.
41. WO 106/1817, WP (40), 165, 22/5/40.
42. CAB 65/13, WM 135 (40), Confid. annex, 23/5/40.

43. *Ibid*, WM 138 (40), Min. 4, Confid. annex, 25/5/40.
44. WO 106/1813, for COS from Lord Cork, n° 1558, 27/5/40.
45. A. Buchner, *Narvik*, K. Vowinckel, Heidelberg, 1958, p. 126.
46. A. Béthouart, *Cinq années, op. cit.*, p. 65.
47. J.M. Torris, *Narvik*, Brentano's, New York, 1943, p. 212.
48. P.O. Lapie, *La légion, op. cit.*, p. 65.
49. C. Favrel, *Ci-devant légionnaire, op. cit.*, p. 177.
50. J.M. Torris, *Narvik, op. cit.*, p. 212.
51. *Ibid.*, p. 213.
52. A. Buchner, *Narvik, op. cit.*, p. 135.
53. Sur l'ensemble des opérations ayant abouti à la prise de Narvik, voir en particulier J. Mordal, *La Campagne, op. cit.*, pp. 400-402 ; T.K. Derry, *The Campaign, op. cit.*, pp. 207-211 ; A. Béthouard, *Cinq années, op. cit.*, pp. 59-69 ; J.L. Moulton, *The Norwegian campaign, op. cit.*, pp. 228-230, ainsi que WO 106/1859, Battle summary n° 17, *op. cit.*, pp. 70-73, et ADM 199/482, Report by Lt. Cder, S.H. Balfour, R.N. 7/6/40.
54. CAB 99/3, SWC, 13th Meeting, 31/10/40.
55. CAB 65/13, WM 141 (40), 27/5/40.
56. *Ibid.*, WM 146 (40), Minute 6, Conf. annex, 29/5/40.
57. FO 371/24833, Sir C. Dormer to Viscount Halifax, n° 2, 30/5/40 (N. 594/1130/30).
58. *Ibid.*
59. H. Koht, *Frå skanse til skanse, op. cit.*, p. 156.
60. FO 371/24833, C. Dormer to Halifax, 30/5/40, *op. cit.*
61. T. Lie, *Leve eller dø, op. cit.*, p. 229.
62. WO 106/1962. Gen. Auchinleck to CIGS, personal and secret, 30/5/40.
63. CAB 65/13, WM 149 (40), 31/5/40.
64. FO 371/56332, Report by Adm. of the Fleet Lord Cork, *op. cit.*
65. ABA, Referat fra Regjeringskonferanser, 1/6/40.
66. FO 371/24833, Sir C. Dormer to Viscount Halifax, n° 3, 4/6/40 (N. 5852/1130/30).
67. Den norske regjeringens virksomhet, *op. cit.*, bd. IV (Forsvarsdept.), *Rapport av. Min. B. Ljungberg*, p. 211.
68. FO 371/24833, Sir C. Dormer to Wiscount Halifax, n° 3, *op. cit.*
69. SUD, HP 39 A I – 172, 1938-1940, 59 A, « Vissa hãndlingar ». Minister i London til U. min., Stockholm n° 624, 1/6/40.
70. *Ibid.*, n° 629, 1/6/40, 23-30.
71. AE, X, Amb. Corbin, Londres, à M.A.E., n° 2274, 1/6/40.
72. O. Ruge, *Krigens dagbok, op. cit.*, p. 408.
73. NRK 50495/1, 2/7/63 (Interview radiodiffusée à l'occasion du 60e anniversaire du roi Olav V).
74. ABA, Referat, *op. cit.*, 3/6/40.
75. FO 371/32835, Sir C. Dormer to Viscount Halifax, n° 3, *op. cit.*
76. D. Dilks, *Cadogan diaries, op. cit.*, p. 294.
77. FO 371/32835, Sir C. Dormer to Viscount Halifax, n° 3, *op. cit.*
78. ABA, Referat, *op. cit.*, 6/6/40, 16 h.
79. Arne Sunde et Anders Fjelstad.
80. T. Lie, *Leve eller dø, op. cit.*, p. 251.
81. H. Koht, *Frå skanse, op. cit.*, p. 176.
82. NRK, 51963, 8/6/65, « Sluttkampen i Nord-Norge » ; Biskop Hansen om siste statsrådet i Tromsø.
83. T. Lie, *Leve eller dø, op. cit.*, p. 252.

84. WO 106/1963, CIGS to Gen Aushinleck, 5/6/40.
85. CAB 65/7, WC 159 (40), 9/6/40.
86. O. Lindbäck – Larsen, *Krigen i Norge, op. cit.*, pp. 171-172.

L'heure du bilan

1. T.K. Derry, *The Campaign, op. cit.*, p. 230 ; J.L. Moulton, *The Norwegian Campaign, op. cit.*, p. 259.
2. J.L. Moulton, *The Norwegian Campaign, op. cit.*, p. 260.
3. Voir à ce sujet notre ouvrage : *Stratèges et Norvège, op. cit.*, pp. 20-3, 42-4.
4. T.K. Derry, *The Campaign, op. cit.*, p. 229.
5. K.J. von Puttkammer, *Die Unheimliche See*, Karl Kühne, Vienne, 1952, p. 11.

SOURCES ET BIBLIOGRAPHIE

I. Archives

Allemagne fédérale

Auswartiges Amt (AA), Bonn (Ministère des Affaires étrangères).

Bundesarchiv (BA), Koblenz (Archives fédérales, Coblence).

Institut für Zeitgeschichte, München (IFZG) (Institut d'histoire contemporaine, Munich).

Militärgeschichtliches Forschungsamt (MGFA) (Centre de recherches sur l'histoire militaire, Fribourg en Brisgau).

Belgique

Ministère des Affaires étrangères (AEB), Bruxelles.

Canada

Archives publiques du Canada (APC), Ottawa.

Ministère des Affaires extérieures (MAE), Ottawa.

Danemark

Udenriksministeriet (UM), København. (Ministère des Affaires étrangères, Copenhague).

France

Fondation nationale des sciences politiques (FNSP), Paris (Archives Daladier).

Ministère des Relations extérieures, Paris (AE).

Service historique de l'armée de terre (SHAT), Vincennes.

Archives du commandant Cras, Paris (ACC).

Service historique de la marine (SHM), Vincennes.

États-Unis

Franklin D. Roosevelt Library and Archives, Hyde Park, New York (FDR).

State Department, National Archives, Washington DC (St. Dept.).

War Department, National Archives, Washington DC (War Dept.).

Grande-Bretagne

Foreign Office, PRO, Londres (FO).

Birmingham University Library and Archive (BUL), Birmingham (Chamberlain papers).

Admiralty, PRO, Londres (ADM).

Churchill College Archive Centre, Cambridge (CCAC).

Air Ministry, PRO, Londres (AIR).

London School of Economics (LSE), Londres (Dalton diaries).

War Office, PRO, Londres (WO).

Cabinet papers, PRO, Londres (CAB).

Prime minister's papers, PRO, Londres (PREM).

Liddel-Hart centre for military archives, King's college, Londres (LHCMA).

Imperial War Museum, Londres (IWM).

Nottingham Regiment headquarters, Sherwood Foresters, Nottingham (NRHQ).
British Museum, Londres (BM).

Norvège

Arbeiderbevegelsens arkiv, Oslo (ABA) (Archives du mouvement travailliste).
Forsvarsdepartement, Oslo (FD) (Ministère de la Défense).
Forsvarets Krigstidsarkiv, Oslo (FKA) (Archives de l'Institut d'histoire militaire).
Hjemmefrontmuseet, Oslo (HFM) (Archives du musée de la Résistance).
Norsk Rikskringkasting, Oslo (NRK) (Archives de la radiodiffusion télévision norvégienne).
Riksarkiv, Oslo (RA) (Archives nationales).
Universitetsbibliotek, Oslo (UB) (Archives de la bibliothèque universitaire).
Utenriksdepartement, Oslo (UD) (Ministère des Affaires étrangères).

Pays-Bas

Ministerie van Buitenlandse Zaken (MVBZ), Den Haag (Ministère des Affaires étrangères, La Haye).

Suède

Svensk Utrikesdepartement, Stockholm (SUD) (Ministère des Affaires étrangères).

II. Interviews

Grande-Bretagne

Lord Mountbatten of Burma (4 juin 1979).
Sir Cecil Dormer, ministre de Grande-Bretagne en Norvège 1934-1940, (14 août 1977).
Sir John Colville, Secrétaire de Neville Chamberlain et Winston Churchill (12 avril 1980).
Sir Martin Lindsay of Dowhill, chef d'État-Major du général Carton de Wiart à Namsos en 1940 (correspondance avec l'auteur, septembre-octobre 1974).

Norvège

Général Wilhelm Hansteen, Commandant en chef de la Défense norvégienne, 1942-1944 (21 octobre 1976).
Rolf Fuglesang, ancien ministre du Parti dans le mouvement de Vidkun
Quisling (12 septembre 1976).
Colonel O.U. Munthe-Kaas, Capitaine à Narvik en 1940 (22 octobre 1976).

France

Général Béthouart, Commandant en chef allié à Narvik, 1940 (12 mai 1979).
Maurice Dejean, Commissaire aux Affaires étrangères de la France libre, puis ambassadeur auprès des gouvernements alliés en exil (21 septembre 1980).

Allemagne

Contre-Amiral Karl Jesco von Puttkammer, aide de camp naval d'Adolphe Hitler (16 août 1974).

III. Publications officielles et recueils de documents

Allemagne

Dokumente zur englisch-französischer politik der kriegsausweitung, auswärtiges amt. W.B. n° 4 Zentralverlag (UB), Berlin, 1940.

Weitere dokumente (geheimakten des französischen generalstabes), W.B. n° 5-6, Berlin, 1941.

Akten zur deutschen auswärtigen politik 1918-1945, série D. 1937-1945 BD. VIII, Frankfurt/Main, 1961.

Danemark

Beretning til folketinget afgivet af den af tinget under 25 oktober 1950 nedsatte kommission (rapport au Parlement de la commission d'enquête nommée le 25 octobre 1950), annexe, Bilag BD. XII, Copenhague, 1951.

États-Unis

Nazi conspiracy and aggression, U.S.G.P.O., Washington, 1947, vol. VIII.

France

Les événements survenus en France de 1933 à 1945. Témoignages et documents recueillis par la commission d'enquête parlementaire, tome IX, Paris, 1952.

Grande-Bretagne

Parliamentary debates : house of Commons, 1940, – vol. 359-360.

Parliamentary debates : house of Lords, – 1940, – vol. 116.

Brassey's naval annual, « Führer conferences on naval affairs », Londres, 1948.

Norvège

Innstilling fra undersøkelseskommisjonen av 1945, vol. 1, + Bilag, vol. I à VI, Storting, Oslo, 1946-1947. *Stortings forhandlinger*, 1920-1940. Johann Nygaardsvold, *Beretning om den Norsk Regjeringens virksomhet fra 9 april 1940 til 25 juin 1945*, Stortinget, Oslo, 1947.

Regjeringen og Hjemmefronten under krigen, Aschehoug, Oslo, 1948.

Norges Forhold til Sverige under krigen, vol. III, Oslo, Gytdendal, 1950.

Suède

Förspelet til det Tyska Angreppet på Danmark och Norge den 9 april 1940, K.G.L. Utrikesdept, Stockholm, 1947.

Tribunal militaire international

Procès des grands criminels de guerre, Nuremberg, 1948, tomes XV, XVIII, XXVIII.

U.R.S.S.

Vnechniaia Politika S.S.S.R., Sbornik. Dokumentov, t. IV (1935-40), Moscou, 1946.

Dokumenty vnechniei politiki S.S.S.R., tome VII, Moscou, 1963.

IV. Bibliographie

On trouve en premier lieu quatre excellentes études historiques de la campagne de Norvège, toutes écrites il y a plus d'un quart de siècle :

Mordal (Jacques), *La campagne de Norvège*, Self, Paris, 1948.
Derry (Thomas K.), *The campaign in Norway*, HMSO, Londres, 1952.
Hubatsch (Walter), *Weserübung*, Musterschmidt, Göttingen, 1960.
Lindback-Larsen (Odd), *Krigen i Norge 1940*, Gyldendal, Oslo, 1965.
Ainsi que quelques études plus récentes :
Moulton (J. L.), *The Norwegian campaign of 1940*, Eyre and Spottiswoode, Londres, 1966 (Un excellent complément du livre de T.K. Derry cité plus haut.)
Ash (Bernard), *Norway 1940*, Cassell, Londres, 1964.
Midgaard (John), *9 april 1940*, Aschehoug, Oslo, 1965.
Somotejkin (E.M.), *Ractoptannyi nejtralitet*, Mezdunarodnye Otnochenija, Moscou, 1971 (Un éclairage intéressant, au milieu de l'habituelle litanie anti-capitaliste).
Kersaudy (François), *Stratèges et Norvège 1940*, Hachette, Paris, 1977.
Truffy (Georges), *Narvik*, Atra, Paris, 1982.

Témoignages, mémoires et études particulières :

Du côté français

La campagne vue au niveau du gouvernement et des états-majors :

Minart (Jacques), *PC Vincennes*, vol. 1, Berger-Levrault, Paris, 1945.
Villelume (Paul de), *Journal d'une défaite*, Fayard, Paris, 1976.
Auphan (Amiral Paul), « À propos de l'expédition de Norvège », *Écrits de Paris*, n° 47, 1948.
Reynaud (Paul), *Au cœur de la mêlée, 1930-1945*, Flammarion, Paris, 1951.
Gamelin (Général M.), *Servir*, Plon, Paris, 1947, vol. 3.
Baudouin (Paul), *Neuf mois au gouvernement*, Paris, Table Ronde, 1948.
Weygand (Général Maxime), *Mémoires*, t. 3, « Rappelé au service », Flammarion, Paris, 1950. (Les quatre ouvrages ci-dessus sont à approcher avec précaution.)
Voir également deux excellentes études générales :
Duroselle (Jean-Baptiste), *L'Abîme*, Imprimerie nationale, Paris, 1982.
Bédarida (François), *La stratégie secrète de la drôle de guerre*, FNSP-CNRS, Paris, 1979.
Récits de combattants et de témoins :
Béthouart (Général A.), *Cinq années d'espérance*, Plon, Paris, 1968.
Stehlin (Paul), *Témoignage pour l'histoire*, Laffont, Paris, 1964.
Passy (Colonel), *Souvenirs*, t. 1, Raoul Solar, Monte Carlo, 1947.
Du Pavillon (Raymond C.), *Les dessous de l'expédition de Norvège*, Arthaud, Paris, 1976. (Sur l'épisode de Namsos.)
Sereau (Raymond), *L'expédition de Norvège*, R.A.P.O., Baden-Baden, 1949.
Lyautey (Pierre), *En Norvège, Narvik 1940*, Sequana, Paris, 1940.
Lapie (Pierre-Olivier), *La Légion étrangère à Narvik*, Flammarion, Paris, 1945.
Favrel (Charles), *Ci-devant légionnaire*, Paris, Presses de la Cité, 1963.
Torris (Marcel J.), *Narvik*, Fayard, Paris, 1941.

Du côté britannique

La campagne vue au niveau des autorités civiles et militaires :

Woodward (L.L.), *British foreign policy in the second world war*, vol. 1, HMSO, Londres, 1957.

Butler (J.R.M.), *Grand Strategy*, vol. II, HMSO, Londres, 1957.

Ismay (Lord Hastings), *The Memoirs of Lord Ismay*, Heinemann, Londres, 1960.

Kennedy (General Sir John), *The business of war*, Hutchinson, Londres, 1957.

Gilbert (Martin M.), *Winston S. Churchill*, vol. 6, Heinemann, Londres, 1983.

Cooper (Alfred Duff), *Old men forget*, Hart-Davis, Londres, 1953.

Thompson (Laurence), *1940*, Collins, Londres, 1966.

MacMillan (Harold), *The blast of war*, MacMillan, Londres, 1977.

Churchill (Winston S.), *The second world war*, vol. 1, Cassel, Londres, 1948.

Amery (Leo S.), *My political life*, vol 3, Hutchinson, Londres, 1955.

Ainsi que cinq témoignages directs, sous forme de journal :

Dilks (David), *The diaries of sir Alexander Cadogan*, Cassell, Londres, 1971.

Mac Leod (R.), *The Ironside diaries*, Constable, Londres, 1962.

Harvey (J.), *The diplomatic diaries of Oliver Harvey*, Collins, Londres, 1970.

Nicolson (Nigel), *Harold Nicolson, diaries and letters*, Collins, Londres, 1967.

James (R.R.), *Chips, the diaries of sir Henry Channon*, Weidenfeld, Londres, 1967.

Récits de combattants et de témoins :

Carton de Wiart (Adrian), *Happy Odyssey*, J. Cape, Londres, 1950.

Clarke (Dudley), *Seven assignments*, J. Cape, Londres, 1948.

Buckley (C.), *Norway, the Commandos, Dieppe*, HMSO, Londres, 1952.

Maund (Rear Admiral L.E.H.), *Assault from the sea*, Methuen, Londres, 1949.

Mountevans (Amiral the Lord), *Adventurous life*, Hutchinson, Londres, 1946.

Fitzgerald (Major D.J.L.), *History of the Irish Guards in the second world war*, Gale and Polden, Aldershot, 1949.

Hingston (Lt Col. Walter), *Never give up, history of the K.O.Y.L.I.*, vol. 5, Lund-Humphries, Londres, 1950.

Du côté allemand

Au niveau des hautes autorités civiles et militaires :

Warlimont (Walter), *Im Hauptquartier der Deutschen Wehrmacht*, Bernard und Graefe, Francfort, 1962.

Von Lossberg (Bernard), *Im Wehrmachtführungsstab*, Hambourg, Nölke, 1950.

Halder (Franz), *Kriegstagebuch*, H.Q., US Army, Europe, Historical division, t. 3.

Puttkammer (Contre-Amiral Karl Jesco von), *Die unheimliche See*, Karl Kühne, Vienne, 1952.

Boehm (Amiral Hermann), *Norwegen zwischen England und Deutschland*, Lippoldsberg, Klosterhaus, 1956.

Assmann (Amiral Kurt), *Deutsche Schicksalsjahre*, Weisbaden, Brockhaus, 1950.

Dönitz (Amiral Karl), *Memoirs, 10 years and 20 days*, Londres, Weidenfeld-Nicolson, 1959.

Raeder (Amiral Erich), *Mein Leben*, Schlichtenmayer, Tübingen, 1957, t. 2.

Gemzell (Axell), *Raeder, Hüler und Skandinavien*, Gleerup, Lund, 1965.

Salewski (M.), *Die Deutsche Seekriegsleitung*, Bernard und Graefe, Francfort, 1970.

Ziemke (E. F.), *The German northern thearre of operations*, Washington DC, DAP, 1959.

Admiralty, *Führer conferences on naval affairs*, Whitehall, Londres, 1947, vol. 2.

Loock (Hans Dietrich), *Quisling, Rosenberg und Terboven*, DVA, Stuttgart, 1970.

Seraphim (Hans Günther), *Das politische Tagebuch Alfred Rosenbergs*, Musterschmidt, Göttingen, 1956.

Hubatsch (Walter), « Tagebuch Jodl » *in Die Welt als Geschichte*, Stuttgart, Heft 1/ 1952 Heft 2/1954.

Récits de combattants et de témoins :

Dietl (Gerda Luise), Hermann (Kurt), *General Dietl*, Münchner Buchverlag, Munich, 1951.

Feuerstein (Valentin), *Irrwege der Pflicht*, Weisermühl, Munich, 1949.

Fantur (Werner), *Narvik, Sieg des Glaubens*, Junker und Dünhaupt, Berlin, 1941 (Propagande).

Busch (Fritz Otto), *Zehn Zerstörer, die Besetzung Narviks*, Sponholtz Vg, Hannover, 1959.

Buchner (Alex), *Narvik*, Kurt Vowinckel, Heidelberg, 1958.

Bottger (Gerd), *Narvik im Bild*, Gerhard Stalling Vg., Berlin, 1941 (Propagande).

Okw, *Kampf um Norwegen*, Zeitgeschichte Vg., Berlin, 1940 (Progagande).

Doltra (Esteban), Tarin-Iglesias (José), *Narvik, una pagina para la historia*, Aguado, Madrid, 1941 (Propagande nazie en Espagne).

Voir enfin le très intéressant récit d'un officier de l'Abwehr en poste à Oslo :

Pruck (Erich), « Abwehraussenstelle Norwegen » in *Marine Rundschau* n° 4, 1956, pp. 107-118.

Du côté norvégien

Au niveau du gouvernement :

Hambro (Carl J.), *7 Juni-9 April-7 Juni, Historiske Dokumenter*, Gyldendal, Oslo, 1956.

Koht (Halvdan), *For fred og fridom i krigstid*, Tiden, Oslo, 1957.

Koht (Halvdan), *Frå skanse til skanse*, Tiden, Oslo, 1947 ; *Norway, neutral and invaded*, MacMillan, New York, 1943.

Lie (Trygve), *Leve eller dø, Norge i Krig*, Tiden Norsk, Oslo, 1955.

Hjelmtveit (Nils), *Vekstår og Vargtid*, Aschehoug, Oslo, 1969.

Hartmann (Sverre), *Spillet om Norge*, Mortensen, Oslo, 1958.

Au niveau des combattants :

Ruge (Otto), *Krigen dagbok*, Halvorsen og Larsen, Oslo, 1949.

Rolstad (Leif C.), *April 1940*, Gyldendal, Oslo, 1980.

Getz (Otto B.), *Fra Krigen i nord Trøndelag*, Aschehoug, Oslo, 1940.

Fleischer (Karl), *Efterlatte papirer*, Eget Forlag, Tønsberg, 1947.

Norsk Forsvarsforening, « Fra Felttoget i Norge 1940 » *in Til studium og eftertanke*, n° 98, april 1971, n° 4.

Munthe Kaas (Otto), *Evakueringen av Narvikavsnittet*, Gyldendal, Oslo, 1970 ; *The campaign in Northern Norway*, R.N.I.S., Washington, 1944.

Voir également :

Gleditsch (N. og K.), *Glimt fra kampårene*, Oslo, Gyldendal, 1954.

Waage (Johann), *La bataille de Narvik*, Laffont, Paris, 1965.

On trouvera enfin une courte et excellente synthèse en langue anglaise dans le petit livre de trois historiens norvégiens :

Andenaes (J.), Riste (O.), Skodvin (M.), *Norway and the second world war*, Grundt-Tanum, Oslo, 1966.

Parmi les témoignages des nombreux combattants polonais de Narvik :

Zbyszewski (Karel), *The fight for Narvik*, Lindsay Drummond, Londres, 1940.

Litynski (Zygmunt), *I was one of them*, J. Cape, Londres, 1941.

Bieganski (Witold), *Poles in the battle of Narvik*, Interpress, Varsovie, 1969.

INDEX

A

B

C

D

E

F

G

H

I

J

K

L

M

N

P

Q

R

S

T

V

W

DANS LA MÊME COLLECTION

DERNIÈRES PARUTIONS

Jacques BAINVILLE, *Napoléon*
G. BRUNO, *Le Tour de la France par deux enfants*
Curtis CATE, *La Campagne de Russie*
Matei CAZACU, *Gilles de Rais*
Guy CHAUSSINAND-NOGARET, *Les Femmes du roi, d'Agnès Sorel à Marie-Antoinette*
Amable DE FOURNOUX, *La Venise des Doges*
Sylvain GOUGUENHEIM, *Le Moyen Âge en questions*
Peter GREEN, *Les Guerres médiques*
Gilles HENRY, *Petit dictionnaire des mots qui ont une histoire*
Pierre JOURNOUD et Hugues TERTRAIS, *Paroles de Dien Bien Phu*
Olivier LALIEU, *La Résistance française à Buchenwald*
Henry LAURENS, *Français et Arabes depuis deux siècles*
Pierre MONTAGNON, *Histoire de la Légion, de 1831 à nos jours*
Henri PIGAILLEM, *Anne de Bretagne*
Jean-Robert PITTE, *Histoire du paysage français*
Karyn POUPÉE, *Les Japonais*
Claude QUÉTEL, *Histoire de la folie*
Fey VON HASSEL, *Les Jours sombres*

Achevé d'imprimer en avril 2012
sur les presses de Normandie Roto Impression s.a.s.
61250 Lonrai
N° d'imprimeur : 121542
Dépôt légal : mai 2012
N° d'éditeur : 3509
ISBN : 978-2-84734-926-9

Imprimé en France